맵헤드

MAPHEAD

잡학의 대가가 만난 괴짜 지도광들의 별난 이야기

켄 제닝스 지음 | **류한원** 옮김

글항아리

나의 부모님께,
지도를 들고 있는 그 아이에게도

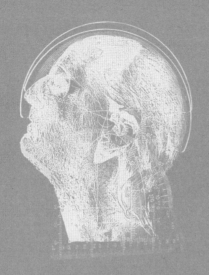

제1장

이심률 ECCENTRICITY

n. 타원도법에서 나타나는 왜곡

나의 상처는 지형이다.
― 팻 콘로이[1]

    사람들 말로는 부모님 집에 처박아둔 자기 물건을 마지막 한 상자까지 싹 치울 때까지, 우리는 완전히 자란 게 아니라고 한다. 그게 정말이라면 나는 도리언 그레이처럼 영원히 젊음을 유지하며 나이를 먹지 않을 테니 근심 걱정이 없을 것이다. 그러는 동안 우리 부모님 집에서는 내 물건을 담은 상자가 썩고 색이 바래겠지. 물론 다락이나 지하실에 자식들의 잡동사니가 하나도 없는 집이 있을까마는, 우리 부모님 집 차고 한쪽에 2.5미터 높이로 산더미처럼 쌓인 종이상자는 그냥 잡동사니라고 부를 수 있는 수준이 아니다. 굳이 말하자면 '인디애나 존스' 시리즈의 첫 번째 영화 「레이더스」 마지막 장면에 나오는 창고와 비슷하다.

    지난번 부모님 집에 갔을 때 어린 시절 갖고 놀던 레고를 담은 플라스틱 상자를 구출하겠다는 일념으로 그 혼돈을 헤치고 들어갔다. 결국 그 상자는 찾지 못해서 여섯 살 난 우리 아들이 짜증을 냈지만, 그러던 중 지금의 내 글씨보다 한결 단정한 10대 때의 손글씨로 내 이름이 적힌 상자를 하나 발견했다. 그건 내 유년기와 청소년기에서 유래한 고고학 유물이나 다름없다. 가장 위에는 밴드 R.E.M의 음악을 모아서 녹음한 카세트테이프와 잡지 『스파이Spy』가 있었고, 한 층씩 들춰내자 소설 『스타트렉』과 만화책 『토르』가 나오더니, 내 어린 시절 별종 기질의 초석이 가장 밑바닥에서 고고한 모습을 드러냈다. 바로 해먼드 사에서 나온 1979년판 『머댈리언 세계지도Medallion World Atlas』였다.

그 거대한 녹색 지도책을 상자 밑바닥에서 끄집어내며 느낀 프루스트풍의 전율은 전혀 예상하지 못한 것이었다. 햇살을 받으며 춤을 추던 먼지가 그 자리에 멈췄다. 천사들의 합창이 들려왔다. 내가 일곱 살 때, 몇 달 동안이나 용돈을 아끼고 아껴서 산 그 지도책은 당시 내가 가장 아끼던 물건이었다. 밤이면 그 책을 침대맡 베개 바로 옆에 두고 자기도 했다. 다른 애들 같으면 늘 끼고 다니는 담요나 곰 인형을 뒀을 만한 자리에 말이다. 책장을 넘기자 그 지도책이 벨벳 천을 입힌 여느 장난감 못지않게 지극한 사랑을 받았다는 것을 여실히 느낄 수 있었다. 폭신한 표지에 새긴 금박 글씨는 바래고 모서리는 뭉툭하게 닳고 제본은 완전히 망가져서 남아메리카의 대부분이 떨어져나가 위아래가 뒤집어진 채 책갈피에 끼워져 있었다.

지금도 나는 내가 좀 별난 지리광이라는 것을 기꺼이 인정한다. 나는 미국 각 주의 주도가 어디인지 알고 있으며, 심지어 오스트레일리아의 주도까지 다 안다. 어느 호텔 방에 들어가든 내가 가장 먼저 하는 일은 형편없는 도시 지도가 끼워진 여행 안내지를 펼쳐보는 것이다. 나의

비밀스러운 희망 여행지로 채워진 '버킷 리스트'에는 아테네나 타히티 같은 흔한 여행지 따위는 올라와 있지 않다. 웨스트버지니아 주 위어튼(미국에서 유일하게 다른 주 두 곳과 경계가 맞닿은 도시)이나,[2] 캐나다 누나부트에 있는 빅토리아 섬처럼(이곳은 지구상에서 가장 큰 '삼중 섬'인데, 이 말은 '섬 안의 호수 안의 섬 안의 호수 안에 있는 가장 큰 섬'이라는 뜻이다[*]) 사람들의 발길이 많이 닿지 않은 특이한 곳에 가고 싶다. 하지만 내가 그날 『머댈리언 세계지도』를 넘겨보는 동안 기억에 되살아난 내 어린 시절 지도를 향한 사랑은, 지금의 이런 가벼운 기벽보다 훨씬 더 큰 무엇이었다. 그 시절의 나는 지도에 아주 홀딱 빠져 있었다.

어린 시절 나는 지도를 들여다보며 몇 시간이라도 너끈히 보낼 수 있었다. 그때는 책을 게걸스럽게 읽어치웠는데, 엄청나게 인기 있던 로알드 달의 책이나 '백과사전 브라운Encyclopedia Brown' 시리즈 같은 어린이 소설을 읽을 때는 내가 책장을 30초마다 넘긴다는 것을 스스로 알고 있었다. 하지만 지도책에는 한 장 한 장 보물 같은 이름과 장소와 모양들이 무궁무진하게 실려 있으니, 나는 그 깊고 넓디넓은 바다를 한없이 즐겼다. 여행을 즐기는 사람 중에는 제일 좋아하는 여행지에 몇 번이고 다시 가서, 늘 가는 카페에 들러 늘 같은 음식을 주문하고, 이미 가본 경치 좋은 장소에 다시 찾아가 석양을 지켜보는 사람도 있다. 단골 '안락의자 여행자'인 나도 마찬가지였는데, 이미 익숙하게 봐온 광경인데도 다시 볼 때마다 전에 보지 못한 세세한 부분을 발견하며 깜짝 놀랄 때가 많았다.

---

[*] 이 명예는 필리핀 루손 섬 탈 호수에 있는 불칸 포인트의 것이라고 주장하는 이들도 있다. 하지만 어떤 인터넷 지도든 열고 북위 69.793도, 서경 108.241도를 검색해보라. 그 자리에 있는 빅토리아 섬 안의 호수 안의 섬 안의 호수 안의 이름 없는 섬이 훨씬 크다.

맵헤드

미국 앨라배마 주 아드모어는 테네시 주 아드모어에서 고작 30미터 떨어져 있는데, 알래스카 주 세인트조지는 사우스캐롤라이나 주 세인트조지에서 6925킬로미터나 떨어져 있는 것을 보라. 아라비아 반도 동북쪽 끝에 자리한 나라 오만의 무산담 반도에 펼쳐진 레이스 같은 해안선, 그곳의 호르무즈 해협으로 뻗어나간 프랙털 무늬 같은 눈송이를 보라. 아이들은 복잡성의 바다에서 이전에는 미처 보지 못한 작디작은 사소한 부분을 찾아내기를 좋아한다. 그래서 『월리를 찾아라』가 엄청나게 많이 팔려나간 거다.

지도 만드는 사람들은 이걸 알아야 한다. 수많은 맵헤드에게 지도의 세세한 부분은 단지 수단이 아니라 목표라는 것을 말이다. 지금 내 책상 옆에 있는 지구본은 꽤 작은데도 미국 서부의 후미진 마을들에도 공간을 할애한다. 캔자스 주 콜비, 텍사스 주 앨파인, 오리건 주 번스, 노스다코타 주 모트(모트의 총인구가 808명이니까 뉴욕 맨해튼 어퍼이스트 사이드 구역의 한두 블록 인구와 비슷하다). 심지어 애리조나 주 아호도 한 자리를 차지했는데, 이곳은 하나의 마을로 인정받지도 못하는 곳이어서 공식 명칭으로는 '인구조사 지정 지역'일 뿐이다. 자동차 연료가 바닥나는 응급 상황이 아니고서는 아무도 찾아가지 않을 동네라는 점을 제외하면, 이 지역들의 공통점은 무엇일까? 첫째, 다들 이름이 짧다. 둘째, 주변 수 킬로미터 안에 다른 지명이 보이지 않는다. 그러니 실질적으로 이들은 지구본 위 빈 부분에 자리를 잡아서 그 지구본이 정보로 빽빽하게 채워진 것처럼 보이게 만들어주는 역할을 한다.

하지만 내 어린 마음에 본능적인 경쟁심이 일어났던 것도 기억난다. 나는 지도가 아직 탐사되지 않은 지역을 알려주고 모험심을 자극하

는 것을 정말 좋아했다. 조지프 콘래드는 그의 소설 『암흑의 핵심』 첫머리에 이런 욕망에 대해 썼다.

> 그런데 꼬마일 때 나는 열정적으로 지도를 보는 취미를 갖고 있었어. 몇 시간이고 남아메리카니, 아프리카니, 오스트레일리아니 하는 지역을 살펴보면서 그곳을 탐험한 모든 사람의 영광스러운 이야기에 빠져들곤 했지. 그 당시만 해도 지구상에는 빈 공간이 많았다네. 나한테는 지도에 그려진 모든 지역이 유혹적으로 보이기는 했지만, 특별히 유혹적인 지역을 발견할 때면 그 지역에 손가락을 대고 "커서 이곳에 가볼 테야"라고 말하곤 했지.[3]

내가 어릴 적에 지도에는 시베리아, 남극, 오스트레일리아 중심부 오지 등 여전히 비어 있는 공간*이 몇 군데 있었다(이 점은 지금도 마찬가지다). 하지만 나는 그 공간이 비어 있는 이유가 단지 그곳 땅이 거칠고 외지기 때문은 아니라는 것을 알고 있었다. 아무도 거기 살기를 원하지 않기 때문인 것이다. 그 장소들은 말하자면, 지구상의 빌어먹을 지역인 것이다. 나는 콘래드의 소설 속 주인공 말로처럼 그린란드의 빙하를 손가락으로 짚으며 "언젠가는 여기 갈 테야!"라고 말한 적은 없다. 하지만 그런 곳이 존재한다는 사실이 좋았다. 애리조나 주 아호처럼 사소한 지

---

* 그런 빈 공간 가운데 내가 가장 좋아하는 곳은 '비르타월'이다. 이집트와 수단 사이에 있는 작은 사각형 모양의 이 사막지대는 국제협약 때문에 두 나라 가운데 어느 쪽도 차지할 수가 없다. (1899년에 있었던 영국-이집트 공동통치협정에서 시작된 복잡한 이유 때문으로, 만약 이집트나 수단이 비르타월에 대한 소유권을 주장하면 두 나라는 비르타월보다 더 탐나는 영토인 할라입 트라이앵글에 대한 소유권을 주장할 수 없게 된다.) 결국 비르타월은 지구상에 몇 남지 않은 '테라 눌리우스terra nullius', 즉 어느 나라에도 속하지 않는 땅으로 남아 있다.

역을 표시한 지도에조차, 여전히 어딘가에는 미스터리가 남아 있다는 사실이 좋았다.

그리고 온갖 근사한 지명이 있지 않았던가. 몇 시간씩 지도를 들여다보고 시간을 보내면서 나는 그 이름들을 속삭였다. 아프리카의 강들("루알라바, 주바, 림포푸…"), 안데스 산맥의 봉우리들("아콩카과, 예루파하, 유야이야코…"), 텍사스 주의 지방들("글래스콕, 커맨치, 데프스미스…"). 그 이름들은 다른 세계로 들어가는 암호였다. 실제 그 장소보다 더 신비한 세상을 상상할 때가 많았던 것은 당연하다. 내 첫 번째 지도책에는 각 지도 아래 글씨로 채워진 작은 단에 도시와 읍내 이름 수천 개와 각각의 인구가 적혀 있었는데, 나는 그 목록에서 우스꽝스러울 정도로 인구수가 적은 동네를 찾으려고 꼼꼼히 들여다보기를 좋아했다. 캐나다 서스캐처원 주 스코츠가드(인구: 3), 미국 메인 주 히버츠고어(인구: 1)처럼 말이다.* 나는 언젠가 이렇게 매력적인 곳에 살리라 꿈꿨다. 당연히 외롭기는 하겠지만 그 대신 얻게 될 유명세를 생각해보라! 메인 주 히버츠고어의 유일한 주민은 **세계지도책에 특별히 언급되는** 영광을 누리지 않나! 뭐, 거의 그런 셈이다.

나한테는 지역의 생김새도 그 이름만큼이나 매력적으로 다가왔다. 지역마다 윤곽선에는 정말 많은 개성이 담겨 있다. 알래스카 주는 시베리아를 바라보며 인자하게 미소 짓는 후덕한 사람의 옆모습이다. 메인

---

* 이런 명성을 누리게 되면 안 좋은 점도 있다는 사실이 2001년 『보스턴글로브』지가 히버츠고어의 유일한 주민 캐런 켈러의 프로필을 소개했을 때 밝혀졌다. 인구조사국에서는 개인 정보를 공개하지 않지만 마을과 도시의 평균치를 공개하는데, 거기에 더해서 『보스턴글로브』지에 캐런 켈러가 히버츠고어의 유일한 주민이라는 사실이 밝혀지자 그 동네 가구당 평균 수입이 캐런 켈러 개인의 수입이라고 알려지는 불상사가 벌어진 것이다.[4]

주는 권투 장갑이다. 미얀마에는 원숭이 꼬리가 달렸다. 나는 얼추 직사각형 모양인 터키와 포르투갈과 푸에르토리코가 다부지고 훌륭해 보여서 감탄하며 쳐다보고는 했는데, 그래도 콜로라도 주와 유타 주의 직사각형 모양에 따라올 정도는 아니었으니 지도상에서 콜로라도 주와 유타 주의 지리적인 완벽함은 거짓말 같고 부자연스러울 정도였다. 또한 나는 다른 두 지역의 윤곽선이 조금이라도 닮은꼴인 경우를 쉽게 찾아냈다. 위스콘신 주와 탄자니아, 미시간 호수와 스웨덴, 하와이 라나이 섬과 사우스캐롤라이나 주 등이 닮았다는 것을 찾아냈는데, 닮은꼴이 일종의 지리적인 소울메이트가 틀림없다는 결론을 내렸다. 지금까지도 지도에서 캐나다 브리티시컬럼비아 주를 보면 그곳은 미국 캘리포니아 주의 좀 더 건장하고 근육질인 버전이라고, 거기 사는 캐나다인은 캘리포니아 주의 미국인보다 좀 더 건장하고 근육질인 게 틀림없다고 생각한다.

내 눈에는 지도상의 이런 모양들이 실제 그 지역이 자리한 영토에서 떨어져나와 살아 움직이는 것처럼 보였다. 어떤 지도를 아주 오래 쳐다보고 있으면 마치 어떤 단어를 그 의미가 떨어져나갈 때까지 반복해 말할 때와 비슷한 기분이 든다. 나에게 우루과이는 더이상 실제의 그 나라를 대변하지 않게 되었다. 그저 한쪽으로 살짝 기울어진 눈물 같은 모양일 뿐이었다. 지도책을 덮어도 그런 모양들을 볼 수 있을 정도로 내 마음의 눈앞에는 그 윤곽선의 잔상들이 떠다녔다. 할아버지와 할머니 집의 위층 침실 마감재인 옹이진 소나무 판자에는 머나먼 땅에 있는 피오르와 석호(퇴적된 모래가 만의 입구를 막아 바다와 분리되어 생긴 호수 ─ 옮긴이)가 생각나는 고리나 소용돌이 모양이 잔뜩 있었다. 주차장 물웅덩이를 보면 플로리다 주의 오키초비 호수나, 아니면 흑해가 생각났다. TV에

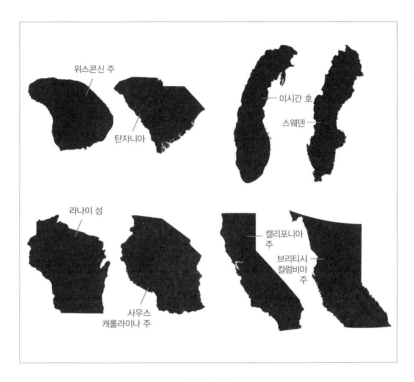

위스콘신 주

탄자니아

미시간 호

스웨덴

라나이 섬

사우스
캐롤라이나 주

캘리포니아
주

브리티시
컬럼비아
주

출생의 비밀

서 미하일 고르바초프를 처음 봤을 때는 그의 이마에 난 유명한 점이 타이 지도를 쏙 빼닮았다고 생각했던 기억이 난다.*

열 살 무렵 내가 사랑해 마지않는 해먼드판 세계지도책은 내 방 책장에 꽂힌 지도책 컬렉션의 일부였을 뿐이다. 부모님은 내 지도책 컬렉션을 나의 '아틀리atli'라고 불렀는데, 그때 이미 나는 그 단어가 지도책 atlas의 복수형으로 옳지 않다는 것을 알고 있었다. 도로 지도책, 역사 지도책, 축소판 지도책들. 내가 지도를 과학자의 날카로운 눈으로 조사했다고 말할 수 있다면, 그러니까 내가 분수령과 삼림 벌채와 인구밀도를 관찰하거나 "아, 이 지역은 섭입대(지구의 해양판이 대륙판에 부딪혀 밑으로 밀려들어가는 대륙 가장자리의 해구 지역—옮긴이)인 모양이군" 따위의 똘똘한 소리를 할 수 있었다면 좋았을 텐데, 안타깝게도 나는 그런 종류의 맵헤드가 아니었다. 애초부터 나는 지도에 담긴 생태나 지리, 역사를 보지 못했다. 나는 그저 지도라는 대상에, 지도의 작디작은 활자와 질서정연한 형태에 끌렸을 뿐이다. 내 아버지도 지도를 좋아했지만 거실에 있는 검은색 영국 지도책을 선호했는데, 1970년대 필립 출판사에서 나온 그 지도책에는 지도가 죄다 '측고법'으로 그려져 있었다. 측고법은 지형을 뚜렷한 색으로 구분하는 지도 제작법인데, 예를 들어 녹색은 저지대를, 갈색과 보라색은 고지대를 의미했다. 아버지는 지도가 표현한 실제 지형을 시각화하기에 좋은 지도를 선호한 반면에 나는 해먼드 사와 내셔널지

---

* 팔레스타인의 지도자였으며 노벨평화상 수상자인 야세르 아라파트는 그가 머리에 쓰는 케피에(아랍 남자들이 머리에 쓰는 사각형 천—옮긴이)가 그들이 간절히 염원하는 팔레스타인 국가와 비슷해 보이도록 모양을 잡느라 매일 한 시간씩 정성을 들이며, 이는 그가 만나는 모든 사람에게 그의 머리에 언제나 팔레스타인이 자리잡고 있다는 것을 보여주기 위한 상징이라고 말한 적이 있다. 뭐, 고르바초프의 머리에 언제나 타이 사람들이 자리하고 있지는 않았을 테지만, 의도치 않게 그는 전 세계 맵헤드들에게 그런 인상을 심어주었을 수도 있다.[5]

오그래픽협회가 출간한 단순한 행정구역도를 좋아했으니, 그런 지도에는 도시와 마을이 연한 바탕의 영토 안에 깔끔하게 도드라지고 국경선은 산뜻한 파스텔 색으로 그어져 있었다.

사실 나는 지금도 측고법 지도가 싫다. 측고법 지도는 갑갑하고 구태의연하게 생겨서, 1960년대의 멋없는 학교 선생님이 칠판 앞에 그런 지도를 거는 장면을 상상하게 된다.* 하지만 단지 그 이유 때문만이 아니다. 여전히 나는 지도를 통해 실제 세상을 알 수 있다는 이유만이 아니라, 지도 자체의 정돈되고 세세한 모양 때문에 지도가 좋다. 좋은 지도는 단지 어느 장소를 보여주는 유용한 자료인 것만은 아니다. 그것 자체로 완결된 아름다운 체계다.

지도는 글보다 오래되었으니 당연히 지도 제작의 역사에서 뉴턴의 사과 같은 순간은, 예를 들어서 어느 선사시대 수렵사냥꾼이 "여보, 내가 오늘 세계 최초의 지도를 그렸어!"라고 말하는 순간은 기록에 남아 있지 않다. 새롭게 '세계에서 가장 오래된 지도'가 발견되어 과학 잡지나 신문 헤드라인에 대대적으로 보도되는 경우를 가끔 보게 될 것이다. 하지만 그 지도가 스페인 어느 동굴에 있는 벽화든, 우크라이나에서 발견된 매머드 상아에 새겨져 있든, 아니면 미국 아이다호 주 스네이크 강의 어느 바위에 부조로 새겨져 있든지 간에, 이런 소위 '발견'에는 한 가지

---

* 지도 제작자들 중에도 측고법이 오해의 소지가 있는 구식 지도 제작법이라고 생각하는 사람이 많다. 지도를 보는 사람들 가운데 측고법 지도의 색조가 해발고도가 아니라 식생을 표현한다고 착각하는 경우가 종종 있기 때문이다. 하지만 가장 척박한 사막이라 하더라도 해발고도가 낮으면 지도에는 파릇파릇한 녹색으로 표현될 수 있다. 반면에 식물이 우거진 고원이 생명력 없는 베이지 색으로 표시되기도 한다.

공통점이 있다. 바로 한 무리의 학자들이 잔뜩 짜증이 나서 "아니, 그건 지도가 아니야"라고 주장을 한다는 점이다. 그들은 그게 그림문자거나 풍경화거나 그도 아니면 종교 유물이지, 엄밀히 말해 지도는 아니라고 주장할 것이다. 1963년에 터키 차탈회위크에 위치한 신석기시대 아나톨리아인의 거주지에서 수수께끼 같은 그림이 발굴되었는데, 그림을 발견한 제임스 멜라트는 8000년 된 그 유물이 그 지역을 그린 지도라고 선언했다. 멜라트가 주장하기를, 벽 하단부에 그린 도미노처럼 생긴 상자들은 마을을 나타내며, 그 위에 있는 뾰족한 모양에 주황색 점박이 무늬가 있는 부분은 인근에 있는 봉우리 두 개짜리 화산인 하산 산이 틀림없다고 했다. 지도 제작자들은 열광했고 역사가와 지질학자들은 그 지역 선사시대 화산 폭발의 역사에 맞는 증거를 찾으려고 그림을 샅샅이 검토했다. 그런데 한 가지 문제가 생겼다. 그뒤를 이은 연구원들이 그 뾰족한 거시기가 화산을 표현한 것 같지가 않다고 한 것이다. 그들은 그 모양이 잡아늘인 표범 가죽을 표현한다고 주장했다.[6] 용암이 분출해 나오는 모양처럼 보이는 것은 사실 발톱이라는 것이다. 그러니 그 벽화는 지도와 전혀 거리가 멀다는 이야기였다. 표범과 화산을 구분하지 못한 고고학자들의 당혹스러운 무능력은 내가 할아버지네 집에서 나무판자를 보며 해안선을 발견했던 것과 동일한 증후군이었다. 그건 바로 '맵헤드 증후군'이라고 하는, 어디서든 지도를 발견하려고 하는 통제 불가능한 충동이다.

많은 초기 지도에는 현대적인 지도와 몇 가지 유사점이 있기는 하지만 그게 사실은 좀 애매하다. 초기 지도는 아마도 주로 예술적이거나 종교적인 역할을 했을 것이다. 오늘날 우리가 지도 하면 떠올리는 근본적인 특징은 수천 년간 진화해왔다.[7] 우선 5000년 전 바빌론 점토판 지

차탈회위크 벽화. 화산인가, 표범인가? 독자 여러분이 판단해보시길.

도에서는 기본 4방위가 사용되었지만, 거리를 표시하는 방법은 그뒤로도 3000년 넘게 지도상에 등장하지 않았으니, 여기에 현존하는 가장 오래된 사례는 중국 주 왕조 때 만들어진 동판이다. 그리고 현존하는 가장 오래된 종이 지도가 등장하기까지는 다시 수 세기가 흘러야 했으니, 최초의 종이 지도는 서기 원년 무렵에 이베리아 반도를 그린 그리스의 파피루스 문서다. 나침반 모양이 처음 등장한 것은 1375년의 카탈루냐 지도책에서였다. '등치 지역도', 즉 선거 개표 때 지도를 빨간색과 파란색으로 표시하듯이 각 지역이 특정 기준에서 서로 다르다는 것을 나타내기 위해 다른 색으로 칠하는 지도는 1826년에 이르러서야 등장했다.*

하지만 오래전 지도들을 '발견'하는 것이 느리게, 점진적으로 진행되는 과정이라고 한다면 현대의 맵헤드가 어릴 때 지도를 발견하는 상황은 동굴에 사는 사람들이 불을 발견했을 때와 더 비슷할 것이다. 번갯불이 번쩍하는 기분이라는 말이다. 생애 최초로 지도를 보는 순간 당신의 마음은 재구성되고 그 영향은 영원히 지속된다. 나에게 최초의 지도는 만 세 살에 크리스마스 선물로 받은 미국 50개 주가 그려진 나무 퍼즐이었다. 왜 그런 거 있지 않나. 플로리다 주에는 야자수가 그려져 있고 워싱턴 주에는 사과나무가 그려진 퍼즐 말이다. 내 퍼즐은 헷갈리게도 네브래스카 주에 돼지 가족의 그림이 그려져 있었다. 퍼즐 조각 하나에는 미시간 주의 두 반도가 하나로 붙어 있었는데, 그것 때문에 나는 몇 년

---

* 이만큼 시대 간극이 큰 것은 초기에 널리 사용되었을 많은 지도가 현재까지 남지 못했기 때문이기도 하다. 지도의 연대표가 드문드문 채워지고 여기저기 기워놓은 듯한 것도 같은 이유 때문인데, 말하자면 호너스 와그너 야구카드나 「액션코믹스」 창간호가 정말 귀한 것과 마찬가지의 이유, 즉 엄마들이 물건을 내다버렸기 때문이라는 것이다. 지도 제작이 기본적으로는 생략의 과학이듯이—지도 제작자들이 아무리 원해도 모든 것을 다 지도에 표시할 수는 없으니까—지도의 역사도 역시 간극과 생략의 역사다.

동안이나 미시간 주가 여자 핸드백처럼 불룩 튀어나온 모양의 땅 한 덩어리라고 잘못 생각했다.

다른 아이들에게는 최초의 지도가 아빠 서재에 있는 지구본이거나 거실 카펫의 뻣뻣한 털 위에 그려진 지도이거나 요세미티국립공원으로 가족 여행을 가는 길에 주유소에서 받은 공짜 지도였을 수도 있다. (20세기에 미국인이 별종 맵헤드의 왕국에 진입한 많은 사례는 20세기 미국인이 잉태된 많은 경우와 동일한 방식이지 않았을까? 차 뒷좌석에서 말이다.) 하지만 최초의 지도가 어느 것이었든 간에 중요한 사실은 하나뿐이다. '카르토필리아cartophilia', 즉 지도를 향한 사랑은 첫눈에 반하는 사랑이라는 것이다. 마치 염색체 어딘가에 새겨져 있기라도 한 것처럼, 태어날 때부터 이미 운명지어진 사랑이다.

수 세기 동안 계속 이런 식이었다. 만 세 살 때 나의 지도 처녀성을 빼앗아간 그 나무 퍼즐 지도? 현대적인 지그소 퍼즐의 시초가 된 그 지도는 1760년대부터 있었는데 그 당시에는 '절개된 지도'라고 불렸으며 엄청나게 인기 있는 장난감이었다.[8] 빅토리아 시대에는 아이들이 가장 흔하게 접하는 첫 지도가 집이나 학교에서 보는 성경책에 있었다. 성경에는 "누가 누구를 낳았고"와 "보아라"의 광대한 바다에서 유일한 컬러 도판으로 성지 지도가 들어 있는 경우가 많기 때문이다. 구약의 예레미아 애가에 대한 무미건조한 설교를 두 시간쯤 들은 뒤에 단순한 지형도 한 장을 보면 그게 갑자기 얼마나 근사하게 보이는지 모른다! 아마 지도가 있는 한 면이 성경 전체를 모두 합한 것보다 더 열정적인 학구열을 불러일으켰을 것이다. 사뮈엘 베케트가 『고도를 기다리며』에서 등장인물 블라디미르와 에스트라곤에 대해 하는 농담이 있는데, 그들이 복음서는

한 번도 읽어본 적이 없으면서 성경책의 지도에서 본 사해가 "아주 예쁜 엷은 파랑"[9]이었다고 매우 선명하게 기억한다는 것이다. 영국의 위대한 식물학자 조지프 후커는 언젠가 친구인 찰스 다윈에게 보낸 편지에서, 자신이 처음 접한 지도가 주일학교에서 본 "대홍수 이전의 세계지도"[10]였으며 "가장 애정 어린 수년 동안" 몇 시간이고 그 지도를 꼼꼼히 들여다봤다고 적었다. 바로 그 지도 한 장이 후커를 평생에 걸쳐 탐험과 과학에 빠져 지내고 친구인 다윈이 진화론을 발전시키는 데에도 도움을 주도록 이끌었다.

아이들이 성경책과 보내는 시간이 줄어든 20세기 들어서는 교실 벽에 어김없이 걸려 있는 지도가 성경책 지도와 같은 역할을 했다. 선생님이 분수分數나 『조니 트레민Johnny Tremain』(에스더 포브스의 1943년작 어린이 소설로 보스턴을 배경으로 미국혁명 당시의 이야기를 다룬다―옮긴이)에 대해 설명하는 지루한 독백이 TV만화「찰리 브라운」에서 얼굴은 안 보이는 선생님이 웅얼거리는 소리처럼 들릴 때, 멍하니 쳐다볼 수 있는 대상 말이다. 나는 방금 내가 도대체 왜 오스트레일리아의 주도 이름을 전부 외우고 있는지 깨달았다. 초등학교 2학년 때 내 책상은 세계지도가 걸린 교실 게시판 바로 옆에 있었다. 그러니까 내 머리가 다윈, 애들레이드, 그리고…… 호바트(이거 봐라! 아직 기억하고 있지) 바로 옆에 있었다는 말이다. 그때 내 키가 조금만 더 컸더라면 오스트레일리아 대신 인도네시아나 일본 전문가가 되었을 수도 있다.

얼마 전에 내 친구 토드를 공항까지 차로 데려다주면서 그의 휴가 계획에 대해 이야기를 하던 중 토드가 자신이 좀 별난 지리광이라고 커밍아웃을 했다. (토드를 우연히 알게 된 지가 벌써 몇 년째인데 우리에게 이런 공통점이 있다는 사실을 이제야 알게 되었다. 맵헤드들은 오랜 세월을 숨어 지내기도 하는데, 이는 '카르토필리아'가 함부로 입 밖에 낼 수 없는 금단의 사랑이기 때문이리라.) 토드는 어린 시절 몇 시간씩 지도책을 들여다보며 지냈기 때문에 지금도 세계의 수도를 전부 읊을 수 있다고 자랑했고, 그래서 우리는 공항까지 가는 남은 시간을 수도 이름을 대며 보냈다. 그런데 토드와 내가 둘 다 잘 모르는 수도는 의외로 유명하지 않은 도시가 아니라(예를 들어 부룬디의 부줌부라, 트리니다드토바고의 포트오브스페인처럼!) 오히려 슬로바키아의 브라티슬라바, 우크라이나의 키예프처럼 유럽에 있는 꽤 큰 도시들이었다. 어째서일까? 왜냐하면 그 도시들은 토드와 내가 지도를 달달 외우는 아홉 살 시절을 이미 지나보낸 뒤인 냉전 종식 이후에야 한 나라의 수도가 되는 '범죄'를 저질렀기 때문이다. 보아하니 우리가 가진 지리에 대한 지식은 우리 조부모님들의 컴퓨터에 대한 지식과 비슷하다. 1987년에서 멈췄다는 점에서 말이다.

내 생각에 토드와 나만 그렇지는 않을 것이다. 많은 경우 지도에 대한 갈구는 어린 시절에 최고점을 친다. 부분적으로는 무언가에 사로잡힌 일곱 살짜리만큼 어떤 것에든 집착할 수 있는 사람이 없다는 이유도 있다. 내가 단언하건대 이번주에 우리 아들 딜런만큼 공룡에 대해 많이 생각하는 고생물학자는 없을 것이다. 다음주에는 그 대상이 우주선이나 파리지옥풀이나 스포츠카가 될 수도 있다.

하지만 지도에는 특히 아이들이 저항할 수 없는 무언가가 있는 것 같다. 이걸 생각해보라. 아주 고지식하고 고리타분한 취미들은 중년의 나이에 되살아나서 10대 자녀들을 창피하게 만들 때가 많다. 그래서

누구네 아빠가 갑자기 딕시랜드 재즈나 새 관찰, 아니면 지하실에서 맥주 만들기에 빠지는 경우를 종종 본다. 하지만 지도를 향한 사랑은 그렇지가 않아서 환타를 마시던 시절에 시작되든지, 아니면 영영 시작되지 않는다. 사실 나는 사춘기에 들어서면서 지도에 대한 열정이 느닷없이 식어버렸던 시점도 기억한다. 네덜란드령 앤틸리스 제도에 있는 섬들의 이름을 알아봤자 여자애들의 관심을 끄는 데는 아무 쓸모가 없었으니 말이다. 대학생 때 재미있는 친구이긴 한데 책벌레과인 캐나다인 룸메이트 셸던과 잠시 함께 지낸 적이 있다. 셸던은 9월에 우리가 살던 아파트에 제일 먼저 이사를 왔는데 나머지 룸메이트들이 도착할 무렵에 셸던은 이미 거실, 부엌, 다른 침실까지 아파트 전체를 『내셔널 지오그래픽』 지도로 도배를 해놓았다. 나는 어이가 없었고 그 아파트에 여자를 단 한 명이라도 들이기는 글렀다는 사실을 체념하듯 받아들였다. 하지만 초등학교 3학년 때였다면 날아갈 듯이 신이 나서 셸던과 단짝이 되기로 새끼손가락 걸어 약속하고, 그 친구의 공책 뒷장에 코스타리카 지도를 상세하게 그렸을 거다.

초등학교에 다닐 때는 이 세상에서 나 혼자만 이런 기분을 느끼는 줄 알았다. 친구 누구도 학교가 끝나면 지도책을 보려고 집으로 달려가지는 않을 거라고 말이다. 그뒤로 몇 년이 흐르면서 희미하게나마 이 기분이, 그 실체가 무엇이든지 간에 세상에 존재한다는 것을 알게 되었다. 인류의 일부는 기묘할 정도로 강렬하게 지리를 사랑한다는 것 말이다. 나는 「오프라 윈프리」 쇼에 나온 세 살배기가 세계지도에서 모든 나라를 집어내는 것을 보게 될 테고, 그럴 때면 '저건 바로 난데'라고 생각할 것이다. 미국의 3141개 카운티에 전부 가본 '엑스트라 마일러 클럽'의

회원에 대한 기사나, 요크타운 전투를 그린 고지도가 경매에서 100만 달러에 팔렸다는 기사를 읽게 될 것이다. 그러고는 궁금해하겠지. 이런 욕구는 대체 어디에서 나온 것일까? 내 인생의 이야기, 나의 『젊은 자폐인의 초상』을 통해 이런 맵헤드들이 나와 같은 종족이라는 정도는 쉽게 알아볼 수 있지만 우리가 공유하는 종족 문화나 종교에 관해서는 영문을 모르겠다. 왜 지도는 예전에 나에게 그토록 큰 의미를 지녔으며 지금도 마찬가지인 것일까? 따지고 보면 지도는 정보를 정리하는 방법 가운데 하나일 뿐이니 일반적으로 생각했을 때 집착에 가까운 팬덤fandom을 낳을 만한 대상은 아니다. 듀이가 개발한 도서 십진분류법에 대한 특별한 사랑을 공공연히 천명하는 사람이 있다는 소리는 들어본 적이 없다. 원그래프의 마니아라는 사람도 본 적이 없다. 색인카드는 훌륭한 기능을 수행하지만, 사람이 거기에 빠져들 수도 있을까?

지도에는 분명 선천적인 무언가가 있다. 우리 세계를, 우리가 그 세계와 맺고 있는 관계를 그려내는 그 방식에는 무언가 특별한 게 있어서 우리를 매혹시키고 소환해내며 벽에 지도가 걸려 있으면 다른 곳으로 시선을 돌리지 못하게 한다. 나는 그게 무엇인지 밝혀내고 싶다. 이건 우리 아마추어 지리학자들과 지도 제작자들이 이제 얼마 남지 않은 '빈 공간'을 탐험할 기회일지 모른다. 우리의 온 마음을 사로잡는 지도에 대한 집착은 무엇 때문에 작동하는가라는 수수께끼 말이다. 이제 그 미지의 영역에 들어가보려고 한다.

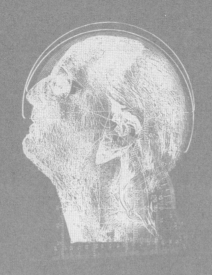

제2장

방위 BEARING

n. 나침반을 기준으로 정하는 어느 지점의 위치나 수평적인 방향

사람은 자신의 위치와 별개로 존재하지 않는다. 그는 곧 그의 위치다.[1]

— 가브리엘 마르셀

제임스 조이스의 또다른 자아, 『젊은 예술가의 초상』의 스티븐 디덜러스는 지리 수업시간이 지루하다. 미국의 온갖 장소 이름들 따위는 자신과 아무 상관없는 얘기로 들리기 때문이다. 하지만 그 장소들이 자신과 관련되어 있다면, 자신이 사는 곳이라면 이름 정도 외우는 거야 문제없다. 스티븐은 지리 교과서의 빈 쪽에 이렇게 쓴다.[2]

스티븐 디덜러스
1학년
클론고스우드 칼리지
살린스

킬데어 카운티

아일랜드

유럽

세계

우주

어릴 적 주소를 적을 때 나는 스티븐과 비슷한 체계를 쓰길 좋아 했다. 다만 내가 스티븐보다 더 우주광이어서 내 주소에는 스티븐이 건 너뛴 단계들이 추가로 붙었다("태양계, 오리온 팔, 우리 은하계, 처녀자리 은하단"). 나의 상세한 주소 체계는 분명 우편배달부를 짜증나게 했을 테지 만 나는 즐거웠다. 아이들이 어릴 때 하는 가장 근본적인 질문 중에 "내 가 어디에 있나?"가 있는데, 아이들은 그 답을 극미한 수준인 동네에서 부터 은하계까지 모든 단계에서 알고 싶어한다.

"이 개인적인 열정에 적당한 이름을 붙일 만큼 분별력이 생기기 훨씬 전인 어린 시절에, 우리 스스로를 숨어 있는 지리학자라고 정의하 게 만든 것은 무엇이었을까요?" 1985년 당시 미국지리학자협회 회장이던 퍼스 루이스가 연설에서 이렇게 물었다.[3] 그는 "지도에 대한 본능적인 사 랑"은 이 방정식의 일부일 뿐이라고 말하더니 "두 번째는 우리 모두에게 공통으로 토포필리아topophilia가, 즉 지구에 대한 본능적인 열정이, 더 구 체적으로는 지구 표면의 어떤 마법적이거나 사랑하는 장소에 대한 열정 이 있기 때문"이라고 덧붙였다.

토포필리아는 그리스어로 '장소에 대한 사랑'을 의미하는 말로서 지리학자 이푸 투안이 1974년에 쓴 책에 사용하면서 알려졌다.[*4] 이 개념

에 대해 처음 읽었을 때 나는 인정과 확인을 받는 희열을 느꼈으니, 마치 환자가 무엇인지 알 수 없던 병에 대해 마침내 올바른 진단을 받았을 때 느끼는 기분과 비슷할 거다. 나는 장소에 대해 평생 기묘하게 강렬한 인연을 느껴왔는데, 이 기분에 근사한 그리스어 단어를 붙일 수 있다니 얼마나 안심이 되던지. 퍼스 루이스는 자신이 어릴 때 여름을 보내던 미시간 호숫가 흰 모래언덕에서 지리학자로 벼려졌다고 고백했다. 나에게 있어서 태곳적 풍경은 내가 자란 미국 서북부 태평양 연안 지역에 있다. 그 풍경은 오리건 주 윌러멧 계곡 우리 조부모님의 농장이 있는 푸른 초원, 특히 워싱턴 주 서부의 가랑비 내리는 삼나무와 전나무 숲인데, 그곳은 이끼와 양치식물로 뒤덮여 있어서 겨울에조차 숲의 바닥이 어린이 공룡책에서 보는 선명한 초록으로 덮여 있었다. 내 심장을 병원 모니터에 연결한다면 심장박동 그래프가 햇살 좋은 날 퓨짓사운드 만 건너편에 보이는 올림픽 산지(미국 워싱턴 주 서북부에 있는 산악 지형―옮긴이)의 뾰족한 등고선처럼 생겼을 것이다. 아니 뭐, 실제로 그렇지는 않을 거다. 그렇다면 멋지긴 하겠지만 건강에는 치명적일 테니까.

　젊은 토포필들은 그들이 환경에 둘러싸여 있다는 것을 최초로 인식하게 만든 바로 그 환경에 의해서 가장 크게 형성된다. 농장 가금류가 그렇듯이 그 환경이 그들에게 각인되는 것이다. 새끼 오리는 부화하자마자 한두 시간 안에 처음으로 본 움직이는 물체를 따라다닌다. 그게 엄마 오리라면 다행이지만 다른 무언가면, 일요일 아침 웃기는 뉴스에서 돼지나 트랙터를 졸졸 따라다니는 새끼 오리들을 보게 되는 것이다. 내가 일

---

* 하지만 이 단어가 처음 등장한 것은 이미 30년 전이었으니, 다름 아닌 W. H. 오든이 동료 시인인 존 베처먼의 작품 속에서 장소가 강하게 느껴지는 것을 이야기하기 위해 처음으로 사용했다.[5]

곱 살 때 우리 가족은 시애틀에서 서울로 이사했다. 그뒤로 나는 세계 곳곳에서 살았는데 싱가포르, 스페인, 솔트레이크시티까지 다양하다. (전부 '시옷'으로 시작하는 것은 일부러 짠 게 아니고 그냥 우연이다.) 이 장소들은 저마다 분명히 다르고 아름다운 풍경을 지녔고 열대 정글부터 마치 화성 같은 소금 평원까지 다양했으며 나는 그 모든 장소를 즐거이 탐험하고 다녔다. 하지만 너무 늦은 일이었다. 나에게는 이미 지구상의 다른 장소가 각인되었다. 장소와 사랑에 빠지는 것은 사람과 사랑에 빠지는 경우와 비슷하다. 그 사랑은 일생에 여러 차례 일어날 수 있지만 첫 번째 사랑만 한 것은 없다.

내 인생 초반의 풍경들은 지금도 잠들었을 때조차 내 마음이 떠돌아다니는 지도다. 내가 몇 년 동안 일했던 사무실 칸막이나 지금 사는 집에 대한 꿈은 거의 꾸지 않는다. 내 꿈은 그보다 훨씬 더 유년기를 배경으로 한다. 햇살이 비치는 조부모님의 집 부엌이나 초등학교 건물 복도처럼 말이다. 그리고 지리는 내 꿈속에서 유난히 생생한 요소다. 깨어날 때 꿈에서 만난 사람들을 기억하거나 꿈에서 일어난 뒤죽박죽인 사건들을 기억하는 일은 거의 없지만, 내가 어디에 있었으며 어디로 가고 있었다는 느낌은 언제나 무척 강렬하게 남는다. 나는 시애틀, 샌프란시스코, 뉴욕 같은 대도시 내에서 실제로는 존재하지 않는 동네를 배경으로 한 꿈을 몇 년이 지나도록 기억한다. 그 꿈속에서 나는 언제나 내가 그 도시의 지도상으로 어디에 있는지 매우 정확하게 인지한 채로 움직이며 내가 그곳에 전에도 여러 차례 가봤다고, 꿈속에서 으레 그러듯이 확신한다.

물론 모두가 이런 식으로 생각하는 건 아니다. 우리 모두에게는

각자의 정리 체계가 있다. 역사광이라면 머릿속에서 뭐든지 연대기적으로 분류한다. ("어디 보자, 그 일은 1984년 여름이었던 게 틀림없어. 왜냐하면 미식축구팀 콜츠가 인디애나폴리스로 옮겨간 이후지만 아직 「빌 코즈비」 쇼가 첫 방송을 하기 전이니까…….") 내가 「제퍼디!Jeopardy!」에 출연할 때 만난 퀴즈광들은 잡다한 상식의 귀재였는데, 이는 그들이 연상기억에 뛰어나기 때문이다. 그런 사람들은 새로운 사실을 주제별로 저장하고 다시 불러오는 재능을 타고난다. 새로운 사소한 정보들이, 예를 들면 땅콩이 기억의 그물망에 들러붙는 것은 서커스와 지미 카터, 땅콩버터처럼 주제상으로 비슷한 정보의 묶음에 연결되기 때문이며, 그 연결은 다시 애넷 퍼니셀로와 조지 워싱턴 카버 등으로 계속해서 이어진다.*

하지만 세계를 장소로 정리하는 사람도 있다.

"학생이 내 사무실에 들어와서 '저는 언제나 지리가 좋고 지도가 좋았어요. 어릴 때부터요'라고 말할 때마다 1달러씩 주고 싶어요." 이 말을 한 키스 클라크는 캘리포니아주립대 샌타바버라 캠퍼스 지리학 교수이며 미국측량협회의 잡지 『불러틴Bulletin』에 '지도박사에게 물어보세요'라는 칼럼을 쓴다. "내 생각에 이들은 공간적으로 사고하는 사람들입니다."

훌륭한 공간 기술은 측정하기 쉽다. 당신이 받아본 모든 지능검사에는 당신의 공간지각을 측정하려고 고안된 골치 아픈 회전 문제, 단면도 문제가 있었을 것이다. 공간지각이 뛰어난 사람은 일반지능에서는 떨

---

* 영화 보면서 팝콘을 먹듯이 서커스 보면서 땅콩을 먹었던 미국인의 모습에서 서커스가, 대통령 취임 전후에 땅콩 농장을 경영한 데에서 지미 카터가, 땅콩버터 광고로 유명해진 데에서 미국의 배우 애넷 퍼니셀로가, 땅콩으로 수많은 식품과 제품을 만들어낸 데에서는 농학자인 조지 워싱턴 카버가 연결된다 —옮긴이.

어진다 해도 또래보다 수학이나 과학 활용 비중이 높은 길로 나갈 가능성이 훨씬 높다. 그들은 기술자, 지질학자, 건축가가 될 가능성이 크며 심지어 치과의사도 해당되는데, 그건 치과시험에 공간 관련 문제가 많기 때문이다. 치과의사가 근관 치료를 하다가 갑자기 "잠깐만, 어느 어금니라고 하셨죠? 그게 어느 건지 잘……. 머리를 저랑 같은 방향으로 맞춰서 좀 돌려주실래요?"라고 말하는 소리를 듣고 싶은 사람은 없을 테니까.

예리한 공간지각의 소유자에게 기계와 어금니는 남보다 쉽게 이해할 수 있는 대상일 테지만, 그들에게 있어서 지도는 정말 살아서 다가오는 대상이다. 그들이 지도를 대하는 방식은 다른 사람들이 지도를 대하는 방식과 다르다. 그들은 지도의 점과 선에 바로 자신의 시야를 투영시킬 수 있으며 지도상의 영토가 실제로 어떻게 펼쳐질지 생생하게 그려낼 수 있다. 크리스토퍼 콜럼버스의 전기를 쓴 바르톨로메 데 라스카사스는 콜럼버스가 이탈리아의 수학자 파올로 토스카넬리가 보내온 해도를 보고 영감을 받아 첫 대서양 항해에 나섰다고 썼다. "그 지도는 콜럼버스의 마음을 타오르게 했다."[6] 또 이런 구절도 적었다. "콜럼버스는 그 지도에 표시된 섬들을 자신이 찾아야 한다는 데 한 치의 의구심도 없었다."[7] 분명 콜럼버스는 지도를 보자마자 그 세계로 곧장 들어갈 수 있는 사람들 가운데 하나였던 것이다. 그로 인해 역사의 진로가 바뀌었다.

물론 모두에게 이런 재주가 있는 건 아니다. 만일 당신이 쇼핑몰 지도 앞에 10분 동안 서 있어 봤다면, 찾고 싶은 음식점이 왼쪽에 있는지 오른쪽에 있는지를 고개를 이리저리 기울이면서 파악해보려고 애썼지만 헛수고였다면, 그게 얼마나 좌절감을 안겨주는 경험인지 알 거다.[*] 그런 경험을 반복해온 사람이라면, 특히 그게 어린아이라면 재미로 지도

를 보려 하지는 않을 것이다. 도리어 무슨 수를 써서든 지도를 피하려고 들 거다. 하지만 '카르토필리아'를 지닌 사람은 아프리카 지도에서 잠베즈 강을 손가락으로 짚어 따라가는 동안 그 풍경을 생생하게 그려낼 수 있다. 뱀처럼 구불거리며 정글을 달리는 강을 따라 래프팅 하는 장면, 시야를 가리는 물안개 속에서 빅토리아 폭포의 포효가 점점 더 귀를 멀게 하는 기분을……. 하지만 당신에게 지도의 강이 그저 구불구불하게 그려진 파란 선에 지나지 않는다면 아예 이야기가 다르다.

그렇다고 해서 쇼핑몰에서 길을 잃을 때마다 절망할 필요는 없다. 노스웨스턴대의 심리학·교육학 교수 데이비드 우탈이 이렇게 말했다. "이런 기술을 습득할 수 있다는 엄청난 증거가 있어요. 사람들이 지닌 가능성은 극도로 일부만이 사용되고 있거든요."

우탈이 내게 말해준 바에 따르면 지도 읽기에 아주 젬병인 사람이나 공간지각이 떨어지는 사람도 학습에 학습을 반복해서 "상대적으로 단순한 간섭에 대해서는 빠르고 능숙하게" 반응할 수 있다. 이건 "연습이 완벽을 만든다"를 학자답게 옮긴 말이다. 대학 신입생을 대상으로 기본 공간지각 검사를 실시하고, 그 학생들에게 단기 공학그래픽 기초 수업을 수강하게 한 뒤 같은 검사를 다시 시행해보라. 점수가 두드러지게 올라갈 것이다. 2000년 한 유명한 연구에서 런던 시가지를 백과사전처럼 알아야 하는 면허시험을 통과한 런던 택시운전사들의 뇌를 보여주었

---

* 몇 세기 전이라면 익숙하지 않은 지역에서 길을 잃을 경우 더 큰 대가를 치러야 했다. 경로에서 벗어날라치면 강도를 당하거나 배가 침몰하거나 굶주린 늑대한테 먹힐 수도 있었으니까 말이다. G. 맬컴 루이스는 지도를 인류가 미지에 대한 공포에 맞서기 위해 스스로에게 놓는 예방주사라고 주장했다. 새로운 지역을 표시한 지도를 쳐다보면서 그 지역에 대한 공포에 맞서도록 스스로를 몰아가는 것인데, 이런 행동치료 요법을 오늘날에는 '탈감각화'라고 한다.

는데, 그들의 해마는 런던 사람의 평균보다 눈에 띨 정도로 컸다.[8] (바다에 사는 해마와 닮은 뇌 측두엽의 해마는 길 찾기 기능의 핵심이다.) 사실 택시운전사의 해마는 그 일을 오래할수록 계속 커진다. 어쩔 때는 크기가 중요한 법이다.

우탈 교수는 이렇게 말했다. "내 생각에는 지도를 볼 줄 모른다고 말하는 사람은 그냥 지도를 보고 싶지 않은 거예요. 그런 사람이 지금 당장 시도해볼 수 있는 연습이 많은데, 나한테 그들을 연구할 시간을 2주만 주면 증명할 수 있어요."

나는 우탈 교수의 2주 처방을 내 아내 민디에게 시험해보기로 했다. 먼저 말해두자면 민디는 여러 면에서 아주 멋진 여자다. 매일 아침이면 새들이 지저귀며 우리 침실 창문으로 날아들어서 민디가 옷을 갈아입는 것을 도와주고 그녀가 아침을 만드는 동안에는 숲속 친구들이 그녀와 함께 흥겹게 휘파람을 분다. 하지만—이걸 어떻게 표현하면 좋을까?—그녀의 여러 가지 뛰어난 자질 가운데 방향 감각은 우선순위가 높지 않다. 최근 우리가 파리로 여행을 갔을 때 지하철에서 민디는 몇 번이나 우리를 엉뚱한 방향으로 데리고 가서, 결국은 내가 길 찾기 권한을 넘겨받았다. 나는 파리에 처음 갔고 민디는 거기서 몇 년을 살았는데도 말이다. 하긴 민디의 기묘한 부정확성이 유용할 때도 있긴 하다. 운전하다가 길을 잃으면 민디한테 우리가 어디로 가야 한다고 생각하는지 물어보고, 그녀가 말한 방향과는 **정반대로** 차를 돌리면 된다.

하지만 워싱턴 D. C.에 친구들을 만나러 가는 가족 여행 때 민디에게 다시 기회를 줄 참이다. 그래서 어느 금요일 밤, 우리는 도로 지도를 간신히 *끄집어내서*(제닝스 집안의 주말은 꽤 정신 없이 돌아간다!) 함께

지형을 연구한다. 광역 워싱턴 D. C. 지역에는 주 이름이 붙은 대로들이 대각선으로 놓여 있어서 다른 도로들과 이상한 각도로 만나기 때문에 길 찾기가 꽤 까다롭다. (과학자들은 인간이 대각선을 이해하는데 그리 능란하지 못하다는 것을 알고 있다.[9] 인간 뇌에는 수평과 수직 배열에 가까운 신경이 대각선으로 배열된 신경보다 훨씬 많다.*) 하지만 우리는 워싱턴 시내 중심가에서 시간을 충분히 보낼 계획이다. 그곳은 시험용으로 완벽한 장소다. 작고 밀집되어 있으며 질서정연하고 사방에 유명한 랜드마크가 있다.** 지도를 보며 우리는 유명한 건물이 어디에 있으며 지하철역은 어디 있고, 알파벳이 붙은 도로와 숫자가 붙은 도로가 어떻게 배열되어 있는지 세심하게 살핀다.

우리는 끈질기게 연습을 반복한다. "민디, 당신은 항공우주박물관에서 국립미술관을 바라보며 서 있어! 연방의회를 가리켜봐! 그렇지. 그럼 이제 어느 쪽이 링컨기념관이지? 맞았어!"

영화 「록키」의 음악이 울려퍼진다. 우리는 줄넘기를 하고 허공에 주먹을 날리는 연습을 한다. 이 작은 연습에 2주가 걸리지는 않았다. 아마 한 시간쯤이었을 거다. 하지만 데이비드 우탈 교수의 말은 옳았다. 만

---

*　얼른 답해보라. 로스앤젤레스는 리노의 동쪽인가 서쪽인가? 남아메리카가 서쪽 해안에 자리한 에콰도르에서 정북 방향으로 여행한다면 가장 먼저 만나는 미국의 주는 어디인가? 이런 식의 지리 수수께끼를 본 적이 한 번도 없다면 이 문제의 답(동쪽, 플로리다 주)은 당신의 직관이 말한 답과 반대일 것이다. 이런 착각이 일어나는 근본적인 원인은 우리 뇌가 대각선 관계를 기억하거나 적용하지 못하기 때문이다. 우리 뇌는 대각선 관계를 단순화하기 때문에, 캘리포니아 주는 네바다 주 서쪽에 있고 남아메리카는 북아메리카의 남쪽에 있다고 기억한다. 실제 지구상에서 그들의 배열은 뇌가 기억하는 것처럼 수직 또는 수평적이지 않다.

**　네덜란드 출신 지리학자 하름 더블레이가 주장하길, 예상과는 달리 미국인이 유럽인보다 훨씬 나은 타고난 방향 감각이 있는데, 이는 미국인이 질서정연하고 격자무늬처럼 도로가 놓인 도시를 더 많이 다녀봤기 때문이라고 한다.[10] 구불구불한 자갈길은 길 찾기 기술을 연마하는 데 도움이 안 되고 그저 사람들이 손을 높이 휘저으며 "Zut alors(맙소사)!"라거나 "Ach du lieber(아이쿠)!"라고 외치며 포기하게 만들 뿐이다.

반의 준비를 한 민디는 워싱턴에서 백악관, 워싱턴기념관, 스미스소니언 박물관의 아주 많은 푸드코트에서 나와 아이들을 자신 있게 안내했다. 한번은 워싱턴 시내 페더럴트라이앵글에서 지하철역을 나와 방향 감각을 잃었는데 잠깐 망설이다가 잘못된 방향으로 갔다. 그런데 민디가 멈춰 서서 마치 제다이가 '포스'를 쓸 때처럼 눈을 질끈 감더니 뒤를 가리키며 "국립보존기록관은 저쪽 아닌가?"라고 물었다. 나는 그녀를 믿지 못했지만 우리가 모퉁이를 돌았을 때 내 실수를 깨달았다.

　"아, 내가 맞았어!" 민디는 새로운 힘을 얻어서 의기양양하다. "내 방향 감각이 그렇게까지 나쁜 건 아니었나봐. 내가 충분히 신경써서 노력했다면 말이야." 크리스마스를 싫어하는 못된 괴물 그린치의 심장처럼, 민디의 해마는 그날 세 배쯤 커졌다.

　세 살배기에게 지도를 보여주면 그 아이는 뭐라고 할까? 십중팔구는 어떤 특별한 훈련이 없어도 지도가 어느 장소를 표현한다는 것을 이해할 것이다. 일반적으로 아이는 그게 어디인지는 모른다. 어느 연구자에 따르면 시카고 지도는 아프리카로 오해될 때가 많은데, 피실험자인 아이들에게 그들이 사는 펜실베이니아 주의 지도를 보여주었을 때 "캘리포니아 주, 캐나다, 노스코스트 지역"을 그린 지도라고 하는 아이도 있었다. 또한 그 아이들은 각도나(하늘에서 본 직사각형 모양의 주차장을 문이라고 생각했다) 상징이나(각 주를 다른 색으로 칠한 것이 아이들에게는 잘 이해되지 않았다) 축적을("그 선이 도로일 순 없어요. 우리 집 차가 그 안에 들어갈 리 없잖아요!") 이해하지 못한다.[11] 하지만 아이들은 그게 어느 장소에 대한 일종의 그림이며, 그것을 보며 길을 찾을 수 있다는 사실을 이해한다.

만 세 살보다 어리다면 아이들은 종이 한 장이 어느 지역을 나타낼 수 있다는 발상을 이해하지 못한다. 걸음마를 하는 아이에게 그림자나 사진 같은 2차원의 물체를 보여주면 아이는 마치 그 사진이 실제이며 입체인 것처럼 손을 뻗어 잡으려고 한다. 말이 되는 것이, 지도나 사진 같은 2차원의 묘사는 상대적으로 상당히 최근에 일어난 혁신이다. 진화론적으로 우리 본능은 아직 거기까지 따라잡지 못했다.

　　오랫동안 과학자들은 아주 어린아이들이 아무 훈련 없이도 지도를 이해할 수 있다는 사실을 근거로 지도 그리기가 선천적이라고 생각했다.[12] 하지만 새로운 연구에서 사실은 그렇지 않으며, 모든 인간이 지도를 그리지는 않는다는 의견이 나오고 있다. 인류학자들이 고대 잉카의 결승문자 키푸quipu, 오스트레일리아 남부 원주민의 표지 말뚝 토아toa, 아프리카 루바족의 기억장치 판 루카사lukasa 등 전 세계의 다양한 유물에 지리적인 의미가 있다는 것을 알아차리기 시작했지만, 그 유물들은 지도라고 부르기에는 한참 거리가 멀다. 맵헤드들의 호기심을 자극하는 유물 가운데 렙벨립rebbelib이라고 불리는 마셜 군도의 막대기 지도가 있다. 코코넛 잎과 조개껍질로 이뤄진 격자무늬의 그 유물은 길리건의 섬*의 지도를 그리기 위해 '박사님'이 만들었을 법하게 생겼는데, 알고 보니 그것은 마셜 군도의 카누 항해사들이 오랜 세월 활용해온 바다의 물결을 상세하게 표시한 지도였다. 이들이 공해상에서 단지 물결의 패턴을 보고 이 산호섬에서 저 산호섬까지 길을 찾을 수 있었다는 것은 놀랍지만, 태평양

---

* 「길리언의 섬」은 1960년대 미국 TV시트콤으로, 선원 두 명과 승객 다섯 명을 태운 배가 호놀룰루를 출발했다가 난파를 당해 무인도에 조난당하는 이야기다. 승객 가운데 한 명인 '박사님'은 고등학교 과학 교사다 ─ 옮긴이.

에 존재하는 다른 섬 수백 곳 가운데 어느 한 곳에서도 태평양 지도가 발견되지 않았다는 점도 마찬가지로 흥미롭다.[13] 보아하니 어떤 사람들은 지도가 없어도 문제없이 다녔던 모양이다.

"지도 제작은 인간에게 읽기가 선천적이라고 할 때와 같은 의미로 선천적일 겁니다. 그리고 이건 아주 복합적인 의미를 담고 있죠. 글 읽기는 당연히 선천적이지 않지만, 그 기반인 언어 자체는 선천적이니까요." 우탈 교수의 말이다.

그렇다면 지도 제작의 어느 부분이 (역사상 꽤 최근에 일어난) 문화적 혁신이 아니라 언어처럼 본능이라는 것일까? 우선 말해보자면 우리는 모두 마음의 지도를, 즉 내 주변 환경의 모형을 만들어서 머릿속에 저장한다. 하지만 그런 머릿속의 구조를 '지도'라고 하기는 애매한데, 왜냐하면 마음의 지도는 종이에 그려진 지도와 별로 닮은 구석이 없기 때문이다. 거기에는 아무런 기호도 없고 랜드마크조차 없을 때도 있다. (대충 접어서 서랍에 쑤셔넣을 수도 없지 않은가.) 내가 아는 사람들 가운데 방향 감각이 최고인 니파이 톰프슨에게 마음의 눈으로 보는 머릿속 지도는 어떠냐고 물었더니, "그건 1인칭 총쏘기 게임처럼 어깨 너머로 보는 시점이야. 위에서 보는 조감도가 아니고"라고 대답했다.

물론 인간은 기록된 지도를 만들기 수백만 년 전부터 마음의 지도를 만들어왔다. 인류 역사상 최초로 어느 털북숭이 인류의 조상이 장애물이나 천적을 피하기 위해 사냥 경로를 바꾸기로 마음먹었을 때, 그는 마음의 지도를 그렸다. 사실, '인지 지도cognitive map'라는 단어는 1940년에 처음 쓰였을 때 인간과 관련해서가 아니라 미로에서 길을 찾아내는 놀라운 능력을 보여준 실험실 쥐에 대해 사용되었다.[14]

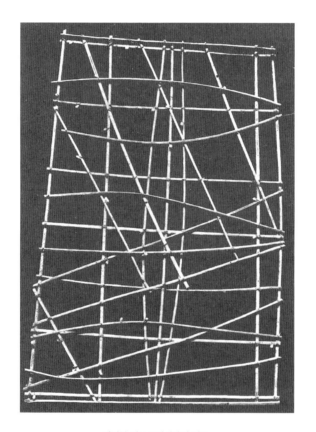

태평양 미크로네시아의 지도.
작은 조개껍데기는 섬을, 대나무 막대기는 해류를 나타낸다.

동물들이 길 찾는 재주가 정말 뛰어나다는 것은 이미 잘 알려진 사실인데,[15] 심지어 최고로 영리한 인간 추적자라 해도 동물에 비하면 생일 파티에서 눈을 가린 채로 잡기 놀이를 하는 네 살짜리나 다름없다. 붉은바다거북 새끼들은 플로리다 주에서 부화하자마자 바로 장장 1만 2800킬로미터에 달하는 북대서양 여행길에 나서서, 아프리카 해안까지 갔다가 10년이 지나서야 고향으로 돌아온다. 혼자 여행을 떠나는 붉은바다거북 새끼는 출발할 때 크기가 5센티미터도 채 되지 않지만 길을 잃는 일은 없다. 과학자들이 흑곰 몇 마리를 고향인 미네소타 주의 숲에서 수백 킬로미터 떨어진 곳으로 이동시킨 적이 있는데, 그 흑곰들은 대부분 곧바로 고향으로 돌아갔다. 1953년에 영국 조류학자 R. M. 로클리는 친구이자 유명한 미국인 클라리넷 연주자 로사리오 마체오가 다음 날 보스턴행 비행기를 타고 집에 돌아간다는 말을 들었다. 당시 바닷새인 슴새의 회귀본능을 연구하던 로클리는 그 기회를 놓치지 않고 마체오에게 슴새 두 마리를 들려보냈다. 나중에 마체오가 편지에 이렇게 적었다. "그날 저녁에 새들을 내 좌석 아래에 신고 미국으로 날아왔네. 한 마리만이 그 여행에서 살아남았다네." (기억해둘 것: 다음번에 내가 여행 갈 때 목관악기 연주자에게는 애완동물을 맡기지 말자.) 마체오는 살아남은 슴새 한 마리를 보스턴 로건국제공항의 동쪽 끝에서 날려보냈고 그 새가 곧장 바다를 향해 날아가는 광경을 지켜봤다. 2주가 채 지나지 않아 그 새는 영국에 있는 둥지로 돌아왔다. 그때 로클리는 런던을 떠난 마체오에게서 아직 소식을 듣기 전이었다. 깜짝 놀란 로클리는 마체오가 영국 어딘가에서 새를 놓아줘야 했던 모양이라고 짐작했다. 하지만 바로 그날 마체오의 편지가 미국에서 도착해 그 슴새가 잠깐이나마 보스턴에 머물렀다

는 사실을 알려주었다. 그 새는 편지보다 빨리, 12일 하고 한나절 만에 5100킬로미터를 가로질러 집에 돌아온 것이다.

월트디즈니 영화에 나올 법한 장면인 새들의 장거리 이주 말고도 공간 기억이 부릴 수 있는 재주는 많다. 프릴핀 망둥이는 일반적으로 대서양 해안을 따라 바위 사이 작은 웅덩이에 서식하는 작은 열대어다. 천적이 나타나거나 웅덩이의 수위가 낮아져 위협을 느끼면 이 망둥이는 놀라운 방어 기제를 발동시키는데, 마치 제임스 본드가 애스턴 마틴의 비상탈출용 좌석에서 날아오르는 것처럼 공중으로 높이 뛰어오른다. 당신이 어릴 때 자살 성향의 금붕어를 키워봤다면 물고기가 언제나 정확하게 점프하지는 않는다는 걸 알 텐데, 하지만 프릴핀 망둥이는 언제나 안전한 다른 물웅덩이로 정확하게 뛰어든다. 때로는 물웅덩이를 여섯 개까지 연달아 건너뛰어서 개방수역에 뛰어들기도 한다.[16] 물고기는 당연히 자기가 들어 있는 물웅덩이 밖을 볼 수 없을 텐데, 그렇다면 어떻게 그렇게 확신에 차서 도약을 할 수 있는 것일까? 정답은 사전에 계획했기 때문이다. 프릴핀 망둥이는 만조 때마다 주변 환경을 탐색해서 조수가 빠져나가는 경우 어느 방향이 가장 안전할지 파악하고 기억해둔다.

하지만 길 찾기에 놀라운 재주를 보인다고 해서 그 동물이 복잡한 인지 지도를 사용한다는 의미는 아니다. 예를 들어 클라리넷 연주자가 날려 보낸 슴새는 이전에 한 번도 본 적이 없는 북대서양을 횡단했다. 그 새는 본능에 의존했던 것이지 과거의 경험으로 구성한 마음의 지도를 사용하지는 않았다. 우리는 이제 많은 철새가 태양의 위치를 나침반으로 사용하며, 도중에 있는 서식지의 풍경과 냄새도 지표로 삼는다는 것을 안다. 새끼 거북은 지구 자기장이 아주 미묘하게 달라지는 것도 느낄 수 있다. 수영장 근처에 강력한 자석을 두면 붉은바다거북이 방향을 바꾸게 할 수 있다.*

우리 인간은 동물이 사용하는 방법 가운데 상당수를 똑같이 사용해 방향을 찾는다. 다만 우리는 동물만큼 뛰어나지 못하다. 우리한테는 집을 찾아오는 비둘기 부리에 있는 자철석 같은 게 없지만, 그 점을 제외하면 큰 원칙은 같다. 얼마 전 우리 가족의 워싱턴 D. C. 여행을 예로 들어보자.

● 워싱턴에 도착한 첫날 우리는 지하철역에서 항공우주박물관까지 걸어 갔다가 그다음에는 자연사박물관으로 걸어갔다. 지하철역으로 돌아갈 때 우리는 왔던 길을 거슬러 두 박물관 쪽으로 가지 않았다. 우리는 왔던 거리와 방향을 속으로 계산하여 곧장 지하철역을 향해 걸어갔다. 농게부터 얼룩다람쥐에 이르기까지 동물들도 비슷한 재주를 부릴 수 있는데, 다만 인간보다 훨씬 더 정확하다. 예를 들어 개미는 200미터(인간 기준으로 환산하자면 마라톤 거리 정도 된다)를 이리저리 헤매고 다니다가 어느 지점에서든 돌아서서 직선으로 정확하게 시작점으로 돌아갈 수 있

---

* 튀니지 사막 개미의 기묘한 귀소본능은 오랫동안 동물의 왕국에서 신비로운 길 찾기 능력으로 손꼽혔다. 개미 종은 대부분 다른 개미가 남긴 냄새의 흔적을 좇아서 집으로 가는 길을 찾는데, 바람 부는 모래사막인 사하라에서는 그 방법이 먹힐 리가 없다. 스위스 동물학자 뤼디거 웨너는 몇십 년 동안 튀니지 사막 개미가 내장한 주행기록계의 비밀을 풀기 위해 일련의 독창적인 실험을 시도했다. 우선 그는 그 개미들이 지나가는 주변 풍경을 관찰하는 속도인 '광학적 흐름'에 기반해 거리를 파악하는지 확인하려고, 개미의 눈을 작은 페인트 '눈가리개'로 가렸다. 혹은 신진대사량에 기반해서 거리를 파악하는지 보려고 개미 하나하나에 아주 작은 배낭을 지우기도 했다. 마침내 웨너의 연구팀은 개미의 보폭을 바꿔보려고 뻣뻣한 돼지 털 하나로 만든 아주 작은 장대를 개미 다리에 달았다. 빙고! 장대를 달고 걷는 개미들은 목적지를 심하게 벗어나서 멀리 가버렸고, 그들이 어떤 타고난 기제로 발걸음 수를 세서 이동 거리를 파악한다는 것을 증명했다. 이 실험에서 최고의 소득이라면 그 연구팀에게 이제 개미 크기의 예쁜 패션 액세서리 세트가 생겼다는 것이다.

다. '경로 통합path integration'이라고 하는 이 능력은 채집 동물에게 매우 중요하다. 먹이를 찾기 위해 광대한 영역을 배회하더라도 먹을 것을 충분히 찾고 나면 곧장 집으로 돌아갈 수 있어야 하기 때문이다.

• 우리가 타이들베이슨 호수나 워싱턴기념관을 기준으로 어디 있는지를 봐서 위치를 재확인할 때도 우리는 동물들에게 보편적인 재주를 따라 했다. 바로 랜드마크를 이용하는 방법이다. 예를 들어 어치나 잣까마귀의 많은 종이 '산발 축적가'인데, 이 말은 그 새들이 한겨울을 보내기 위해 많게는 무려 8만 곳에 작은 식량 저장고를 마련한다는 뜻이다. 이 새들은 숨겨둔 별미를 찾아낼 때 랜드마크에 크게 의존한다. 그러니 만약 근처에 있는 시각적인 표식이 변형되면 그곳에 숨겨둔 식량은 영원히 못 찾는다.

• 심지어 우리는 그 여행에서 습새들이 그러듯이 가장 기본적인 천문 항법까지도 좀 썼다. 늦은 오후인데 지금 해가 어디에 있나? 그렇다면 백악관은 저쪽이다.

그날 하루가 끝나갈 때쯤 우리는 워싱턴 시내에 대해 꽤 감을 잡았다. 심지어 민디는 우리가 가본 기념물 두 곳을 연결하는 길을 다른 랜드마크나 태양 나침반에 의존하지 않고도 찾을 수 있게 되었다. 어떤 동물이 이렇게 할 수 있는지는 확실히 모르겠다. 딱히 동물들한테 물어볼 수 있는 것도 아니니까. 현재까지 합의된 바로는 포유동물이 그리고 아마 꿀벌 같은 몇몇 곤충도 지도 같은 모형의 관점에서 사고할 수 있다고 한다. 개와 침팬지를 대상으로 이를 반복한 실험이 있는데, 연구원이 동물 한 마리를 동반하고 울타리 안에서 여러 지점에 먹이를 숨기며 다

넜다. 먹이 은닉처 한 곳에 동물을 데리고 갔다가 다시 시작점으로 돌아오고, 다른 은닉처로 데리고 갔다가 다시 시작점으로 돌아오는 식이었다. 그 동물을 풀어주자 함께 걸어다니며 안내를 받지 않은 다른 피실험 동물보다 먹이를 훨씬 잘 찾았다. 당연했다. 하지만 더 시사하는 바가 큰 결과는 개나 침팬지는 먹이와 시작점 사이에서 안내받았던 길을 그대로 되짚어가지 않았다는 점이다. 시작점으로 한 번도 되돌아오지 않으면서 한 곳에서 가까이에 있는 다른 먹이 은닉처를 바로 찾아가는 효과적인 새 경로를 찾아냈다.[17]

"모든 동물 종에게는 뛰어난 분야가 있어요. 길 찾기에 있어서는 인간이 진화의 사다리에서 가장 꼭대기에 있지 않죠." 데이비드 우탈 교수의 말이다. 이건 굳이 말하지 않아도 알 만한 이야기다. 왕연어는 물살을 거슬러 1600킬로미터를 헤엄쳐서 후각만으로 자신이 태어난 곳을 찾을 수 있지만 인간은 식료품점에 고작 10분쯤 있다가 나와도 조금 전에 주차장 어디에 차를 세워두었는지 못 찾아서 쩔쩔매는 경우가 있으니까. "하지만 다른 동물 종에는 없지만 인간에게 있는 것은 바로 문화입니다. 우리는 정보를 공유할 수 있으며 그 덕분에 놀라운 융통성을 발휘할 수 있죠."

여기에서 지도 제작이 시작된다. 인간이 마음 속 지도에서 정보를 가져다가 종이 위에 (아니면 동굴 벽이나 진흙 판에) 기록할 때부터 완전히 다른 게임이 시작되는 것이다. 물론 꿀벌은 춤을 춰서 지리 정보를 같은 벌집의 동료들과 공유할 수 있지만 꿀벌의 춤을 해석해 노벨상을 받은 카를 폰 프리슈에 따르면 꿀벌의 춤은 단 세 가지 정보, 태양의 위치를 기준으로 한 먹이의 방향, 거리, 그 먹이의 질을 알려줄 뿐이다. 인간

이 다른 인간을 위해 만드는 지도는 그보다 훨씬 더 목적이 다양하다. 내가 어릴 때 타잔 스타일의 모험을 상상하느라 사용했던 아프리카 남부의 지도는 환경운동가가 토지 이용도를 연구하는 데 쓰이거나 여행자가 사파리를 계획하는 데 쓰이거나 군 전략가가 쿠데타나 침략을 준비하는 데 쓰일 수도 있다. 인간의 지도에는 단 한 가지가 아니라 수천 가지 가능성의 경로가 존재한다.

마음 속 지도에 있는 지리 정보를 다른 이에게 표현할 수 있는 방법도 무수히 많다. 글로 묘사하거나 몸짓으로 보이거나 아니면 노래 가사에 담거나 인형극을 할 수도 있는 일이다. 하지만 그 정보를 나누는 용도로는 지도가 매우 직관적이며 간편하며 강력한 방법이라는 것이 증명되었다. 지도는 인간이 '타고나는' 본능이 아니라고 강조한다고 해서, 임의로 내려진 수많은 문화적 결정의 부산물로서 지도가 우연히 생겨났다고 결론을 내릴 충분한 근거는 되지 못한다. 나는 그건 요점을 놓쳤다고 생각한다. 인간이 선천적으로 타고나는 것이 아니라고 해도, 최적이 아니라거나 필연적인 도구가 아니라는 의미는 아니다.

잠시만 시간을 되짚어서 지난 세기 중반으로 돌아가보자. 지금이야 지구 궤도에서 촬영한 사진이 흔하니까 당연하게 보고 넘기지만 우주 개발 경쟁이 시작되기 전에는 우리 고향별을 저 높은 곳에서 내려다본, 즉 광역 지도 시점에서 본 지구인은 없었다. 그 시절의 과학 영화나 만화를 보면 십중팔구는 지구를 유니버설 영화사의 로고나 교실에 있는 지구본처럼 **구름** 하나 **없이** 그려놓은 것을 볼 수 있다. 우리는 지구가 저 밖에서는 어떻게 보이는지 전혀 모르고 있었던 거다! 하나의 종으로서 우리는 데이브 샤펠의 유명한 단막극 코미디 「샤펠 쇼」의 캐릭터와 맞먹는다. 시각 장애인 KKK단원으로, 정작 자신이 흑인인 줄은 모르는 남자 말이다.

하지만 1962년 존 글렌이 인류 역사상 최초로 지구 궤도를 돌았을 때, 그는 아래를 내려다본 뒤에 놀라서 버뮤다관측소에 이런 말을 전했다. "플로리다 주가 한눈에 마치 지도처럼 펼쳐진 것을 볼 수 있다."*[18] 이 말이 함축한 지도의 정확함에 대해 생각해보라. 플로리다 주의 실물을 처음 보는 순간 존 글렌에게 가장 먼저 떠오른 생각은 바로 플로리다 주의 지도와 비교하는 것이었다. 그 한 문장으로 그는 지도가 수 세기 동안 플로리다 주에 대해 기본적으로 옳았다는 사실을 입증했다. 이걸 봤을 때 나는 지도를 단지 문화적 관습이라고 여기는 것은 부당한 대접이라고 생각한다. 물론 지도에서 지금 우리가 당연하게 여기는 몇 가지 특징은 임의로 만들어졌을 수 있다. 시야의 각도나 길을 나타내는 점선이나 물을 나타내는 파란색처럼. 하지만 하나의 종으로서 인간이 세계의 표면을 표현하는 그림에 아주 많이 의존하고 있다는 사실만큼은 인간이 임의로 정한 것이 아니다. 그 그림들은 우리 사고방식에 결정적인 영향을 미친다. 만약 지도가 존재하지 않는다면 그것을 발명할 필요가 있다.

이 사실은 인간이 단지 공간 정보만이 아니라 모든 것을 지도의 형태로 만들려고 시도해온 데서도 증명된다. 수 세기에 걸쳐 삽화가들은 우화적인 지도[19]를 그려왔는데, 그 지도들은 고전 삽화의 아름다움과 세세함에 1980년대 오후 시간대 청소년 방송의 멍청하기 이를 데 없는 절

---

* 독자 여러분은 중국의 만리장성이 지구 궤도에서 볼 수 있는 유일한 인공 구조물이라는 말을 들어봤을 수도 있지만, 그건 말도 안 된다. 미국 최초의 유인 우주비행 계획인 머큐리 계획의 우주비행사들은 기차부터 정유 공장, 티베트 수도원까지 별의별 것을 다 봤다고 보고했다. 고든 쿠퍼가 텍사스 고속도로를 달리는 트레일러 두 개짜리 흰색 트럭이 보인다고 휴스턴 관제센터에 보고했을 때, 나사NASA는 그 우주비행사가 분명 헛것을 보고 있다고 생각했지만 나중에 조사해보니 실제로 그런 트럭이 있었다.

묘함을 정신분열적으로 조합해놓았다. 1700년대에는 연애담을 해도처럼 그리는 것이 유행이었다. 당신이 '결혼이라는 육지'에 상륙하기 전에 도사리고 있는 '질투라는 바위'와 '당혹이라는 사구'를 조심하라! 운 나쁜 선원들은 불행한 이름이 붙은 '자기애의 만'에 자리한 '독신자의 요새'에 고립될 수도 있었다. 금주령 시절에는 금주를 위한 철도 지도가 나왔다. '담배 마을'과 '럼 술단지 호수'를 칙칙폭폭 소리내며 지나갈 때는 '위대한 파괴의 길'이 재미있어 보일지 모르나 그 길은 이내 '구속과 타락, 암흑의 땅'으로 당신을 인도할 것이다. 1910년대 가장 유명한 삽화로는 「성공에 이르는 길」이 있었다. 그 삽화는 '나쁜 버릇'과 '악행'을 지나가고 '자만심'이라는 회전목마를 지나가는 덫이 놓인 길을 묘사했는데, '진정한 지식'이라는 터널을 통해서만 '준비 부족'의 산을 성공적으로 올라 '이상향의 문'으로 들어갈 수 있다. 「심프슨 가족」의 만화가 맷 그로닝이 최근 이 지도를 21세기에 맞게 개작했다. 이제 그 길에서 포부가 큰 사람은 '의욕을 꺾는 부모'라는 들판과 '팔리지 않은 시나리오의 강'을 지나고 '주름살의 집'을 통과하여 '일시적인 명예의 탑'으로 올라갔다가……, 불행히도 '두 번째 음반, 소설, 희곡, 영화의 실망스러운 판매 성적과 그뒤를 잇는 바닥까지 떨어지는 길고도 긴 미끄럼틀(마약 중독은 선택)'을 타고 곧장 아래로 미끄러진다.

　　인생의 모든 측면을 지도로 그릴 수 있는 여정으로 표현하고자 하는 이 욕구는 무엇일까? 아니, 애초부터 중세 기독교 지도가 언제나 그랬던 것처럼 인생 자체를 천국으로 가는 여정이라고 봤던 이유는 무엇인가 말이다. 성경 어디에도 문자 그대로의 이런 비유는 찾아볼 수 없다. (뭐, 엄밀히 따지자면 이건 완전한 진실은 아니다. 올바른 길로 걸어가라는 등의

지금까지 그려진 가장 유명한 우화적인 지도. '도덕성 결여Weak Morals'의 문으로
미끄러지지 않게 조심하라!

구절이 잔뜩 있으니까. 하지만 내가 아는 한 어디에도 신이 이스라엘의 아이들에게 "진실로 내가 말하노니, 인생은 고속도로이니라. 그러니 너희는 그 길을 밤새서라도 달릴지어다"라고 명하는 구절은 없다.)

나는 오랫동안 『천로역정』을 쓴 존 버니언이나 『신곡』을 쓴 단테 같은 저자들이 이처럼 억누를 수 없는 지도에 대한 사랑을 우화적으로 표현해온 것을 원망해왔다. 천국에 걸맞는 인생을 살아내기 위한 안간힘이라는, 교훈적인 데다가 음울하기 그지없는 주제에서 어떻게 해서든 줄거리를 끌어내려고 그 작가들은 '순례자가 나아갈 길'을 탐구하는 이야기에 달려들었으며 여기에 지도 제작자들이 재빨리 뒤따랐다.[*] 나는 궁금하다. 버니언이나 단테가 인생을 지리적인 영토를 통과하는 선형적인 여정으로 표현하기보다 좀 더 전체론적인 무언가로 표현했더라면, 예를 들자면 도서관이나 뷔페로 표현했다면 역사가 어떻게 달라졌을까? (순례자들이 각자 음식을 가져와 여는 파티라던가!) 그 대체 우주에서 서양 문명은 어떻게 펼쳐졌을까? 만일 우리 우주에서 유행한 지리적인 은유 대신 다른 것이 유행했다면—예를 들어 지도 대신 요리 레시피, 지도책 대신 요리책으로 표현했다면—우리는 다른 것을 더 가치 있게 여기며 다른 목표를 향해 가게 되었을까? 그랬어도 유명인들이 인터뷰에 나와서 자신이 "지금 좋은 위치에 있다in a good place right now('be in a good place'는 전성기, 좋은 상황이라는 의미—옮긴이)"라고 말했을까? 아니면 그 대신 "오프

---

[*] 엄밀히 말하자면 단테의 몽환적인 3운구법의 시 『신곡』이 지도 제작술에 관여하지는 않았지만, 그럼에도 단테가 창조한 지옥과 연옥, 천국의 '정확한' 지도를 표현하는 것은 르네상스 시대에 유행한 소일거리였으며 보티첼리부터 갈릴레오까지 그 시대의 명사들이 이 일에 달려들었다. 이는 현대의 셜록 홈스 팬인 '셜로키언'들이 셜록 홈스와 닥터 왓슨을 마치 역사 속 실존 인물인 것처럼 대하며 진지한 논문을 쓰는 것처럼, 가짜 학술 연구라고 할 수 있다.

라, 나는 지금 와플 가게에 있어요"라고 말했을까? ("맛있게 드세요!"라고 찬사를 보내는 관객들의 박수.)

어쩌면 그랬을 수도 있겠지만, 내 생각에는 그래도 나처럼 모든 것을 지리라는 여과 장치를 통해 보는 사람이 있으리라고 본다. 이건 우리 두뇌가 생겨먹은 공간적인 방식 때문이다. 장소에 대한 감각은 인간에게 지나치게 중요하다. 사람들은 케네디 암살이나 인간의 달 착륙, 베를린 장벽의 붕괴 또는 9·11처럼 그들 세대에 큰 의미를 지니는 뉴스와 관련한 자신의 경험을 이야기할 때면 항상 그때 자신이 어디 있었으며 언제 그 소식을 들었는지를 이야기의 틀 안에 집어넣는다. 나는 부엌에 있었어, 체육 시간이었어, 회사로 운전해가던 중이었어. 챌린저호가 폭발했다는 소식을 들었을 때 내가 초등학교 식당에 있었다는 건 그 사건과 아무 관련이 없는데도, 여전히 나는 그 사건을 그렇게 기억하며 다른 사람에게도 그렇게 이야기한다. 내가 있던 장소를 언급하는 것은 나를 그 이야기와 연관되게, 그 이야기 안에 자리잡게 한다.

그리고 지도는 단지 장소를 이해하는 도구라기에는 너무나 편리하며 구미가 당기는 대상이다. 그 안에는 긴장감이 존재한다. 그게 쇼핑몰이든 도시든 대륙 하나든 간에, 모든 지도는 우리에게 두 가지 종류의 장소를 보여준다. 우리가 가본 곳과, 가보지 못한 곳. 하나의 틀 안에 가까운 곳과 먼 곳이 공존하며, 우리 세계가 새롭고 예상하지 못한 곳과 연결되어 있다는 사실을 부인할 수 없다. 우주에서 우리가 차지하는 공간과, 우리가 새로운 곳에 가서 새로운 것을 볼 수 있는 가능성과, 그뒤 집으로 돌아오는 길까지 한눈에 이해할 수 있다.

1982년에 아버지가 한국 법률회사에서 일하게 되어 우리 가족이 해외로 이사했을 때, 나는 나에게 각인된 서식지인 워싱턴 주 서부가 그리웠다. 여러 면에서 남한은 시애틀과 정반대였다. 여름에는 뜨겁고 겨울에는 건조했으며 땅에는 끈적한 민달팽이 대신 바삭한 매미가 있었다. 당시 서울의 공기는 오염이 심해서 나는 만 여덟 살이라는 어린 나이에 흡연자처럼 헛기침을 해댔다. 제2차 세계대전 종전까지 한국은 일본의 식민지였는데, 일본이 산업과 군대를 어마어마하게 키우는 연료로 쓰느라 한반도의 숲은 발가벗겨졌다. 미국 서북부 태평양 연안의 울창하고 장대한 숲과 비교했을 때 한국 정부가 부지런히 심어놓은 가느다란 소나무의 가지런한 행렬은 영혼이 없는 가짜 같았다.

어쨌거나 나는 그곳을 좋아하기는 했지만 내가 옮겨 심어졌다는 강렬한 기분을 느낀 것은 사실이다. 거대한 한국의 아파트 단지에서 유일한 미국인 꼬마라면 낯선 땅의 이방인이라는 기분을 느끼는 것도 당연하다. 국외 거주자들은 이처럼 강렬한 이방인이라는 기분을 즐기면서 단단하게 짜인 공동체 안에서 결속하게 된다. 하지만 그 기분은 그들을 고향으로부터 고립시키기도 한다. 우리 가족은 매년 여름 미국에 있는 고향에 돌아가서 한 달 남짓 시간을 보냈는데, 그 시간은 우리가 뭘 놓치고 있는지를 깨닫기에 충분했다. 한 달이 지나면 우리는 아쉬워하며 다시 비행기에 올라야 했다. 어디로 가는 거지? 집으로 가는 게 맞나? 그 뒤로 10여 년 동안 사람들이 나더러 어디서 왔냐고 물어보면 자동적으로 "시애틀요"라고 대답했지만 사실 나는 시애틀에서 1년에 고작 2~3주를 보낼 뿐이었다. 그 당시는 그런지 록grunge rock(1990년대 시애틀을 중심으로 발전한 록 음악의 한 부류. 대표적인 밴드로 너바나Nirvana가 있다 — 옮긴이)

이 유행하기 전이었고 딱히 시애틀이 멋진 도시라고 생각하는 사람은 아무도 없었으니 내가 허세를 부리려던 것도 아니다. 그건 그냥 명백하게 구별되는 외모에도 불구하고 백인 아이가 한국에서 왔다고 말하는 이유를 굳이 설명하기가 싫었을 뿐이다. 사회학자 루스 힐 유심은 나처럼 국적이 헷갈리는 국제적인 유목민들을 지칭하는 '제3문화의 아이들'[20]이라는 표현을 만들어냈다. 그녀가 말했듯이 우리는 자신이 태어난 문화와 새로 입양된 문화를 융합시켜 완전히 새로운 제3의 혼합 문화를 만들어내기 때문이다. 그렇다고 해서 딱히 내가 나라 없는 사람 같은 기분을 느낀 것은 아니었다. 내 고향이 어디인지는 알고 있었다. 다만 그곳에 살고 있지 않다 뿐이지.

지금까지는 이런 생각을 해본 적이 없었지만 지도에 대한 내 집착이 시작된 시기는 우리가 해외로 이주한 시기와 거의 들어맞는다. 나는 우리가 해외로 떠난다는 소식에 정신적 외상을 입거나 하진 않았다. 다만 호기심이 한없이 솟아올랐다. 그해 여름 부모님과 함께 영화를 보고 (그때 그 영화가 디즈니의 「토드와 코퍼」였다고 이상하게 확신이 든다) 집으로 돌아가는 차 안에서 형과 나는 우리가 이사갈 곳에 대해 질문공세를 퍼부었다. 우리가 어느 나라에서 살게 된다고요? 어느 도시에? 한국은 둘이라고요? 그러면 우리는 북쪽으로 가나요, 남쪽으로 가나요? 나는 단지 대양을 건넌다는 사실 때문에 탐험가가 된 기분이었다. 갑작스럽게 다가온 더 큰 세계를 설명해줄 지도가 필요했다. 서울로 이사간 첫 달에 그 도시에서 단 하나뿐인 영어책 서점에 가서 내 인생 최초의 지도책을 샀다.

하지만 내가 미국 지도를 앞에 놓고서 우리가 두고 온 곳을 돌아

보며 많은 시간을 보낸 것도 사실이다. 지도는 내가 떠나온 나라와 다시 연결되는 한 가지 방법이었다. 단지 미국 서북부 태평양 연안 지역만이 아니라 전부, 내가 가본 모든 장소와 말이다. 내가 가진 어린이용 지도책에서는 델라웨어 주 전체에서 표시된 도시가 고작 세 곳밖에 안 되는 것에 짜증이 났다. (나는 아직도 그 도시들을 기억한다. 윌밍턴, 도버, 뉴어크.) 마침내 랜드맥낼리 사의 미국 도로 지도책을 손에 넣었을 때, 나는 그 상세한 지도를 즐기면서 우리가 지금 살고 있는 복잡하고 시끄러운 도심과는 정말 딴판으로 시원하게 뚫린 고속도로를 따라 상상의 도로여행을 계획하곤 했다. 델라웨어 주의 작은 도시 이름들을 그것이 마치 내가 상상할 수 있는 최고로 이국적인 이름인 양 외워댔다. 밀퍼드, 로럴, 해링턴, 루이스.* 지구 반 바퀴만큼 멀리 있었으니, 그곳은 내게 이국적이었다.

　20년을 건너뛰어서, 민디와 내가 솔트레이크에서 만족스럽게 살고 있던 중 갑자기 나는 재택근무를 할 수 있게 되었고, 그렇다면 우리는 말 그대로 원하는 어디서든 살 수 있다는 것을 깨달았다. 뉴욕? 유럽? 당신이 어디에서든 살 수 있다면, 어디로 가겠는가? 몇 년에 걸쳐서 우리는 시애틀에 몇 차례 가봤다. 시애틀은 으레 한 달에 3주는 비를 뿌리는 것이 예사지만 여름은 예외라서 다른 동네에서 온 사람들을 깜박 속이는데, 나는 여름에만 우리가 그곳에 가도록 머리를 썼다. 민디도 그 속임수에 넘어갔다. 민디에게 미국 서북부 태평양 연안은 나에게 그렇듯이 '각인'된 장소가 아니지만, 아내는 점점 그 지역을 좋아하게 되었다. 나는 민디에게 워싱턴 주와 오리건 주로 여행을 가서 그 지역으로 우리가 이

---

* 델라웨어 주에는 리버사이드, 센터빌, 페어뷰도 있다. 하지만 이 지명들은 충분히 예상할 수 있는데, 미국 지역명 정보 체계에 따르면 리버사이드, 센터빌, 페어뷰는 미국에서 가장 흔한 이름 셋이다.

사 가면 어떨지 생각해보자고 제안했다. 그때는 5월이었고 어디에서든, 심지어 우리가 묵은 장기투숙 호텔 주차장에서도 비와 삼나무의 냄새가 피어올랐다. 9일 뒤에 우리는 시애틀 외곽에 있는 집에 계약금을 냈고 지금까지 그 집에서 행복하게 살고 있다. 프랑스의 철학자 시몬 베유는 "뿌리를 내리는 것은 인간의 영혼에 가장 중요하지만 가장 인지되지 못하는 필요다"라고 썼다.[21] 무려 25년이 걸렸으니 습새보다 오래 걸렸고 심지어 붉은바다거북보다도 오래 걸렸지만, 나는 마침내 집으로 돌아오는 길을 찾았다.

.

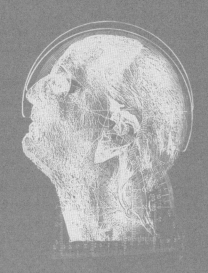

제3장

단층 FAULT

n. 수평 방향으로 힘이 작용한 선을 따라 지구 표면에 생긴 균열

볼리비아의 국민을 위해![1]
— 1982년 브라질리아에서 로널드 레이건의 건배사

1983년 봄학기 첫날, 마이애미대의 조교수 데이비드 헬그렌이 지리학개론 수업시간에 깜짝 퀴즈를 냈다.[2] 그는 대부분 경영학이나 인문학 전공인 학생 128명에게 빈 세계지도를 나눠주었다. 학생들에게 주어진 과제는 지도에서 서른 곳의 위치를 찾아내는 것이었으며 그 장소들은 뻔한 곳부터(마이애미, 런던, 남태평양) 약간 이국적인 곳까지(뉴기니, 카이로) 다양했다. 학생들은 자신의 이름을 적어낼 필요는 없지만 최선을 다하라는 지시를 받았다.

신입생 대상 지리학개론 수업을 5년째 맡고 있는 베테랑인 헬그렌 박사는 학생들이 물샐 틈 없는 세계지리 지식으로 자신을 납작하게 눌러버릴 거라고는 기대하지 않았다. 대개 지리학 교수들은 대중의 지리적 어휘에 대해 꽤 냉소적인 반응을 보인다. (당신은 학창 시절에 선생님들이 담배 연기 자욱한 휴게실에 모여 학생들이 얼마나 서투른지 수군거린다는 생각을 해본 적 있나? 십중팔구는 그 생각이 맞을 거다.) 하지만 그 퀴즈 점수가 엉망으로 나온다면 적어도 지리학과에서는 대학 당국에 지리 교육 예산을 늘려달라고 요구하는 근거자료로 쓸 수 있다. 헬그렌은 그 학기 말에 비슷한 퀴즈를 다시 내서 한 학기 동안 학생들의 실력이 얼마나 향상되었나를 보여줄 수도 있었다. 어찌 되었든 헬그렌은 그 학교에서 곧 종신재직권을 받게 될 예정이었다.

하지만 결과가 나왔을 때 헬그렌은 충격을 받았다. 그의 생각으로는 꽤 관대하게 점수를 매겼는데도 학생 절반은 시카고가 어디 있는지조차 몰랐다. 아이슬란드나 퀘벡, 아마존 열대우림도 마찬가지였다. 3분의 1도 안 되는 학생만이 모스크바와 시드니의 위치를 알고 있었다. 마이애미대 학생 열한 명이 마이애미의 위치조차 틀렸다! 학생 전체가 현재 살고 있는 도시보다 더 찾기 쉬운 곳이 있을까? 헬그렌은 학장과 학교 내 몇 사람에게 그 암울한 점수들을 보냈지만 아무런 반응도 듣지 못했다. 그는 그것으로 이야기가 끝난 줄 알았다.

한 달 뒤에 학생 신문인 『마이애미허리케인』지가 그 퀴즈에 대해 짤막한 기사를 실었는데, 이는 헬그렌의 인생을 송두리째 바꿔놓을 예상하지 못한 연쇄 반응의 첫 번째 작은 도미노 조각이었다. 『마이애미허리케인』의 기사를 보고 마이애미 지역 신문 두 곳 모두에서 기자를 보내 헬그렌을 인터뷰했다. 이를 자신의 분야에 도움이 될 기회라고 본 헬그렌은 기자들에게 미국 지리 교육에 만연한 문제점에 대해 방대하게 설명했다. 이튿날은 2월 14일, 밸런타인데이였다. 그리고 모든 지옥문이 열린 날이기도 했다.

"그날은 지루한 뉴스의 날이었죠." 데이비드 헬그렌은 이렇게 회상했다. "화요일이었거든요. 화요일에는 대체로 별다른 뉴스가 없다는 것을 눈치챈 적 있어요?"

헬그렌이 얘기치 못한 유명세를 잠시 누린 뒤로 몇십 년이 지난 지금, 나는 헬그렌을 만나기 위해 캘리포니아 주 샐리나스로 가서 딸기와 양상추밭이 수 킬로미터씩 펼쳐진 들판이 내려다보이는 절벽 위의 집을 찾아갔다. 그의 전공 분야가 아프리카 사막과 고고학이라는 건 영양뿔과 아프리카 부족의 가면으로 채워진 그의 집을 보면 대번에 짐작할 수 있다. (헬그렌이 "내 아내는 아프리카너예요"라고 말했을 때, 잠깐 동안 나는 내가 그의 입장이라면 사람들에게 "내 아내는 보어인*이에요"라고 말하고 싶은 충동을 어떻게 누를 수 있을까를 생각했다.) 우리가 이야기를 나누고 있는 식탁 위에는 얼룩말 가죽이 걸려 있다. 이제 62세인 헬그렌은 꿰뚫는 듯한 파란 눈에, 눈처럼 흰 턱수염을 기른 거구의 남자인데 나와 이야기를 하는 내내 제임스 본드에 나오는 악당처럼 수심에 잠겨 고양이를 쓰다듬는다.

"아침에 일어났는데 전화가 울려댔어요. 런던에 있는 신문사들이 시차 때문에 여기는 아침 7시도 안 됐는데 우리 집에 전화를 한 거였어요. 도대체 무슨 일이 일어난 것인지 영문을 몰랐죠. 평생 신문이랑 인터뷰를 해본 적이 없었거든요. 나는 은둔형 학자였으니까요."

알고 보니 『마이애미헤럴드』지가 기사 제목을 이렇게 뽑는 바람에 사단이 난 것이었다. "런던이 어디에 있나? 마이애미대에서 응답한 학

---

* 아프리카너와 보어인은 둘 다 대부분이 네덜란드계 후손인 남아공 출신 백인을 가리키지만, 역사적인 맥락에서 보어인은 비하해 부르는 말이므로 아프리카너라고 하는 것이 바람직하다 —옮긴이.

생 중 42퍼센트가 모른다" 이 헤드라인이 뉴스 네트워크를 통해 전달되자 영국 신문들은 기겁을 했고, 해가 서쪽으로 이동하면서 미국 전역에도 소식이 전해졌다. 이내 미국 전국 단위 방송사에서 죄다 인터뷰를 요청했다. 녹초가 된 마이애미대 홍보 부서 사람들이 허둥지둥 헬그렌을 불러들였다. "그들이 '얼른 사무실에 나와서 점잖은 모습을 보여주세요!'라고 하더군요. 그러더니 내 자리 앞에 지구본을 놓고 벽에는 지도를 붙였어요. 나는 넥타이를 맸는데 그건 정말 나답지 못한 차림이었죠." 헬그렌은 하루 종일 진지하게 TV뉴스 취재진에게 지리학의 중요성을 강의했다. 우연히도 그때 마이애미의 NBC 계열사에서 나온 카메라팀은 원래 니카라과 반정부세력 취재를 하던 중 잠시 휴가를 받은 국제취재팀이었다. 그들에게는 요령이 있었다. 헬그렌에게서 필요한 인터뷰를 딴 다음 그들은 서둘러 마이애미 캠퍼스 가운데에 있는 거대한 수영장 건물로 가서 수영복을 입은 잘생긴 학생들에게 시카고가 어디 있는지 물었다. 별로 관심 없다는 표정이지만 근육은 탄탄한 젊은이가 카메라 앞에서 이렇게 말했다. "글쎄요, 어디 있는지 모르겠지만 찾아볼 수는 있어요." 대박 보도감이다!

헬그렌은 등 떠밀려서 뉴욕행 비행기에 올랐다. 「굿모닝 아메리카」가 지도 문맹 현상에 대한 방송을 내보내기로 했기 때문이었다. 그가 뉴욕으로 날아가는 동안 마이애미의 TV방송국 세 곳 모두가 관련 방송을 내보냈고 영어권의 거의 모든 신문이 이 '위기'에 대한 기사나 야단치는 논설을 준비했다. NBC 「투나이트쇼」의 자니 카슨은 방송에서 독백 중에 지도에 대한 농담을 했다. 다음 날 아침 헬그렌은 「굿모닝 아메리카」에서 가장 큰 뉴스였기 때문에 아침 방송 황금 시간대인 8시부터

10분을 배정받았다. 정확히 같은 시간대에 「투데이」 쇼에서는 지난밤 NBC에서 방송된 인터뷰 화면들을 내보냈다. 그날 아침에 미국인들은 TV를 어느 채널로 돌리든 데이비드 헬그렌을 봤다.

구릿빛 피부에 허우대만 멀쩡한 젊은이가 시카고가 어디 있는지 모른다고 고백하는 장면을 보여준 다음에 「투데이」 쇼 진행자 브라이언트 검벨은 카메라를 향해 이렇게 말했다. "마이애미에서 어떤 사람들은 저 학교를 '선탠 대학'이라고 부른다고도 하죠."

아차. 헬그렌이 마이애미에 돌아왔을 무렵에는 지역 주민들이 횃불과 쇠스랑을 들고 있었다. 헬그렌의 부인은 집 전화로 익명의 협박 전화들을 받았다. 어느 학생의 어머니가 분통을 터트렸다. "내 딸은 멍청이가 아니라고! 당신, 학교에서 잘리게 만들겠어!" 총장은 이 사건이 "매우 운 나쁜" 일이라고 말했고, 법대 학생 한 무리는 그들의 장래 수입이 악영향을 받을 것이 분명하니 그 손실에 대해 헬그렌과 학교, 심지어는 브라이언트 검벨까지 고소하겠다고 협박했다. ("밥, 왜 자네가 지난해 이사 승진에서 빠진 거야?" "아, 뻔하지 뭐. 브라이언트 검벨 때문이지.") 마이애미대의 홍보 부서 직원들은 파티 학교라는 명성 때문에 오랫동안 예민했던 학교의 브랜드 이미지를 "국제적인 도시의 국제적인 대학"으로 쇄신하려고 노력하던 중이었으니, 미디어의 이런 서커스는 최악의 시점에 터진 셈이었다. 발끈한 홍보담당자 한 명은 심지어 헬그렌 사건을 10년 전에 마이애미대의 어느 연구원이 총구를 겨누고 젊은 여성을 납치해서 섬유유리 상자에 넣어 조지아 주 시골 지역에 매장한 사건[3]에 비유하기까지 했다.

"학교에서도 그 도시에서도, 나는 인생 최악의 상황에 빠졌어요." 나에게 이렇게 이야기하는 내내 헬그렌은 지리에 무지한 일부 신입생과 별다른 뉴스거리가 없는 화요일 때문에 야기된, 자신도 모르는 사이에 저지른 사회적 자살을 묘사하는 동안 이미 25년이 지난 일이지만 여전히 도무지 영문을 알 수 없다는 표정이다. "다른 학교였다면 이야깃거리도 되지 못했을 거예요. 그게 마이애미의 이상한 면이죠. 기본적으로 그건 미국 문화의 기이한 쇼였어요."

헬그렌은 이미 연구비로 25만 달러를 받았고—그의 말에 따르면 "그 학교에서 어느 누구보다도 연구비를 많이 받은" 교수였다—승진을 앞두고 있었지만, 이듬해 5월부로 해고될 거라는 통보를 받았다. 언론에서 헬그렌의 편을 들어준 동료 짐 커티스는 한 달 뒤에 잘렸다. 마이애미대는 지도 문맹 헛소동과 이들의 해고는 아무런 관련이 없다고 부인했다. 헬그렌에게 위로가 될지 모르겠지만, 유명인 가십 전문 타블로이드 『내셔널 인콰이어러』가 그의 이야기를 지리적인 문맹에 대한 진지한 기사로 냈다. 그 기사는 왼손이 18킬로그램이나 나가는 터키 여성에 대한 기사와 미국 개와 고양이의 20퍼센트가 외계인이라고 주장하는 전문가의 인터뷰 사이에 실렸다.

물론 수많은 사람이 지리에 꽤 형편없다는 사실을 발견한 것은 데이비드 헬그렌이 처음은 아니다. 사실 지리적인 무지는 미국 문화에서 뿌리깊은 부분이어서 코미디에서 누군가가 멍청하다는 것을 표현할 때 소재로 쉽게 쓰이기도 하는데, 말하자면 이건 등장인물에게 멜빵 달린 커다란 통을 입혀서 가난을 표현하는 것과 비슷한 수준의 농담이다. 「신사는 금발을 좋아해」에서 메릴린 먼로는 "프랑스의 유럽"에 가보고 싶다고 말한다. 그로부터 50년 뒤에 사차 배런 코언이 같은 농담을 「다 알리

지 쇼Da Ali G Show」에 넣어서, 그를 안내하는 UN의 투어가이드에게 아프리카가 UN 멤버가 아니라는 사실에 대해 불평한다. 「프렌즈」에서 조이 트리비아니는 네덜란드를 피터 팬이 사는 나라라고 생각하고, 「심프슨 가족」에서 바트는 여동생 리사의 지구본에서 남반구에 '랜드맥낼리(지도 제작 회사 이름—옮긴이)'라는 커다란 나라가 있는 것을 발견하고 놀란다.

지리에 둔한 사람을 두고 낄낄거리는 역사는 수 세기를 거슬러올라간다. 세계가 지금보다 좁았던 1600년대에는 모두가 지리에 대해 좀 흐릿했을 거라고 생각할 수 있지만, 그럼에도 프랑스의 교육자 드니 마르티노 뒤 플레시는 그의 1700년 저서 『누벨 지오그라피』⁴ 서문에서 지도에 관한 조이 트리비아니급의 문제들을 열거했다. 그는 1343년 로마에 있었던 영국 대사에 대한 (출처가 불분명한) 이야기를 언급했는데, 그 영국 대사는 교황이 '행운의 섬들(대서양 카나리아 제도가 당시에는 '이슬라스 포르투나타스Islas Fortunatas'라고 불렸다)'을 클레르몽 백작에게 주었다는 소문을 들었다. 세계에서 유일하게 진정한 '행운의 섬들'은 영국 섬들뿐이라고 생각한 영국 대사는 분개하여 런던으로 서둘러 돌아가, 왠 프랑스 백작이 잉글랜드를 먹으려 한다고 왕에게 고했다! 영국인에 대한 농담은 지금이나 그때나 프랑스 사람들이 좋아하는 여흥거리였지만 플레시는 자기 나라 사람에 대해서도 냉정하게 일침을 가했으니, '퐁 엑신Pont Euxine'을 어느 강에 있는 다리인지 궁금해하고('퐁 엑신'은 흑해를 가리키는 고대의 이름이지 다리가 아니다*) 무어인이 모레아Morea(그리스 펠로폰네소스의 다른 이름)에서 왔다고 짐작하는 프랑스 관리에 대해서도 이야기했다.

---

* 퐁pont은 프랑스어에서 '다리'를 뜻하기 때문에 벌어진 오해다—옮긴이.

이런 농담이 어느 정도 진실을 담고 있지 않다면 웃기는 이야기가 되지 못했으리라는 건 당연하다. 실제로 존재하지 않았을 것만 같은 르네상스 시대 대사들만이 아니라, 현실 세계의 정부 관리들도 지리적인 실수를 늘 한다. 헨리 키신저는 자서전에 1970년 워싱턴 D. C.를 친선 방문한 모리셔스 총리와 얽힌 일화를 밝혔다.[5] 어떻게 된 영문인지 혼동을 한 미국 국무부는 인도양 열대의 작은 섬나라 모리셔스가 아니라 최근 미국과 외교를 단절한 사하라의 거대한 나라 모리타니의 지도자와 접견이 있다고 대통령에게 보고했다. 코미디에서나 써먹지 실제로는 일어날 성싶지 않은 이런 설정 때문에 웃겨서 펄쩍 뛸 만한 일이 벌어졌다. 리처드 닉슨 대통령이 미국의 소중한 동맹국 총리에게 미국과의 외교를 재개하라는 제안을 꺼내며 토론을 주도한 것이다! 닉슨 대통령은 그래야만 미국의 건지 농법 전문가를 보낼 수 있다고 말했다. 모리셔스 총리는 초목이 우거진 정글 국가 출신이었으니 당연히 사막에나 적합한 건지 농법에는 관심이 없었고, 당황해서 주제를 바꾸려고 노력하면서 닉슨에게 미국이 모리셔스에서 운영중인 우주 추적 시스템에 대해 물었다. 갈피를 못 잡은 닉슨은 노란색 메모지에 무언가를 갈겨쓰더니 키신저에게 건넸다. "도대체 왜 우리가 외교 관계도 없는 나라에서 우주 추적 시스템을 운영하는 겁니까?"

2008년 미국 대통령 선거 캠페인에서 양당의 선거 캠프는 시트콤 작가의 펜에서 나올 법한 초등학교 수준의 지리적인 실수를 저질렀다. 오리건 주 비버턴의 전당대회에서 버락 오바마는 이렇게 말했다. "지난 15개월 동안 우리는 미국 구석구석을 여행했습니다. 지금까지 57개 주를 찾아갔고 이제 한 주만이 남았습니다."[6] (그때 오바마의 뇌는 「프렌즈」에서

조이가 챈들러의 '주 이름 외우기' 게임에서 최고 점수 56점으로 자신이 이겼다고 하던 에피소드에 접속되었던 것이 분명하다.) 그리고 존 매케인 후보는 스페인 라디오와의 인터뷰에서 스페인 총리 호세 사파테로를 백악관에 초대하겠냐는 질문에 흔쾌한 반응을 보이며 "미국과 남아메리카의 관계가 얼마나 중요한지"를 강조했다.[7] (이건 시트콤 「못 말리는 패밀리」에서 곱이 자기 동생이 "포르투갈, 저기 남쪽의 남아메리카로!" 도망갔다고 생각하는 에피소드와 비슷하다.) 여기에 더해서 세라 페일린 부통령 후보가 아프리카를 대륙이 아니라 하나의 국가로 생각했다고 폭스뉴스가 보도한 일도 있다.[8] 이것 봐라, 페일린은 다만 근사한 안경을 썼다 뿐이지 현실에 존재하는 '알리 지Ali G' 아닌가! 드물게 정치인이 지리에서 재주를 부리는 경우에는 재미있는 별종 취급을 받는다. 전직 방송인이며 현재 미 상원의원인 알 프랭켄은 손으로만 미국 지도를 거의 완벽하게 그리는 개인기를 뽐내곤 했는데 「새터데이 나이트 라이브」의 '위크엔드 업데이트'에서 선거 방송을 할 때나, 코미디 전문 케이블TV인 코미디센트럴 방송에서도 아주 효과적으로 써먹었다. 1987년에 프랭켄은 「데이비드 레터맨 쇼」에서 빈틈없는 지도를 2분도 안 걸리는 시간에 그려보여서 관객들을 놀라게 했다.[9] 전직 코미디언이 2008년 상원으로 당선되었을 때, 그가 예전에 레터맨 쇼에서 보여줬던 '멍청한 인간의 장난'은 미국적인 애국자 공부벌레의 단면을 보여주는 상품으로 알 프랭켄의 이미지를 쇄신해서 선거 캠페인과 모금 행사의 인기 프로그램이 되었다. 하지만 관객들의 반응은 20년 전과 다르지 않았으니, 그들은 미국 상원의원이 미국이 어떻게 생겼는지 알 수도 있다는 사실에 충격을 받았다![*]

'10대 미스 미국Miss Teen USA' 후보들조차 고초를 겪는다면, 정말 지리적 무지가 심각한 사회문제라는 것을 알 수 있다! 2007년 사우스캐롤라이나 주의 케이트 업튼이 이런 질문을 받았다. "최근 통계에서 미국인 중 5분의 1이 세계지도에서 미국을 찾지 못한다고 했습니다. 왜 이렇게 되었다고 생각하세요?" 그 미인대회에서 업튼은 4위에 그쳤지만 이 질문에 대한 대답 때문에 업튼은 하룻밤 사이에 국제적인 유명인이 되었다.

그녀는 완전히 자신 있게 대답했다. "개인적으로 제 생각엔, 미국인들이 그렇게 하지 못하는 것은, 음, 우리 나라에는 지도가 없는 사람들이 있는데요, 음, 그래서 제 생각엔, 음, 우리 교육이 남아공 같거나, 음, 그리고 이라크나 그런 다른 나라들 같아서, 음 그래서, 제 생각엔 이곳 미국에서 이뤄지는 교육이 미국을 도와야 한다고, 음, 아니면, 남아공을 돕거나 이라크나 아시아의 나라들을 도와야 한다고 생각하는데요, 그래서 우리 아이들을 위해 미래를 건설하기 위해서입니다."[10]

그 조회수 높은 유튜브 비디오를 보면 사회자인 마리오 로페즈조차 그 쓸데없는 "우리 아이들을 위해"가 덧붙여질 때 쓴웃음을 감추지 못하고 친절하게 마이크를 다른 곳으로 옮긴다.

하지만 교육자들도 이런 상황을 걱정해왔으며 이는 하루이틀의 문제가 아니다. 1857년, 장차 코넬대를 공동 창립할 앤드루 딕슨 화이트가 미시간대 2학년 학생들의 지리 감각을 평가하는 일을 맡았다. 미시간주는 공립 고등학교 지리 과목 교육과정에 대한 자부심이 높았는데, 그

---

* 유명인의 지리적 지식에 대해 내가 가진 이미지는 어릴 때 낮에 하던 퀴즈쇼, 다른 누구도 아닌 버트 레이놀즈가 제작한 「윈, 루즈, 오어 드로Win, Lose, or Draw」를 보며 형성되었다. 한 사람이 그리는 그림을 보고 정답을 맞춰야 하는 그 퀴즈쇼에서, 답이 미국의 어느 장소일 때마다 유명인 출연자들은 언제나 똑같은 미국 지도를, 직사각형에 가까운데 다만 거대한 남근처럼 생긴 플로리다 주 때문에 거의 오른쪽으로 쓰러지기 직전인 덩어리를 그렸다.

러나 앤드루 딕슨 화이트는 이렇게 적었다. "내 학생 가운데 절대 다수가 자연지리학에 대해 이렇다 할 지식이 전혀 없었으며, 정치지리학에 대한 지식은 아주 적었다."[11] 화이트는 학생들에게 기계적으로 암기한 지명들은 다 잊어버리라고 한 다음 지도책을 훑어보게 해서 큰 성과를 거뒀다. 제2차 세계대전 중 『뉴욕타임스』에서 하버드대 교수 하워드 윌슨에 대한 특집을 실은 적이 있는데, 거기서 윌슨 교수는 독일의 지리적인 전문성 때문에 나치가 미국보다 우세한 점이 있다고 주장했다. "지리적 문맹은 대중이 전쟁이나 평화의 지리적 요소에 기민하게 처신하는 데 도움이 되지 않는다."[12] 다시 말해서 만일 당신이 지도를 충분히 공부하지 않는다면 당신은 히틀러를 위해 공부하고 있다는 소리다! 학술잡지 『지리학 저널The Journal of Geography』 지난 호를 훑어보다가 나는 대중의 지리 지식이 얼마나 서글픈 상태인지 한탄하는 기사가 꾸준히 나온다는 사실을 깨달았다. 데이비드 헬그렌이라면 케네스 윌리엄스라는 오리건 주의 교수가 발표한 1950년의 연구에 대해 읽더라도 놀라지 않았을 것이다. 윌리엄스도 신입생들에게 빈 지도를 주고 시험을 쳤다가 헬그렌과 비슷한 결과를 얻었다. 학생 절반 이상이 미국 지도에서 위스콘신 주를 표시하지 못했으며, 3분의 1만이 뉴햄프셔 주를 찾아냈다. 어느 학교에서는 15퍼센트의 학생이 자기가 사는 주의 위치를 잘못 표시했다.[13]

이런 이야기들에서 주목할 만한 점은 언론인이나 교육자들이 언제나 학생들의 기량 부족에 놀라움을 표하는 것이다. 개가 사람을 문 것처럼 뻔한 그 이야기는 이미 한 세기를 우려먹었는데도 여전히 신문 1면을 차지하곤 한다. 어째서 그런 걸까? 어느 시점에는 아이들이 갑자기 지도 퀴즈를 잘 풀기 시작했다는 소식이 뉴스거리가 되어야 하지 않을까?

맵헤드

부분적으로는 학계나 언론계에서 그리 놀랄 만하지 않은 사건을 숨 넘어 갈 듯이 과대포장해서 독자들을 끌어들이려 하는 경향이 있기 때문이기도 하다. 게다가 기자들은 지도 관련 지식에 대해 지리학자들만큼이나 그 분야를 옹호하려는 경향이 있는데, 이는 세계에 대한 세세한 지식이 인정받는 몇 안 되는 직업에 저널리즘이 속하기 때문이다.* 게다가 저널리즘과 학계는 어딘가 배타적이며 개인적인 세계여서, 대학생들이 지도에서 케냐나 칠레를 찾지 못하는 것에 진심으로 놀라는 사람들이 그런 이야기를 쓴다. 지리 전문가들의 기이한 세계에서는 누구든지 그 시험에서 A를 받는 게 당연하다! 별난 집착이 있는 마니아들 중에는 그 전문성 때문에 자신이 남과 다르다는 것을 민감하게 느끼는 사람들이 있다(예: 어린 시절 내가 지도에 대해 가졌던 애정). 하지만 그중에는 모든 사람이 자신의 광적인 애정을 공유한다고 멋대로 넘겨짚는 사람도 있다. 대학 시절 가장 좋아하는 밴드가 '러시'인 룸메이트와 한방을 써본 사람이라면 내 말을 이해할 거다.

그리고 왜 이런 뉴스가 독자들에게도 인기를 얻는지는 이해하기 쉽다. 그런 뉴스를 보면 기분이 좋아지니까. 기자들은 항상 연구 결과에서 피실험자들을 최대한 멍청하게 보이도록 만들 소재만 골라서 쓴다. 데이비드 헬그렌의 학생 4분의 3은 포클랜드 제도의 위치를 알고 있었

---

* 언론이 어느 이야기에 평균 이상으로 관심을 기울이면 그게 뉴스거리가 될 만하든 아니든 상관없이 당신은 그 이야기를 들을 수밖에 없다. 이렇게 말하니 바로 떠오르는 한 가지 예는 내가 2004년에 6개월 동안 퀴즈쇼 「제퍼디!」에 나갔을 때의 일이다. 그때 나는 그게 그냥 별난 지역 뉴스로 작게 다뤄져서 가까운 친지들이나 알게 될 거라고 확신했다. 하지만 내가 고려하지 않은 한 가지 요소가 있었다. 별다른 직업도 없는 퀴즈쇼 마니아들이 자라서 대중문화 전문가나 라디오 출연자가 되는 경우가 종종 있다는 점이었다. 그래서 「제퍼디!」에서 내가 거둔 연승은 그 마니아들 말고는 관심을 기울이는 사람이 있든 없든 상관없이 블로그나 출퇴근 시간대 라디오 방송에서 주된 소재가 되었다.

지만 그건 충격적으로 나쁜 소식이 되지 못한다. 사실 그건 꽤 합당하게 들린다. 그래서 그 대신 런던을 찾지 못한 절반의 학생이 헤드라인을 장식한 것이다. 대체로 이런 연구에는 캐나다나 태평양을 찾는 것처럼 쉬워 보이는 문제가 적어도 하나씩은 포함되어 있는데, 그 문제를 통과하지 못하는 소수는 반드시 있다. 10퍼센트만 틀리게 대답하더라도 그 결과는 뉴스에서 크게 다뤄져서 보는 사람들이 우리라면 틀림없이 높은 점수를 받았을 문제를 그 멍청한 애들은 망쳐버렸다고 놀라워하게 만든다. 다수의 응답자가 실제로 그 문제에 정답을 말한다 해도 상관없다. 지리적 문맹이 어리석음을 드러내는 코미디의 소재로 쓰이는 문화에서는 아무도 자신이 지도에 대해 좀 흐리멍덩하다는 것을 순순히 인정하려 들지 않는다.

바이러스처럼 끈질긴 지리적 문맹이라는 '밈meme'을 설명할 수 있는 방법이 하나 더 있다. 이건 지금까지 들어온 것보다 좀 더 정신을 번쩍 들게 해주는 이야기다. 만약 이 지리적 문맹에 대한 이야기가 수 세기에 걸쳐 반복된 이유가 세대를 거듭할수록 지도에 대해 더 무지해지는 현상에 놀라기 때문이라면 어떤가? 다시 말해서, 계속해서 지리적 문맹의 상태가 악화되고 있다면?

이 암울한 가설을 뒷받침할 증거는 어렵지 않게 찾을 수 있다. 1942년 『타임스』에 실린 인터뷰에서 하워드 윌슨은 평균적인 미국인이 다카르나 캅카스 산맥 같은 장소의 "중요성을 이해하지" 못한다는 사실을 한탄했다. 그 '중요성'은 차치하고, 나는 오늘날 많은 미국인이 자신이 어느 대륙에 있는지를 말할 수나 있을지 의심스럽다. 인디애나대의 릭 베인은 1987년 인디애나대 신입생을 대상으로 지리적 능력을 확인한 광

맵헤드

범위한 연구를 수행한 지 15주년이 되는 2002년에 후속 연구를 실시했다.[14] 15년 사이에 인디애나 주는 지리 교육을 향상시키려고 집중적으로 노력해왔기에 베인은 새로 조사를 하면 결과가 크게 나아졌으리라고 기대했다. 하지만 점수는 오히려 2퍼센트포인트 떨어졌다. 대체로 지리를 좀 아는 학생은 이사를 많이 다녔거나 여행을 해본 이들이었다. 학교에서 상급 지리 수업을 들은 학생들은 그런 수업을 듣지 않은 학생들보다 별로 잘하지 못했다. 다시 말해서 인디애나 주 당국의 야심찬 계획은 별반 효과가 없었다는 뜻이다. 내셔널지오그래픽협회의 최근 통계에서는 미국 대학생 10명 중 1명이 지도에서 캘리포니아 주나 텍사스 주를 찾지 못한다고 했는데,[15] 이는 윌리엄스 박사가 실시했던 1950년의 연구에 나온 수치보다 10배는 더 심각한 결과다.

지리적 문맹률이 갈수록 높아지는 현상을 설명하는 뻔한 방법이 몇 가지 있다. 미국 지리학자들은 1960년대와 1970년대 미국의 교육과정 개혁을 비난하기를 좋아한다. 당시 교육과정 개혁에 의해 예전 초등학교에서는 분명하게 구별된 역사와 지리 과목이 '사회연구'라는 애매모호한 혼합물로 대체되었다. 사회연구 과목을 채택한 것은 광범위한 사회과학 분야의 학자들이 인류학, 경제학, 정치학 등 하위 분야들을 아이들이 접할 수 있게 하려는 좋은 의도에서 나온 결정이었다. 하지만 새로운 교육과정의 부작용으로 기존에 지리에 배정되었던 수업시간이 미국 공립학교에서 사실상 사라져버렸다. 현재 미국은 선진국 가운데 유일하게 학생들이 지리책을 한 번도 보지 않고 유치원부터 대학원까지 다닐 수 있는 나라다.

그러니 미국 아이들은 어느 때보다도 학교에서 지도를 보는 시간

이 적어졌다. 그리고 이 세대 간 격차는 큰 문제가 되고 있다. 젊은 미국인의 문화적 기억에서 지리는 부모님이나 조부모님이 공부했던 과목이 되어가고 있기 때문이다. 우리에게 지리는 교실 칠판 앞으로 당겨서 내리는 구식 지도나 '딕과 제인' 시리즈(미국에서 1930년대부터 1970년대까지 교육용으로 쓰인 아동 도서 시리즈—옮긴이)나 '덕 앤 커버duck and cover' 연습(냉전시대 구소련의 핵 공격에 대비한 미국 시민의 대피 훈련—옮긴이)을 연상시킨다. 1960년대 초가 배경인 TV시리즈 「매드맨」에서 주인공 돈 드레이퍼는 커다란 지구본을 집의 서재만이 아니라 사무실에도 잘 보이는 자리에 둔다. 이건 제작 디자인에서 꽤 잘 잡아낸 설정이어서 서른 살 아래의 시청자들은 즉각적으로 이렇게 느낄 수 있었다. '이 프로그램은 얼마나 예스러운지! 사람들이 아직도 지구본을 갖고 있다니!' 오늘날 누군가가 모든 분야 중에서도 지리가 얼마나 심각하고 중요한 분야인지를 이야기한다면 그건 타자기나 축음기 수리하는 법에 대한 수업을 들어야 한다고 강요하는 것처럼 들릴지도 모른다.

　　지리는 특히 미국인에게 어려운 분야인 것 같다. 2002년에 내셔널지오그래픽협회가 아홉 나라에서 대학생 연령대의 사람들을 대상으로 지명, 시사 지리, 지도 기술에 대한 설문조사를 실시했다.[16] 특별히 한 나라가 좋은 점수를 받지는 않았지만 높은 점수를 받은 스웨덴, 독일, 이탈리아에서는 응답자들이 질문의 약 70퍼센트에 올바른 답을 적었다. 미국 학생들은 암담한 성적인 41퍼센트 정답률로 밑에서 두 번째를 차지했다. (멕시코, 고마워요!) 이 결과는 수학이나 과학 같은 다른 과목에서 미국 학생들을 다른 나라 학생들과 줄지어 세웠을 때 나온 연구 결과와 비슷하니, 어쩌면 이건 그냥 일반적인 미국의 하향 평준화 교육과정 때문에 나타난 증상일지도 모르겠다. 데이비드 헬그렌은 어깨를 으쓱하며 이렇게 말했다. "이런 말 하기는 싫지만, 지리는 그저 미국인이 아무것도 모르는 현상을 나타내는 일부분일 뿐이에요."

하지만 미국인이 세계에 대한 지식에서 뒤처지는 현상에 몇 가지 지리적 이유가 부분적으로 작용했을 수 있다는 것은 어렵지 않게 생각해볼 수 있다. 첫째, 미국이 고립되어 있다는 점이다. 프랑스에서 동쪽으로 열 시간 동안 차를 몰면 국경을 다섯 번쯤 건널 수 있다. 하지만 미국 텍사스 주 엘패소에서 동쪽으로 차를 달리면 열 시간 뒤에 아마 휴스턴에도 미치지 못할 것이다. 미국인이 다른 나라에 대해 별로 모르는 건 그 나라들이 아예 존재하지도 않는 것처럼 생각하고 지내기가 쉽기 때문인데, 이건 말하자면 톰 스토파드의 희곡 『로젠크란츠와 길덴스턴은 죽었다』에서 로젠크란츠가 자신은 잉글랜드가 실제로 존재한다고 믿지 않는다는 말을 하는 것과 비슷하다. (로젠크란츠는 "지도 제작자들의 음모 아냐?"라고 친구인 길덴스턴에게 신랄하게 묻는다.[17]) 만일 미국인이 산이나 사막이나 해변에 가고 싶다면 굳이 국제항공편을 탈 필요가 없다. 모든 것이 여기 있으니까. 미국인의 고립은 그저 지리적으로 우연히 일어난 일이 아니라 사실상 미국이 설립될 때의 강령이나 다름없다. 미국으로 건너와 정착한 사람들은 나머지 세상과 연결고리를 끊으려고 왔으니, 지리에 대한 미국의 접근방식은 언제나 새로운 변경으로 영역을 확장하는 방향이었지 오래된 세계를 공부하는 것은 아니었다. 현대 세계에서 지구 곳곳이 서로 연결되고 있는 현실은 미국인에게 쉽게 다가오는 개념이 아니다.

또다른 원인으로 국제적인 요인도 몇 가지 들 수 있다. 20세기 전반에 걸친 냉전시대에 공산주의자들이 위협을 가해오는 동안에는 지정

학이 매력적이며 급선무인 분야였다.[18] 대학의 지리학과는 몰려드는 지원자들을 다 감당하지 못했고 케네디 대통령의 평화봉사단은 거의 지리 전공 학생들로 채워졌다. 심지어 많은 미국 대사관에서 '지리 담당관'을 따로 둬서 담당 지역의 지도를 감시하게 했다.* 구소련의 붕괴는 위기에 대처하는 세계관을 충격적일 정도로 갑작스럽게 무너뜨렸으며, 2001년 이후에 다시 국제적인 긴장이 고조되었다 해도 흥미롭게도 그것 때문에 냉전시대처럼 지리에 대한 관심이 일어나지는 않았다. 러트거스대 정치학과 교수인 아서 제이 클링호퍼는 오늘날 세계에는 비국가 활동세력, 예를 들어 민족 집단처럼 기준이 모호한 조직이 국가나 정부처럼 국경으로 구분되는 조직체만큼 강력하며 중요해졌기 때문에, 지리는 역사상 어느 때보다도 중요성이 떨어진다고 주장했다.[19] 지도에서 알카에다를 어디에 표시할 것인가? 구글이나 월마트는 어디에 둘 건가? 이들 조직은 어디에든 놓을 수 있으며, 동시에 정확히 어느 곳이라고 콕 집어 지정할 수도 없다.

지리적 지식이 약화되는 또다른 원인은 아마 더 정곡을 찌를 것이다. 오늘날 아이들은 갈수록 장소와 상관없는 세상에서, 실제 현실의 지리를 직접 탐험할 필요가 없는 세상에서 살아가고 있다. 지난 세기에 벌어진 최대의 모순을 하나 꼽자면, 많은 미국인이 인구가 넘쳐나는 도시를 벗어나 '자연과 다시 연결되기 위해' 교외로 이주했지만 근심 걱정 없는 시골 생활의 꿈은 실현되지 않았다는 점이다. 교외 지역이 삭막하

---

* 좀 어처구니없이 들릴 수도 있지만 한 지역의 지도는 중대한 기밀을 제공할 때가 종종 있다. 예를 들어 1980년대 후반 이라크에서 만들어진 지도에는 쿠웨이트가 이라크의 19번째 주로 표시되기 시작했는데, 이는 실제로 이라크의 탱크가 쿠웨이트로 진격하기 몇 년 전에 앞으로 벌어질 고난을 예견하는 조짐이었다.

게 확장되어 가는 지금의 현실에는 근심 걱정 없고 자연스러운 삶 따위는 없다. 우리는 자동차, TV, 아이팟, 인터넷, 휴대전화로 격리된 생활방식을 선택했고, 그로 인해 주변 환경으로부터 멀어졌으며 어떤 식으로든 환경을 탐사하거나 교류하는 노력은 필요악으로 치부하게 되었다.

그리고 아이들이 최악의 패를 갖게 되었다. 단지 기술만의 문제가 아니다. 바로 우리들, 선의에서 행동한다는 부모들이 아이들을 방해한다. 예전에는 학교까지 걷거나 자전거를 타는 아이들의 비율이 71퍼센트였지만 오늘날에는 고작 22퍼센트에 지나지 않는다. 집을 중심으로 아이들이 놀 수 있도록 허락받는 반경은 1970년대에 비해 9분의 1로 줄어들었다. 애초부터 과부하가 걸린 아이들의 일과에는 자유롭게 탐험을 나갈 수 있는 시간 따위가 남아 있지 않다. 1981년부터 2003년 사이에 아이들의 자유시간은 일주일 평균 아홉 시간이 줄었다. 게다가 왜 아이들이 헤매고 다니게 둔단 말인가? 미국 부모들은 '낯선 사람은 위험하다'는 말을 자주하는데, 미국에서 낯선 사람에게 유괴되는 아이는 1년 평균 115명이라는 사실은 모르는 것 같다. 이는 거의 100만 분의 1 확률이니 생활방식을 좌우할 만한 기준은 되지 못한다. 하지만 미국 엄마들 82퍼센트는 안전상의 이유를 들어서 아이가 집밖으로 나가지도 못하게 한다.[20] 유명한 칼럼 '디어 애비'는 최근 부모들에게 매일 아침 학교 가는 아이의 사진을 찍어서 유괴 당할 경우에 대비한 가장 최근 사진을 언제나 갖고 있으라고 조언했다. 이건 헬리콥터형 양육법(헬리콥터처럼 아이 곁을 끊임없이 맴돌면서 아이의 문제를 해결해주려고 하는 양육방식―옮긴이) 정도가 아니다. 이건 말하자면, 에어울프 양육법이다.

사실은 나도 같은 문제를 겪고 있다. 30년 전에 우리 어머니는 나

한테 "밖에 나가서 놀아라"라고 하셨지만, 나는 우리 어린 딸을 TV 앞에 앉혀놓고 어린이 프로그램을 보게 한다. 하지만 나는 우리 두 아이들이 여름을 야외에서 성을 짓고 나무에 오르며 보내지 못하는, 이 용감하지 못한 신세계에 살며 놓치는 것들이 걱정된다. 2009년 미시시피 주 콜럼 버스에서 어느 어머니가 열 살짜리 아들을 축구연습 하는 곳까지 500여 미터를 걸어가게 했다는 이유로 경찰관이 그 어머니를 아동방치 혐의로 고소하겠다고 위협한 이야기가 헤드라인을 장식했다.[21] 아이를 15분 정도 혼자 걸어가게 하는 것이 범죄 행위라면, 우리 부모님은 얼마나 많은 종신형을 동시에 복역해야 하는지 모르겠다. 우리 형제는 서울에 살 때도 꽤 자유롭게 뛰어다녔고 여덟아홉 살 때는 그 도시의 왕이었다. 뒷골목 지름길, 버스와 지하철 노선, 정말 이상한 핸드로션 맛이 나는 껌이나 오징어 맛 과자를 파는 동네 가게, 폭우가 쏟아질 때 택시를 잡기 가장 좋은 장소들을 누볐다. 나는 그뒤로 내가 살아온 많은 도시에서 느꼈던 자랑스러운 배트맨 같은 주인의식이나 장악력을 서울에서 성장하는 동안 얻었다고 믿는다.

오늘날 우리는 부모의 심각한 과잉보호를 받으며 자란 첫 세대가 어른이 되면서 사회에 미치는 영향을 목격하기 시작했다. 우리는 그 세대가 주로 앉아서 생활하기 때문에 비만을 비롯한 건강 문제가 급증했다는 것을 알고 있다. 우리는 그들이 신기술 중독자들이며 깨어 있는 자유로운 시간을, 무려 하루 평균 아홉 시간이나 번쩍이는 스크린 앞에서 보낸다는 것도 안다. 우리는 그들이 딱히 자립에 대한 모범이 아니라는 것을 안다. 메릴린치나 에르네스트앤영 같은 회사들은 채용 응시자의 부모를 위한 자료집과 세미나를 제공한다. 부모들이 채용 과정에 갈수록

더 많이 관여하고 있기 때문이다.[22]

하지만 이 세대 전체의 지리에 대한 인식은 그들의 정신적인 독립심이나 체질량지수 못지않은 위기에 처해 있다. 오늘날 실내에 갇힌 아이들은 자연이나 환경과의 연결을 거의 느끼지 못한다. 2002년 어느 연구에서는 만 8세 아이들이 자신이 사는 지역의 고유한 생물 종보다 포켓몬의 종류를 더 많이 안다는 사실을 밝혔다. 한편 캠핑, 낚시, 하이킹, 국립공원이나 숲으로 가는 여행 등의 야외활동은 1년에 약 1퍼센트포인트씩 꾸준히 줄어들고 있다.[23] 공원 직원이나 여론 조사원들에 따르면 베이비붐 세대는 여전히 야외로 나가지만 그들의 자녀와 손자 세대는 다르다. 주변을 탐험하고 스스로 집으로 가는 길을 찾아 돌아오는 기회가 한 번도 없었던 이 아이들은 진짜 세상을 돌아다니는 것에 불편한 감정부터 심지어 극도의 공포까지도 느낀다. 2009년 『하버드매거진』에 지하철을 타고 대담하게 보스턴 탐험에 나섰던 어느 신입생이 시내 교차로에서 공황에 빠진 이야기가 기사로 실렸다. 왼쪽으로 가야 할지 오른쪽으로 가야 할지 몰랐던 그 학생은 시카고에 있는 아버지에게 전화해서 도움을 구했다.[24]

그리고 이 세대는 그들의 자식 세대에게도 지리적인 무능력을 물려줄 것이다. 영국 하트퍼드셔대에서 실시한 최근의 연구는 영국 엄마들이 자기 스스로 지리에 대해 거의 감이 없기 때문에 자녀들도 시골을 탐험하게 놔두지 않는다는 사실을 보여주었다.[25] 이 연구의 집필자는 이렇게 말했다. "제가 이야기해본 어머니들 중에 지도를 읽을 수 있는 사람은 한 명도 없었어요. 그들은 빙 둘러서 시작점으로 돌아올 수 있도록 경로를 잡아 걷거나, 어디가 자전거를 타도 안전한 곳인지를 파악해

낼 줄도 몰랐어요." 퍼스 루이스가 주장한 것처럼 젊은이들을 지리에 관심 갖게 하는 것이 장소에 대한 애정이라면, 그 훈련은 지금 난관에 빠졌다. 세상은 이제 '토포필리아'의 사회가 아니라 '토포포비아topophobia'의 사회가 되어가고 있다.

하지만 지리 훈련은 이렇든 저렇든 난관에 빠질 운명이었는지도 모르겠다. 에드먼드 버크가 그의 유명한 논평에서 적었듯이, 수 세기에 걸쳐 지리학은 훌륭한 교양 교육의 기반 중 하나로 여겨졌다. "지리학은 지구를 다루지만, 하늘의 과학이다."[26] 1653년에 와이 솔턴스톨은 메르카토르 지도책을 영어로 번역하면서, 어떤 시나 역사도 "이 가장 고귀한 과학의 도움과 지식 없이는 (…) 읽어도 득이 되지 못한다"라고 그 서문에 열정적으로 써내려갔다. 하지만 오늘날에는 잡지 『US뉴스 앤드 월드 리포트』에서 꼽은 미국 최고의 대학 열 곳 가운데 단 한 곳에만 지리학과가 있다. (시카고대에는 '지리학 연구 위원회The Committee on Geographical Studies'라는 이름으로 일종의 지리학과가 있다.) 이러한 경향은 1948년으로 거슬러 올라가는데, 당시에 하버드대 총장인 제임스 코넌트가 "지리학은 대학에서 다룰 과목이 아니다"라고 주장하며 지리학과를 없앴다.[27] 그러자 얼마 지나지 않아 다른 대학들도 뒤를 따랐다.

대학에서 지리학의 축소는 이해하기 쉬운 일이다. 우리는 갈수록 전문화되는 시대를 살고 있다. 하지만 지리학은 다방면에 박학다식한 사람의 분야다. 불쌍한 지리학자가 대학에서 열린 파티에서 누군가에게 (예를 들어 공감 능력이 부족한 행정가라든가) 자신이 공부하는 분야가 정확히 무엇인지 설명하려고 애쓰는 장면을 상상해보라.

"지리학은 그리스어로 '지구에 대해 쓰다'라는 뜻이에요. 우리는 지구를 공부하죠."

"그렇군요, 지질학자들처럼요."

"뭐, 그렇긴 한데, 우리는 단지 흙과 돌로 이뤄진 부분만이 아니라 세계 전체에 관심이 있어요. 지리학자들은 바다, 호수, 물의 순환도 연구하거든요."

"그렇다면 해양학이나 수문학과 비슷하군요."

"그리고 대기도 포함하죠."

"기상학, 기후학……."

"단지 물리적인 것보다 더 범위가 넓어요. 우리는 인간이 지구와 어떻게 관계 맺는지에도 관심 있거든요."

"그렇다면 생태학이나 환경과학과는 어떻게 다른가요?"

"그 분야들도 아우르죠. 그 학문의 어느 측면을요. 하지만 우리는 사회, 경제, 문화, 지정학적인 면들도……."

"그렇다면 사회학, 경제학, 문화연구, 정치학이네요."

"지리학자 중에는 세계의 특정 지역이 전문인 사람도 있어요."

"아 그렇군요, 우리 학교에 아시아, 아프리카, 남아메리카 연구 프로그램이 있어요. 하지만 그게 지리학과 소속인 줄은 몰랐네요."

"그런 건 아닌데요."

(긴 침묵)

"그래서, 음, 뭘 공부하신다고요?"

그리고……, 컷.

지리학을 단일 학문이라고 생각하는 것부터 오해의 소지가 있다. 그보다 지리학은 궁극의 학제간 연구인데, 왜냐하면 지리학은 공간적으

로, 장소라는 렌즈를 통해 본 모든 다른 학문으로 구성되기 때문이다. 언어, 역사, 생물, 공중위생, 고생물학, 도시계획 등에서 그 분야를 연구하는 지리학자가 있으며 각 분야에서는 지리학의 단면을 가르친다. 어떻게 보면 지리학이 어디에나 존재하는 것은 이 학문이 중요하다는 근거지만, 또한 행정가들에게 지리학을 설명하기가 그토록 어려운 이유이며 대학에서 지리학과 예산을 취소해서 다른 학과에 나눠주기가 쉬운 이유이기도 하다.

사실 앞에 나온 작은 단막극은 너무 낙관적인 것인지도 모른다. 실제로 파티에서 오가는 대화는 아마 이렇게 진행될 것이다.

"사실 저는 지리학 학위가 있어요."

"지리학이오? 와, 저는 지도를 정말 못 읽어요. 당신은 주도의 이름을 전부 알겠군요!"

(지리학자의 미소가 얼어붙고 왼쪽 눈이 통제할 수 없이 떨린다.)

지도는 오늘날 계속되고 있는 지리학의 정체성 위기에서 큰 부분을 차지한다. 꽤 최근인 18세기 후반까지 지리학과 지도학은 동의어처럼 쓰여서 같은 분야의 과학적 연구를 두고 서로 교차해 사용할 수 있는 단어들이었다. 사람들은 여전히 세계를 탐험하고 기록했으며, 지도를 그리는 이가 바로 지리학자들이었다. 그러다가 지리학은 전체론적인 학문 분야로 성장하기 시작했는데, 그 과정에서 웃기는 일이 일어났다. 지리학이 중심에 있던 지도를 잃은 것이다.

이런 일이 일어난 데는 여러 가지 원인이 있었다. 우선 가장 명백한 원인으로 세계가 이제 꽤 빈틈없이 지도 위에 그려졌다는 점을 들 수 있다. 그러니 지도 제작은 더이상 용감한 신세계일 수가 없었다. 결과적으로 지리학자들은 지도 제작자들을 과학자나 학자가 아니라 단순한 기술자로 보기 시작했다. 두 번째로는 지리 정보 시스템 같은 디지털 도구들이 공간 정보를 다루는데 쓰이게 되자 지도에 몰두하는 것이 구식처럼 느껴지게 되었다. 그리고 마지막으로 지도의 문화적 함의, 정보의 선택성, 특정 지도가 만들어진 의도 등 지도의 신뢰할 수 없는 측면을 강조하는 학문적 경향이 있었다. "모든 지도는 현실을 왜곡한다"는 마크 먼모니어가 1991년에 낸 명저 『지도로 거짓말 하는 법』이 다루는 기본적인 교훈이다.[28] 지도는 문학 텍스트처럼 해체하고 분석해야 하는 인공물이다. 지도를 과학의 권위적인 기반으로 보는 것은 이제 더이상 인기가 없다.

지도가 없다면 우리는 길을 잃을 텐데, 이 분야의 신진 학문이자 지도 제작과 관련이 적은 분신인 학술지리학이 바로 그 역할을 해왔다고 주장하는 이들이 있다. "이게 미국의 학술지리학에서 제일 잘 나간다는 잡지예요." 데이비드 헬그렌이 이렇게 말하며 그의 거실 탁자에 놓여 있던 『미국지리학자협회 연보Annals of the Association of American Geographers』를 건넸다. "아주 지루해요. 끔찍하죠. 제목만 쭉 읽어도 잠들 수 있어요."

나는 그 잡지를 훑어봤다. 나는 스스로를 꽤 교양 있는 사람이고 거기에 더해 지리광이라고 생각한다. 하지만 "효과적인 공간 추론 과정에서 인지를 북돋우며 지각에 뛰어난 그래픽 표현"이라든지 "거시적 영토 분석에 유용한 상태 요인 패러다임에 대한 순차적 접근방법"에 대해서는 열정이 발휘되지 않는다. "우선권의 공간들: 라트비아 다우가프필스의 소련식 주택 건설"은 또 어떤가. 선택할 게 아주 많아서 어디서부터 시작해야 할지도 모르겠다.

"그것 봐요. 읽을 수조차 없어요. 그들은 새로운 어휘를 만들어내고 있어요. 하지만 그게 지금 세계 학술지리학의 표준이죠. 나는 그 잡지에 두 번 논문을 냈다는 것을 자랑스럽게 말할 수 있는데, 그렇게 해서 인지도를 좀 얻었지만 그 문화에서 한 번도 훌륭한 일원이었던 적은 없어요. 나는 그 잡지를 '연보annals'가 아니라 '똥구멍anals'이라고 해요. 이따위 것들을 좋게 봐줄 수가 없습니다. 세상을 더 나은 곳으로 만들지 못하니까요. 세상을 더 흥미로운 곳으로 만들지도 못하고요."

일반 독자들이 여러 분야의 학문적인 글에 어리둥절해하는 것이야 당연하지만, 거기에 더해 지리학에는 고유한 이미지 문제가 있다. 사람들이 지리학을 찾을 때는 지도에 대해 배우기를 기대한다는 것이다. 부모들이 자기 아이가 지리를 좋아한다고 말할 때 그들이 정말 의미하는 건 "우리 아이는 지도 보는 걸 정말 좋아해요"이지, "우리 아이는 구소련 시절 라트비아에서의 주택 건설에 신기할 정도로 관심이 있어요"가 아니다. 뉴스 앵커가 미국 아이들이 지리에서 낙제점이라고 보도할 때 그것은 단지 아이들이 지도에서 특정 장소와 그 이름을 연관시키지 못한다는 의미다. 데이비드 헬그렌은 『지리학회지Journals of Geography』 1983년 7월호에 자신이 겪은 미디어 서커스에 대해 쓰면서 신중하게도 학생들에게 냈던 퀴즈를 한 번도 지리 퀴즈라고는 쓰지 않았다. 그건 "지명 퀴즈"였다. 헬그렌은 "지리학적인 문맹"이라는 표현도 쓰지 않았으며 대신 "지명에 대한 무지"라는 표현을 선호했다.

그는 물론 의도적으로 그렇게 했다. 지리학자들은 그들의 연구 분야를 아이들도 통달할 수 있는 일련의 정보라고 축소하고 싶어하지 않는다. 조지아주립대 지리학과 교수인 더그 오터는 이렇게 말했다. "내가 문학 박사라고 해서 사람들이 내게 맞춤법을 물어오지는 않겠죠. 하지만 사람들은 내가 지리학을 가르친다는 것을 알면 '텍사스 주의 주도가 어디예요?'라고 물어봐요."

이건 이해할 수 있는 우려이며, 솔직히 말해서 한 세기 동안 꽤 형편없는 지리 교육을 겪으며 생겨난 현상이다. 수년간 학교에서 학생들에게 지리를 공부시킬 때면 그저 지명을 잔뜩 외우게 했을 뿐이다. 알파벳 순으로 정리한 미국 50개 주의 이름이나 세계에서 가장 높은 산의 이름처럼 말이다. 프랑스의 철학자 장자크 루소는 소설 『에밀』에 이렇게 썼다. "세계가 어떤 곳인지 가르치고 있다고 생각하지만 학생들은 그저 지도를 배울 뿐이다. 학생들은 도시와 나라와 강 이름을 배우지만 그들에게 그 이름은 종잇장 위에 있을 뿐 아무런 존재감이 없다. 나는 지리학이라는 말을 이렇게 시작되는 곳에서 본 적이 있다. '무엇이 세계인가? 판지로 된 구체球體.' 그것은 아이의 지리학이다."[29] 누군들 여기에 반박하여 지리학이 그보다 더 많은 것을 의미한다고 주장하고 싶지 않겠는가? 2002년에만 해도 릭 베인이 인디애나 주에서 했던 연구는 학생들이 기본적인 지도 관련 기술보다 지명을 알아보는 실력이 낫다는 것을 보여줬다. 언어학적으로 풀이하자면 우리는 학생들에게 여전히 단어를 가르치고 있을 뿐 아직 문법을 가르치지도 않았으면서, 그들이 언어를 말하지 못한다고 놀라워하고 있는 셈이다.

하지만 나는 지리학자들이 지도—지리학에 대해 비전문가들이 유일하게 알고 있는—를 그토록 철저하게 회피한 것이 지금의 소외 현상을 어느 정도 초래하지 않았을까 하고 생각한다. 책에 대해서 "아, 그고리짝 물건들? 우리는 이제 그런 건 안 봐"라는 식의 태도가 가득하다면

대학의 문학 전공 과정이 존중받기는(학생을 모집하거나 자금을 모으기도) 불가능할 것이다. 퍼스 루이스는 1985년에 지리학자들이 지도나 풍경에 대한 대중의 사랑을 경멸하면서 스스로를 위험에 몰아넣고 있다고 경고했다. "기본적인 자료를 '단순한 서술'이라고 부르며 폄하한다면 과학이라는 이름에 합당하지 못하다."[30] 학술지리학자 중에는 어린 시절 지도에 대한 애정 때문에 그 분야에 발을 들여놓은 경우가 많다. 이제 그들은 지도를 최소한 지리학의 관문에 들어서게 해주는 약으로 받아들여야 한다. 학생이 지도를 보고 있다면 그다음에는 지리학이 그 지도를 어떻게 설명하는가에 뛰어들 수 있다. 왜 이 도시가 저 강가에 놓였으며, 왜 이 협곡은 저 협곡보다 깊으며, 왜 이곳의 언어는 저곳의 언어와 연관되는지, 왜 이 나라는 부유하며 저 나라는 가난한지에 대해서도 말이다.

언론 보도는 학생들이 캐나다를 찾지 못하는 것이 종말론의 징후라는 자명한 신조인 양 지리적 문맹을 다루는 경향이 있다. 절망감에 손을 부들부들 떨다가 그들은 한 가지 물어야 할 질문을 놓쳤다. 그 마이애미의 수영장 헐크가 옳다면? 시베리아에 평생 가볼 일이 없는 사람이 그곳을 지도에서 찾지 못한다고 해서 그게 큰 문제일까? 어쨌거나 정말로 알아야 한다면 언제든 찾아보면 되는 것 아닐까?

글쎄, 여기에서 제기할 수 있는 한 가지 문제점은 좀 뻔하다. 사람들이 어느 장소를 찾아볼 수는 있겠지만 그렇다고 해서 그게 실제로 찾아본다는 의미는 아니라는 점이다. 우리는 바다 건너편에서 이뤄지는 개발이 우리 일상에 수없이 많은 방식으로 영향을 미치는, 갈수록 밀접하게 연결되는 세상을 살고 있다. 그리스 경제의 붕괴는 내 퇴직금에 영향을 미치고 내 퇴직을 늦출 수 있다. 파키스탄에 있는 탈레반 조직은 내가 뉴욕 타임스스퀘어를 걸어갈 때 내 안전에 영향을 미칠 수 있다. 아이슬란드의 화산은 봄방학 동안 파리에 가려던 내 계획에 영향을 미칠 수 있다. 방금 쓴 문장들은 중국의 빌어먹을 나비가 날개를 펄럭여서 멕시코 연안에 허리케인을 일으킨다는 것처럼 카오스 이론 수업에서 사용하는 보여주기식 가설이 아니다. 이는 사실에 의거한 직접적인 서술이다. 어느 날 우리는 이런 사건에 대해 얼마든지 들을 수 있으며 그 사건들에는 지명이 관련되어 있을 것이다. 만일 그곳이 어디인지 안다면, 내가 이제껏 들어본 그 장소에서 일어난 모든 사건을 종합적으로 기억할 수 있다. 하지만 그 장소가 어디인지 이해하지 못한다면 그냥 밀려드는 이름에 지나지 않게 된다. 이라크는 저기 어디 있다. 아프가니스탄도 마찬가지고. 그 둘은 가깝나? 아니면 먼가? 알아서 뭐하겠어?

과거에 사람들은 알았을 것이다. 크림전쟁이 일어났을 때 영국의 대중은 그 지역 지도에 대한 갈증을 도무지 채울 수 없기라도 한 것처럼 크림 반도의 지도를 "반은 사막이며 지구상에서 전혀 중요하지 않은 그 땅의 모든 소읍과 좁은 길까지, 마치 그곳을 잉글랜드의 어느 지방처럼 속속들이 알게 될 때까지" 사들였다고 1863년 어느 작가가 적은 기록이 있다.[31] 미국 남북전쟁 때도 북쪽과 남쪽의 지도가 수도 없이 팔려나갔으며, 루즈벨트는 방송 대담 중에 청취자들에게 집에서 자신을 따라 세계지도를 보라고 지시하고는 제2차 세계대전의 양쪽 무대에서 일어나는 사건을 모두 설명했다. 오늘날 벌어지는 먼 나라의 전쟁들에 대해서는 이렇지 않다. 우리 대부분은 지도를 볼 수 있지만 아마 보지 않을 것이다. 그 대신 우리는 갈수록 더 적은 정보에 의거해 결정을 내릴 것이다. 투표소에서는 물론이고 다른 곳에서도 마찬가지다. 투자 결정, 소비 결정, 여

행에 대한 결정까지도. 우리 가운데에는 공공 정책 분야에서 일하게 되거나 공직에 당선될 사람도 있을 테고, 그들이 내리는 결정에 대중의 인생이 좌우되기 시작할 것이다. 지리학자 하름 더블레이는 그의 저서 『분노의 지리학』에서 우리 시대 서양의 세 가지 큰 시험, 즉 이슬람 근본주의자들의 테러, 지구온난화, 중국의 부상이 모두 지리학의 문제라고 주장한다. 시민이 어떤 주제에 대해 잘 알기 위해서는 장소를 이해해야 하는데, 이는 장소가 다른 종류의 지식보다 더 중요해서가 아니라 수많은 다른 지식의 토대를 형성하기 때문이다.

둘째로, 마이애미 수영장 헐크의 주장은 지도에 대한 상식이 단순히 추상적인 학문의 장이 아니라는 사실을 간과했다. 그것은 일상에서 꼭 필요한 생존 기술이기도 하다. 학교에 다니는 아이가 지도에서 유럽을 찾지 못한다면 아마도 지도를 거의 보지 않기 때문일 테고, 그것 때문에 아이는 어른이 되어서 꽤 어려움을 겪을 것이다. 2008년에 노키아가 출시 예정인 새로운 지도를 광고하려고 고안한 설문조사에서, 전 세계의 성인 93퍼센트가 정기적으로 길을 잃으며 그럴 때마다 하루 평균 13분을 허비한다는 사실이 밝혀졌다.[32] 10명 중 1명 이상이 직장 면접이나 사업상 회의나 항공편 등의 중요한 일을 길을 잃는 바람에 놓친 경험이 있다. 때로는 이보다 훨씬 더 심각한 결과가 빚어진다. 어느 뉴스 아카이브든지 가서 '지도를 잘못 읽다'나 비슷한 문구로 검색해보면 눈 쌓인 산에서 길을 잃은 등산객, 엉뚱한 좌표에 공습을 명령한 군사령관, 읍내의 크리스마스트리를 실수로 베어버린 시의 인부들, 그리고 영화 「블레어 위치」의 불쌍한 아이들에 대한 기사를 보게 될 것이다. 2003년 이라크에서 구출되어 대환영을 받았던 미 육군 일병 제시카 린치는 애초에 그녀의 트럭 수송대를 지휘하는 장교가 기진맥진한 상태에서 지도를 잘못 읽고 엉뚱한 고속도로를 탔기 때문에 억류되었던 것이다.[33]

　　마지막으로, 이러한 지도에 대한 고민은 더 큰 문제의 징후에 불과할 뿐이라는 사실을 보여주는 연구 결과가 갈수록 늘어나고 있다. 1966년에 영국 지리학자인 윌리엄 발친과 앨리스 콜먼은 언어능력literacy과 산술능력numeracy을 시각적 능력에 적용시켜 지도와 도표와 상징을 이해하는 인간의 능력을 뜻하는 '도해력graphicacy'이라는 단어를 고안했다.[34] 이 단어는 생소하긴 하지만, 우리가 지하철 지도를 읽는데 애를 먹는 이유가 파워포인트 도표와 이케아 조립 설명서를 보면서 애를 먹는 이유와 동일하다는 주장에는 그럴 듯한 근거가 있다. 바로 아무도 우리에게 그것을 읽는 법을 제대로 가르쳐주지 않았다는 것이다. "고등학교는 공간적 사고를 제대로 대접하지 않습니다." 다른 업적도 있지만 무엇보다도 「세서미 스트리트」의 지리 관련 내용에 자문을 해준 펜실베이니아주립대 심리학과 교수인 린 리벤이 이렇게 말했다. "우리는 언어와 수학에 집중하는 만큼 지리적 사고와 표현 능력에도 관심을 기울여야 합니다." 지도를 가르치면 아이들은 모든 시각적 기술에 더 명민해지는데, 그 기술들은 오늘날 갈수록 더욱 중요해지고 있다. 컴퓨터의 비중이 높아지면서 한두 세기 전이라면 텍스트 기반이었을 많은 복잡한 업무를 처리하기 위해 공간적인 인터페이스와 시각화 도구들을 사용하기 때문이다.

　　그래서 구식 지리학이 실패한 것인지도 모르겠다. 단지 이름과 장소들을 나열했을 뿐이었기 때문인지도. 아예 없는 것보다야 낫다는 것을 잃고 나서야 깨닫게 되지만, 아이들에게 정말 필요한 것은 그게 아니었

다. 내가 단지 공간적 사고에 대한 선천적 재주가 조금 있었기 때문에 맵헤드로 자랐다면, 그게 바로 지도에 무능한 우리 사회를 위한 마법의 총알일지도 모른다. "당장 공간 교육을!"이나 "우리는 모두 공간 장애 아이들이다!"라고 외치는 시위대를 상상해보라. 퍼스 루이스가 말한 대로 지도를 '단순한 서술'의 장황한 열거로 만들지 않으면서도 지리를 가르칠 방법은 무궁무진하게 많다. 장자크 루소와 마찬가지로 1959년에 인지심리학자 제롬 브루너는 지리학을 수동적으로 가르칠 때가 너무 많아서 학생들 스스로 생각하거나 탐험할 기회가 없다고 불평했다.[35] 브루너는 아이들을 둘로 나눠서 가르쳐보자는 생각을 했다. 한쪽 수업에서는 전적으로 "임의의 수원지와 자원이 있는 임의의 장소들에 임의의 도시들이 있었다"라는 식의 서술이 전부인 지리학을 배웠다. 다른 수업에서 아이들은 데이비드 헬그렌의 수업에서처럼 빈 지도를 받았다. 그들은 책과 지도를 참고하지 말고 도로, 철도, 도시들이 어느 위치에 놓일 수 있는지 예측해보라는 지시를 받았다. 교통 이론에 대한 놀라울 정도로 활기차고 열띤 토론이 일어났고, 한 시간 뒤에 브루너는 미국 중서부 지도를 놓고 자신들이 추측한 것들을 검토해달라는 학생들의 간청을 받아들였다. 브루너는 이렇게 적었다. "어느 어린 학생이 미시간 호수의 아랫부분을 가리키며 '와! 시카고가 길게 뻗은 호수 끝에 있네!'라고 외치던 때를 결코 잊지 못할 것이다." 세인트루이스에 대해 맞게 추측한 것을 기뻐하는 학생들도 있었다. 어떤 학생들은 매키노 수로에 세울 수 있었을 큰 도시가 미시간 주에 없다는 것을 아쉬워했다. 브루너는 우리가 당연하게 여기는 우리 고향의 지도를 가져다가 새로이 바라보게 하고 거기서 모험을 이끌어내는 데 성공했다. 당신은 지도의 위아래를 뒤집는 것만으로도 그렇게 할 수 있다. 작가 로버트 하비슨이 영국 지도를 뒤집어서 관찰했을 때처럼 말이다. "그 지도의 의미가 달라졌으며 쉽게 이해할 수 있는 정수로서의 전체는 사라졌다. 이제는 모양들이 스스로 설명을 하는데, 영국 해안이 불길하게 끊기는 것은 더이상 저절로, 홀로 생겨난 현상이 아니라 강 때문에 생겨난 것이다."[36] 나는 최근 지도 가게에서 오스트레일리아에서 만든 벽걸이용 지도를 우연히 보았다. 세계 전체를 뒤집어놓은 그 지도에는 오스트레일리아가 그보다 못난 대륙들 위에 당당하게 자리를 잡고 있었으며 북반구의 강대국들은 그 아래의 심연 속에 가라앉아 있었다.* 틀림없이 야후 시리어스(1988년작 코미디 영화 「영 아인슈타인」으로 알려진 오스트레일리아 출신의 영화배우이자 감독—옮긴이)가 시드니 오페라하우스 내부의 동굴 같은 알현실에서 통치하고 있을 우리 행성을, 오스트레일리아 중심적인 시각에서 바라보며 잠시 존재론적인 현기증을 느꼈다는 말을 들으면 남반구의 주민들은 분명 행복해할 것이다. 하지만 '일본'이나 '지중해'처럼 익숙한 이름들이 이상하고 새로운 윤곽선 위에 찍혀 있는 것을 보는 것도 짜릿하다. 마치 우리 행성이 통째로 간밤에 새로 장식된 것처럼 말이다. 최적의 상태에서 지리 교육이 할 수 있는 일은 바로 이런 것이다. 지도에 애초의 경이와 발견을 돌려주는 것 말이다.

1984년 데이비드 헬그렌은 일자리를 잃었지만, 언론에서 반짝 유

---

* 안 될 건 또 뭐란 말인가? 우리의 은밀한 '북반구주의'를 제외하면 북반구가 위에 있어야 한다는 마술적인 이유 따위는 없다. 중세의 지도들은 대개 동쪽이 위로 가도록 정렬되었기에 '오리엔트orient'라는 단어는 '동양'이라는 의미와 함께 '공간적으로 정렬된'이라는 의미를 갖게 되었다. 우주에서 지구를 찍은 나사의 "거대한 푸른 구슬Big Blue Marble" 사진 촬영 원본에서는 남쪽이 위에 있었기 때문에 나사는 이 사진을 공개하기 전에 뒤집었다.

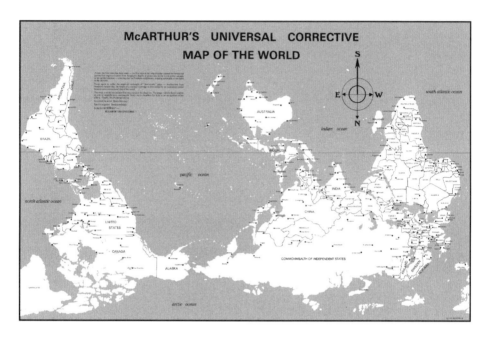

남반구가 위에 놓인 최초의 지도로 1979년에 스튜어트 맥아더가 출판했다.
어이 이봐 오스트레일리아, 남쪽이 그렇게 대단하다면 남극은 어디 갔는데?

명세를 탄 경력 때문에 자신이 지리 교육의 전문가로서 상담을 하게 된 것에 다시 한 번 놀랐다. "한 번도 발을 들여놓지 않은 분야였거든요." 우리가 그의 집 근처 어느 가족이 경영하는 작은 멕시코 음식점에서 타코를 해치우는 동안 그가 말을 잇는다. 헬그렌은 교사들의 현직 연수를 맡았고 그뒤로 새너제이주립대에 지리교육센터를 설립하여 그곳에서 20년 동안 가르쳤다. "교과서를 몇 권 썼는데 알고 보니 내가 그쪽에 소질이 있더군요. 그 분야는 학술지리학자들이 가서는 안 된다고 취급받는 분야인데, 그 이유란 게 재정적으로 성공을 거둘 수 있는 분야이기 때문이죠. 학술지리학자들은 가난해야 한다고 생각하고 실제로 대부분이 그래요. 하지만 나는 어쩌다 보니 30년 동안 두둑한 인세를 받게 되었어요." 3년 전에 그는 교과서 인세 덕분에 가르치는 일에서 일찍 은퇴할 수 있었다.

헬그렌의 명성은 워홀이 배당한 15분 이상 지속되지 못했을지 모르지만, '지리적 문맹'은 거의 30년이 지난 지금도 여전히 주목을 받고 있다. 헬그렌이 이 밈을 창조하지는 않았지만 그는 이를 교육 학술지의 잘 안 보이는 뒷장에서 전국 단위 신문의 1면으로 옮겨온 당사자이며, 그 사건 이후로 이는 하나의 움직임이 되었다. 다른 학교들과 여론조사 기관에서도 각자 정기적으로 지명에 대한 조사를 실시하기 시작했다. ABC의 아침 방송 「굿모닝 아메리카」에서는 마이애미대에서 헬그렌의 동료였던 하름 더블레이를 '지리 편집자'로 고용했다. 1985년에 나온 컴퓨터게임 「카멘 샌디에이고는 어디에Where in the World Is Carmen Sandiego?」는 지리 지식들로 가득한 데다가 『세계연감』과 한 묶음으로 팔렸는데, 이는 미국에서 가장 많이 팔린 교육용 게임이 되었다. 몇 년 뒤에 PBS는 아이들

을 위한 지리 프로그램을 만들고 싶었지만 「세서미 스트리트」의 완벽한 지리 버전을 개발할 예산이 없었다. 그래서 PBS는 「카멘 샌디에이고는 어디에」를 각색해서 성공적인 게임쇼로 만들었고, 그 프로그램은 그뒤로 5년 동안 아이들에게 지리의 기초를 가르치는 데 활용됐다.

    헬그렌은 내셔널지오그래픽협회와 함께 일하기도 했다. 당시 내셔널지오그래픽협회는 약간의 정체성 위기를 겪고 있었다. 전문적인 지리학자들은 대체로 그 협회에서 발행하는 월간지 『내셔널 지오그래픽』이 별로 학술적이지 못하다고 비웃었으며, 호기심 많은 일반 독자들에게 이국적인 지역의 다채로운 사진들을 보여준다는 그 잡지의 주된 역할은 1984년에 이르러서는 1924년에 그랬던 것만큼 더이상 신선하지 않게 되었기 때문이다. (호기심 많은 소년들에게 발라의 여자 사진을 보여주는 수단으로서는 여전히 견줄 데가 없었지만, 그 시장도 『스포츠 일러스트레이티드』 수영복판 때문에 축소되고 있었다.) 헬그렌 관련 언론 보도에 화들짝 놀란 내셔널지오그래픽협회는 지리 교육에서의 새로운 임무에 나섰으니, 그것은 바로 워싱턴에 로비를 해서 새로운 교육과정을 개발하고 수백만 장의 지도를 무료로 전국 학교에 배포하는 것이었다. 2008년에 협회의 교육재단은 지리를 전국 학교에서 되살리는 데 1억 달러 이상을 썼다.[37] 그 교육재단이 설립될 당시에는 5개 주에서만 지리 교육이 필수였지만, 현재는 50개 주 모두에서 지리 능력geoliteracy에 대한 기준을 적용시키고 있다. 하지만 여전히 협회가 실시한 최근 설문조사에 응답한 젊은 성인 중 절반은 지리 수업을 한 번도 들은 적이 없다고 답했다. 아직 갈 길이 멀지만, 데이비드 헬그렌의 우연한 명성에 크게 덕을 입어서 미국에서 가장 영리하다는 사람들 몇 명이 이 문제를 해결해나가고 있다.

지리광이 된다는 것은, 혹은 눈먼 자들의 나라에서 한쪽 눈이라도 뜬 지리광이 된다는 것은 쉽지 않은 일이다. 나는 어릴 때 세계지도에서 미국을 찾지 못하는 어른들에 대한—대학 교육씩이나 받은 어른들인데도!—기사를 읽고 당황스러웠다. 내가 가진 기묘한 집착을 모두 일반 대중이 공유하지 않는다는 사실에는 익숙했지만, 지리의 경우는 내가 정말 소중히 여기는 것을 미국 대중이 묵살해버리는 현실을 유일하게 언론의 헤드라인에서 연거푸 읽어야 하는 경험이었다. 하지만 우리들, 우리 맵헤드들은 이런 걸 개인적으로 받아들이지 않으려고 노력한다. 적도기니와 파푸아뉴기니를 구분하지 못하는 몽매한 군중보다 우월하다고 해서 마치 거기에 그들의 목숨이 달려 있기라도 한 것처럼 좀 우쭐대고 잘난 척을 하는 맵헤드가 있을지도 모르겠다. 하지만 내 경험으로 우리는 대부분 그저 도움이 되고 싶을 뿐이다. 우리는 헤매는 여행객들에게 길을 알려주거나, 보드게임 '트리비얼 퍼수트Trivial Pursuit'를 같이 하는 친구들에게 카스피 해가 세계 최대의 호수라고 말하거나, CNN에서 방글라데시에 또 홍수가 났다고 할 때마다 그 나라가 어디 있는지 설명하기를 좋아할 뿐이다. 구글과 GPS(Global Positioning System. 위성항법장치—옮긴이)가 나오기 이전 시절에 맵헤드들이 그랬던 것처럼 대중을 위해 중요한 역할을 하지는 않지만, 그렇다고 우리가 이제 와서 변하지도 않을 것이다. 마음 깊은 곳에서 여전히 맵헤드들이 순진하게도 가진 믿음은, 우리가 그랬듯이 모두 지도와 사랑에 빠질 수 있다는 것이다. 사람들에게는 아직 그럴 만한 기회가 없었을 뿐이다.

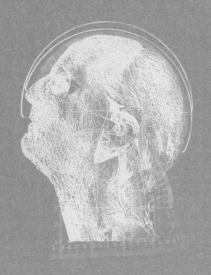

제4장

수준점 BENCHMARKS

n. 고도를 표시하기 위해 콘크리트에 넣은 동판. 지형 측량의 기준으로 쓰인다.

이 정보가 우리에게 필요한 것이라네. 이는 역사를 그리고 사람들이 어떻게 자신이 차지한 장소에 적응해가는지를 보여주지. 무엇이 없어졌으며, 무엇이 그 자리를 대신했는지도 말해준다네. 이 지도들은 잠깐 쓰이다 버려지는 정보를 넘어서서 토대를 밝혀주지.[1]
— 배리 로페즈

워싱턴 D. C.에 자리한 미국의회도서관의 지리·지도 분과에 들어서려면 텍사스 주를 밟아야 한다. 그 입구의 타일 깔린 바닥에 텍사스 주 지질도에서 뽑아낸 세부 지도가 원형으로 박혀 있기 때문이다. 이곳 지도 분과장이자 자랑스러운 루이지애나 주 출신인 존 허버트의 말에 따르면, 이건 우연이 아니다. "누구든 원한다면 나는 그렇게 하라고 해요." 그의 희미한 케이준cajun(미국 루이지애나 주로 강제 이주된 캐나다 태생의 프랑스인과 그들의 음식을 일컫는다 — 옮긴이) 말투가 여기서 끊기더니 허버트는 텍사스힐컨트리 지역을 신발 면지떨이로 쓰면서 텍사스 주 지도를 밟는 시범을 보여준다. 텍사스를 공격하며 눈이 반짝인 순간은 예외로 하고 허버트는 진지한 생김새의 60대 남자인데, 동그란 이중초점 안경을 쓰고 있으며 자꾸 찌푸리는 이마 위로 흰 머리카락이 부스스하게 곱슬거린다. 하지만 눈썹은 아직 소금에 후추가 좀 섞인 정도의 색이다. 우리는 방문객 열람실을 통과해 반대쪽 끝에 굳게 닫혀 있던 문을 열고 들어갔다. "이제 내 세계에 들어오셨습니다."

　　의회도서관의 제임스매디슨관 지하에 자리한 허버트의 세계에는 철제로 된 지도 보관함이 끝없이 길게 줄지어 있어서 나는 잠시 숨을 쉴 수가 없었다. 나는 도서관에 가면 언제나 숭배하는 기분을 느끼는데, 심지어 인터넷을 쓰려고 들어온 노숙인 같은 냄새가 나는 작은 시의 도서관에서도 그 기분은 마찬가지다. 힘들여 수집한 그토록 많은 정보에 내가 그토록 가까이 있다니, 이건 기묘한 만족감을 안겨주면서 인간의 비범함마저 엿보게 하는 순간이다. 다른 사람들이라면 후버댐이나 만리장성을 보러 가서 이런 기분을 느낄 것이다. 하지만 이 도서관은 내가 이제껏 본 어느 도서관과도 다른, 보르헤스의 소설에서 곧장 튀어나온 듯이 끝없이 이어지는 것처럼 보이는 공간이다. 형광등 불빛 속에 줄지어 선 서가를 따라 시선을 옮기면 어느 방향으로든 하나의 소실점에 닿을 수 있다. 이곳에는 보관함이 8500개나 있고 각 함에는 서랍이 5개씩 있으며, 축구 경기장 두 개의 면적이 오직 지도를 위해 할애되어 있다. 그리고 그 보관함들은 무겁기 때문에 우리가 지금 지하 2층에 있는 것이다. "우리는 이 층에 있어야 해요. 만약 우리가 6층에 있었다 해도 얼마 안가서 어쨌든 여기로 내려오게 되었을 거예요." 이곳 의회도서관 지도 분과는 인간이 이제껏 수집한 역사상 최대 규모의 지도 소장고다.

4. 수준점BENCHMARKS

존 허버트에게 지도는 늪이 많은 시골에서 자라던 소년이었을 때부터 더 큰 세상으로 향하는 만능 열쇠였다. 어릴 때 존 허버트는 형과 함께 루이지애나 주 후머에 있는 집에서 아마추어 무선 라디오의 안테나를 침실 창밖으로 연장해서 이웃의 공터 나무에 매달고, 송신기에 모스 부호를 치며 몇 시간이고 보냈다. "나는 언제나 무릎에 지도책을 뒀어요. 갑자기 펜실베이니아 주 타마카에 있는 사람과 이야기를 하게 될 수도 있는데, 그러면 펜실베이니아 주 타마카가 도대체 어디 있는지를 알아야 하니까요." 그 이야기를 하는 동안 허버트는 손가락으로 상상 속 도로 지도책의 고속도로를 따라간다. 하지만 그가 워싱턴 조지타운대에 석사 과정을 공부하러 왔던 1965년에는 지리학과가 없었다. 지리학은 이미 10년 전에 인기를 잃은 터였다. 그래서 그는 지리학 대신 라틴아메리카 역사를 공부했고 1972년 박사 학위를 받을 무렵에는 이미 의회도서관에서 일하고 있었다. 그뒤로 쭉 허버트는 이곳에서 일해왔다.

허버트와 함께 일하는 사서 45명 가운데 대부분은 전문 지리학자가 아니지만, 그들은 전문 분야가 미술사든 홍보든 상관없이 각자의 분야에서 지도 제작의 힘을 목격한 뒤로 지도와 사랑에 빠졌다. 허버트도 다르지 않다. "지도는 역사에서 글이 말해주지 않는 요점을 끌어내 보여줍니다."

정말이지, 우리가 지리적으로 정리된 서고를 훑어가는 동안 역사는 우리 주변 도처에 숨어 있다. 초기의 세계지도들(북쪽이 위에 있다), 캐나다, 등장한 순서대로 정리된 미국, 대서양에서 태평양으로, 라틴아메리카, 그다음에는 대서양을 건너 유럽과 아시아, 이 동굴 같은 공간에서 가장 끝에 있는 아프리카와 오세아니아. 이곳은 세계의 축소판이다.

허버트는 그가 사랑하는 소장고를 학자의 무미건조한 기록보관소가 아니라 스페인 사람들이 탐험했던 초기부터 현재까지 미국의 광대하고 귀중한 유물로서 자랑하며 거의 선교사 같은 열정을 보여준다. 이곳에는 1913년에 '의심의 강'*을 따라가며 거의 죽을 뻔한 탐험을 하는 중 루즈벨트 대통령이 직접 그린 브라질 열대우림 지도가 있다.[2] 「세계의 수도 게르마니아Welthauptstadt Germania」도 있는데, 나치의 건축가 알베르트 슈페어가 베를린을 다시 설계한 그 기념비적인 지도는 나치 독일이 무너진 이후 미국 군대가 찾아낸 것이다. 우드로 윌슨 대통령과 베르사유에 동행했던 미국지리학회팀이 가져온, 제1차 세계대전 막바지에 유럽을 분할한 원본 지도도 있다. 허버트가 자랑하듯이 말한다. "여기에는 차풀테펙 전투 때의 군사지도 원본, 아프리카 서북 해안의 바르바리 전쟁 때 그려진 해도도 보관되어 있어요. 그러니까 우리는 거짓말 안 보태고 '몬테수마 홀(차풀테펙 전투의 다른 이름 ― 옮긴이)'과 트리폴리를 갖고 있다고 말할 수 있죠." 어디선가 히스토리 채널 특집을 방송할 거라면 바로 이곳이어야 한다.

보아하니 역사의 거성들은 모두 이곳 서고에 카메오 출연을 하는 모양이다. 허버트는 나를 구경시켜 주는 동안 정말 많은 유명인의 이름을 겸손을 가장한 '누구누구라고 불리는'을 붙여서 언급하는데, 예를 들면 "스톤월 잭슨이라고 불리던 남자"라거나 "페르디난드 마젤란이라고 불리던 남자"라는 식이다. 한 서가에서는 즉석에서 높은 서랍을 가리키더니 놀랍게도 "여기엔 루이스와 클라크(1804~1806년 미국 최초로 태평양

---

* 루즈벨트 전 미국 대통령은 재선 실패 이후 브라질의 '리우다두비다(의심의 강)'를 탐험했는데, 그 이후 이 강의 이름은 루즈벨트의 이름을 따서 '리우루즈벨트'가 되었다 ― 옮긴이.

4. 수준점BENCHMARKS

101

해안을 육로 탐험한 메리웨더 루이스와 윌리엄 클라크―옮긴이)가 있어요"라고 말한다. 그리고 언뜻 보기에는 아무 서랍이나 임의로 고른 것처럼 서랍 하나를 열어서 버지니아 주 알렉산드리아의 지도를 보여주는데, 그 도시가 거기 건설되기도 전에 그린 지도다. 토지 소유자들의 이름이 적힌 특별할 것 없는 조사 자료인데, 나는 내가 왜 그걸 들여다보고 있는지 영문을 모르겠다. 그 시절에는 사람들이 손글씨를 확실히 더 잘 썼다고 생각하다가 색인 스티커에서 그 지도를 만든 사람의 이름이 눈에 들어온다. 그뒤에 다른 수많은 업적을 이룬 버지니아 주의 젊은 조사원, 조지 워싱턴. 나는 약간의 현기증을 느낀다. 지금 내 손에 미국 건국의 아버지, 첫 번째 미국 대통령이 직접 그린 지도를 들고 있다는 사실 때문만이 아니라, 값을 매길 수 없는 이 물건이 별 특징도 없는 서랍('버지니아 3884.A')에 비슷한 지도 몇십 장 사이에 묻혀서 겉보기에는 별다른 주목도 받지 못한 채로 놓여 있다는 사실 때문이기도 하다.

　　미국 의회도서관에 보관된 이처럼 놀라운 소장품의 수는 지도가 언제나 세계 역사의 막후 어디에나 존재하는 젤리그(우디 앨런의 영화 「젤리그」의 주인공으로, 자유자재로 변신하는 능력을 지닌 남자―옮긴이) 같은 역할을 수행해왔다는 강력한 증거다.[3] 이미 앞에서 콜럼버스가 파올로 토스카넬리의 지도를 공부한 뒤에 영감을 받아 신념에 찬 탐험을 시작했다는 것을 설명했다. 1854년 런던에서 발생한 콜레라의 사례도 있는데, 수백 명이 죽어나가던 차에 의사인 존 스노가 지도를 그려서 오염된 물 펌프 하나가 그 전염병이 발생한 근원이라는 것을 밝혀 전염병학의 기초를 세웠다. 1944년 노르망디 상륙작전의 성공은 공격 개시일 전 몇 달 동안 야음을 틈타 영국 해협을 몰래 건너가 프랑스 해변의 지도를 그린 지도 제작자들의 알려지지 않은 공이 있었기 때문에 가능했다.* 달 착륙조차도 지도 그리기가 낳은 산물이다. 1961년 미국지질조사국은 천체지질학 분과를 설립했는데, 이곳에서 아폴로 계획을 위해 10년 동안 공들여서 달의 지도를 모았다. 콜럼버스가 탐험을 떠날 때 그랬듯이 아폴로 11호의 승무원들은 그들이 탄 우주선이 달 표면으로 접근하는 동안 수많은 지도를 세세히 들여다봤다.[4] 어찌 보면 인간 역사에서 가장 위대한 성취는 모두 지도 제작의 과학 덕분에 이뤄질 수 있었다.

미국 의회도서관은 존 애덤스 대통령 재임 기간에 설립되었을 때부터 지도를 소장해왔는데, 이 도서관이 1801년 런던에서 구입해 최초로 운송한 도서 중에는 지도 세 장과 지도책 한 권이 들어 있었다.[5] 그 당시 워싱턴 국회의사당에 자리하고 있던 도서관에는 100장의 지도가 있었지만 1812년 미영전쟁 때 소장품이 불타버렸다. 오늘날 의회도서관은 550만 장이 넘는 지도와 8만 권이 넘는 지도책을 소장하고 있으며, 존 허버트는 지도 구입에 매우 까다롭지만—그는 "우리는 엉터리는 구입하지 않아요"라고 호언장담했다—여전히 해마다 6~8만 장의 새 지도를 소장목록에 더한다.

그 지도들은 온갖 곳에서 온다. 미국 의회도서관은 카이로, 이슬라마바드, 자카르타, 나이로비, 뉴델리, 리우에도 사무소가 있어서 지도를 찾아 세계를 샅샅이 뒤진다. "어떤 지도가 우리한테 올지 알 수 없어요. 이전에 한 번도 보지 못한 언어도 있죠." 미국 내에 저작권이 등록되

---

* 1942년 BBC는 청취자들에게 유럽의 해변에서 온 전쟁 이전의 엽서와 휴가 사진들을 보내달라고 했다. 그 결과 700만 장의 엽서와 사진이 쏟아져들어와 노르웨이부터 이베리아 반도까지의 해안선을 보여주었으며, 이를 참고로 노르망디를 첫 상륙지점으로 선택했다.

는 지도는 모두 자동으로 이곳 소장고로 들어온다. 그리고 법에 의해 미국 정부 기관은 지도를 제작할 때마다 한 장을 의회도서관에 보관해야 하는데, 그 지도들은 세금으로 제작되는 것이어서 일반적으로 저작권이 없으니 훌륭한 공공 소유 자원이다. 가장 잘 알려진 정부 제작 지도는 아마도 미국지질조사국의 '콰드랭글quadrangle' 지형도일 것이다. 그 지형도의 옅은 녹색의 숲, 뭉글거리는 형태의 갈색 등고선은 수 세대에 걸쳐 도보 여행자들의 잠재의식에 지워질 수 없이 새겨졌다. 미국지질조사국은 제2차 세계대전 이후에 이 지도 시리즈의 제작을 시작했지만—애초에 군사 목적으로 제작하던 흔적이 지금도 남아 있어서 이 지도에서 녹색 삼림지대는 공식적으로는 '소규모 파견대의 은신처'라고 표시된다[6]—1992년에야 완성할 수 있었다. 오늘날 콰드랭글 지형도는 미국 50개 주의 모든 개울, 산마루, 숲을 놀랄 만큼 세세한 1:24000 축적으로 보여주며, 실제에서 1킬로미터가 지도상에서는 거의 4.75센티미터로 그려진다. 만일 미국 전체의 콰드랭글 지도를 모두 펼쳐붙인다면—그 부분을 주문하는 사람은 별로 없을 테지만 유타 주 그레이트솔트 호 한가운데에 해당하는 아무런 표시도 없는 파란색 조각까지 포함해서—전체 지도는 가로 239미터에 세로 117미터로, 여느 도시의 세 블록을 덮을 만큼 넓다.[7]

하지만 미국지질조사국은 지도를 만드는 유일한 연방 기관이 되기에는 한참 멀었다. 2000년에 의회도서관은 국립지리정보국에서 연락을 받았다. 이 이름은 마치 드라마 「24」나 「에일리어스」에 나오는 가상의 기관 이름처럼 들리지만 실제로 존재하며 지도를 만드는 미 국방부 산하 기관이다. 국립지리정보국은 애리조나 주에 있는 금고에 지도를 36만 장 보관하고 있으며, 이를 없애고 싶으니 허버트에게 직원을 보내서 둘러보라고 했다. 그런데 그곳은 금광이었다. 거기에서 보관하던 지도의 40퍼센트는 도서관에 없는 것이었기 때문에 분류를 하기 위해 도서관으로 보내졌다. 국립지리정보국이 창고 대방출로 내보낸 물건 중에는 1:50000의 (이 정도면 놀라울 정도로 상세한 축적이다) 아프가니스탄 지도가 있었는데 아무도 그 지도가 더이상 필요하리라고 생각하지 않았다. 하지만 허버트의 말에 따르면 2001년 9월 11일 이후 얼마 지나지 않아 미 국방부는 의회도서관의 문을 두드렸다. 혹시 의회도서관에 아프가니스탄 전략용 지도로 쓸 만한 게 있나요? 부탁이에요……

의회도서관 지리·지도 분과는 광범위한 고객에게 서비스를 제공한다. 그중에는 아프가니스탄 지도처럼 국가 안보에 매우 중요한 요청도 있다. 허버트의 말로는, 최근 미 국무부가 이라크 민족 지도를 오랜 시간에 걸쳐 잔뜩 검토하고 있다고 한다. 역사적으로 수니파와 시아파는 어디에 살았나? 쿠르드족은? (어휴, 늦었지만 아예 안 하는 것보다야 낫겠지.) 정부 기관의 다른 요청 중에는 덜 시급한 것도 있다. 국회의원들에게서 받는 가장 흔한 요청은 자기 사무실에 걸어두려고 그의 선거구를 그린 세련된 세피아 색조의 고급 지도를 찾는 것이다. 아니면 자기네 주에서 일어나는 어떤 문제를 이해하는 데 도움이 될 그 일대의 지도를 원할 때도 있다. 예를 들어 원주민 보호구역 내의 자연 자원이라든지, 초등학교 근처에 사는 성범죄자 같은 문제들 말이다. 모든 정치가 지역에 국한된다면 모든 지리도 마찬가지다. 적어도 어떤 사람들에게는 그렇다.

의회도서관에서는 지리·지도 분과나 다른 어느 분과에서든 소장품을 대출하려면 우선 고위 관리여야 한다. 하지만 당신이 조만간 국회의원에 출마하거나 대법원 법관으로 임명될 계획이 없다 해도 이곳 도서

관카드는 언제든 만들 수 있다. 누구든 가능하다. 이 열람증은 무료이며 열람증이 있으면 방문객 열람실에서 성에 찰 때까지 지도를 들여다볼 수 있다. 오늘 이곳 열람실에는 지도책의 책장을 조용히 넘기는 이런저런 개인 연구자들이 대부분이다. 지리·지도 분과는 1995년에 소장 지도를 스캔해서 인터넷에 올리기 시작하면서 역사광들이 원하는 자료들부터 스캔하기 시작했다. 남북전쟁, 그다음엔 철도, 그다음엔 미국독립혁명, 그다음엔 제2차 세계대전. 그 덕분에 이제는 2만 장 이상의 지도와 해도를 온라인에서도 볼 수 있다. 내가 가장 좋아하는 지도는 파노라마 지도들로, 지난 세기로 접어들 무렵에 유행했던 미국 도시와 읍내를 조감한 아름다운 석판 인쇄물들이다. 1891년 오거스터스 코크가 찍은 시애틀의 파노라마 지도를 의회도서관이 복제한 판본이 우리 집 내 피아노 위에 걸려 있다.

하지만 허버트가 가장 자주 받는 요청은 그리 학구적인 것이 아니다. 그는 유감스러워 하는 미소를 지으며 말한다. "대부분의 경우는 보물 지도가 정말 존재한다고 생각하는 사람들이에요."

소년이 직접 그린 모험 해적 지도, 보물섬 모래 해변의 옹이가 많은 나무에서부터 커다란 X자까지 정확한 발걸음 수를 헤아려서 그려넣은 지도들은, 나의 어린 시절 지도를 향한 사랑에서 큰 부분을 차지했다. "보물 지도가 정말 있나요?" 나는 간절하게 물었다.

허버트는 커다란 눈망울을 빛내는 아이들과 일확천금을 노리는 자들의 희망을 날려버리지 않으면서 이 질문에 대답하는 경험을 좀 쌓은 모양인지, "그게 있다고 말하기는 어렵다고 할 수 있겠네요"라고 둘러 대답한다(해석: 아니, 해적이 묻어놓은 보물을 표시하는 지도를 그렸다고 기록된

맵헤드

경우는 단 한 건도 없어요).

보물 지도는 실존 해적인 캡틴 키드나 블랙비어드(1701년 해적질 혐의로 교수형을 당한 스코틀랜드의 항해사 윌리엄 키드와 18세기 초까지 활약한 영국 해적 에드워드 티치를 말한다 ─옮긴이)가 아니라, 에드거 앨런 포나 로버트 루이스 스티븐슨 같은 작가들이 만들어낸 비유였다. 나는 이사실을 해적을 주제삼아 준비중인 우리 아들의 생일 파티에서 폭로하지 않겠다고 마음에 새겼다. 사실 나는 두어 달 전에 저지른 중대한 지리적 실수 때문에 타격을 입어 아직도 비틀거리는 중이다. 우리 아이들에게 북극에는 남극처럼 땅이 있는 것이 아니며 그냥 물과 바다 위 얼음만 있다고 말했다가, 그것 때문에 산타와 관련한 대답하기 곤란한 질문 공세를 받았다. 신중하고 정확한 지도 제작이 상상력에 도움을 줄 때도 있지만 신비로 남겨두는 편이 나을 때도 있는 법이다.

의회도서관 지도 분과를 찾는 발길은 세계 곳곳에서 이어진다. 최근에는 19세기 중국 수도의 지도를 보려고 베이징에서 학자들이 날아왔다. 그들이 중국에서 찾을 수 있는 어떤 지도보다도 나은 지도가 이곳 워싱턴 D. C.에 있기 때문이다. 앞서 2001년에는 일본인 연구팀이 이 도서관을 찾아와서 이노 다다타카에 대한 자료를 열람했다. 쇼군 시대의 그 전설적인 측량사는 1821년에 팀을 이끌고 최초로 현대적인 일본 지도를 제작했다. 그 지도는 나중에 화재로 소실되었는데, 현대의 학자들은 다다타카의 다다미 크기 지도 214장 가운데 46장을 도쿄 소재 국립국회도서관에서 찾을 수 있었다. 그들은 거의 한 질에 가까운 207장의 지도가 이곳 워싱턴에 수십 년 동안 먼지를 뒤집어쓰고 보관되어 있었다는 사실에 아연해했고, 곧 일본 정부에서 25만 달러를 지원받아 그 지도를

모두 스캔하고 복원했다. 완성된 지도가 마침내 나고야 야구경기장에 전시되어 오른편 경계선을 따라 깔끔하게 펼쳐졌을 때, 3만5000명의 사람들이 그 지도를 보려고 줄지어 지나갔다. "이곳 소장품 중에는 이처럼 보석이 많이 숨어 있습니다. 발견되기만을 기다리고 있죠." 사실 이곳에 있는 1970년대 이전 방대한 자료 대부분은 목록으로 정리되어 있지 않다. 그러기에는 자료가 무척 많은 탓이다. 그러니 수백만 장의 지도는 누군가 찾아줄 때까지 눈에 띄지 않은 채로 잠들어 있을 것이다.

가끔은 외국에서 온 방문객 중에 국경 분쟁을 해결하려는, 아니면 시작하려는 관료들도 있다. 동해*에 있는 작은 섬에 대한 일본의 소유권 주장에 맞설 증거를 찾는 한국 대표단일 수도 있고, 아니면 빅토리아 호수에서 정확히 어디가 국경인지 알고자 하는 콩고와 우간다의 관료들일 수도 있다. "그들은 브뤼셀에도 갔었고, 런던에도 갔지만 공식 지도를 찾지 못했습니다. 우리가 갖고 있죠." 허버트는 자랑스럽게 말했다. 1970년대 후반에 칠레와 아르헨티나는 티에라델푸에고 지역의 섬들 사이를 지나는 좁은 해협인 비글 해협의 동쪽 끝을 누가 지배하는가를 두고 분쟁에 휘말렸다. 만일 아르헨티나가 주장하는 국경으로 결정된다면 칠레는 대서양으로 나가는 유일한 통로를 잃게 될 터였으니, 칠레 입장에서는 단지 국가의 명예가 걸린 모호한 사안 정도가 아니었다. 당시 아르헨티나를 통치하던 군사 정부는 그 국경을 두고 전쟁을 일으킬 준비가 된 듯했으니, 그들은 국제사법재판소가 칠레에 유리하게 내린 판결을 거부하고 그 논란의 섬들을 1978년 12월에 군사적으로 침략할 준비를 했

---

* 　원서에는 'Sea of Japan'으로 표기되어 있다 ― 옮긴이.

다. 그러다가 마지막 순간에 16세기로 돌아간 듯한 외교적 조치가 이뤄졌다. 바티칸이 개입하자 두 나라는 교황이 국경선을 정하도록 동의한 것이다. 분쟁이 한창 뜨거울 때 아르헨티나와 칠레의 대표단은 워싱턴 의회도서관 지리·지도 분과 열람실에서 마치 고등학교 간이식당에서 대치중인 패거리들처럼 맞은편 탁자에 앉아 몇 달을 보냈다. 그들은 번갈아 가며 티에라델푸에고의 같은 지도를 요청해서 꼼꼼히 들여다봤고, 같은 방 안에 있는 적은 존재하지 않는 척했다. "우리는 중립지대였어요." 존 허버트는 이렇게 주장했지만 정확하게 말하자면 그 몇 달 동안 칠레와 아르헨티나의 국경은 아메리카 대륙 북쪽으로 한없이 연장되어, 미국 워싱턴 인디펜던트 애비뉴 101번지의 지하실을 둘로 가르고 있었다.

국경선은 지도상의 다른 어떤 요소보다도 더 강렬한 감정을 불러일으킬 수 있다. 재산을 표시하는 것은 지금까지 살아남은 초기 지도 가운데 상당수가 애초에 만들어졌던 목적이었다. 예를 들면 개가 나무에 오줌을 싸는 것에 해당하는 인간의 표식인 돌무더기 같은 경계 표시는 그 유래가 1000년 이상 거슬러올라갈 것이다. 중세 유럽에서 측량사는 증오의 대상이어서 산속 밀주업자에 대한 이야기 속 '밀주 단속원'처럼, 언제나 가난한 농부들을 괴롭히는 부패한 권력의 하수인 취급을 받았다. 측량사가 그린 새 지도 때문에 내 땅의 일부를 잃게 될 수도 있고, 지대나 세금을 더 내야 할 수도 있었으니 말이다. 폴란드에서 측량사들은 정말 두려운 존재여서 죽음조차도 그들의 위협을 끝장낼 수 없었다. 습지에서 발생한 가스 때문에 일어나는 깜박이는 불빛, 흔히 도깨비불이라고 부르는 불빛은 죽은 지도 제작자들의 영혼이 밤에 늪을 떠돌아다니는 것이라고 했다.[8] 아이야, 말 안 들으면 측량사가 와서 잡아간다!

지도에 국경선을 적당히 두껍게 그린 다음 신중하게 색을 골라 배치해서 한 나라를 통합해줄 수도 있었다. 빅토리아 시대에는 아무리 멀리 떨어져 있어도 영 제국의 영토에는 지도에 언제나 동일한 분홍색을 칠해서, 여러 세대에 걸쳐서 학생들에게 일관성을 느끼게 하고 왕권의 영역에 대한 인상을 깊이 새겼다.* 그 덕분에 아이들은 영 제국을 "분홍 조각들"이라고 불렀다.[9] 지도의 경계선은 펜으로 간단히 그은 선 하나로 누가 우리 편이 아닌지 정의하고, 막아야 하는 적이라든지 언젠가는 되찾아야 할 영토도 정의했다. 이는 그저 학자연하는 고고한 관심사가 아니었다. 구글은 구글맵스에 그려진 국경선 때문에 정말 많은 항의를 받은 나머지, 각 지역 사용자의 구미에 맞는 다른 지도를 제공하기 시작했다.[10] 그래서 인도인 사용자와 파키스탄인 사용자는 다른 국경선을 보게 될 텐데, 덕분에 모두가 자신이 지리적으로 우월하다는 보호막 속에서 만족한 채로 지낼 수 있다. 2006년에 이스라엘 교육부 장관인 율리 타미르가 교과서에 실리는 이스라엘 지도에 요르단 강 서안 지구를 '확정되지 않은 이스라엘 영토'라고 표현하지 않고 서안 지구 둘레에 국경을 표시하겠다고 발표했을 때, 강경한 랍비들은 타미르가 신성모독을 했으므로 신이 그녀를 쓰러뜨릴 것이라고 선언했다.[11] 이를 단지 정치적인 허세가 섞인 표현이라고 설명하고 넘겨버릴 수는 없다. 이건 진심으로 하는 공격이다. 지도상의 경계선들은 단순명료하기 때문에 강력한 상징성을 지닌다.

---

* 영국 지도 제작자들은 영 제국이 크고 근사해 보이게 하려고 온갖 방법을 동원했다. 예를 들어 신중하게 선택한 원통 투영 도법으로 캐나다를 실제 크기보다 몇 배로 부풀렸으며, 심지어 지구를 420도로 펼쳐서 오스트레일리아와 뉴질랜드가 지도 양쪽 끝에 중복 표시되게 한 지도도 있었다.

경계선은 어릴 때부터 내 마음을 사로잡았다. 가족 여행을 가는 길에, 그때 우리 집 차였던 1979년형 머큐리제퍼가 워싱턴 주와 오리건 주 경계를 건너는 바로 그 순간을 기록하려고 정신을 똑바로 차리고 있었던 기억이 난다. 지금도 나는 여행할 때 경계선을 보는 걸 좋아한다. 많은 경계선이 지도에서는 알 수 없는 비밀을 직접 알려주기 때문이다. 지도상으로는 직선처럼 보이는 캐나다 매니토바 주의 서쪽 경계선, 매니토바 주 서쪽에 있는 서스캐처원 주를 그토록 눈에 띄는 사다리꼴로 만들어주는 경계선을 알고 있나? 하지만 현실에서 그 경계선은 픽셀 단위로 나눠진 지그재그 모양으로, 한 번에 대략 30킬로미터 정도를 북쪽으로 가다가 갑자기 왼쪽으로 꺾어 1.5킬로미터쯤 간 다음 다시 북쪽으로 꺾어지는 '계단식' 선이다. 이것보다 더 흥미로운 경계선은 벨기에 바를레헤르토흐에 있다. 바를레헤르토흐는 최소한 26조각의 벨기에 영토를 합친 지역인데, 중세시대에 경쟁하던 공작 두 명이 맺었던 일련의 조약 때문에 바를레헤르토흐에 해당하는 벨기에 영토 조각들은 네덜란드 영토 안에 자리하고 있다. 어떤 벨기에 영토의 조각 안에 다시 네덜란드 영토의 더 작은 조각이 들어 있는 경우도 있어서 말도 안 되게 복잡한 국경을 만들어냈을 뿐 아니라 마을의 어떤 집은 두 나라 사이에 걸쳐있기도 하다. 이곳에서 국적은 집의 앞문이 어디 있는지로 결정되는데, 이 지역 주민들은 세법이 바뀔 때마다 문을 옮겨 달아서 '이민'을 가기로 유명하다. 네덜란드에 있는 술집과 음식점에서 문을 닫아야 할 시간이 되면, 주인들은 탁자를 가게의 벨기에 쪽으로 옮겨놓고 장사를 계속한다.

최고로 별난 국경 넘기 경험을 찾느라 나는 지난해에 타이 여행을 가면서 아내에게 캄보디아 앙코르 사원을 보러 가는 버스 여행을 곁

다리로 넣어야 한다고 고집했다. 왜? 왜냐하면 나는 예전부터 운전석이 왼쪽에 있는 나라(타이처럼)와 운전석이 오른쪽에 있는 나라(캄보디아처럼) 사이를 건널 때 어떤 일이 벌어지는지 알고 싶었기 때문이다. 고가도로가 있을까? 아니면 로터리가 있을까? 우스꽝스러운 교통사고가 끊이지 않고 일어날까? 타이 아란야쁘라텟과 캄보디아 포이펫 사이의 국경은 차가 다니지 않는 무인지대이며 이따금씩 대형 트럭이 세관 검사를 통과한 다음에 그 국경을 지나갈 뿐이라는 것을 알았을 때 우리는 실망을 감출 수가 없었다. 대부분의 사람은 타이 우림지대를 지나는 네 시간짜리 버스 여행을 감수하지 않을 테지만, 국경에 서서 이처럼 극한의 짜릿함을 느끼는 사람이 나 말고도 더 있다. 유타, 콜로라도, 애리조나, 뉴멕시코의 네 개의 주가 만나는 지점에 있는 포코너스Four Corners기념물은 인적 드문 곳에 자리해 있다. 하지만 매년 20만 명이 그 작은 명판 위에 올라서기 위해 포코너스로 여행을 가고 동시에 네 개 주에 존재하는 이상한 흥분, 혹은 그와 비슷한 무엇을 즐긴다.*

국경은 애초에 임의의 선으로 그어질 수 있지만 언제까지나 임의의 선으로 머무르지는 않는다. 영국인 여행 작가 마이크 파커는 위성궤도에서 바라본 지구가 이제는 더이상 국경 없는 이상향인 '커다란 파란 구슬'이 아니라는 것을 깨달았다.[12] 국가들이 만나는 곳에서는 그들의 의도와 정책도 만나게 마련이다. 지구로부터 수천 킬로미터 위에서 내려

---

* 대부분의 여행자는 포코너스기념물의 위치가 단지 황폐한 지역인 것만이 아니라 완전히 임의로 정해졌다는 사실을 평생 모른 채 지나간다. 지금 있는 포코너스기념물은 정확하지 못한 19세기의 측량 때문에 위치가 정해진 것으로, 1863년에 의회가 정한 실제 네 개 주의 교차점에서 동쪽으로 550미터 떨어진 지점에 있다.[13] 혹시 궁금해할까봐 말해두자면, '실제' 교차점은 포코너스기념물이 있는 자리보다 나바호족의 담요를 파는 기념품 판매대가 더 적다 뿐이지 똑같이 생긴 검은 사막이다.

다보면 숲이 울창한 러시아 서부와 방목을 위한 목초지가 펼쳐진 핀란드 동부가 만나는 선이나, 미국 몬태나 주의 초원이 캐나다 서스캐처원 주 서남부의 관개수로를 댄 농경지대와 만나는 선이 보인다. 가장 극적인 예는 북한과 남한 사이에 존재하는 중무장을 한 '비무장지대'일 텐데, 그 경계선은 내가 자란 서울에서 북쪽으로 차를 몰아 겨우 30분만 가면 되는 거리에 있다. 낮에는 분열된 한반도의 균열을 우주에서는 거의 볼 수 없지만 밤이 되면 남한의 도시들은 밝게 불을 밝히는 반면 고립된 농업 국가인 북한은 느닷없는 암흑에 잠겨서 시베리아나 사하라 사막에 펼쳐진 최고로 외진 지역들만큼이나 텅 비어버린다. 그 빛과 어둠 사이의 뚜렷한 선은 마치 도시에서 구역별로 정전이 진행되는 광경처럼 보이기도 하지만, 이 정전은 60년 동안 지속되고 있다는 점이 다르다. 밤이 되면 남한은 반도가 아니다. 섬이다.

국경은 우리를 나누지만, 역설적이게도 우리가 서로 가장 가까이 있는 곳이기도 하다. 지도 위의 국경은 '우리'를 '그들'과 분리하는 유용한 방법으로 시작됐을는지도 모르지만, 나중에는 우리가 현재 상태에 머무르기 위한 상징이 되었다. 국경이 존재함으로써 우리는 그것을 건널 엄두를 내지 않는다. 하지만 국경을 위반하는 것이 꼭 야만족 무리가 침입해서 일어나는 일인 것만은 아니다. 1989년 베를린 장벽이 무너졌을 때, 벽 양쪽의 사람들은 신이 나서 그 벽을 커다란 망치로 무너뜨리고 과거에 묻어버렸다. 심지어 칠레와 아르헨티나도 1984년에 바티칸에서 평화친선조약을 맺어 오랜 비글 해협 분쟁을 종식시켰다. "우리는 끝에서 곧 만날 거야"라고, 언젠가 밥 딜런이 노래하지 않았던가.

남한의 비밀스러운 이중생활. 낮에는 반도이지만 밤에는 섬이 된다.

존 허버트는 1890년에 벤저민 해리슨 대통령이 미국의 지명을 표준화하기 위해 세운 미국지명위원회 회장이기도 하다. 한 세기가 넘도록 지명위원회는 미국에서 가장 유명한 장소들조차 괴롭히는 일관성 없고 혼란스러운 난장판을 정리해왔다. 매킨리 산 논란을 예로 들어보자.[14] 1975년 알래스카 주는 공식적으로 북아메리카에서 가장 높은 곳의 이름을 원주민인 애서배스카족의 언어에서 봉우리를 뜻하는 '데날리Denali'로 바꿨다. 하지만 미국지명위원회는 이를 공식화하는 것을 계속 방해해왔는데, 이는 제25대 미국 대통령 윌리엄 매킨리의 고향 오하이오 주의 의회 대표단 때문으로 그들은 30년 동안 세출 법안에 '반反 데날리' 조항을 제출해왔다. 지명위원회가 지명을 전면적으로 변경할 때가 가끔 있는데, 그중 하나로 1967년 미국에서 가장 심각한 인종 비하 단어가 쓰이던 지명 143개를 지도상에서 전 세계적으로 '네그로Negro'라는 단어로 교체한 사례가 있다. (비슷한 예로 '잽Jap'을 '재퍼니즈Japanese'로 바꾼 경우도 있다.) 물론 이런다고 해서 지도상에 존재하는 불편한 문제가 모두 해결되는 것은 아니다. 미국지질조사국의 콰드랭글 지도는 여전히 '다고 스프링스Dago Springs'나 '칭크 봉우리Chink Peaks'나 '폴락 호수Polack Lakes' 같은 지명들로 지저분하다('다고'는 이탈리아인, '칭크'는 중국인, '폴락'은 폴란드인을 비하하는 단어다―옮긴이). 게다가 '데드 네그로 드로우Dead Negro Draw'라는 지명은 이전 이름과 비교해 대단히 나아졌다고도 할 수 없다.* 그러나 지명위원회는 전형적으로 역사적인 맥락을 고려해 수정하는 것을 목표로 하기 때문에 정치적으로 올바른가 여부는 크게 고려하지 않는다. 예를

---

* 텍사스 주에 있는 샛강인 '데드 네그로 드로우'는 원래 '데드 니거 크리크Dead Nigger Creek'였다. '니거'가 더 심하게 모욕적이기는 하나, '네그로'도 흑인을 비하하는 표현이기는 마찬가지다―옮긴이.

들어 1983년에는 오리건 주 피시 호의 지도에 '호하우스 메도'라는 지명을 되살렸는데, 이는 1968년에 그 이름을 약화시켜 바꾼 '노티 걸 메도('매음굴whorehouse'을 '문란한 여자naughty girl'로 바꿨다가 원래대로 되돌린 사례다—옮긴이)'가 원래 이름을 민망해하던 공원 관리들이 날조한 이름이라고 결론내린 뒤의 일이었다.[15] 존 허버트의 말에 따르면 현재 지명위원회의 업무는 주로 로널드 레이건의 이름을 따서 지명을 붙이자는 수백 건의 요청들로 채워진다고 한다. 매킨리와 레이건 사이에서, 우리는 두 차례의 임기를 완수한 이들 공화당 출신 대통령들이 지도 제작에 남긴 연유를 알 수 없는 영향 때문에 정말 많은 시간을 들여 서류 업무를 하고 있는 셈이다.

　　나는 지도를 사랑해온 만큼 언제나 열정적인 '토포니미스트toponymist', 즉 지명을 공부하는 사람이었다. 내 눈에는 글자가 점점이 찍히지 않은 지도란 그저 황량하고 외롭게 보일 뿐이다. 그 지역의 산업이나 농업을 묘사하려고 초라한 유정탑이나 옥수수자루 몇 개를 그려놓은, 초등학교 때 보는 지역의 윤곽선만을 표시한 지도만큼 삭막한 것이 또 어디 있을까? 그런 건 아이들이 지리를 증오하게 만드는 혐오스러운 물건들이다. 이름은 지도에 생명을 불어넣는 연금술이다. 어느 해안선의 구부러진 생김새에는 시詩가 있을지 모르나, 오스트레일리아 험프티 두, 멕시코 오악사카, 잠비아 칠릴라봄베에는 개성이 있다. 플랑드르의 위대한 지도 제작자 아브라함 오르텔리우스도 나와 의견이 같았던 것이 분명하다. 그가 만든 1570년 지도책*에서 오르텔리우스는 그가 상상한 남쪽 대륙인 '테라 아우스트랄리스Terra Australis'에 '앵무새의 땅' '좋은 징조의 곳' '가장 달콤한 강'처럼 사람 감질나게 하는 지명들을 붙여놓았다.[16] 존재하지 않는 이 장소들에 실제로 가본 사람이야 아무도 없었지만, 하지만 뭐, 그렇게 이름을 붙이든가 그 땅덩어리를 수상쩍게 벌거벗은 채로 두든가 둘 중 하나밖에 선택의 여지가 없지 않나.**

지금도 나는 탄자니아, 스리랑카, 벨리즈의 옛 이름인 '탕가니카' '실론' '영국령 온두라스'처럼 이제는 더이상 쓰이지 않는 지명을 보면 향수 어린 온기를 느낀다. 당연히 그 나라들에 한 번도 가본 적은 없지만, 그 이름들은 학교 간이식당의 냄새나 밴드 에어서플라이의 노래에서 피아노 선율처럼 내 어린 시절의 추억과 곧장 연결된다. 나는 휴가를 웨일스의 Llanfairpwllgwyngyllgogerychwyrndrobwllllantysiliogogogoch(상식 퀴즈 팬이라면 누구나 당연히 알아야 하는 '붉은 동굴의 랜디실리오의 빠른 소용돌이 근처에 있는 흰 개암나무의 구멍 속 성 메리의 교회') 같은 장소로 가려고 계획하고, 특이한 지명의 장소에 가면 내 사진을 찍는 것도 잊지 않는다. 우리가 타이에 여행을 갔을 때는 방콕 시청에 163자로 된 그 도시의 정식 이름이 찍힌 한 블록 길이만큼 긴 표지판 옆에서 사진을 찍었다. 이름이 꼭 길어야만 기억할 만한 가치를 지니는 건 아니다. 영국에서는 코미디언 베니 힐이 이름을 붙인 것처럼 보이는 고약한 이름의 좁은 길과 마을만 다니면서 몇 달을 보낼 수도 있다. 티티 호Titty Ho, 스

---

* 『테아트룸 오르비스 테라리움Theatrum Orbis Terrarium』, 즉 『세계의 극장』은 최초의 근대적인 세계지도책으로 인정받고 있다. 오르텔리우스가 마음대로 했더라면 오늘날 지도책atlas은 이 단어 대신 '극장theater'이라고 불렸을 수도 있겠지만, 그 대신 우리는 오르텔리우스의 친구 헤르하르뒤스 메르카토르의 명명법을 선택했다. 메르카토르는 자신의 지도책을 아틀라스에게 바쳤는데, 이 아틀라스는 어깨에 하늘을 떠받치고 있는 거인이 아니라 같은 이름을 가진 신화 속 인물로서, 최초로 지구본을 발명했다고 일컬어지는 페니키아의 철학자 왕이다.

** 오르텔리우스와 대륙에 대해 이야기를 하자니, 이 지도 제작자는 아프리카와 남아메리카의 해안이 서로 들어맞는 모양인 것에 착안해서 대륙이동설을 내놓은 최초의 인물이기도 하다. 하지만 언제나 공은 딴 놈에게 넘어가기 마련이어서 오르텔리우스가 1596년에 남긴 그 메모는 1994년까지 별다른 주목을 받지 못했다![17]

크래치 보텀Scratchy Bottom, 윗왕Wetwang, 이스트 브레스트East Breast, 칵플레이Cockplay(베니 힐은 영국의 유명한 코미디언이며, 예로 든 마을 이름에는 모두 성적인 함의가 섞여 있다—옮긴이). 미국 도로 지도책에는 뉴저지 주 치즈퀘이크Cheesequake, 버지니아 주 구스핌플Goose Pimple 교차로, 텍사스 주 딩동Ding Dong 같은 별난 읍내 지명들에서 서민적인 길가의 역사를 짐작해볼 수 있다.[18]

이 장소들은 대부분 그 이름을 정직하게 얻었다. 구스핌플 교차로에는 한때 이웃 사람들의 피부에 소름이 끼칠 정도로 시끄러운 욕설을 하며 싸우던 부부의 집이 있었다. 치즈퀘이크는 북아메리카 원주민 레나페족의 언어에서 '고지대 마을'을 의미하는 '체세-오-케Cheseh-oh-ke'가 변형된 이름이다. 텍사스 주 딩동은 종을 그려넣은(이 마을은 벨 카운티Bell County에 있다) 그 지역 표지판에서 이름을 따서 붙였다. 하지만 어떤 이름들은 그대로 사실이라고 하기에는 좀 지나치게 좋아서 믿기가 어렵다. 앞에서 든 58자 이름의 웨일스 마을을 예로 들어보자. 1860년대까지 그곳의 이름은 'Llanfair Pwllgwyngyll'였으나, 기업가 정신이 왕성한 그 동네 재단사가 관광객 수입이 늘기를 기대하면서 사람들의 이목을 끌기 위해 그 긴 이름을 만들어냈다.[19] (그 마을에는 모음이 부족했나보다.) 그러니 웨일스의 이 마을은 오늘날 닷컴 기업과 유명인의 이름을 따서 지명을 바꿔가며 영혼을 팔고 있는, 절박한 미국 마을들의 정신적인 조상인 셈이다. 대회에서 우승한 이름이 유지되는 사례들도 있다. 예전에 핫스프링스라고 불렸던 뉴멕시코 주의 동네는 게임쇼의 이름을 따서 '트루스오어콘시퀀시스Truth or Consequences'라고 여전히 불리고 있는데, 그 게임쇼는 방송이 끝난 지 이미 30년이 넘었다. 예전 펜실베이니아 주 머치청크는 올림픽에 출전했던 육상선수 짐 소프가 그곳에 묻혀 있는 한은 아마 '짐소프Jim Thorpe'라고 불릴 것이다.* 하지만 이런 새 이름들은 뉴스 헤드라인처럼 빨리 사라져버릴 때도 많다. 오리건 주 해프닷컴Half.com은 고작 1년간 영혼을 판 뒤에 다시 해프웨이Halfway로 돌아갔다.[20] 몬태나 주의 조Joe는 다시 단순한 이즈메이Ismay로 돌아갔다. 이처럼 눈길을 끌기 위한 이름 바꾸기는 언제나 내 비위를 건드린다. 지도는 신성하다고! 당신이라면 러시모어 산 옆에 광고 자리를 팔겠는가? 2005년에 켄터키 주의 작은 마을 셰어러Sharer가 이름을 포커셰어닷컴PokerShare.com으로 바꾸면 10만 달러를 벌 수 있다는 제안을 거절했을 때 나는 박수를 쳤다.[21] 신앙심이 두터운 그 마을 주민들은 인터넷 도박을 전혀 좋아하지 않는 모양이다.

　　하지만 이름의 유명세는 양날의 검이 될 수 있다. 잠시 해프닷컴이었던 오리건 주의 동네는 돈에 미친 닷컴 기업으로부터 두둑한 수표를 받고 고등학교에 새로운 컴퓨터 교실도 세웠다. 잉글랜드 사우스요크셔의 코니스브러에 있는 벗홀 길Butt Hole Road('똥구멍 길―옮긴이)의 경우는 상황이 다르다.[22] 이곳에 사는 캐비 피터 서턴은 『데일리메일』 지와의 인터뷰에서 그가 처음 이사올 때는 그 길의 장난스러운 이름에 끌렸고 전에 살던 사람이 그 길 이름이 싫어서 이사를 간다는 사실을 믿을 수가 없었다고 말했다. 하지만 장난전화가 끊이지 않고 배달부들은 의심스러워하며 버스를 타고 온 관광객들이 도로표지판에서 엉덩이를 내보이고

---

*　짐 소프는 오클라호마 주 출신이며 머치청크에는 한 발짝도 들여놓은 적이 없었다. 하지만 1953년 펜실베이니아 주의 이 마을은 그곳의 석탄 산업이 죽어가던 와중에 지도에 남고자 하는 바람으로 뻔뻔스럽게도 짐 소프의 유골을 그의 부인에게서 사들이고 화려한 기념관을 지었다.

사진을 찍어대는 통에 애초의 신기한 기분은 금세 사라져버렸다. 그 길의 이름은 오래전에 거기에 있던 공용 빗물받이 통 '워터 벗water butt'에서 유래한 이름이었지만 그런 역사는 중요하지 않았다. 2009년에 그곳 주민들이 300파운드의 수수료를 모금하여 시에서는 그 길의 이름을 세간의 이목을 덜 끄는 아처스 길Archers Way로 바꿨다.*

캐나다 뉴펀들랜드 딜도Dildo의 주민들은 세계의 관심을 받는 와중에도 충직한 모습을 보여주었다. 딜도는 그 지역의 바위투성이 해변을 최초로 탐험한 스페인 함선이나 뱃사람의 이름에서 온 것으로 알려져 있다. "가짜 남근 따위가 만들어지기 훨씬 전부터 우리 동네가 존재해왔다고 확신합니다." 딜도의 우체국장인 실라 화이트의 말이다.[23] 사실 이곳 주민들은 딜도에 대한 자부심으로 가득차 보인다. 매년 여름 이곳에서 딜도 축제가 열릴 때면 오래전 어선 선장의 나무 조각상인 '딜도 선장'이 이끄는 전통적인 보트 퍼레이드를 한다. 1980년대에 로버트 엘퍼드라는 딜도의 전기 기술자가 청원을 내서 동네의 이름을 '프리티코브Pretty Cove'나 '시뷰Seaview' 같은 이름으로 바꾸려고 노력했지만, 이웃들은 그의 노력을 비웃었고 얼마 안 가서 엘퍼드는 포기했다. 하지만 딜도 인근의 다른 마을에서는 외부인의 조롱을 피하려고 이름을 바꾼 곳이 많다. 패미시것Famish Gut은 페어헤이븐Fair Haven, 커콜즈코브Cuckolds Cove는 던필드Dunfield, 실리코브Silly Cove는 윈터튼Winterton, 게이사이드Gayside는 베이토나Baytona로 이름을 바꿨다(예전 이름을 순서대로 보면, '굶주린 내장' '오쟁이

---

* 비슷한 예로 필리핀의 소도시인 섹스모안이 있는데, 그곳은 제2차 세계대전 이후 미군들에게 인기 있는 여행지였지만 막상 찾아간 미군들은 하나같이 실망스러운 사실을 발견했다. 섹스모안이라는 이름은 그 지역의 이름인 '사스무안'이 스페인의 지배를 받던 시절에 변형된 것일 뿐이었다. 1987년에 섹스모안은 영구적으로 사스무안으로 공식 명칭을 바꿨다.

진 사내들의 만' '어리석은 만' '게이 편'—옮긴이). 안타깝게도 이런 사연이 있는 새 이름들은 하나같이 만화나 드라마에서 지어낸 가상의 이름 같다. 역사의 고유한 한 조각이 주민 회의에서 나온 별 특징 없는 합의로 교체될 때, 무언가 중요한 것을 잃게 마련이다.

지도상의 이름을 바로잡는 것이 최고로 쉬운 과제일 거라고 넘겨짚을 수도 있지만, 지명위원회가 겪어온 역경과 타협은 그게 착각이라는 것을 증명해준다. 이름은 중립적이지 않으며 언제나 의도가 담기기 마련이다. 1614년에 존 스미스는 자신이 탐험하던 북아메리카의 해안 지역에 뉴잉글랜드라는 이름을 붙였으며, 그가 남긴 그 지역 지도에는 북아메리카 원주민의 정착지나 지명이 하나도 존재하지 않는다. 그 대신 모든 장소에는 친근한—그리고 완전히 임의로 정한—영국식 이름이 붙어 있다.[24] 입스위치, 사우샘프턴, 케이프 엘리자베스. 스미스가 정한 이름은 대부분 호응을 얻지 못했지만 최소한 그 이름 중 하나는 6년 뒤에 메이플라워호의 청교도들이 그 지역에 식민지를 세울 때 차용되었다. 그곳은 바로 플리머스로, 원주민 왐파노아그족이 당시에도 그리고 지금도 파툭셋Patuxet이라고 부르는 지역이다. 그보다 최근인 1854년에는 매슈 페리 제독이 증기선을 이끌고 도쿄 만에 상륙했다가 워싱턴 D. C.로 돌아올 때 에도의 지도를 갖고 돌아왔는데, 그 지도의 모든 지역에 '미시시피 만'이나 '서스쿼해나 만'처럼 전혀 일본답지 못한 이름이 온통 달려 있었다.[25] 심지어 우라가Uraga 해협의 작은 섬 하나에는 '플리머스 록스'라는 이름이 붙어 있었다. 그 지도들은 눈망울을 빛내는 순진한 미국인들에게 이렇게 말하고 있었다. "이것 봐! 이 땅은 우리 것임에 **틀림없어!** 아니라면 왜 우리식 이름들이 붙어 있겠어?"

4. 수준점BENCHMARKS

121

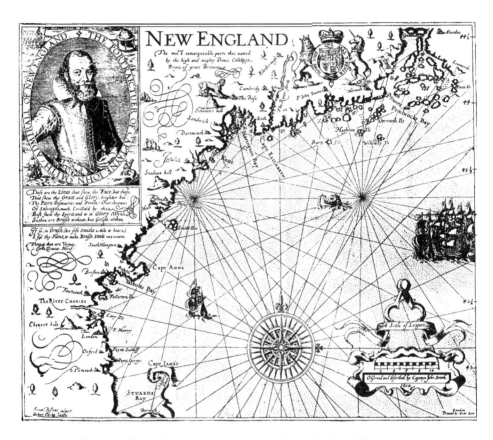

정착 이전의 메인 주 해안 지역에 어찌된 일인지 작고 매력적인 잉글랜드 마을들이 가득하다.
그리고 특별 보너스로, 원주민들은 없다!

지명이 애국심과 밀접하게 연관된다는 것은 미국인으로서는 이해
하기 어려운 개념이다. 미국은 젊은 나라다. 또한 우리의 삐딱한 카우보
이 사고방식은 만물이 미국을 중심으로 돈다는 것에 익숙해져 있으니,
예를 들어 멕시코 만이 아메리카 만이라고 불리지 않아도 그냥 내버려
둘 수 있다. (하지만 존 허버트의 말에 따르면 이는 미국지명위원회에 자주 제
소를 하는 한 사람이 주로 미는 사안이라고 한다.) 미국 배우 '아메리카 페레
라'가 내일 자신의 이름을 '캐나다 페레라'로 바꾼다고 발표한다 해도 미
국인에게는 별 문제가 아닐 거다. 각자 자기 인생을 살아갈 거다. 하지
만 세계의 다른 곳에서는 지명이 국가의 정체성을 의미한다. 어릴 적 한
국 사람의 책꽂이에서 봤던 수입된 서양 지도책들은 전부 아시아 지도
의 '일본해Sea of Japan'는 지워져 있고 그 아래에 손글씨로 한국식 이름인
'동해East Sea'가 적혀 있었다. 그리스는 새로 독립한 마케도니아공화국의
이름 때문에 단단히 화가 나서 (역사적으로 마케도니아는 그리스 북부의 지
역 이름이었다) 2008년에 마케도니아가 나토에 가입하는 것을 막았다. 놀
랍게도 가장 열띤 주장은 이란에서 나왔는데, 이는 페르시아 만에 '아
라비아 만'이라고 작게 삽입구를 추가한 『내셔널지오그래픽 세계지도』
의 2004년판이 나온 뒤의 일이었다. 이란인들은 음모를 감지하고는 이성
을 잃었다.＊ 『테헤란타임스』 지는 이렇게 썼다. "미국 시오니스트들의 로
비와 어떤 아랍 정부들의 석유 달러가 영향을 미치는 바람에, 부인할 수
없는 역사적 현실이 왜곡되었다."[26] 내셔널지오그래픽협회의 모든 출판물
과 저널리스트는 이란 출입이 금지되었다. 전 세계의 페르시아계 공동체

＊　아랍계가 지배적인 중동의 이슬람 국가들 가운데 유독 이란은 페르시아족의 나라로서, 아랍 민족
과는 역사적으로 오랜 경쟁관계였다 — 옮긴이.

에서 인터넷을 사용할 수 있는 사람들은 내셔널지오그래픽협회에 수천 통의 이메일을 보냈고 인터넷 서점 아마존에는 그 지도책에 대해 분노에 찬 후기를 수백 건 남겼으며, '아라비아 만'이라는 문구로 '구글폭탄' 검색을 해서 지금도 그 검색어를 구글에 입력하면 위키피디아 웹사이트를 제외하고 가장 위에 뜨는 웹사이트는 가짜 에러페이지다. 거기에는 이렇게 적혀 있다. "당신이 찾아본 그 만은 실제로 존재하지 않는다. '페르시아 만'을 검색하라." 내셔널지오그래픽협회는 결국 수정판을 냈지만 이 사안을 두고 그 지역의 긴장감은 여전히 높다.[27] 이란은 매년 4월에 '페르시아 만의 날'을 국경일로 지정하여 그 이름을 기념하며, 아랍 국가들이 메달에 '페르시아 만'이라고 적는 것을 반대하자 2010년 이슬람연대게임을 취소했으며, 심지어 기내 화면에 '올바른' 이름을 사용하지 않는 항공사는 모두 문을 닫게 하겠다고 으름장을 놓았다.

　　미국에서 이런 식으로 지명에 대해 자부심을 보여주는 가장 근접한 경우라면 한 지역 공동체에서 내부인과 외부인을 가려내는 데 지명을 이용하는 사례를 들 수 있다. 맨해튼에서 '아메리카스 애비뉴'가 어디 있는지 묻거나(공식적으로는 바뀐 새 이름은 발음하기가 너무 귀찮아서 뉴욕 토박이들은 여전히 '식스 애비뉴'라고 말한다) 하우스턴Houston 가를 마치 텍사스 주 휴스턴Houston처럼 발음하는 관광객에게 화가 미칠지어다. 내가 사는 곳에서 그런 마법의 이름을 들자면 매년 가을이면 워싱턴 주에서 가장 큰 주 박람회가 열리는 타코마의 교외 지역인 퓨알럽Puyallup, 올림픽 반도에 있는 은퇴 생활의 메카인 스큄Sequim이 있다. 그 이름들을 철자 그대로 '푸알럽'이나 '시큄'이라고 발음하면 그 즉시 영문 모르는 관광객이라든지 아니면 더 나쁘게는 캘리포니아 주에서 온 이주민이라는 사실이

들통 난다. (저 지명들의 진짜 발음을 말해줄 수도 있겠지만, 그랬다가는 워싱턴 주법에 의거하여 내가 당신을 제거해야 할지도 모른다.)

마르셀 프루스트의 『잃어버린 시간을 찾아서』에서 화자는 지도에 적힌 이름들이 실제 그 장소보다 더 마법적일 때가 있다는 것을 회상한다. "폭풍우 몰아치는 날이라 해도 피렌체나 베네치아 같은 이름들은 햇살과 백합, 두칼레 궁전과 산타마리아델피오레 대성당에 대한 갈망을 일깨운다."[28] 그 이름들은 프루스트의 화자를 속여서 그가 가는 모든 장소가 "미지의 것, 다른 모든 것과 본질적으로 다른 것"이라고 생각하게 만드는데, 하지만 그는 실제로 그 장소에 가보고는 실망한다. "그들은 내가 지구 표면 위에 어떤 장소들을 형성해냈다는 생각을 과장시켜서 그 장소를 더 특별하게, 그리하여 더 실제처럼 만든다." 언젠가 내 친구 하나가 몽골에 가보겠다는 일생의 꿈을 실현했으니, 친구가 돌아왔을 때 나는 그 여행에 대해 듣고 싶어서 들떠 있었지만 놀랍게도 그는 이렇게 말했다. "끔찍한 모험이었어. 진짜 짜릿한 기분은 머릿속에 있는 거야. 그 수도의 이름, '울란바토르'에." 그가 실제로 본 어떤 것도 그 다섯 글자가 안겨준 기묘한 기대에 부응하지 못했다. 그는 고개를 저으며 다시 천천히 말했다. "아 울란바토르……."

"우리가 이곳 서고에 무엇을 보관하고 있는지 사람들에게 알리는 일이 관건입니다." 존 허버트가 1950년대 구소련의 월구의月球儀(달표면의 지형지물을 구형의 물체에 기입한 달의 모형—옮긴이)를 가리키며 말을 잇는다. ("북반구에서 이 월구의를 소장한 곳은 여기뿐이에요!") 그 월구의는 대서양 중앙산령을 나타낸 마리 타프의 3D 지도 옆의 서랍에 놓여 있었다. 서

랍 안에는 정말 근사한 뿔 화약통에 새겨진 지도 수집품이 들어 있는데, 프렌치-인디언 전쟁 때로 거슬러올라가는 아바나 항구 지도도 있다. "내 숙제는 지도를 사랑하는 사람들을 이곳에 불러들이는 것이 아니에요. 다른 사람들, 지도가 뭔지조차 모르는 사람들을 불러들이는 것이죠."

의회도서관의 지도 역사 전문가인 팸 반 이가 내게 말해주기를, 그 도서관에서 의회 직원들이 가장 많이 몰려드는 시간은 매주 금요일 오후 4시라고 한다. 주말에 하이킹을 가려는 사람들이 등산로 지도를 찾으려고 이곳에 소장된 지도를 열람하러 오는 것이다. 이건 하원의원이 그의 선거구에서 공립학교의 위치를 확인하려고 지도 분과에 들른다는 것보다 더 충격적인 소리다. 이집트 알렉산드리아 도서관을 이동도서관처럼 보이게 만들 만한, 세계 역사에서 최고로 기념비적인 지도 컬렉션을 갖추고 있으면서도 우리는 그걸 학부모회 극성 엄마들의 비위를 맞추거나 의회 직원들이 블루리지 산이 어디 있는지 찾을 수 있게 돕는 용도로나 쓰고 있다는 말인가? 이건 거의 성찬식의 성스러운 포도주로 양치를 하는 경우나 진배없는, 신성한 자원을 낭비하는 짓처럼 보인다. 하지만 달리 생각해보면, 한편으로는 그게 바로 이 지도 컬렉션의 힘인지도 모른다. 무엇을 알고자 하든지 간에 정말 많은 사람이 자신이 원하는 바로 그것을 이곳에 와서 찾을 수 있다는 것 말이다. 이는 무엇보다도 지도의 융통성을 보여주며 또한 우리가 저마다 다른 이유로 지도에 의지하고 있다는 사실도 보여준다.

미국 의회도서관 소장 지도 가운데 가장 귀중한 보물은 존 허버트의 자료보관실에서 한 블록 북쪽에 있는, 이 도서관의 일부인 화려한 토머스제퍼슨관 대전시실에 놓여 있다. 2001년에 의회도서관은 독일 왕자에게 어마어마한 금액인 1000만 달러를 지불하고(절반은 의회가, 절반은 개인 후원가들이 냈다) 마르틴 발트제뮐러라는 이름의 지도 제작자가 1507년에 만든 세계지도 가운데 유일하게 살아남은 판본을 가져온 것이다.

어째서 발트제뮐러 지도는 이제껏 경매에서 지도가 팔렸던 최고가의 거의 10배에 달하는 금액을 호가하는 것일까? 일단 그 지도는 지난 수 세기 동안 사라졌다고 했다. 원본으로 인쇄한 1000장 중에 단 한 장도 이제는 남지 않았다는 것이다. 지리학자 중에는 그 논란거리인 지도가 사실은 애초부터 존재하지 않았다고 주장하는 사람도 있었다. 영국 왕립지리학회는 이렇게 주장했다. "사라진 지도 중에 이것만큼 애써서 찾은 지도는 없었습니다. 그 지도를 발견하는 행운을 누리는 영광은 고지도 분야에서 상상할 수 있는 최고의 상일 것입니다."[29]

그 상은 마침내 1901년에 요제프 피셔 신부에게 돌아갔다. 예수회 학자인 피셔는 바이킹의 초기 항해를 연구하던 차에 독일과 스위스 국경 인근 볼페크 성의 남쪽 탑 다락방에서 우연히 어느 지도책을 보았다. 새것처럼 잘 보존된 지도를 넘기던 피셔는 역사에서 사라졌다고 믿었던 보물을 발견했다는 사실을 깨달았다. 그 지도에는 북쪽과 남쪽의 두 대륙으로 나뉜 서반구가 그려져 있었으며 두 대륙 사이에는 좁은 해협과 캐리비안 해가 놓여 있었다. 서쪽에는 광대한 바다가 있어서 이 신대륙을 아시아 동부(좀 미심쩍게 묘사된 모양이긴 했지만)와 나눴다. 그리고 오늘날의 아르헨티나 북부에 운명적인 단어가 새겨져 있었다. '아메리카.'

지금이라면 이건 세계지도에서 흔히 보는 광경이지만 1507년에는 단지 뜻밖의 일을 넘어서는, 차라리 혁명적인 일이었다. 크리스토퍼 콜

4. 수준점BENCHMARKS

럼버스는 그로부터 1년 전 세상을 떠날 때까지도 여전히 자신이 네 차례의 항해에서 동인도에 다녀왔다고 굳게 믿었는데, 발트제뮐러의 지도에는 유럽과 아시아 사이에 광활한 신대륙이 거의 북극에서 남극까지 길게 뻗어 있다. 유럽인이 파나마 해협 건너 태평양을 구경하려면 아직 5년은 더 지나야 할 시점이었지만 태평양까지 그려져 있으며, 남아메리카의 서부 해안도 아직 유럽인이 탐험하기 전이었건만 발트제뮐러가 그린 단순한 해안선은 비범할 정도로 정확하다. 허버트에 따르면, 몇 군데 핵심 지점을 확인해보면 오차 범위가 110킬로미터 이내라고 한다.

놀랍도록 그럴듯한 그 지도를 학자들은 물론 앞으로 몇 년에 걸쳐 연구하겠지만, 그 지도가 역사적으로 명성을 얻고 미국 의회가 500만 달러를 선선히 내주면서까지 그 지도를 독일의 감옥탑에서 구출해온 주된 이유는 바로 왼쪽 아래에 적힌 '아메리카'라는 한 단어다. 그 이름 네 글자가 사용된 사례 가운데 오늘날까지 살아남은 역사 최초의 사례이기 때문만이 아니다. 지도에 적힌 그 네 글자는 우리가 발트제뮐러의 지도를 들여다볼 때 '아메리카'라는 이름이 만들어지는 현장을 목격하고 있다는 것을 확인시켜준다. 발트제뮐러는 그 지도책의 서문에 이렇게 썼다.* "세계의 4분의 1을 아메리고 베스푸치가 발견했다. 아시아와 아프리카는 둘 다 여성의 이름을 따서 이름 붙여졌으니, 이 대륙을 발견한 통찰력 있는 남자 아메리쿠스의 이름을 따서 이를테면 아메리고의 땅을 뜻하는 '아메리겐'이나 '아메리카'라고 부르는 데 반대할 만한 타당한 이유는 없다고 본다."

---

* 이 서문은 발트제뮐러를 도와 일했던 알사스의 교사인 마티아스 링만이 썼을 가능성도 있다. 발트제뮐러가 지도를 그렸지만 서문은 그의 친구인 링만에게 맡겼다는 그럴 듯한 증거가 있기 때문이다.

발트제뮐러의 지도에 운명의 단어가 새겨져 있다.
아메리카는 마침내 장문의 출생증명서를 내놓았으니,
이것으로 그 대륙이 인도네시아나 케냐에서 태어나지 않았다는 사실을 증명했다.

콜럼버스 전기를 쓴 바르톨로메 데 라스카사스는 신대륙을 진짜 발견자의 이름을 따서 "콜롬바라고 불렀어야 한다"고 부루퉁하게 주장했다. 하지만 베스푸치는 다른 의미에서 '최초의 아메리칸'이었으니, 그가 사람들의 이목을 끌고 뻔뻔하게 자기 홍보를 하는 재주가 있었다는 점에서 하는 말이다. 피렌체의 상인이던 그는 두어 번 브라질로 가는 포르투갈 탐험대를 따라간 경력이 있었기에, 어쩌면 B급 탐험가의 자리는 확보할 자격이 있다. 하지만 그 여행에 대해 그가 남긴 (분명히 과장된) 기록들은 유럽을 열광하게 만들었으며, 이는 광고계의 영원한 격언을 증명하는 사례다. 그 격언이란 바로, 섹스는—라틴어로 쓴다 해도—언제나 팔린다는 것이다.

콜럼버스의 따분하고 연소자 관람가인 일지와 다르게 베스푸치의 편지들은 원주민의 성이라는 주제를 집착에 가까울 정도로 생생하게 써내려갔다.[30] "그들은 (…) 과도할 정도로 육욕적이며 여성이 남성보다 더하다. 나는 그들이 과도한 욕정을 채우는 기술에 대해 말하기를 조심스럽게 삼가려고 한다." 하지만 우리에게는 다행스럽게도 베스푸치는 그리 오래 삼가지 않았다! "그들 중에 가슴이 축 늘어지지 않은 사람이 보이지 않으며 아이를 낳은 여자와 처녀를 자궁의 모양과 수축으로 구별할 수 없다는 것은 우리에게 충격적인 일이었다. 또한 신체의 다른 부분에서도 비슷한 것을 목격했지만 예에 어긋나지 않기 위해 그것을 언급하지 않겠다. 그들은 기독교인과 성교할 기회가 있으면 과도한 욕정에 휩싸여서 스스로를 더럽혔으며 몸을 팔았다." 유럽인들이여, 이것 보시라. 카리브의 여인들은 모두 성적 매력이 넘친다! 게다가, 완전 문란하다!

베스푸치의 편지는 적어도 60회는 계속해서 인쇄된 반면, 콜럼버스의 일지는 22회에 그쳤다. 그러니 발트제뮐러가 아메리고를 신대륙의 이름을 가질 자격이 있는 사람으로 생각한 것은 용서해줄 만하다. 어쨌든 베스푸치가 그 대륙(그가 "신대륙"이라고 불렀던)에 대해 "바다로 사방이 둘러싸여 있음이 발견되었다"라고 썼으니 말이다. 발트제뮐러 같은 독자들은 수평선 너머 어딘가에 신대륙이 있다는 인상을 확실하게 받았다. 이 새로운 지도는 베스푸치가 1512년에 세상을 떠날 때까지 살았던 스페인에는 전해지지 않았으니 아마 그는 자신이 남긴 유산을 알지 못한 채 죽었을 것이다. 하지만 얼마나 대단한 일인가! 이 르네상스 시대의 록스타는 지구상 대륙 면적 중 28퍼센트에 자신의 이름을 남겼다. 그것도 그의 생전에 말이다.

　　발트제뮐러는 이 지도를 그릴 때 2세기에 프톨레마이오스가 사용했던 원뿔 도법을 지구의 새로운 말단까지 확장했기 때문에, 유럽과 아프리카와 근동은 보기 좋게 그려졌지만 아시아 동부와 아메리카는 마치 어안 렌즈로 본 것처럼 뒤틀려버렸다. 그 뒤틀림 때문에 지도를 찬찬히 살펴보는 동안 지도가 묘하게 나를 에워싸는 기분이 든다. 헌터 S. 톰프슨의 환각처럼 그 지도는 보관함에서 빠져나와 사방에서 나를 감싼다. 의회도서관은 보존에 드는 비용을 아끼지 않아서, 국회기록보존소에 있는 헌법과 미국독립선언서를 담는 상자를 본뜬 그 지도의 보관함은 제작비용만 32만 달러가 들었다. 발트제뮐러의 지도는 3.8센티미터 두께의 유리 뒤에 희미한 조명을 받으며 놓였고, 보관함 안은 불활성 아르곤 기체로 채워져 있다. 상자에는 금박 글자로 이렇게 적혔다. "아메리카의 출생증명서."

　　그 이름은 지도 한 장을 위해 1000만 달러를 모으려는 약삭빠른

정치적 수단만은 아니다. 이는 일반적으로 우리가 지도에 적용할 수 있는 통찰력이 담긴 진술이다. 세계 역사는 사람의 역사인 만큼 장소의 역사이기도 하다. 서출까지는 아니라 해도 무명으로 태어나 크게 성장해나간 도시와 국가들의 역사다. 잉글랜드의 재담가 시인 E. C. 벤틀리는 이렇게 쓴 적이 있다. "지리의 과학은/생물학과 다르다/지리학은 지도에 대한 것/생물학은 사내녀석들에 대한 것."[31] 발트제뮐러 지도는—아니, 포르톨라노 해도와 파노라마와 뿔 화약통까지 포함해 온갖 경이로 가득 채워진 존 허버트의 보관실 전체가—역사가 장소와 인간 모두에 대한 것이라는 사실을 일깨워준다. 이런 의문이 떠오른다. 지도 한 장이 세상을 바꿀 수 있다면, 지도 550만 장은 무엇을 할 수 있을까?

물론 지도는 우리가 사용할 때에만 힘을 지닌다. 의회도서관 지리·지도분과의 먼지 쌓인 서랍 중에 피셔 신부가 독일의 어느 성 다락방에서 발견했던 것처럼 눈에 띄지 않은 보물이 숨겨진 서랍은 몇 개나 될까? 누군가가 직접 들여다보기 전에는 알 수 없는 일이다. 발트제뮐러 전시실에서 나오는 우리 발소리가 대리석 바닥에 울려퍼진다. 오늘, 세계에서 가장 귀한 지도를 보관하고 있는 흐릿한 조명의 널찍한 전시실에는 우리를 제외하면 아무도 없다.

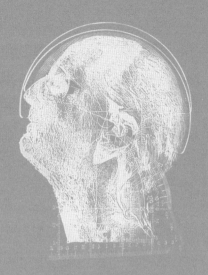

제5장

고도 ELEVATION

n. 해수면 위에 있는 지형의 높이

역사가들의 색보다 더 섬세한 것은 지도 제작자들의 색이다.
— 엘리자베스 비숍

런던의 켄싱턴가든스 남쪽에 있는 로더로지는 뾰족한 지붕과 굴뚝이 많은 앤 여왕 시대 양식의 고급주택으로, 지난 세기 이래로 이곳에는 영국 왕립지리학회가 자리하고 있다. 그리고 이 학회는 스피크와 버튼을 나일 강으로, 스콧과 섀클턴을 남극으로 보낸 당사자다(존 스피크, 리처드 버튼, 로버트 스콧, 어니스트 섀클턴은 모두 19~20세기 초에 활동한 영국의 탐험가—옮긴이). 영 제국 시절, 용맹하며 턱수염이 무성한 영국인이 국외에서 남자다운 모험을 마친 뒤 런던에 돌아오면, 주인공이 동료들 앞에서 연설을 하는 동안 탐험가들은 그가 가져온 기념품을 돌려보며 외알 안경을 낀 눈을 가늘게 뜬 채로 그 물건을 뜯어보았다. 헨리 모턴 스탠리는 아프리카의 리빙스턴 박사를 찾아갔을 때 자신이 쓰고 있던 사파리 모자를 남겼다. 찰스 다윈의 휴대용 육분의六分儀(두 점 사이의 각도를 정밀하게 재는 광학 기계—옮긴이)와 에드먼드 힐러리 경의 산소 통도 여기 소장되어 있다.

일반적으로 왕립지리학회는 본부를 비회원에게 공개하지 않지만 오늘 로더로지는 사람들로 북적인다. 3년 전부터 왕립지리학회가 주최해 온 고지도를 사고파는 유럽 최대의 행사인 런던지도박람회가 열리고 있기 때문이다. 오늘은 지도 수집상 35명이 저마다 물건을 이곳에 전시중 인데, 아테네, 베를린, 뉴욕, 샌디에이고, 로마 등 영국 해협 건너편과 대서양 건너편에서 수집해온 지도들이다. 이 빅토리아풍 건물의 삐걱거리는 금빛 마루에는 탁자와 임시 전시대가 줄지어섰고 폴리에스테르 필름을 씌운 지도 수천수만 장이 그 위를 뒤덮었다. 가장 색이 다채로운 지도들이 두서없이 벽에 걸려 있다. 어떤 지도에는 오스트레일리아 대륙이 서부 아프리카 쪽으로 다가가 있고 포클랜드 제도가 프랑스 해안 앞에 놓여 있다.

한때 인기 없는 소일거리이던 지도 수집은 지난 30여 년 동안 부쩍 성장해서 이제는 아주 큰 사업 분야가 되었다. 이번 주말 이곳의 판매액은 최대 75만 파운드가 될 것으로 예상되는데, 이 박람회의 최고 기록이다. "오늘 이곳에는 내가 처음 이 사업을 시작할 때 존재했던 지도 수집가의 수보다 더 많은 **지도협회**가 와있습니다." 시카고에서 온 지도 수집상 켄 네벤잘이 말한다. 오늘 이 자리에 지도를 사려고 온 사람들은 다양하다. 그중 많은 수가 전형적인 개인 지도 수집가의 사례를 보여주고 있다. 그들은 대체로 중년의 남성이고 안경을 썼으며 조용한 성격의 소유자인데 영국식 은어로 별난 집착을 가진 사람을 의미하는 '아노락 anorak'처럼 보이기도 한다. (6월의 맑은 날이니 영국식 방한용 파카를 의미하

기도 하는 '아노락'을 입지 않은 그들을 구별해내기가 약간 어렵긴 하다.) 하지만 머리를 짧게 깎고 미국 밴드 일스Eels의 티셔츠를 입었으며 커다란 갈색 푸들을 데리고 온 신세대도 있고, 진주목걸이를 걸고 루이비통 핸드백을 든 화려한 프랑스 부인도 있는데 유모차에 아기를 태우고 와서 뉴욕 수집상의 지도 더미를 훑어보는 중이다. 나는 전자를 호기심에 찾아온 사람으로(올해 이 박람회는 일반인을 대상으로도 널리 홍보했다), 후자를 지도 수집계의 새로운 부류인 부유한 비전문가의 대표자로 분류한다. 요즘은 지도가 최신 유행의 골동품이거나 가능성 있는 투자물로 여겨지니, 그들 가운데에는 유행을 좇아 해외 여기저기를 다니는 허세꾼도 있고 새로 산 집을 장식하기 위해 지도가 보기에 좋다고 생각하는 사람도 있다. ("그게 1584년 오르텔리우스의 진홍색 지도인가요? 세 장 살게요. 파란색으로도 있나요?") 지도 수집상들은 관광 명소 근처에 상점을 차릴 때가 자주 있는데 이런 충동 구매자들 때문에 살아남기도 하고 문을 닫기도 한다. 그 고객들은 지도가 근사하게 틀에 끼워져 있고 소파랑 어울리기만 하면 역사적으로 중요하지 않은 지도라 해도 상관없이 엄청난 금액을 지불할 것이다. 하지만 수집가들은 이런 비전문가를 비웃는다. 그들은 지도를 정말 좋아하는 게 아니며 공연히 가격을 올리고 있을 뿐이라고 말이다.

하지만 이 박람회에서 국제지도수집가협회 전시대를 지키고 있는 이언 하비는 그들을 비난하지 않는다. "집을 꾸밀 때 대체로 지도가 그림보다 저렴하니까요." 미술계와 다르게 지도 수집가들은 지금도 17세기나 18세기의 아름다운 지도를 몇백 달러에 구할 수 있다. 몇십 년 전에 비하면 많이 오르긴 했지만 이 정도면 여전히 입문하기에 적절한 가격이다. 사실 가장 매력적인 지도는 가장 구하기 쉬운 것일 때가 많은데, 그런 지도는 역사적으로 인기가 있어서 많이 인쇄되고 보존되어 왔기 때문이다. "희귀본은 지저분한 지도일 때가 많아요. 세계에 네 장밖에 안 남은 희귀본이지만 생긴 건 별로라는 거죠." 하비의 말이다. 박람회 전단지에는 오늘 판매하는 지도가 10파운드짜리부터 무려 10만 파운드짜리까지 있다고 자랑스럽게 적어놓았는데, 이건 그냥 광고문구가 아니다. 수집 상들 중에는 벼룩시장에 나온 레코드를 뒤지듯 샅샅이 지도를 뒤적이는 기념품 사냥꾼들을 위해 5파운드나 10파운드짜리 작은 지도를 따로 상자에 담아 가져온 사람도 많다. 반면 박람회 주최자 중 하나인 알테아갤러리의 마시모 데 마르티니가 가져온 지도는 지금 내 눈앞에 있는 여섯 장이 전부다. 상태가 깨끗한 빌렘 블라우의 1670년 세계지도는 문외한의 눈에는 색도 칙칙하고 눈에 들어오지 않는 지도일 뿐이다. 이곳에서 최고급 상품이 어떻게 다뤄지는지를 보고 나는 좀 놀랐다. 빌렘 블라우의 지도는 벤틀리만큼 가격이 나가는데도 코번트가든의 노점에서 그렇듯이 알테아갤러리 전시대에 다른 지도들과 나란히 아무렇지 않게 전시되어 있다.

나는 블라우의 지도로 다가가 유심히 살펴보며 그 오래된 지도에 누군가가 15만 달러를 지불할 만한 비밀이 빽빽한 글자 사이 어디에 숨어 있는지 찾아본다. 희귀한 데다 더이상 17세기 지도는 찍어내지 못하기 때문이라는 당연한 답을 이미 알고 있지만, 그렇다 해도 이런 식의 지도 사랑을 나는 아직도 이해하지 못하겠다. 내가 지도를 좋아하게 된 것은 지도의 완성도와 정확함, 당당한 질서정연함 때문이다. 고지도에서는 눈 씻고도 찾아볼 수 없는 특징들 말이다.

"왜 오래된 지도인가요?" 이 박람회에서 가장 큰 전시대를 맡은 베테랑 지도 수집상인 조너선 포터에게 물었다. 포터는 최근에 지도 사업에서 은퇴한다고 발표하고 시가로 600만 달러 이상 나가는 엄청난 소장품을 시장에 내놓았다. 내 질문을 듣더니 마치 대답하기에 무척 곤란한 질문으로 습격이라도 당한 듯이 소리내 웃었다. "글쎄요, 고지도에는 예술, 역사, 희귀성, 유물로서의 가치, 내재한 흥밋거리 등 모든 면이 있으니까요. 그게 전부 한 장에 담겨 있죠. 그 모든 특징을 담은 물건이란 흔하지 않아요."

고지도가 인기 있는 이유에서 유물로서의 가치와 역사적 중요성이 큰 부분을 차지하는 것은 분명하다. 지도 수집가들은 틈새시장에 집중하는 편이다. 예를 들어 오스트레일리아의 고지도라든가, 스칸디나비아나 텍사스 주 고지도처럼 말이다. 그리고 그들은 다락방에 거대한 노끈 뭉치가 있는 사람처럼 단지 지도를 쌓아놓지 않는다. 그들은 자신의 틈새에서 학구적인 권위자가 되어서 그 지도들이 유래한 시대와 지역을 골똘히 연구한다. 까다로운 지도 제작 분야에서 최고의 책은 큐레이터나 연구자가 아니라 열성이 넘치는 아마추어가 쓴 것인 경우가 많다. 지도 수집가는 달리 말하면 역사광이며, 주머니가 두둑한 사람일 때도 꽤 있다. 세계에서 가장 가치 있는 지도는 꼭 아름다운 지도가 아니라, 예를 들자면 미국 의회도서관의 1000만 달러짜리 발트제뮐러 지도처럼 어떤 면에서 역사를 바꿔놓은 지도다. 2010년 2월, 메인 주에 있는 경매장에서 요크타운 포위작전 때의 지도가 115만 달러에 팔리며 경매의 지도 판매가에 새로운 기록을 세웠다.[1] 그 지도는 구겨졌고 다소 거칠게 그려졌으며 색깔이 그리 예쁘지도 않지만, 조지 워싱턴이 가장 중요한 승리를 거둘 때 직접 사용한 지도라는 사실을 알면 그 지도의 생김새 따위야 그리 중요하지 않다.

하지만 고지도가 풍기는 매력이 객관적인 역사에서 오는 것만은 아니다. 생각해보면 시장에 나온 지도들은 대부분 상대적으로 최근에 제작된 것이다. 500년 이상 된 지도는 거의 찾아볼 수 없으니 시간의 큰 흐름에서 보자면 눈 깜박할 새다. 그럼에도 고지도는 그 지도의 실제 연대에서 크게 벗어난 고대의 신비와 낭만이라는 아우라로 우리에게 다가온다. 고지도의 얼룩진 양피지는 사암이나, 미라를 감싸는 아마 섬유 같은 황갈색이다. 고지도의 독창적이며 약간은 믿기 어려운 해안선은 완전히 다른 세상에서 온 것처럼 생겼다. 아틀란티스나 '무Mu 대륙(태평양 한복판에 있었다고 하는 상상의 대륙—옮긴이)'처럼 말이다. 그 지도들은 단순한 인공물이 아니라 유물이다. 최근 내셔널지오그래픽협회가 자체 제작한 표준 세계지도를 오래된 해도의 빛바랜 팔레트를 참고로 한 중성적인 색조로 만들었는데, 약간 색다르게 제작된 그 지도는 이제 학교 교실에서 흔히 보는 파란색 세계지도보다 더 많이 팔린다. 이것이 말해주는 메시지는 분명하다. 우리는 지도가 최신판이기를 원하지만 그러면서도 오래돼 보이는 것을 좋아한다는 사실이다.

알테아의 전시대에서 가격이 여섯 자리대인 블라우의 세계지도를 살펴보는 와중에 어딘가 잘못된 것 같은 지점들로 바로 눈길이 간다. 그건 마치 대화하는 상대방의 사마귀나 흉터를 빤히 쳐다보지 않으려 해도 눈을 돌릴 수가 없는 어색한 기분과 비슷하다. 오스트레일리아가 뉴기니와 연결되어 있고 남쪽으로 극지방까지 뻗어서 아시아보다 더 큰 땅덩어리를 이루고 있는데, 거기에 블라우는 '테라 아우스트랄리스 인코그

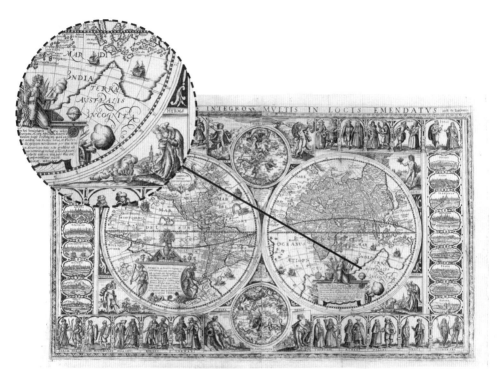

유명한 빌렘 블라우 세계지도의 독특한 이탈리아어판이며, 15만 달러에 거래된다.
오른쪽 하단에 '테라 아우스트랄리스(라틴어로 '남쪽의 땅'이라는 뜻이며
오늘날의 오스트레일리아에 해당한다 — 옮긴이)'를 보면 당시 유럽인이 존재를 몰랐던 이 대륙이
유라시아와 아프리카를 합친 대륙을 난쟁이로 만들 만큼 크게 그려져 있다.

니타Terra Australis Incognita'라고 이름을 붙였다. 캐나다를 넓게 관통하는 소위 '아니안 해협'이라는 상상의 물길이 대서양에서 아시아로 가는 북쪽 경로를 제공하고 있는데, 이는 많은 유럽인이 찾으려다 죽음을 맞았던 '서북 항로'다.

하지만 수집가에게 그런 부분들은 사마귀가 아니다. 시간은 고지도를 참고자료로 실용성이 있어야 한다는 족쇄에서 자유롭게 하였으니, 수집가들은 이런 오류를 오히려 소중하게 여긴다. 인쇄할 때 실수로 잘못 찍힌 우표에는 0이 하나둘쯤 더 붙는 것처럼 말이다. 수집상들의 카탈로그는 이처럼 작고 별난 특징을 판매상의 주된 장점으로 열거해놓는다. 옆에 놓인 신세계 지도에 대한 알테아갤러리의 설명에는 "캘리포니아 주가 섬으로 그려졌다"라고 적혀 있다.* "오스트레일리아가 태즈메이니아에 연결되어 있다"거나 "5대호가 서쪽으로 열려 있다"라는 설명도 있다. 18세기 프랑스에서 만들어진 대부분의 지도에 시애틀 우리 집은 물속에 있는 것을 보고 좀 불안한 기분이 들긴 한다. 워싱턴 주부터 오리건 주, 아이다호 주, 브리티시컬럼비아 주, 앨버타 주까지 태평양이 침투해서 형성된 널찍한 '서쪽 만' 물속에 말이다.

왜 잘못된 지도에 더 많은 돈을 지불하는 것일까? 그 이유 중 하나는 순전히 희소성 때문이다. 캘리포니아 주가 태평양에 떠 있다는 것은 로스앤젤레스에 사는 사람이 자기 집 거실에서 나눌만한 좋은 대화 소재가 될 테니까. 하지만 이는 또한 인간의 무지와 불완전함을 보여주

---

* 캘리포니아 주가 섬으로 나와 있는 지도만 살 미국인 수집가는 많다. 어쩌면 그들은 렉스 루터가 첫 번째 「슈퍼맨」 영화에서 시도했던 것처럼 실제로 캘리포니아 주를 잘라낼 때 한몫 잡을 꿈을 꾸고 있을지도 모르겠다.

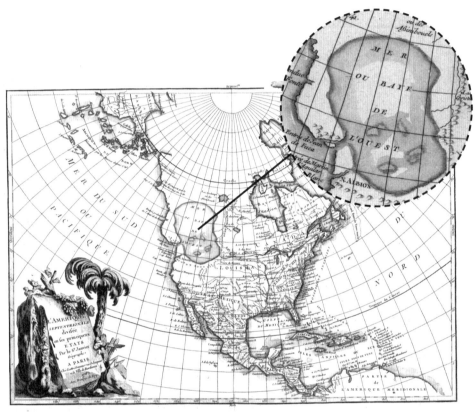

장 장비에가 1782년에 만든 북아메리카 지도에 '서쪽 만Baye de l'Ouest'이 그려져 있다.
태평양 연안 서북부가 좀 축축한 건 사실이지만, **이 정도로** 물이 많지는 않다.

는 매력적인 기념품이어서, 지도가 실제 영토의 모양을 보여준다고 완전히 신뢰해서는 안 된다는 사실을 우리에게 일깨워준다. '서쪽 만' 같은 공상의 발명은 일단 어느 지도에 그려지고 나면 그뒤로 수십 년간 제작되는 여러 지도에서 바이러스처럼 번식하기 때문에, 누군가가 그 지역을 실제로 탐험해서 애초의 실수를 바로잡은 다음에도 끈질기게 나타날 때가 많다. 낫 모양의 아주 작은 섬인 마이다Mayda가 처음 등장한 것은 16세기 지도에서였으며, 그때 마이다는 아일랜드 서남쪽에 있었다. 그러다 바다를 더 신중하게 그려나가면서 그 섬은 버뮤다를 향해 점점 서쪽으로 움직였다. 놀랍게도 마이다는 400년 동안 지도상에 머물렀으며 마지막으로 등장한 것은 랜드맥낼리의 1906년 지도에서였다.*2 서부 아프리카의 상상 속 산인 콩Kong 산맥은 정말 최근인 1995년까지도 『구드의 세계지도』에 그려져 있었다!3

신기하게도 마이다가 서쪽으로 서서히 떠내려간 것은 지도를 바로잡아온 역사에서 드문 일이 아니다. 고지도에서 모습을 드러냈던 정말 근사한 요소들은 시간이 흐르면서 하나같이 지도 가장자리로 밀려났다. 애초에 에덴동산은 소아시아에 있었는데 갈수록 지평선을 표류하더니 마침내는 아예 지도 밖으로 사라져버렸다. 전설적인 황금의 일곱 도시는 원래 북대서양의 섬에 있다고 했는데,** 그뒤에 북아메리카 평원으로 옮겨갔다가 마침내는 서남부까지 움직여갔다. 현실의 실제 증거에 굴하지

---

*　하지만 앞으로는 지도에서 섬이 사라진다면 그건 실제로 바다에서 그 섬이 사라졌기 때문일 것이다. 2010년 3월에 벵골 만에 있는 작디작은 점 같은 뉴무어 섬이 해수면 상승으로 인해 바다 속으로 사라졌다. 인도와 방글라데시는 그동안 오랜 세월 이 섬의 영유권을 두고 맹렬하게 분쟁을 벌여왔는데, 이제 그 문제는 해결되었지만 그 지역은 더 심각한 문제에 직면하고 있다. 몇몇 기후 측정 모델이 예측하고 있듯이 앞으로 40년 동안 해수면이 1미터 상승한다면 방글라데시 영토 5분의 1이 물에 잠길 것이기 때문이다.

않은 지도 제작자들의 끈질긴 자신감 하나는 인정해줘야 한다. "그렇군. 터키에 가본 사람 중에 아무도 우리가 지난번 지도에 그린 위치에서 에덴동산을 발견하지 못했단 말이지. 음, 하지만 거기 어딘가에 에덴이 있어야 하는데…… 아, 그럼 아르메니아는 어때? 아르메니아로 옮기는 데 동의하는 사람? 좋아, 그럼 그곳으로 정합시다." 이런 과정은 인간 사고의 중심에서 미신을 몰아내 역사의 쓰레기통에 담는 전능한 사유 과정을 보여주는 비유로 볼 수도 있다. 당신이 좀 더 감상적인 사람이라면 잃어버린 꿈과 발명이 결국 맞이한 비극을 보여주는 비유일 수도 있겠다. 이 학설에 따르자면 마이다가 1906년을 마지막으로 북대서양에서 사라진 것은 아이가 산타 수염 뒤에 있는 아빠의 얼굴을 알아봐서 결국 산타에 대한 환상이 깨지거나, 관객들이 박수를 치지 않아서 팅커벨의 불빛이 약해지는 사건에 맞먹는다. 황금의 일곱 도시, 문명의 경계 너머로 점점 후퇴하다 결국 가장 암울하고 적대적인 사막에 잠들어버린 그 이상향은 유럽인이 지구를 건너 전진하는 동안 원주민들을 끊임없이 이주시켰던 상황과 평행선을 이룬다.

이런 고지도들은 실재했던 개인의 이름을 달고 그려졌기 때문에 더 개성 있어 보인다. 현대의 지도는 기본적으로 기원을 알 수 없으며, 마치 제우스가 만든 것인 양 완전한 모양을 갖춘 채로 컴퓨터 화면이나 대형 서점의 재고서적 판매대에 등장한다. 현대의 지도는 토스카나, 남극, 필라델피아처럼 무엇의 지도이지, 누구의 지도가 아니다. 기껏 해봐야

** 누구도 실제로 본 적이 없었지만 이 섬의 존재는 그 시대 뱃사람들에게 신념으로 받아들여졌다. 콜럼버스는 1492년 항해에서 그 섬에 들르려고 계획을 세우기까지 했는데 어디에서도 찾을 수가 없자 혼란에 빠졌다.

감정가가 지도를 훑어보고 글자체나 사용한 색깔 배치에서 구글, 해먼드, 옥스퍼드대 출판부 등 그 지도를 만든 회사를 알아낼 수 있는데, 그렇다 해도 우리는 그 지도를 만들어낸 개인의 손에 대해서는 아무것도 모르며 상상해볼 수조차 없다. 오늘날 우리는 새로운 지도를 만드는 데 실제로는 누구의 손도 닿지 않는다는 것을, 그린아이셰이드(편집기사들이 주로 사용하던 챙이 넓은 녹색의 빛 가리개—옮긴이)를 쓰고 작업판에 에어브러시로 색을 입히거나 아세테이트 반투명 필름을 까마귀 깃펜으로 긁어내는 세심한 사람의 손길 대신 GIS(Geographic Information System의 줄임말. 지리정보시스템—옮긴이) 데이터베이스에서 오류 하나 없이 탄생했다는 것을 짐작할 수 있다. (그리고 그 짐작은 어느 정도 합당하다.)

　　반면에 이 박람회에 나온 지도들은 누군가가 만들었다. 모든 플래카드와 카탈로그 목록의 첫머리에는 지도 제작자의 이름이 큼직하게 적혀 있다. 피터 구스, 니콜라스 드페르, 토머스 키친. 이중에 내가 이름을 들어본 사람은 하나도 없어서 그저 영화 '본' 시리즈에 나온 주인공 제이슨 본의 여권에 찍힌 가짜 이름처럼 보일 뿐이다. 하지만 지도에 스피드나 오르텔리우스나 메르카토르 같은 이름이 적혀 있으면 지도 판매상들이 상당히 비싼 값에 팔 수 있다. 이게 바로 영화 비평에서와 마찬가지로 작용하는 지도 제작 분야의 감독 지상주의다. 이는 지도 제작자들이 자신이 만드는 지도에 온통 지문을 남기던 시절에 대한 추억을 불러일으키며, 장인과 진정한 예술가를 구분하는 전문성을 요구한다. 이들이 지도 제작 분야에서 얼마나 중요했든 상관없이 이 지도 제작자들 중에 삼척동자도 이름을 알 만한 사람은 없다. (메르카토르 도법으로 유명해진 헤르하르뒤스 메르카토르는 예외로 하자.) 하지만 이 전시실에는 옛 거장들

도 있다. 지도 수집가들에게 다빈치, 렘브란트, 반 고흐나 다름없는 이름들 말이다.

초창기 지도 제작자들은 충분히 이만한 주목을 받을 자격이 있다. 오늘날 우리는 최고의 정확도를 자랑하는 지도에 둘러싸여 있어서 그걸 당연하게 여긴다. 그래 우리 동네는 당연히 이렇게 생겼지, 여기 구글어스Google Earth에 나와 있잖아! 항공사진이나 항공기탑재 레이더, GPS가 없었던 시절을 기억하거나 상상해볼 수 있을 텐데, 존 해리슨이 해양 크로노미터를 발명하기 전인 250년 전만 해도 뱃사람들이 현재 위치의 경도를 측정할 수 있는 제대로 된 방법조차 없었다. 잠시만 상상해보라. 지구상 최고의 기술을 동원해도 당신이 지금 얼마나 동쪽이나 서쪽에 있는지를 알 수가 없다는 이야기다. 그렇다면 믿을 만한 지도를 그리기가 좀 어렵지 않겠나? 서기 2세기경 프톨레마이오스는 당시에 알려진 세계를 지도로 그릴 때, 구전되는 역사와 대략의 수학적 추측에 의존해서 동서 방향의 거리를 측정했다. 결과적으로 그는 지중해를 대폭 길게 잡아서 실제보다 1.5배나 길게 그렸다. 프톨레마이오스의 방법에서 조금도 발전하지 못한 채 1000년이 흘렀으니, 콜럼버스는 프톨레마이오스의 알쏭달쏭한 계산에 의존해 인도까지 가는 항해 거리를 계산한 것이다.[4] 7200킬로미터쯤 항해하다가 그때까지 유럽인에게 존재가 알려지지 않은 거대한 대륙을 만났으니 망정이지, 안 그랬으면 우리는 영영 그의 소식을 다시 듣지 못할 뻔했다.

근대적인 지도 제작 기술 없이 축적을 재기는 매우 까다로운 일이다. 1620년에 프랜시스 빌링턴은 그의 가족과 함께 메이플라워호로 플리머스 만에 상륙했을 때 아직 10대였는데 당시 기록을 보면 그는 플리머스 식민지의 바트 심프슨, 즉 구제불능의 비행청소년이었던 모양이다. 그는 정박한 메이플라워호의 부싯돌과 화약 저장고인 선실 안에서 아버지의 머스킷총을 발사해 배를 통째로 날려버릴 뻔했다.[*] 이듬해 1월 8일에는 근처 언덕에 있는 나무에 올라갔다가 5킬로미터쯤 전방에 '대양'이 있는 것을 보고 깜짝 놀랐다. 이 발견으로 청교도들은 흥분에 휩싸였다. 이것이 바로 그 유명한 '서북항로'일까? 하지만 그 광대한 '빌링턴 해'(지금도 이 이름으로 불린다)를 탐사했더니 깊이가 2미터 조금 넘는 연못에 불과했다.[5] 아뿔싸 이런.

　　지블런 파이크와 스티븐 롱 같은 병사들은 캔자스 주와 네브래스카 주의 고원을 처음으로 탐사했을 때 그 지역이 "농사에 전혀 적합하지 않으며 그러므로 사람이 살 수 없다"고 생각했다. 파이크는 "때가 되면 아프리카의 모래사막처럼 될 것이다"라고 기록했으며, 롱은 지도에 그 지역을 '미국 대사막'이라고 표시하기까지 했다.[6] 결국 두 고원은 황무지로 여겨져서 수십 년간 정착민들에게 외면당했다. 하지만 알고 보니 탐험대가 찾아갔던 시기는 마침 캔자스 주와 네브래스카 주의 가뭄 주기 중 건기에 해당하는 때였으며, 바로 발밑에 대수층이 존재하는 덕분에 그 지역이 관개농업에 이상적인 땅이라는 사실을 그들은 꿈에도 생각하지 못했던 것이다. 오늘날 그 지역은 '미국의 곡창지대'라고 불린다.

　　내가 이런 과거의 오해들을 거론하는 것은 초창기 지도 제작자들의 명예를 떨어뜨리려는 의도가 아니라 그네들이 실제로 봉착한 어려움

---

[*]　올해 추수감사절에는 말썽꾼 프랜시스 빌링턴을 위해 건배를! 나는 반항아 청교도라는 개념이 아주 마음에 든다. 청교도들의 챙 넓은 검은 모자를 삐뚜름하게 쓰고 모자에 달린 버클은 윤을 내지 않았을 거다. 원로들이 "프랜시스, 자네 무엇에 반항하는 건가?"라고 물으면 분명 "영감탱이가 뭔 상관이오"라고 답했겠지.

이 어떤 것이었나를 설명하고자 하는 것이다. 그들은 자신이 목격하는 모든 것을 역사상 최초로 기록한 사람들이었다. 그들이 볼 수 있는 지평선은 고작 5킬로미터까지였으며, 자신의 제한된 시야를 넘어설 뾰족한 방도 따위 없었다. 18세기나 19세기의 기술을 써서 어느 지역을 처음으로 측량하는 과정을 상상해보라. 우선 두 지점 사이의 정확한 거리를 표현하는 기선을 그어야 한다. 지금은 레이저를 이용해 빛이 프리즘에 반사되는 시간을 측량하면 몇 초 안에 거리를 파악할 수 있다. 하지만 그 시절에는 20미터짜리 사슬로 들판을 측정했는데, 사슬이 팽팽해질 때마다 축구 심판처럼 움직였으며 필요하다면 나무로 된 버팀 다리를 사용해서 기선이 언제나 같은 높이에서 직선을 유지하도록 주의를 기울여야 했다. 기선을 11킬로미터까지 표시하는 데 몇 주가 걸릴 수도 있었다.

　　진짜 재미가 시작되는 건 그다음이다. 경위의經緯儀(지구 표면의 물체나 천체의 고도와 방위각을 재는 장치―옮긴이)라는 덩치 큰 도구를 사용하여 기선의 양쪽 끝에서 언덕이나 멀리 있는 교회 첨탑 같은 랜드마크의 각도를 잰다. 그런 다음 고등학교 1학년 때 배우는 삼각법을 이용해서 기선의 길이와 측정한 각도 두 개를 이용해 계산하면, 기선의 양쪽 끝에서 랜드마크까지의 거리가 나온다. 바로 그거다! 당신은 방금 삼각형 하나를 측량해냈다! 이번에는 기선의 한쪽 끝에서 새로 선택한 랜드마크까지의 선을 그어 그것을 새로 그릴 삼각형의 기선으로 삼고 새로운 삼각형을 그린다. 두 번째 삼각형의 한 면을 다시 세 번째 삼각형의 기선으로 정해서 계속 삼각형을 측량해나간다. 자, 지금부터 내가 하는 말을 듣고 머리가 폭발해버리지 않게 조심하시라. 불과 2세기 전에 영국령 인도를 측량한 '대大삼각측량' 계획에서 측량사들은 4만 개가 넘는 삼각형을 그렸으며 원래 그 일은 5년 안에 마칠 예정이었지만 결국 8년이나 걸렸다.*

　　당시의 인도 측량은 엄청나게 힘든 과업이었다. 이런 방식의 삼각측량으로 영국의 데번셔 지방 하나만 그리려고 해도 충분히 어려운데, 빽빽한 정글과 세계에서 가장 높은 산맥**이 있는 아대륙 하나를 측량한다는 것은 거의 생각조차 할 수 없는 일이었다. 폭우가 한 번 내리기 시작하면 몇 달이고 측량을 중단해야 하며 계속 말라리아로 죽어나가는 측량사들을 끊임없이 보충해야 하는 인도에서 말이다. 기준으로 삼을 만한 랜드마크가 쉽게 눈에 띄지 않는 곳에서는 금방이라도 넘어질 듯한 대나무 비계를 세웠는데, 그러다가 비계 위에 올라간 신호 기수가 떨어져 죽는 사고도 생겼다.[7] '인도 지리의 아버지'라는 제임스 리넬이 1776년에 부탄 국경 인근에서 죽을 뻔한 적이 있었다. 당시 그가 거느린 작은 세포이 부대가 인근 마을을 공포에 떨게 한 산야사 수행자 수백 명에게 공격을 받았다. 무기가 단검밖에 없었던 리넬은 그 노상강도들에 맞서 싸우다 엄청나게 피를 흘리며 영국군 캠프로 돌아왔는데 다섯 군데 넘게 입은 상처 중에는 30센티미터가 넘는 것도 있었다. 가장 가까이에 있는 의사는 거의 500킬로미터 떨어져 있었지만, 리넬은 간신히 목숨

---

*　이처럼 대규모로 삼각측량을 실시한 최초의 사례는 1670년대 프랑스에서 조바니 카시니가 시작한 프랑스 측량이었다. 하지만 그 일은 정말 벅찬 과업이어서 결국은 그의 손자가 1세기 이상 지나서야 마무리 지을 수 있었다. 이는 최초로 그려진 한 국가의 지형도였으나, 이 지도가 완성되면서 프랑스가 이전까지 그려지던 것보다 면적이 훨씬 작다는 사실이 밝혀졌다. "네가 한 일이 내 나라에서 큰 부분을 떼먹었다!"라고 루이 14세가 씩씩거렸다는 이야기가 전해진다.[8] 카시니가 했던 것 같은 대규모 삼각측량은 다른 나라들이 따라 하기에 너무 버거운 일이어서 그 기술은 거의 사장되었다가 1840년대에 부활했는데, 이건 사실 똥 때문이었다. 유럽의 큰 도시들에서 새로운 위생시설을 설치하는 것은 정확한 삼각측량이 필요할 정도로 큰 최초의 건설 프로젝트였다.[9]

**　사실 '대삼각측량' 이전에는 아무도 세계에서 가장 높은 산이 어디인지조차 몰랐다. 1856년 측량을 담당했던 앤드루 워 장군이 에베레스트의 높이를 해발 29002피트(약 8839.8미터)라고 발표했다. 사실 당시 측량사들이 잰 높이는 정확히 29000피트(8839.2미터)였으나, 워 장군은 말끔하게 떨어지는 그 숫자를 아무도 믿지 않을까봐 걱정했던 것이다.

은 부지했다. 그러나 이전의 건강을 되찾지는 못했다.[10] 더 놀라운 이야기는 영국을 위해 '세계의 지붕'인 히말라야를 탐험하느라 10년의 대부분을 보낸 보티야족 교사 나인 싱의 이야기다.[11] 티베트는 서양인의 왕래를 사형으로 다스려 금지했기 때문에 싱은 영국인 대신 몰래 국경을 건너 800킬로미터 떨어진 라싸까지 여행했으며 그곳에서 달라이 라마를 만났다. 싱은 불교 기도문이 적힌 바퀴 모양 경전에 비밀 공간을 만들어 메모와 나침반을 숨겼으며, 염주를 조작해서 염주 알로 자신의 걸음을 쟀다. 멈춘 장소마다 육분의를 비밀리에 사용해 위도를 확인하고 물을 끓여서 고도를 측정했다. 나인 싱은 이 고행의 대가로 한 달에 20루피를 받은 것이 고작이었지만 그가 측정한 수치들은 그 이후 50년 동안 티베트 지도를 만드는 데 이용된 유일한 자료였다. 1877년에 영국 왕립지리학회는 나인 싱에게 "아시아 지도에 쓰일 우리의 긍정적인 지식에 우리 시대 어느 누구보다도 크게 기여한 공헌으로" 빅토리아 훈장을 수여했다.[*]

지금은 수집가들만이 지도를 들여다보며 그 선들을 그리는데 들어간 영웅주의와 희생, 때로는 목숨을 건 노력을 볼 수 있을지도 모르겠다. 지도 제작에서 인간적인 면모를 생각해보기에 왕립지리학회만큼 좋은 곳은 없다. 학회 건물 중앙홀에 서 있자니 아시아를 탐험했으며 인도 총독을 지낸 커즌 경을 존 싱어 사전트가 그린 초상화가 커다란 대리석 벽난로 위에서 나를 냉정하게 내려다본다. 내 뒤에는 디스커버리호의 복잡한 모형이 놓여 있다. 그 배를 타고 스콧과 섀클턴은 1901년 남극으로 갔으며 결국 두 사람 모두 살아 돌아오지 못했다. 내 오른쪽에는 리처드

---

[*] 나인 싱 같은 원주민 정찰병을 일컫는 말로 영국인은 힌두어에서 '배운 자'를 뜻하는 단어 '푼디트 pundit'를 차용했으며, 이제 그 단어는 어떤 분야든 자칭 전문가를 일컫는다.

프랜시스 버튼의 기묘한 유화가 있는데 어둠 속에서 조명을 받은 채로 담요에 싸여 더러운 바닥에 놓여 있다. 그렇게 놓은 것은 메카의 골목이나 감옥의 분위기를 표현하려는 의도인지도 모르겠지만 어찌 되었든 간에 버튼이 구경꾼들을 신중하게 바라보는 듯한 모습은 그곳 말고 완전히 다른 곳에 있기를 원하는 듯한 인상을 남긴다.

이곳에 걸린 유화에 담긴 다부진 탐험가들과, 그들이 남긴 지도를 구경하며 이곳을 돌아다니는 온순하고 작은 남자들 사이에는 우스운 부조화가 존재한다. 그런데 문득 다른 생각이 떠오른다. 그 두 부류의 차이가 정말 그렇게 클까? 인도를 측량하느라 땀을 뻘뻘 흘리며 열대를 누빈 그 탐험은 바로 삼각측량법으로 이뤄졌으니, 그건 정말 괴짜 같은 짓이 아닐 수 없다. 최초로 지구의 크기를 정확하게 측정한 지도 제작자 에라토스테네스는 원래 사서였다. 대항해시대 위대한 뱃사람들은 온갖 대담한 짓을 했지만 애초에 그들이 맵헤드가 아니었더라면 고향을 떠나는 일도 없었을 것이다. 콜럼버스는 리스본에 있는 형의 인쇄소에서 지도를 금속판에 새기는 일을 했으며(콜럼버스는 스페인 왕에게 이렇게 써보낸 적이 있다. "신은 제게 구체를 그리고 그 위의 적합한 자리에 도시와 강과 산과 섬과 항구를 그려넣는 독창성과 손재주를 부여하셨습니다."[12]) 베스푸치는 어릴 때부터 지도 수집가였다.[13] 우리는 길에 표적을 남기는 것이 건장하고 거친 남자가 추구할 일이라고 생각하지만, 그 본질에는 어딘가 고독하며 괴짜 같은 면이 있다. 주변에 다른 사람은 아무도 없는 곳에, 아무도 가본 적 없는 곳에 가보고 싶은 욕망 때문이 아니라면 탐험이 대체 뭐란 말인가?

민디가 커즌 경 옆에 걸린 현재 왕립지리학회 회장의 사진을 가리

키며, "이거 농담일까?"라고 의심스럽다는 듯이 묻는다. 그 사진 속 남자는 '몬티 파이튼' 시리즈에 나오는 마이클 페일린이다. 나는 민디에게 그가 지난 몇 년 사이에 세계를 여행하고 기록하는 사람으로 유명해졌다고 설명한다. 그의 영향력이 얼마나 대단한지 여행업계에서는 그가 TV방송에서 다룬 행선지로 여행자들이 몰려가는 "페일린 효과"[14]에 대해 이야기를 할 정도다. 내가 보기엔 그것으로 괴짜와 탐험가의 공통분모에 대해 결론이 난 셈이다. '몬티 파이튼' 같은 괴짜의 아이콘이 왕립지리학회를 장악했다면 탐험은 운동 잘하는 남자들만의 전유물이 아니며 어쩌면 애초부터 그런 게 아니었을 것이다. 하지만 민디는 「완다라는 이름의 물고기」에 나오는 '케-케-케-켄'이 영국의 지리학을 책임지는 자리에 앉았다는 것에 웃음을 멈추지 못했다. 왜 그러는지는 알겠다. 이건 마치 영국인이 미국에 왔다가 TV판 「스타트렉」의 윌리엄 섀트너가 나사NASA를 운영한다는 말을 듣는 경우와 진배없다.

귀중한 대항해시대의 지도들 덕분에 오늘날 세계는 예전보다 훨씬 넓어졌지만, 지도 수집의 세계는 좁다. 뉴욕의 지도 수집상 헨리 탈리아페로는 이렇게 말한다. "지도 수집은 아주 작은 하위문화예요. 나는 희귀 지도의 전문가지만, 희귀 지도의 최고 전문가라고 말한다면 그건 텍사스 주 갤버스턴에서 최고의 발레 무용수라고 말하는 것과 비슷하죠." 지도 수집의 세계는 모두가 모두를 아는 협소하고 배타적인 세계다. 수집상은 수집가들에게 지도를 팔지만, 수집가가 다른 분야로 옮겨가거나 수집 목록을 정비하려고 하면 전에 그 지도를 팔았던 수집상이 되사서 다른 사람에게 다시 팔기도 한다. (오늘 왕립지리학회에 전시된 지도 가운데 다수는 지도 수집상이 개인 수집가들의 위탁을 받아 판매하는 것이다.) 수집상들은 박물관이나 도서관에도 판매를 한다. 베를린에서 온 니콜라우스 스트럭이 내게 이야기해주길, 그는 박물관 큐레이터에게 지도를 판매해서 그럭저럭 생계를 유지한다고 한다. 그게 바로 런던, 마이애미, 파리에서 해마다 열리는 큰 지도 박람회가 이 분야에서 그토록 중요한 이유다. 이곳은 학회이자 시장이며, 동료들과 만나 정보를 주고받는 기회의 장이기 때문이다. "저녁에는 같이 나가서 먹고 마시죠." 마시모 데 마르티니의 말이다.

하지만 그 아늑한 세계가 달라지고 있다. 탈리아페로의 동업자 폴 코언이 말한다. "모든 것을 탈바꿈시키는 요인은 인터넷이죠. 예전엔 수집상들이 특별한 지식을 갖고 있었어요." 사실 수집상 중에는 몇 안 되지만 최상급인 고객층을 동판과 원형 테두리 장식의 헷갈리는 세계에서 인도해나가는, 믿을 만한 유행 선도자로서 생계를 꾸리는 사람이 많았다. 이제는 힘의 균형이 수집가에게로 넘어갔다. 누구든 온라인에 들어가서 수십 곳의 골동품 전문가들의 카탈로그를 비교해볼 수 있다. 가격 지침과 표준화된 조건 지침도 있다. 이처럼 정보가 널리 퍼진 것을 문제라고 볼 수는 없지만, 지도 세계의 문지기라는 위치에 익숙했던 수집상으로서는 씁쓸한 일이 아닐 수 없다. "전에는 수집가들의 충성도가 높았죠." 코언이 한숨을 쉬며 말을 이었다.

이전에 희귀 지도의 세계가 배타적인 비밀의 세계였던 것은 바로 그 정보의 독점성 때문이었는데, 나는 그 박람회에서 지도에 대한 책을 쓰는 중이라고 누군가에게 말할 때마다 세 살 버릇 여든 간다는 사실을 새삼 확인했다. 그럴 때면 오가는 대화가 세바스티안 뮌스터의 지도에

그려진 남아메리카의 해안선만큼 모호해지고, 수집상들은 위도를 나타내는 얇은 선처럼 입술을 꾹 다문다. 돈 많은 수집가를 상대하는 수집상은 경쟁자가 자신의 황금알을 낳는 고객에 대해 알게 되는 것을 싫어한다. 수집가는 자신만의 성배 목록이 널리 알려져서 그 지도를 누군가가 팔려고 내놓았을 때 가격이 높아지는 것을 원하지 않는다. 심지어는 자신이 이미 가진 수집품이 무엇인지도 알리려 하지 않는데 나라고 해도 만약 내 서재에 한 점당 내가 처음 살던 집보다 더 비싼 양피지들을 걸어놨다면 그 사실을 알리고 싶지 않을 거다. 특히 완전히 보험을 들지 않았다면 말이다. "이건 거의 정신과 의사와 환자 간에 비밀을 지키는 관계나 마찬가지죠. 말을 가려서 해야 해요. 마치 죄를 짓고 기소된 사람처럼요."

　　나는 처음엔 이런 과묵함에 놀랐다. 내 경험에서 어떤 취미에 빠진 사람들과 대화할 때 겪는 문제는 주로 그들의 별난 취미에 대해 입을 다물게 하기 어렵다는 점이기 때문이다. 하지만 지도에 대한 지식은 언제나 엄청난 비밀로 부쳐졌다. 1504년에 포르투갈 왕 마누엘 1세는 포르투갈 지도를 한 장이라도 왕국 밖으로 갖고 나가는 사람은 사형에 처한다고 선포했다.[15] 마누엘 1세가 그랬던 이유는 지금 지도 수집상들이 고객에 대해 입을 다무는 이유와 같다. 독점 거래를 유지하려는 것이다. 우주개발 경쟁과 맞먹는 그 시절의 지정학적인 경쟁을 꼽자면 아시아의 계피, 후추, 육두구를 둘러싼 향신료 무역 경쟁을 들 수 있는데, 당시 바스쿠 다가마가 인도로 가는 해도를 그려서 포르투갈은 결정적인 우위를 차지한 참이었다. 바스쿠 다가마가 발견한 항로를 스페인이 모르게 하는 것은 중대한 국가 보안 문제였다. 마찬가지로 1988년에 고르바초프가 개

방을 하기까지 KGB는 대중이 볼 수 있는 모든 소련 지도에서 근본적으로 모든 세부사항을 틀리게 하는 임무를 맡았다. 책임 지도 제작자인 빅토르 야셴코는 이렇게 말했다. "거의 모든 부분을 수정했습니다. 관광객용 모스크바 지도를 보면 도시의 윤곽선만 정확했죠."[16] 모스크바를 찾는 방문객들은 예외 없이 CIA의 모스크바 지도를 참고했는데, 그것이 유일하게 거리를 맞게 표시한 지도였다.

조작한 지도는 냉전시대의 산물이며 지금 같은 위성사진 시대에는 살아남을 수 없다고 생각할지도 모르지만, 사실은 그렇지 않다. 우리 가족은 서울에 10여 년을 사는 동안 대부분의 시간을 한반도에 설치된 미군 주둔지 가운데 가장 큰 용산 부대를 중심으로 약 1.5킬로미터 반경 안에서 살았다. 용산은 서울에 배치된 7000명 넘는 미군이 사는 북적거리는 도시의 축소판이다. 우리 가족은 군인이 아니었지만 친구들 부모님 중에는 군인이 많았고, 어머니가 부대 안 고등학교에서 일을 하셔서 나는 대다수 미군보다도 더 많은 시간을 그 안에서 보냈다. 오늘날 내가 구글어스에서 용산 지도를 찾아보면 그때와 별반 다른 것이 없다. 병영과 볼링장이 보이고, 내가 6학년 때 피아노 연주회를 했던 교회도 있고, 우리가 보이스카우트에서 크리스마스트리를 판매했던 테니스장도 보인다. 하지만 같은 좌표를 남한에서 가장 대중적인 검색엔진인 네이버에 입력해보면 내 어린 시절은 지워져 있다. 미군 부대의 윤곽선은 나무가 울창한 가상의 산비탈로 채워졌는데, 정부가 적용한 보안상의 이유 때문일 것이다. 세계에서 인구밀도가 가장 높은 도시로 손꼽히는 서울 한가운데에* 어울리지 않게 길 하나 없는 2.5제곱킬로미터의 들판이 버젓이 놓여 있다. 구소련 시대의 왜곡된 철도 지도만큼이나 빤히 들여다보이는 거짓

말이다.

하지만 요즘 고지도 수집상들이 외부인을 경계하는 이유는 단지 비교 우위 때문이 아니다. 최근 언론에서 그들의 작은 세계에 대해 한바탕 떠들어댔는데, 정작 아무도 지도 세상에서 흔하게 오가는 논란에 대해서는 다루지를 않았다. 예를 들어 원본은 채색되지 않은 지도인데 후대에 윤곽선 색을 칠한 것이 수집 목적에 적합한지, 1547년 '디에프 지도 Dieppe maps'는 포르투갈인이 오스트레일리아에 먼저 상륙했다는 증거인지 아닌지에 대해서 말이다. 그 대신 지겹도록 범죄를 다루는 기자들이 쓴 기사가 언론에 나왔다. 이는 최근 세간의 이목을 끌고 지도 거래를 뿌리까지 봉쇄해버린 지도 절도가 빈발했기 때문으로, 마드리드부터 뭄바이까지 많은 도서관에서 지도가 사라진 것이다. 그중에서도 가장 악명 높은 사건은 E. 포브스 스마일리 3세의 절도 사건이다.[17]

스마일리는 세계에서 가장 아는 것이 많은 지도 수집상으로 유명했다. 하지만 이름만 들었을 때 이 사람이 무슨 시트콤 속 백만장자일 것 같다면 그것도 우연은 아니다. 누구한테 들어도 미 동부 뉴햄프셔 주의 중산층 집안 자손인 스마일리는 최고의 프레피 이미지를—"양말 없이 보트슈즈를 갖춰 신은 발끝까지"라고 어느 수집상이 말했다—신중하게 구축했다. 이는 돈을 물 쓰듯 쓰는 고객들에게 신뢰를 심어주고 자신의 취향을 보여주기 위해서였다. 그는 식민지시대 미국 지도를 모은 이제껏 가장 훌륭한 컬렉션을 만드는 일을 도왔으며 뉴욕 공공도서관 메르카토르학회 운영위원회에 속해 있었다. 2005년 6월 8일에 스마일리

---

* 서울은 1제곱킬로미터당 1만7219명이라는 놀라운 인구밀도를 기록했다. 이는 멕시코시티보다 2배, 뉴욕 시보다 8배 높은 수치다.

는 예일대의 희귀 장서와 문서를 보관한 바이네케도서관 열람실에서 네 권의 희귀본 지도책을 앞에 두고 앉아 있었는데, 도서관 직원이 스마일리 근처 바닥에서 엑스액토 브랜드의 칼을 발견했다. 대학도서관에서 작은 칼은 요주의 대상이다. 최근 어떤 베스트셀러 책에서 길버트 블랜드라는 플로리다 주 지도 수집상의 이야기를 다뤘는데, 그는 취미용 칼을 갖고 다니며 미국 전역의 도서관에서 고서 안의 귀중한 지도와 인쇄물을 오려냈다. 스마일리가 희귀 지도를 보고 다니고 있으며 그가 근래에 예일대 스털링도서관에서 열람한 지도가 분실 신고가 되어 있다는 것을 알았던 바이네케도서관의 사서는 스마일리를 촬영하기 시작했으며 그가 도서관을 나설 때 대학 경비원이 그를 뒤따라갔다. 형사들이 그를 멈춰 세웠을 때 스마일리의 철제 서류가방은 고지도로 가득했고 그의 트위드 블레이저 안쪽 주머니에는 존 스미스가 그린 뉴잉글랜드 지도가 있었다. 알아보니 그건 스마일리가 읽고 있던 바로 그 책에서 없어진 지도였다.[*] 그는 3급 절도 혐의로 기소되었고 수갑이 채워진 채 연행되었다.

"포브스 스마일리 사건으로 엄청나게 큰 타격을 입었어요. 그는 우리 중 한 명이었으니까요." 폴 코언이 이렇게 말한다. 코언의 갤러리는 얼마 전에 스마일리에게서 고가의 지도를 대거 사들였는데, 그 지도들도 절도품으로 판명나면 막심한 손해를 입을 터였다. 다른 도서관들도 스마일리가 지난 몇 년 동안 열람했던 책에서 없어진 지도를 신고하기 시작했다. 보스턴 공공도서관에서는 34장이 없어졌다. 스마일리가 예전에 자주 가던 뉴욕 공공도서관에서는 32장이 없어졌다. 절도당한 지도의 가

치를 모두 합하면 거의 300만 달러에 육박했다. 하지만 FBI는 18건의 절도에만 스마일리를 연결지을 수 있었다. 스마일리는 양형 거래를 위해서 다른 80건에 대해서도 절도를 인정했고 경찰 당국이 수집상들에게서 그 지도를 회수하도록 도왔는데, 그중 코언앤탈리아페로에서 회수한 지도의 가치만 해도 88만 달러였다. 스마일리는 늘어나는 빚 때문에 도둑질을 했으며 과거에 그를 모욕했던 기관만 골랐다고 검찰에 설명했다. 분노한 지도 사서들은 스마일리가 "역사를 유린한 도둑"이라고 증언했으며 8년 형을 주장했지만, 스마일리가 협조한 점을 고려해서 판사는 최소 경비 상태의 매사추세츠교도소에서의 3년 형을 선고했다. 판사는 그 정도로 충분히 혹독하다고 판단했다. 판사의 지적은 이랬다. "교도소를 떠날 때면 그는 자신이 좋아하는 분야에서 자산과 경력이 하나도 없게 될 것입니다. 그는 사회의 하층민이 될 것이고 몇 년 동안의 자유와 그의 어린 아들과의 시간도 잃게 될 것입니다." 정말로 법정에 선 스마일리는 한때 풍채 좋고 패기만만하던 모습은 간데없고 망가지고 초췌하고 머뭇거리는 남자에 불과했다.

고지도 절도라고 하면 마치 비밀리에 전해내려져오는 틈새 범죄처럼 들리기 때문에, 그게 사실은 세계 곳곳에서 아주 흔해지고 있다고는 믿기가 어렵다. 소설 속에서 갑자기 고지도 절도가 많아진다면 가능성은 단 하나다. 교활한 천재 도둑이 새로 그 동네에 왔다는 것이다. 하지만 실제 지도 도둑이 체포될 때 보면 그들은 실망스러울 정도로 평범하다. 희귀 장서의 세계나 학계에서 임금을 제대로 받지 못하고 자포자기한 부적응자인 경우가 부지기수다. 그들이 범죄 주모자가 될 만큼 치밀하지 못하다는 당연한 사실을 보면 이런 범죄가 요즘 흔해진 것도 이해가 된다. 지도는 좀도둑질을 하기 쉽기 때문에 좀도둑질을 당하는 것이다.

이게 바로 변하지 않을 본질이다. 도서관의 근본 목적은 희귀 자료를 대중이 볼 수 있게 하는 것이다. 아무도 볼 수 없다면 그 자료는 가치를 상실한다. 들어가고 나갈 때 엄격하게 검사를 하기 때문에 두툼한 책은 열람실 밖으로 빼돌리기가 어렵지만, 길버트 블랜드와 포브스 스마일리의 사례에서 증명되었듯이 낱장을 빼돌리기란 가슴 아플 정도로 쉽다. (스마일리는 칼을 흘리는 실수만 하지 않았어도 영영 잡히지 않았을 수 있다.) 낱장은 가볍고 작으며 없어지더라도 아무도 눈치 채지 못하고 몇 년이 지나갈 수 있다. 하지만 어떤 장을 빼돌려야 할까? "희귀 장서에서 낱장을 떼어낸다면 그건 쓸모없는 종이조각에 지나지 않게 됩니다." 영국 국립도서관 지도 사서였던 토니 캠벨은 이렇게 말했다. "하지만 지도를 잘라간다면 얘기가 다르죠. 그 지도는 적정 가치를 지닐 것이며 추적이 사실상 불가능합니다."[18] 책이나 그림과 달리 지도는 출처와 함께 판매되는 경우가 거의 없다. 지도 제작자라면 지도의 역사 자체를 '테라 인코그니타(과거 지도 제작자들이 미지의 땅을 표시할 때 썼던 라틴어 표현—옮긴이)'라고 말할지도 모르겠다.

지도에는 대개 아무런 식별 표식이 없다. (예일대는 스마일리가 훔쳐간 지도의 소유권을 그 지도가 있던 자리의 앞뒤 장에 난 벌레 먹은 구멍을 서로 맞춰봐서 증명할 수 있었다.) 스마일리 재판 기간 동안 피고측 변호인은 스마일리가 표적으로 삼은 기관들 중 많은 곳에서 분실 신고한 지도에는 스마일리가 한 번도 열람하지 않았던 지도도 있었고, 나중에 보관소 다른 곳에서 발견된 지도도 있었다는 사실을 부각시켰다. 솔직히 도서관은 자기네 서고 어디에 뭐가 있는지 항상 알지는 못하며, 특히 이런 절

도가 몇십 년 동안 들키지 않은 채로 계속 되었다면 더욱 그럴 가능성이 높다.

우울한 예측을 하는 지도 수집상도 있었지만 포브스 스마일리의 몰락으로 인해 지도 거래가 통째로 무너지지는 않았다. 대규모 경기후퇴 국면에서도 판매는 호조를 보여왔으며 가격도 높은 자리에 머물렀다. 순수성을 잃은 고지도 전문가들의 세계는 예방 조치를 시작했다. 도서관은 열람자들을 전보다 철저히 감시하고, 수집상과 경매장은 그들이 사는 물품의 출처에 대해 전보다 더 철저히 캐묻게 되었다. 사실 여러 해 동안 스마일리 같은 '툼 레이더'를 조용히 방조한 것은 정작 그 피해자들이었다. 기관에서는 보안상의 과실을 드러내기가 창피한 데다가 그랬다가는 혹여 미래의 후원자를 잃고 미래의 도둑은 부추길까봐 분실 품목 신고하기를 꺼렸다. 하지만 이제는 달라지고 있다. 지도 사서들은 없어진 품목에 대해 알게 되는 즉시 정보를 공유해서, 미술계는 이미 수십 년 전부터 그래온 것처럼 지도 수집상과 경매장은 없어진 특정 품목이 나오는지 감시할 수 있게 되었다. 하지만 아직은 중심이 될 만한 절도 사건 온라인 목록이 없으며, 어떤 지도가 시장에 나올 때마다 그 품목에 대한 인증을 요구하는 지도 수집상도 없다.

나는 지도를 정말 좋아하긴 해도 소유하고 싶다는 필요성을 느껴본 적은 없다. 소장품을 완성하려는 집착적인 수집가의 본능을 이해하기는 하지만 나에게 지도는 늘 공공 용도의 품목이었다. 지도를 볼 때는 근사한 석양을 볼 때와 마찬가지로 그걸 집에 가져가고 싶다는 생각은 들지 않는다. 하지만 최근에 지도를 대상으로 일어난 범죄의 행렬은 지도가 아주, 아주 많은 사람에게 그런 식의 힘을 행사한다는 사실을 보여

맵헤드

준다. 모든 지도 절도범이 마서스비니어드(뉴욕 시 인근 북쪽에 자리한 고급 해변 휴양지―옮긴이)에 있는 별장을 잃지 않으려고 고가의 품목을 훔쳐다가 얼른 팔아치우는 포브스 스마일리인 것은 아니다. 아름다운 지도를 보면 단지 그걸 가져야만 하는 사람도 많다. 그런 절도 사건 중 내 흥미를 가장 돋운 사례는 파하드 하킴자데 사건으로, 런던의 부유한 출판인이던 그는 런던과 옥스퍼드에 있는 도서관의 희귀 장서에서 수십만 달러어치의 지도와 삽화를 잘라 훔친 죄목으로 2009년에 감옥에 갔다.[19] 법정에서 증언하기를 그는 판매할 생각으로 훔친 것이 아니라 그저 자신의 소장품에 집착한 나머지 더 많은 품목을 수집하려는 욕구를 이기지 못했다고 했다. 그는 자신의 결혼식 날 밤조차 신부가 침대에서 기다리고 있는데도 아끼는 희귀 장서의 표지에 윤을 냈다고 증언했다. 그 신부는 하킴자데가 자신이 '가죽 장정'을 좋아한다고 경고한 말을 다른 의미로 오해했을지도 모르겠다.

세계에서 가장 뛰어난 지도 수집가들은 자신의 보물을 아주 비밀리에 보관할지 모르지만, 세계의 지도 사교계에는 널찍한 2등석이 존재하며 그 자리는 수다스러운 아마추어 수집가들이 차지하고 있다. 메릴랜드 주 아나폴리스에서 부인과 전문의로 오래 일하다가 10년 전에 캘리포니아 주로 은퇴한 레너드 로스먼이 그런 수집가다. 로스먼이 샌프란시스코의 고급 주택가인 러시안힐에 있는 31층 아파트에서 나를 맞이하면서 말한다. "나는 자세하게 설명하는 걸 좋아해요. 하지만 집에 손님들이 놀러왔을 때 내가 지도에 대한 이야기를 늘어놓는 건 금기사항이에요. 그러면 큰일 나죠." 사실 로스먼은 페르시아 카펫이 깔린 통로를 걸어가

면서도 보이는 모든 지도를 설명하지 않고는 배기지를 못했다. 여기 존 탤리스의 지도에 그려진 삽화는 기린을 표현하려던 것인데, 그 판화를 새긴 사람은 전해들은 애매한 묘사에 의존해 그린 것이 틀림없다. 저건 기린이 아니라 여드름이 심하게 난 캥거루처럼 보이니 말이다. 저 지도의 윤곽선이 두 가지 색의 테크니컬러(미국 테크니컬러 사가 개발한 컬러영화 제작법으로, 디즈니 사가 도입하면서 유명해졌다—옮긴이)처럼 적갈색과 청록색인 것은 독일에서 만들어졌다는 결정적 증거인데, 심지어 안료가 얼마나 산화되었는지를 봐서 그 지도가 얼마나 오래되었는지 가늠할 수 있다. 로스먼의 보관장에는 거의 지름 2.8미터짜리를 포함한 지구본 컬렉션 일부가 보관되어 있다. 대부분은 골동품이지만 그중 하나는 1998년 월드컵 때 만들어진 것으로, 해당 국기를 누르면 각 나라의 국가가 흘러나온다.

"이런 건 한 번도 본 적이 없네." 필 사이먼이 아래 단에 놓인 이상한 타원형의 지구본을 가리켰다. 유나이티드 항공사의 은퇴한 조종사인 필은 캘리포니아지도협회 회장으로, 자기 친구의 수집품을 구경하려고 나와 함께 왔다. 60대인 그는 검은 눈썹이 무성하고 스웨터 조끼를 좋아하는 할아버지 같은 남자다.

레너드는 그 특이한 물건이 눈에 띄어 즐거운 모양이다. "그게 뭔지 알아? 타조 알이야!"

"멋진데! 누가 만들었어?"

"누가 만들었냐고? 타조가 만들었지."

우리는 레너드의 테라스에 앉아서 서북쪽의 골든게이트 다리부터 한 바퀴를 돌아 동쪽에 베이브리지까지, 360도로 펼쳐진 구름 한 점

없는 샌프란시스코의 숨 넘어갈 만큼 근사한 전경을 내려다본다. 우리가 있는 곳은 샌프란시스코에서 가장 높은 언덕 중 하나에 있는 가장 높은 건물 꼭대기 층이니, 아마도 우리가 지금 이 도시에서 최상층에 있는 사람들일 거다. (샌프란시스코에서 가장 높은 트랜스아메리카 빌딩 꼭대기보다 더 위에 있는지 아닌지는 잘 모르겠다.) 그 말을 하자 레너드가 사실은 위에 펜트하우스가 한 층 더 있다고 말한다. 윗집 사람은 바로 레이건 밑에서 국무장관을 오래 지낸 조지 슐츠다. "그런데 그 집 바닥에서 자꾸 우리 집 천장으로 물이 새!" 레너드가 불평을 한다.

그렇다. 진지하게 지도를 모으는 사람들 가운데 2등석에 앉은 수집가만 해도 이 정도 수준이다. 위층에 사는 전직 각료의 뜨거운 욕조에서 물이 새는 것이 가장 심각한 골칫거리인, 상류층의 세계다. 아직 입문자가 살 만한 지도가 있을 수도 있지만 대체로 치솟는 가격 때문에 지도 수집은 부유한 사람들의 취미가 되었다. 하지만 필과 레너드는 서부 해안 지역의 **진짜** 상류층 수집가인 데이비드 럼지* 부부와 헨리 웬트 부부에 대해 이야기할 때면 여전히 넋을 잃는다. 필이 한숨을 내쉬며 말한다. "레너드와 나는 절대 웬트의 소장품만큼 모을 수는 없을 겁니다. 그 남자는 **극도로** 부유하거든요. 그가 가진 지도 중에는 세계에 다섯 장밖에 없는 지도도 있어요."

지도는 사람들이 지도를 모았다는 기록이 처음으로 등장한 르네상스 시대 이래로 줄곧 사치품이었다. 당시 네덜란드 시민, 독일 귀족, 이탈리아 상인들 사이에서는 '진기한 물건들의 보관함', 즉 희귀한 물건으로

---

* 럼지는 자신이 수집한 지도 15만 장 중 많은 수를 대중이 온라인에서 무료로 열람할 수 있도록 고해상도로 스캔하는 작업을 지난 10년 동안 해왔다. 그중 수십 장을 이제 구글어스에서 볼 수 있다.

가득한 집안의 작은 박물관을 소유하는 것이 유행이었다.[*] 그 시절에 물건을 소유하고 구경하는 취미는 정말 신선한 것이어서, 동전이든 조개껍데기든 도자기든 어느 **특정 품목**의 수집가가 될 필요는 없었다. 단지 수집가이기만 하면 그만이었다. 뭐든지 모으는 데 몰두하는 것만으로도 성취할 가치가 있는 목표가 될 만큼, 세상은 아직 제한되어 있었다. 그런 수집가들의 방에 있던 물건들은 지금도 남아서, 그 당시 새로운 탐험시대 덕분에 가능했던 뒤죽박죽 소장품에는 뭐가 있었는지 보여준다.[20] 희생자의 이빨로 장식한 브라질 식인종의 벨트, 루비가 박힌 코뿔소 뿔, 인도 말라바르에서 야자수 잎에 인쇄한 책, 펠리칸 박제, "버찌 씨에 조각한 80개의 얼굴" "유대인이 할례 의식에서 사용한 악기". 이런 수집품 중에 지도와 지구본은 거의 언제나 포함되어 있었다. 지도는 광범위한 소장품에 대한 맥락을 제공하면서 그 자체로도 귀중한 품목으로 여겨졌기 때문이다.

그때가 카르토필리아의 역사에서 분수령이 된 시대였다. 그 이전 수천 년 동안 사람들이 지도에 이끌린 이유는 지도가 실질적으로 필요하기 때문이었다. 한 장소에서 다른 장소로 이동하기 위해, 납세자의 위치를 알기 위해, 농경지와 목초지의 경계를 표시하기 위해서였다. 지도가 없었다면 목숨이나 재산을 잃었을 수도 있고 정부가 무너졌을 수도 있다. 하지만 탐험시대에 이르러서 처음으로 사람들이 그저 들여다보는

---

[*] 시간이 지나면 작은 보관함들은 갈수록 커져서 자연스럽게 최초의 자연사박물관들로 발전했다. '세계적인 수집가의 마지막'이라고 불리는 (또한 밀크초콜릿을 발명하기도 한) 런던의 의사 한스 슬론은 자신의 수집품을 살펴보도록 블룸즈버리에 있는 자택에 중요한 손님들을 초대하곤 했다. (그렇게 초대를 받아왔던 작곡가 헨델이 버터가 들어간 머핀을 귀중한 중세 문서 위에 두는 바람에 슬론을 진노하게 만든 사건도 있었다.[21]) 슬론은 죽으면서 자신의 수집품을 영국 왕가에 유증했으며, 그것을 기반으로 영국박물관이 설립되었다.

게 좋아서 지도를 소유했다는 증거가 나오기 시작했다. 영국에서 엘리자베스 1세 때 궁정의 천문학자이자 연금술사인 존 디가 1570년 당시의 유행을 기록했는데, 취미에 열심인 사람들이 세 가지 목적을 염두에 두고 지도를 산다고 적었다. "어떤 이는 복도와 거실, 방을 장식하기 위해" "어떤 이는 튀르크족이 다스리는 커다란 영토와 러시아의 광대한 제국, 기독교 국가로 알려진 (…) 작은 조각의 땅을 보기 위해" "어떤 이는 (…) 다른 사람이 여행한 곳을 알기 위해" 지도를 소유한다고 말이다.[22] 그 시대의 위인 중에는 맵헤드가 많았다. 토머스 홉스는 옥스퍼드에서 보낸 거칠었던 젊은 시절에 "제본업자의 가게들을 찾아가 지도를 들여다보는 것을 매우 즐겼다"고 했다.[23] (이 심각한 정치철학자가 이렇게 제대로 놀 줄도 알았다니!) 영국 해군성 장관을 지냈으며 일기작가로 유명한 새뮤얼 핍스는 지도를 방대하게 수집했는데, 아끼던 존 스피드의 지도책을 안타깝게도 런던 대화재 때 잃었다.[24]

케임브리지의 오래된 기록에 대한 최근 연구에 따르면, 1560년 경에 책을 소유한 사람 가운데 4분의 1은 지도와 지도책도 소유하고 있었다.[25] 그중 절반은 자랑스럽게 지도를 벽에 걸어뒀으며 그 시절의 많은 유화에서도 그런 풍경을 볼 수 있다. 특히 얀 페르메이르는 지도 팬이어서, 지금 남은 그의 작품 가운데 4분의 1이 넘는 그림의 배경에 그 시대 지도가 그려져 있다.[26] 그는 지도 그리기에 지나치게 빠져들었던 모양인지, 거대한 지도에 비해 인물이 난쟁이처럼 보이는 그림이 많다. 예를 들어 「회화 예술The Art of Painting」에는 클라어스 얀츠 비스허르가 그린 1636년 지도인 '네덜란드 17개 주'를, 「장교와 웃고 있는 소녀Officer and Laughing Girl」에는 발타사르 플로리츠 판 베르켄로더가 그린 1620년 네덜

페르메이르의 1657년 작품 「장교와 웃고 있는 소녀」 부분.
페르메이르 씨, 지도 제작자로 나서는 건 어때요?

란드 지도를 그려넣었다. 초창기 수집가들이 자신의 지도를 자랑스레 전시했다는 사실에서, 그들이 단지 미적이거나 지적인 추구 때문만이 아니라 개인적인 이익을 위해서도 지도를 수집하지 않았을는지 생각해볼 수 있다. 즉, "내가 얼마나 먹물깨나 먹은 사람인지 봐!"라거나 "내 사업이 얼마나 잘 나가고 있는지 봐!"라는 뜻을 전달하는 쉬운 방법이었다.* 오늘날 대학 2학년생이 여름방학 때 유럽 여행을 다녀오면서 독일 맥주잔이나 파리 몽마르트르 언덕의 포스터를 가져와 기숙사에 아무렇지 않게 전시할 때도 그와 비슷한 효과를 기대할 것이다.

그 시절 지도 수집가들은 현대의 수집가들과 매우 달랐을 것이다. 당시에는 16세기 지도에 고색창연한 시간과 역사의 흔적 따위는 당연히 없었다. 그 지도들은 이제 막 인쇄기에서 나온 당대의 물건들이었다. 지금 레너드와 필은 그 지도를 보며 지난 시간을 떠올릴 테지만, 같은 지도가 최초의 소유자에게는 지금으로 치자면 CNN 뉴스 속보처럼 유럽 밖의 세상에서 최근 발견된 것에 대해 가장 먼저 알려주는 소식통 같은 것이었다. 그 시절의 성인 수집가들은 요즘이라면 아이들만이 보여주는 열성과 호기심으로 지도를 바라봤으리라는 생각이 든다. 그들 생애에서 처음으로, 세상에 이제껏 알려지지 않았던 지역을 보는 기쁨 말이다.

케임브리지에서의 연구가 밝혔듯이 16세기 후반에 광범위하게 지도가 만들어지기 이전까지는 수집가들이 관심을 기울이는 지도는 단 두

---

* 594장의 지도가 수록된 블라우의 1665년 지도책을 구입한 부자들은 돈을 좀 더 지불하고 지도책의 표지에 가문의 문장을 금박으로 새기기까지 했다. 오늘날 지도책들이 살아내고 있는 열악한 환경과 비교해보라. 자동차 뒷좌석에 패스트푸드 영수증의 산더미에 덮인 채로 구겨져 있는 모습 말이다.

가지였다. 바로 세계지도와 성지 지도다. 수집 분야를 구체화하기로 마음먹었을 때 레너드도 성지 지도를 선택했다. 현재 그의 지도 도서관에는 성지 지도가 900장쯤 있으며, 팔레스타인을 한 번이라도 그렸던 지도 제작자의 지도를 적어도 한 장씩은 소장하고 있다.

"왜 성지 지도를 선택하셨어요?" 내가 물었다.

"비용과 효율 면에서 여러 가지 이유가 있었죠. 이스라엘에 몇 번 가보기도 했지만 사실 진짜 이유는 뭔가 독특하고 남다른 것을 하고 싶었다는 것이죠." 레너드는 의사로 일할 때 희귀한 임신 중 질병을 연구해서 논문으로 발표한 적이 있다. 역사상 그 병이 기록된 경우가 35건 밖에 없었기 때문에 그는 세계적인 권위자가 될 수 있었다. "그러니까 말하자면 분야를 전문화하려면 할 수 있는 최대한으로 좁혀야 해요."

"유대인이라는 혈통이나 종교와도 상관있지 않나요?"

"아뇨! 그러면 내가 왜 예수의 그림을 벽에 걸어놓겠어요." 그도 그럴 것이, 벽에 걸린 지도 거의 전부에는 십자가에 못 박힌 예수의 삽화가 커다랗게 들어가서 예루살렘을 장식하고 있다. 초창기 지도 제작자들 가운데 많은 수가 유대인이었으나,* 성지 지도는 헌신적인 기독교도가 그린 경우가 대부분이었기 때문이다. 레너드는 어깨를 으쓱했다. "수집가가 되면 폭넓게 생각할 줄 알아야 하죠."

---

* 사실 유대인은 지도를 둘러싼 패권 싸움에서 포르투갈이 스페인에 맞선 비밀 무기였으니, 포르투갈 지도에 히브루 글자가 상징으로써 자주 사용된 것이 바로 그 증거다. 기독교 지도 제작자들은 오늘날 텍사스 주 교육부조차도 건드리지 않을 정도로 어처구니없는 성경의 전통에 제약을 받았는데, 16세기에는 그런 제약이 지리적인 정확성을 늘 눌렀다.[27] 예를 들어 외경인 에스드라스 2서 6장 42절에 나오는 구절을 보면, "셋째 날에 당신이 명령하시길 지구의 일곱 번째 부분에 물이 모이고 나머지 여섯 부분은 마르리라 하셨습니다"라고 적혀 있다. 이 문장은 '지구 표면 7분의 1이 물로 덮여 있다'로 해석할 수 있는데, 물론 이는 실제와 반대다. 중세 지도는 수 세기 동안 바다의 크기를 과소평가하는 바람에 많은 뱃사람이 바다에서 목숨을 잃었다.

레너드는 성지 지도라는 틈새시장에서 자신의 경쟁자가 누구인지 알고 있다. 뉴욕에 두 명, 예루살렘대에 한 명이 있다. 하지만 그는 경쟁이 치열한 입찰은 대부분 피한다. "몇몇 지도는 아주 비싸서 복제품을 갖는 것으로도 만족해요. 물론 원본을 갖고는 싶지만 선을 그을 줄도 알아야 하거든요." 그러나 모든 수집가가 그렇게 선 긋기를 잘하는 건 아니다. 대개 수집가들은 처음엔 자신이 주목하는 분야에서 쉽게 구할 수 있는 품목을 모으며 수집품을 빠르게 늘려가는데, 진짜 희귀 품목은 10년에 한 번 시장에 나올까 말까. 수집가들 중에는 20~30년 동안 손아귀에 잡히지 않는 마지막 지도를 추적하다가 마침내 하나가 시장에 나왔는데 입찰에서 지고 마는 사람도 부지기수다. 런던에서 만난 이언 하비에게 전형적인 지도 수집가를 묘사해달라고 하자 그는 이렇게 말했다. "큰 글자로 강조해서 이렇게 써야 하죠. 좌절. 원하던 것을 손에 넣지 못했다."

레너드의 지도 도서관 벽은 액자에 넣은 위대한 지도 제작자들의 초상화가 줄지어 걸려 있고, 선반은 지도책으로 가득하다. 이 방이 단지 귀중품 보관소가 아니라 학구적인 연구의 장소라는 것이 분명히 드러난다. "여기서 들여다보고 또 들여다보고 하느라 몇 시간이고 보내죠."

필이 말을 보탠다. "자꾸 볼수록 더 많이 알게 되거든. 나도 돋보기로 지도를 연구하며 시간을 많이 보냈어요." 내가 생각할 수 있는 다른 어떤 수집품에 대해서도 이렇게 말하기는 어렵다. 로스먼 부부는 회화 작품도 좋아해서 르누아르의 스케치 몇 점과 액자에 걸린 작은 피사로 작품도 한 점 놓여 있지만, 어떤 회화도 지도만큼 무궁무진하지는 않다.

레너드가 가장 아끼는 지도 220점은 이 도서관에 없다. 그것들은 레너드가 침실 옷장 옆에 주문 제작해서 짜넣은 미닫이 벽장에 걸려 있

다. 그건 바로 세계 최대의 지도 넥타이 컬렉션이다.

"이거 장관이로구먼!" 필이 감탄한다. 그는 지도가 새겨진 잡다한 물건(이걸 지도 수집가들은 '카르티팩트cartifact'라고 부른다)에 대한 전문가이기도 하다. 마린카운티에 있는 그의 집에는 인간이 모은 최대의 지도 지그소 퍼즐 컬렉션이 있다.

"공간이 부족해. 벽장을 하나 더 짜넣어야 할 판이야." 레너드는 어디든 갈 때마다 그 지역 지도가 인쇄된 기념품 넥타이를 산다. 하지만 빈손으로 돌아올 때도 가끔 있는데, 얼마 전에 칠레에 다녀왔지만 지도 넥타이를 하나도 찾지 못했다.

"그거 이상한데요. 요즘 좁고 긴 넥타이가 다시 유행하는 줄 알았는데!" 내가 던진 남아메리카에 대한 지리적 농담 위로 어색한 침묵이 깔린다. 그리하여 나는 세계 최대의 지도 넥타이 컬렉션에 대해서는 농담을 하면 안 된다는 것을 배웠다.

산업혁명의 동이 트기 이전에 인쇄된 초기 지도 중 많은 수가 깜짝 놀랄 정도로 보존이 잘된 상태로 수 세기를 지내왔다. 면 섬유로 만드는 래그페이퍼, 아마 섬유, 대마 섬유에 주로 지도를 인쇄했기 때문에 이후에 널리 사용된 펄프 종이보다 튼튼하고 산도가 낮다. 그렇기 때문에 요도쿠스 혼디우스가 그린 1613년 아시아 지도는 여전히 밝고 보존 상태가 좋지만, 당신 부모님의 냉장고에 붙어 있는 1970년대 만화 『캐시Cathy』의 그림은 핵전쟁이라도 거친 듯이 누렇게 변한 것이다. 고지도는 대부분 우리보다 오래 살아남을 것이다.

그리고 고지도는 지도 수집이라는 취미보다도 더 오래 남을 공산이 크다. 학문적 전통을 위해서이거나 아니면 두둑한 세금 공제를 염두에 둔 선의의 기증자들 덕분에, 갈수록 더 많은 소장품이 박물관과 도서관의 뱃속으로 들어가고 있다. 결국 여전히 시장에서 돌고 있는 고급 필사본 지도는 매년 더 희귀해진다. "많은 사람이 유언을 통해 자신의 소장품을 캘리포니아주립대 버클리 캠퍼스 같은 곳에 남깁니다." 필은 이렇게 설명한다. "그다음에는 지하실로 들어가고 영원히 사라지는 거죠. 상자 안에 담겨 있을 뿐이지 그들은 자기네가 뭘 소장하고 있는지조차 모른다니까요." 캘리포니아 주 패서디나의 명망 있는 연구 도서관인 헌팅턴에서는 고지도가 넘쳐나는 바람에, 기증자가 모든 소장품을 목록화할 비용을 먼저 기부하지 않는 한 더이상 지도 소장품 기증을 받지 않는다.

"그러면 고지도를 어떻게 하는 게 옳은가요?" 내가 물었더니 레너드가 이렇게 대답한다.

"지도 수집상에게 되파는 거죠. 아니면 그 지도를 벽에 걸어놓을 친구한테 주든가."

하지만 앞으로 얼마나 더 오래 그런 친구들이 남아 있을지 모르겠다. 런던 박람회에서 온갖 연령대의 지도 애호가들을 봤는데, 단지 호기심에서 온 부류와 지도 수집에 진지한 부류를 나눠보면 수집가들 대부분은 담요를 덮고 히스토리 채널을 시청하는 연령대에 분포한다. 60세 이상이라는 말이다. 지도 수집상 폴 코언은 이렇게 말했다. "수집가층이 노화되고 있어요. 새로 진입하는 젊은 수집가가 갈수록 적어지죠." 필은 캘리포니아지도협회에 젊은 회원을 들이려고 애써왔지만 지금까지 별 소득이 없었다. "젊은 친구들은 1년쯤 있다가 더는 활동을 하지 않아요."

내가 희망적으로 추측해보자면, 어쩌면 새로운 수집가들은 중년

의 나이쯤 되었을 때 다시 지도에 관심을 기울일지도 모른다. 국제지도 수집가협회의 이언 하비가 내게 이렇게 말한 적이 있다. "어떤 분야든 젊은 수집가는 거의 없어요. 젊었을 때는 경력을 쌓는다든지 하는 어리석은 짓들에 몰두하죠. 아이를 갖는 사람도 있잖아요? 나는 대학 시절에 거의 술집에서 시간을 보냈죠. 포토벨로 길을 샅샅이 뒤지며 고지도를 찾지 않고 말이죠."

하지만 필은 그리 낙관적이지 않다. 작별 인사를 나눌 때 그가 슬픈 듯이 말한다. "내가 보기엔 이번 세대가 지나가고 나면 이 취미는 기울어버릴 거라고 생각해요. 항공기 조종사도 그렇게 되는 것을 봤죠."

나는 런던에서 즉흥적으로, 처음으로 고지도를 샀다. 실론 섬을 그린 존 탤리스의 1850년판 컬러 지도인데, 구석에 허물어진 사원과 야자수로 가득한 아름다운 삽화 다섯 점이 그려져 있다. 그 지도는 작고 아무런 가치도 없지만, 나는 그 지도를 자주 꺼내본다. 오늘날 보기에 그 지도는 중요한 지리적 요소가 거의 모두 잘못 표시되어 있다. 실론의 이름은 이제 스리랑카이고 다섯 개가 아니라 아홉 개의 주가 있으며, 애덤스 산은—탤리스는 그곳이 실론에서 가장 높다고 했지만 이제는 그렇지 않다는 것이 밝혀졌다—더이상 그곳 수도의 '콜롬보 호수' 위에 그림처럼 드리워져 있지 않다. 그곳은 이제 시멘트로 쌓아올린 고층 건물로 둘러싸여 있다. 하지만 그렇다 해도 나는 현대의 지도보다 그 고지도를 보는 편이 좋다.

어쩌면 지도에 대한 사랑은 어떤 면에서는 모두 일종의 향수일지도 모르겠다. 한국에서 자라던 어린 시절에 나는 내가 그리워하는 과거를 대변해주는 미국 지도에 집착했다. 지도 수집가들은 다른 과거를 그리워할 뿐이다. 무성영화를 보러가는 사람들, 남북전쟁시대를 재현하는 이들, 중절모를 쓰는 사람들이 가진 향수와 다르지 않다. 그들은 기억도 하지 못할 만큼 먼 과거에 향수를 느낀다. 지도 수집가가 멸종되리라는 필의 말이 틀렸기를 바란다. 내 고지도처럼 완벽한 물건으로 가득 채워진 박물관이 지구상 곳곳에서 존재의 빛을 차츰 잃어가는 장면을 상상하자니 우울해진다. 대서양의 마이다 섬, 캘리포니아 주의 섬들과 아프리카의 콩 산맥처럼, 모두 과거 속으로 사라지고 있는 것이다.

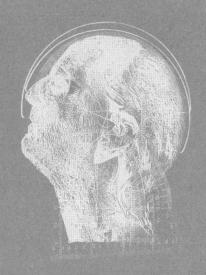

제6장

범례 LEGEND

n. 지도 위에 표시된 상징들을 설명하는 목록

우리 대부분에게는 비밀의 나라가 있다.
하지만 우리 대부분에게 그것은 상상의 나라일 뿐이다.[1]
– C. S. 루이스

1931년 9월, 오스틴 태편 라이트는 미국을 가로질러 동쪽으로 차를 몰아가고 있었다. 캘리포니아 주에 갔다가 여름방학이 끝나서 그가 회사법 강의를 하는 펜실베이니아대로 돌아가는 중이었다. 그는 뉴멕시코 주 라스베이거스가 몇 킬로미터 남지 않은 곳에서 자동차 사고로 목숨을 잃었다. 유족으로는 아내와 아직 어린 자녀 네 명이 남겨졌다. 라이트는 매사추세츠 주 케임브리지에서 자랐으며 그의 아버지는 저명한 그리스학자이자 하버드대 대학원 학장이었다. 라이트는 하버드대와 옥스퍼드대에서 공부했으며, 보스턴에서 변호사로 일하다가 학계로 돌아가서 캘리포니아주립대 버클리 캠퍼스와 펜실베이니아대에서 가르쳤다. 하지만 그의 가족들만 알고 있었던 사실은, 라이트가 48년이라는 일생의 대부분을 완전히 다른 곳에서도 보냈다는 것이다. 그곳은 바로 남반구의 외딴 나라 아일랜디아Islandia였다.

아일랜디아는 카라인 아대륙 남쪽 끝에 달린 작디작은 왕국으로, 사람이 지나다닐 수 없는 소보 초원과 수백 킬로미터에 달하는 뱃길 없는 바다로 둘러싸여, 세상 다른 곳으로부터 고립된 나라다. 아일랜디아 사람들은 평화로우며 농업에 종사하고, 수 세기에 걸쳐 외부인의 영향에 저항해왔다. 그 나라의 국회는 1841년에 '100명 법'을 비준해 어느 시점에서든 외국에서 온 방문객의 숫자가 100명을 넘지 않도록 규제했다. 하지만 그처럼 고립되었다고 해서 라이트를 막을 수는 없었으니, 그는 '100명 법'을 완전히 회피해서 아일랜디아에 관한 한 서양 최고의 전문가가 되었다. 그도 그럴 것이, 라이트는 아직 어렸을 때부터 그 나라를 창조하기 시작하여 아일랜디아의 지형과 사람, 역사와 언어와 문화까지 모두 창조했기 때문이다. 복잡한 아일랜디아의 다양한 측면들이 세세하게 알려졌지만, 그곳은 전적으로 허구의 나라다.

라이트가 다른 사람에게 아일랜디아에 대해 이야기한 적이 거의 없어도 가족들은 아일랜디아의 존재를 알았으며 라이트의 일부분은 언제나 그곳에 가 있다는 것도 알았다. 가족들은 라이트가 때로 이렇게 말하는 것을 듣기도 했다. "이 풍경은 아일랜디아 같네."[2] 그럴 때면 그가 바라보던 실제 풍경이 그의 마음속에 있는 생생한 유토피아의 풍경을 연상시켰기 때문일 것이다. 그는 가족의 돛단배 이름을 아스파라라고 붙였는데, 이는 아일랜디아 말로 '갈매기'라는 뜻이었다.

라이트가 죽은 뒤 그가 20년 넘게 써온 원고가 남았다. 손으로 쓴 2300매 분량의 그 글은 주민들이 즐겨 마시는 사르카 열매 술부터 왁

스 먹인 종이로 바람을 막아 수도의 거리를 밝히는 촛불까지, 아일랜디 아 생활의 온갖 면모를 상세히 묘사하고 있었다. 라이트는 그 글을 다른 사람이 읽게 할 생각이 없었을지도 모르지만 그의 부인 마고가 남편의 글 전체를 타자로 쳤다. 이후에 성공한 유머작가이자 수필가가 된 라이트의 큰 딸 실비아*는, 그뒤로 10년 동안 전체 원고 중 20만 단어(도스토옙스키의 『죄와 벌』 분량이 이 정도다)를 발췌한 원고를 두꺼운 제본 일곱 권으로 묶어서 뉴욕의 출판사들을 찾아다녔는데, 퍽 무거워서 혼자서 다 들고 다닐 수 없을 정도였다.

　　『아일랜디아』는 제2차 세계대전이 한창이던 1942년에 출간되어 선풍을 일으켰다. 독자들은 이전에 앨리스의 원더랜드, 걸리버의 릴리펏, 단테의 지옥 등 환상의 땅에 잠깐씩 다녀온 적은 있었지만, 아일랜디아의 소박하고 평화로운 사람들과 신중하게 건설된 그 세계에서 1013쪽 분량의 시간을 보내는 것은 완벽한 휴가였다. 특히 현실에서는 전쟁 때문에 해외여행을 할 수 없는 시점이었으니 더욱 그랬다. 비평가들은 허구에 대한 완전히 새로운 접근법에 매료되었다. 『타임』에서는 그 책을 "이제껏 인쇄물로 나온 최고로 한결같으며 세세한 백일몽……, 방대한 규모의 '트롱프뢰유(실물인 줄 착각하도록 만든 그림―옮긴이)'"라고 평했다.[3] 초판 표지 안쪽의 면지에는 조심스럽게 그려진 아일랜디아 지도가 인쇄되어 있

---

* 　오늘날 실비아 라이트는, 예를 들어 지미 핸드릭스의 「퍼플 헤이즈」 가사 중 "내가 하늘에 키스하는 동안 잠깐 기다려excuse me while I kiss the sky"가 "내가 이 남자에게 키스하는 동안 잠깐 기다려excuse me while I kiss this guy"라고 들리는 것처럼, 잘못 들리기 쉬운 노래 가사를 뜻하는 단어 '몬데그린mondegreen'을 처음 사용한 사람으로 기억된다. 그 단어는 1954년 잡지 『하퍼스』에 실비아 라이트가 쓴 수필에 처음 등장했는데, 그 글에서 실비아는 어릴 때 17세기 연시의 마지막 구절에서 "레이드 힘 온 더 그린laid him on the green"을 "레이디 몬데그린Lady Mondegreen"으로 잘못 들었다고 썼다.

다. 그 환상에서 지도가 중요한 부분을 차지한 것은 분명하다.

오늘날에도 여전히 우리는 세심한 상상으로 구축한 세계를 흡수하고 있다. 2010년 CNN뉴스는 제임스 캐머런 감독의 「아바타」를 본 관객 수천 명이 그 3D 영화를 본 뒤로 상실감과 우울증에 시달리고 있으며, 심지어는 현실 세계가 컴퓨터로 만들어진 영화 속 세상인 판도라만큼 생생하며 엄청나게 아름다울 수 없다는 생각에 자살까지 생각한다고 보도했다.[4] 하지만 캐머런의 유토피아는 수억 달러와 수억 시간의 인력과 최고의 디지털 기술이 투입되어서 나온 결과물이다. 나는 존경받는 법학 교수가 아이들을 재운 뒤 가스등 불빛 아래에서 펜으로 사각대는 소리를 내며 자신이 창조한 작은 섬의 온갖 세세한 부분을, 다른 사람들은 볼 수 없지만 그는 어린 시절부터 속속들이 알아온 샛길과 풍속들을 기록하는 장면이 더 마음에 든다. 이것이야말로 궁극의 '아웃사이더 예술'이다.

지형을 창조하는 것은 라이트의 집안 유전자에 새겨진 내력이었나보다. 어릴 때 오스틴 태편 라이트는 동생인 존이 아일랜디아를 함께 즐기지 못하게 했다. 그러자 존은 자신만의 섬인 크라바이를 창조했다. 존 커틀랜드 라이트는 성인이 되어 영향력 있는 지도 제작자로 명성을 얻었으며 미국지리학회의 간부가 되었고 '등치 지역도chloropleth map'[*]라는 단어를 만들었다. 그들의 어머니인 메리 라이트는 완전히 허구로 '그레이트 덜위치'라는 대학 도시를 창조하고 엄청나게 상세한 묘사를 하면서 그 도시를 배경으로 한 대중소설을 썼다. 그들의 아버지가 죽고 난 뒤

---

* 제1장에 나온 이 단어는 다른 영역에 각기 다른 색을 칠해서 정보를 표시하는 지도를 의미한다.

에야 오스틴과 존은 그들의 아버지도 혼자 구상한 상상의 세계를 그리 느라 몇 시간이고 보냈다는 것을 알게 되었다.

나는 확신하는데, 우리 모두는 각자 마음속에 다른 사람은 엿보지 못하는 세계가 있다는 생각을 즐거할 것이다. 하지만 그중에 독특한 과실주와 19세기 이민법까지 갖춘 세계는 별로 없을 것이다. 라이트 집안을 별난 몽상가 가족이라고 해버리기는 쉽지만, 사실은 많은 사람이 자신만의 나라를 만들고 실재하지 않는 구불구불한 해안선을 지도로 그린다. 그리고 우리는 그 사람들을 '어린이'라고 부른다. 라이트 가족은 어린 시절에 창조한 왕국의 별장을 어른이 되어서도 유지했다는 점에서 다를 뿐이다.

문학사에서 가장 유명한 '비현실의 땅'은 모두 따지고 보면 어린이들의 지도에서 영감을 얻은 곳이다. 그 유명한 보물 지도가 있는 로버트 루이스 스티븐슨의 『보물섬』은 스티븐슨의 어린 수양아들 로이드가 스코틀랜드에 있는 오두막에서 어느 비 오는 여름 날 수채화로 그린 지도들을 건네지 않았더라면 탄생하지 않았을지도 모른다.[5] 스티븐슨과 아들은 지도에 '해골 섬'이나 '망원경 언덕' 같은 지명을 손으로 적어넣었고, 그 이름들에서 『보물섬』의 사건들이 빚어졌다.* J. M. 배리는 네버랜드 섬에 있는 피터팬의 집을 상상할 때 일부러 어린이들의 지도 제작방식을

---

* 스티븐슨은 열성적인 맵헤드였으며 언제나 지도에 대한 애정을 어린 시절의 상상과 연결지었다. 1894년 잡지에 실은 『보물섬』 관련 글에서 그는 이렇게 썼다. "지도에 관심 없는 사람들이 있다는 말을 들었는데 믿기가 어렵다. 이름들, 삼림지대의 모양, 굽이치는 길과 강, 위로는 언덕부터 아래로는 계곡까지 여전히 뚜렷하게 남아 추적할 수 있는 선사시대 인간의 흔적들, 방앗간과 폐허들, 연못과 배들, 어쩌면 황야에 있는 선사시대의 선돌이나 드루이드의 유적까지. 볼 수 있는 눈이 있거나 이해를 도울 조금의 상상력이라도 있는 사람이라면 누구나 누릴 수 있는 무궁무진한 즐거움의 원천이 여기 있는데! 하지만 아이들은 머리를 풀밭에 누이고 작디작은 숲을 빤히 바라보며 그곳에 요정 군대가 번성하는 것을 지켜보도록 애써 기억하지 않아도 된다."[6]

모방했다.

> 네가 어떤 사람의 마음을 그린 지도를 한 번이라도 본 적이 있는지 모르
> 겠구나. 의사들이 네 몸의 여러 부분을 지도로 그릴 때가 있는데 너를
> 그린 그 지도도 아주 흥미로울 테지만, 의사들이 어린이의 마음을 지도
> 로 그리려고 애쓸 때 보면 그건 그냥 헷갈리는 정도가 아니라 내내 빙빙
> 돌게 되거든. 거기에는 마치 진료카드에 그린 네 체온처럼 생긴 지그재
> 그 선이 있고, 그 선은 아마 그 섬의 길일 텐데, 왜냐하면 네버랜드는 언
> 제나 대체로 섬이고 여기저기에 놀라운 색깔로 채워져 있어서. 앞바다
> 에는 산호초와 날쌔게 생긴 배들이 보이고, 야만인과 외로운 멋쟁이들
> 과, 대개는 재단사인 요정들도 있고, 동굴을 여럿 지나면 강이 하나 흐
> 르고, 형이 여섯 명이나 되는 왕자들과, 빠르게 썩어 들어가는 오두막
> 하나와, 매부리코를 한 아주 작은 노파가 한 명이 있단다.[7]

내가 3학년 때, 친구인 제럴드와 나는 오퍼Oofer와 우퍼Uffer라는
쌍둥이 왕국의 왕이었다. (지금 나는 그 이름들이 글로 적힌 것을 25년 만에
보고 있다.) 나는 아직도 우리가 그때 그렸던 지도를 머릿속에 그려낼 수
있다. 오퍼는 주황색 크레용으로 우퍼는 초록색 크레용으로 그렸으며,
짙은 청색 바다에서 뻗어나온 좁고 긴 해협이 두 나라를 가르며 동쪽에
서 서쪽으로 흘렀다. 하지만 우리가 왜 그 지도를 그렸던 걸까? 전혀 기
억이 나지 않는다. 기억을 되살리려는 희망을 안고 시애틀에 사는 중학
교 2학년생인 벤저민 살만을 만나러 갔다. 아마도 오스틴 태편 라이트가
열네 살일 때 벤저민 같은 소년이었을 것이다.

라이트처럼 벤저민도 재능 있는 부모를 둔 아이다. 벤저민의 아버지인 마크는 콘서트 피아니스트이며 어머니 세라는 로켓 과학자다. (세라는 나사 제트추진연구소의 기술자였으며 보이저호 탐사선을 설계하는 일을 했다. 지금은 인근 대학에서 수학을 가르친다.) 그 집 거실은 골동 가구와 악기, 수많은 책과 잡지 『내셔널 지오그래픽』, 벽에 걸린 종이 마스크들로 채워진 쾌적한 공간이다. 벤저민은 내 앞에서 나무 바닥에 쭈그리고 앉아서 타자로 친 종이 18장을 격자로 늘어놓았다.

"이곳이 오거스타Augusta예요. 알람비아Alambia의 큰 도시죠. 이건 하나도 빠진 곳이 없는 전체 지도예요." 벤저민이 보여준 것은 상상의 『토머스가이드Thomas Guide』(미국 대도시 지역의 도로를 자세히 담은 지도책―옮긴이)로, 실제는 존재하지 않는 수천 개의 거리와 공원과 상점들이 각각 이름과 함께 세밀하게 그려져 있었다. "하지만 이건(벤저민이 그가 만든 대륙 전체의 지도를 펼쳐보인다) 절대 완성될 수 없어요."

벤저민의 아일랜디아는 사실 현실의 오스트레일리아를 변형한 것으로, 북쪽으로 좀 옮기고 30도쯤 돌려서 비스듬하게 세웠는데, "지리적인 다양성을 위해" 그렇게 했다고 벤저민이 무뚝뚝하고 약간은 고상한 말투로 설명한다. 이제는 소파에서 무릎을 턱까지 바짝 당기고 앉아서 이따금씩 손가락 관절을 씹으며 이야기를 하는 중이다. "지형과 역사와 사람들까지, 이 안에 담긴 내용은 모두 완전히 달라요." 자신이 창조한 세계에 대해 설명할 때 벤저민의 목소리는 열성적으로 수다스럽게 말을 잇는 전도사가 아니라, 침착하고 아는 것 많은 전문가의 분위기를 풍긴다. 나는 그게 자신만의 대안 세계를 기록하는 매력 중 하나일까 궁금해진다. 아무리 어리다 해도 어떤 주제에 대해서는 자신이 최고의 권위자라는 인식 말이다. 어쩌면 한발 더 나아가서 자신이 어느 영토 전체의 의심할 여지없는 주인이라고 인식하는 것일 수도 있다. 아이들이 지도를 볼 때 느낄 수 있는, 신처럼 세계를 지배하는 듯한 기분은 자신이 원하는 대로 도시를 세우고 화산을 올리고 범람천의 삼각주를 만들어서* 그 지도 전체를 직접 창조했을 때라면 더욱 증폭될 것이다.

"현실의 장소들을 알듯이 네 세계를 잘 알고 있다고 느끼니?" 내가 묻는다.

"그럼요! 더 잘 알죠. 내가 만들었는 걸요."

벤저민이 실제 세상에서 살아온 기간과 자신만의 세상에서 살아온 기간은 그리 차이 나지 않는다. 아주 어렸을 때부터 벤저민은 자신이 창조한 언어를 고집스럽게 사용했다. "우리가 이해하지 못하는 척을 하면 그제야 영어로 대답을 했어요." 세라가 한숨을 쉬며 말한다. 처음에 벤저민의 나라는 그 애가 어릴 때 갖고 놀던 봉제인형들의—지휘자 블루루, 발명가 데이글로—고향으로서 만들어졌다. 그 나라의 원래 주민들은 이제 전부 다락방에 처박혀 있거나 중고 상점에 팔려갔을 테지만, 그들의 고향은 광범위하게 팽창해나갔다. 그곳 도시와 국가의 말끔한 지

---

* 아이들은 신의 영역에서 이리저리 궁리를 하는 개구쟁이의 흥분도 즐길 것이다. 결국 상상의 지도 제작자들은 자연의 지형을 마음대로 변형시키는 지도계의 프랑켄슈타인 박사가 아니겠는가. 벨기에인 예술가 빔 델보예는 충격적인 설치 작품으로 유명한데, 살아 있는 돼지에 직접 문신을 하는 작품, 그의 친구들이 방사선 검사실에서 섹스하는 장면을 담은 엑스레이 사진으로 만든 스테인드글라스 창문, 음식을 씹어 먹고는 실제 같은 냄새를 내는 배설물을 뱉어내는 기계(그리고 그 배설물을 관람객들에게 팔았다) 등을 만들었다. 델보예의 작품 중 「아틀라스」는 상상의 대륙들을 복잡할 정도로 세세하게 그린 아주 그럴 듯한 그림이다.[8] 그 지도들은 델보예의 충격적인 다른 작품들에 비하면 고지식해 보이지만 어찌 보면 여타 작품과 마찬가지로 관습에 거스르는 콘셉트를 표현하였으니, 그는 돼지만 재창조한 것이 아니라 세상도 재창조했다.

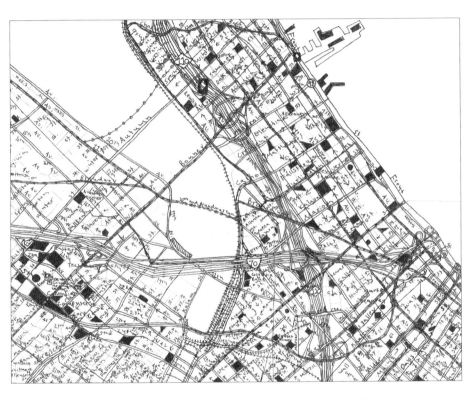

오거스타 중심부의 비열한 거리. 그곳에 유일하게 가본 벤저민 살만이 손으로 직접 그렸다.

도가 수백 장이나 책꽂이에 쌓여 있는데, 그게 전부가 아니다. 벤저민의 오스트레일리아는 하나의 완전한 세계다. 키릴문자, 식민지시대 역사, 판구조론 등 벤저민이 홈스쿨 수업에서 배우고 있는 모든 것이 상상 속 대륙의 구조에 짜여져 들어간다. 2008년 선거 때는 그 정치적 과정에 흠뻑 빠진 벤저민이 가상의 선거구, 후보들, 총 득표수를 지어내서 공책에 적어넣었다.

"보수민주당의 대통령 후보가 방금 사임했어요." 치즈케이크를 먹으며 수다를 떨고 있는데 벤저민이 느닷없이 발표를 한다. 벤저민의 말은 그 아이가 창작자로서 내린 결정이 아니라, 마치 다른 세계에서 발표한 실제 뉴스 속보처럼 들린다. 이 세계에서 그렇듯이 그 세계에서도 시간이 흐르고 있다.

벤저민의 부모는 아들의 특이한 이중국적에 대해 걱정할까? 내 추측으로는 그들이 염려하는 대상은 아들이라기보다는 나 같은 외부인이 아들을 이상하게 볼 수 있다는 가능성일 것이다. 세라가 말한다. "별나죠. 하지만 그건 괜찮아요. 우리에게는 어떤 성격이든지―그녀가 희미하게 몸짓을 한다―자기 그대로인 아이가 더 흥미로우니까요." 어찌되었든 벤저민은 잘해나가고 있다. 이 10대 소년은 불가능할 정도로 영리하며 지도뿐 아니라 역사, 과학, 오래된 마르크스 브라더스 영화, 고전 음악에 이르기까지 다양한 분야에 관심이 있다. 벤저민은 커서 아빠처럼 피아니스트가 되고 싶어한다. 얼마 전에는 자신의 첫 교향곡을 작곡했는데, 15개의 악기 파트로 구성한 그 곡을 피아노로 쳐보지도 않고 거의 온전히 머릿속에서만 그려냈다(벤저민은 절대음감을 갖고 있다).

나는 벤저민의 오스트레일리아가 청소년기를 지나 성인이 되어

서까지 살아남을지 궁금하다. 아일랜디아는 살아남았지만 나와 제럴드의 오퍼와 우퍼는 그러지 못했다. 한편으로 벤저민의 부모는 그 지도와 장부들이 결국 블루루와 데이글로가 있는 다락방에 자리를 잡는다면 안심하게 될 수도 있지만, 나에게는 그렇게 된다면 실제 제국이 멸망하는 경우만큼이나 비극적인 손실처럼 여겨지는 것은 어쩔 수가 없다. 거기 들인 시간과 지식이 모두 영원히 사라질 테고, 그 세계가 사라졌다는 것을 기억할 수 있는 폐허조차 남지 않을 테니 말이다.

허구의 장소를 지도로 그리는 것은 어린 시절의 특징인데 성인이 되어서도 그렇다면 특이한 마니아 문화로 여겨지기도 한다. 지금까지 해리 포터의 호그와트와 스타트렉의 엔터프라이즈호는 아프리카 대륙의 대부분보다 더 상세하게 그려졌다. 지도를 기반으로 하는 게임도 고전부터 현대의 게임까지 여러 가지가 있어서 아름답고 정교한 지도를 사용한 1970년대의 북케이스 게임(책꽂이에 맞는 크기의 상자에 담겨 출시되는 보드게임—옮긴이)부터 간단히 동굴 등을 스케치한 판타지 롤플레잉 게임, 디지털그래픽으로 지도를 그린 컴퓨터 게임까지 다양하다.* 만화책도 예외가 아니다. 어릴 때 서점에서 『DC 우주의 지도Atlas of the DC Universe』를 발견하고 신이 나서 들여다본 적이 있는데, 내가 가장 사랑하는 두 가지, 즉 지도책과 긴 속옷을 입고 서로 주먹을 날리는 근육질의 남자들

---

* 내가 어릴 때 가장 좋아한 비디오게임들에는 「조크」처럼 글로 진행되는 어드벤처 게임이든, 아니면 마니아들의 고전인 「타임 밴디트」처럼 총쏘기 게임이든 한 가지 공통점이 있었다. 이기기 위해서는 지도를 만들어야 한다는 점이다. 오늘날의 3D 비디오게임들은 내가 자랄 때 익숙했던 조감도 형식 지도의 패러다임을 더이상 따르지 않지만, 지금도 지도 그리기는 게임을 하는 사람들에게 중요하다. 예를 들어, 소니가 온라인 게임 「에버퀘스트」의 지도를 만들지 않자 플레이어들이 직접 나서서 각자 만든 지도를 취합했다.

을 드디어 누군가가 합쳐놨다는 것을 믿을 수가 없었다. 하지만 결국에는 그 책에 실망하게 되었다. 공식적으로 고담 시와 메트로폴리스가 각각 뉴저지 주와 델라웨어 주에 있다는 것을 알기 전에 그 두 도시는 더 신비롭고 좋았다. 이것 봐요 DC코믹스, 슈퍼맨이 델라웨어 주에 살 리가 없잖아요.

대부분의 남자아이는 여자애들한테 눈길을 돌릴 무렵이면* 이런 꾸며낸 지도의 세계에서 벗어날 텐데, 그렇다면 애들이나 갖고 놀 것 같은 지도가 어른들의 마니아 취향 취미에 흔하게 존재하는 것이란 30대에 들어서도 밤새 냉동식품을 데워먹으며 컴퓨터 게임 「할로」를 하는 경우와 다르지 않은 발육지체의 증상 중 하나일 뿐이라고 생각할지도 모르겠다. 하지만 판타지 지도 팬들은 그들의 취향을 다른 차원에서 어린 시절과 연관짓는다. 그것은 바로 발견의 순수한 경외감을 되찾는다는 것이다.

베스트셀러 장르소설 작가인 브랜던 샌더슨이 내게 이렇게 말했다. "대서사 판타지의 전형적인 특질은 몰입이지. 그래서 나는 책에 언제나 지도를 넣어. 나는 지도가 독자들에게 경이를 경험할 마음의 준비를 시킨다고 믿거든. '나는 새로운 곳으로 가게 될 거야' 하고 말이야."

브랜던과 나는 대학을 다니던 10여 년 전에 룸메이트였다. 내가 기억하는 브랜던은 주로 아파트에서 자신이 최근에 쓴 두툼한 판타지 소

---

* 아니면 그 어린 맵헤드가 여자 이성애자이거나, 남자 동성애자라면 관심의 대상이 여자애들 대신 남자애들이 될 것이다. 나는 맵헤드 성향과 성적 취향의 상관관계에 대한 연구는 별로 알지 못하는데, 영국의 여행작가 마이크 파커의 말로는 그가 운영하는 동성애자 맵헤드를 위한 온라인 토론 그룹 회원 수가 거의 100명이라고 한다.9 지도와 성의 관계는 훨씬 더 많이 연구되어왔는데, 그 내용은 제7장에서 이야기하겠다.

설 원고를 룸메이트들 중 하나를 따라다니며 큰 소리로 읽는 모습인데, 그 부분은 등장인물의 이름이 죄다 '~의'로 길게 이어진 8권짜리 대하 판타지 소설 중 3권 어디쯤이었을 것이다. 당시 나는 브랜던의 장난질을 즐겼다. 여느 때와 다르게 최소한 한 집에 사는 룸메이트 중 가장 심한 괴짜가 아니라는 것은 뜻밖의 즐거움이 아니었겠나.

어쨌든, 브랜던은 결국 성공을 거뒀다. 상황은 뜻밖으로 전개되어서 브랜던이 베스트웨스턴호텔에서 야간 근무조로 일하면서 써온 대하 판타지 소설들이 훌륭하다는 세간의 인정을 받게 되었다. 그는 여섯 번째로 완성한 소설 『엘란트리스Elantris』를 졸업하기 2년 전에 출간했으며, 그 책과 뒤이은 3부작 소설 『미스트본Mistborn』 덕분에 저자 로버트 조던의 미망인은 『휠 오브 타임The Wheel of Time』을 완성할 작가로 브랜던을 지명했다. 『휠 오브 타임』은 2007년에 사망한 로버트 조던이 미완성으로 남기고 간, 엄청나게 팔린 판타지 시리즈다. 브랜던이 쓴 첫 『휠 오브 타임』 시리즈는 전체 시리즈에서 열두 번째 책인데, 나오자마자 댄 브라운을 몰아내고 『뉴욕타임스』가 선정한 베스트셀러 1위에 올랐다.

역사적인 무기를 수집했던 작가 로버트 조던의 방대한 소장품 중에서 브랜던이 선택해 선물로 받은 일본 사무라이 검이 우리가 지금 이야기를 나누는 중인 유타 주 브랜던의 집 지하실 벽난로 위에 걸려 있다. 브랜던과 그의 아내는 그 지하실 벽에 햇불꽂이를 몇 개 설치하고 어쩌면 용머리도 하나 걸어서 돌로 지은 중세풍 지하 감옥처럼 개조할 계획이지만, 지금은 그냥 방 한가운데 폴크스바겐 비틀만한 군청색 빈백 의자가 하나 놓여 있을 뿐인 남는 빈방이다. 브랜던은 주로 여기에서 글을 쓴다.

브랜던은 중학교 2학년을 마친 뒤인 여름에 처음으로 판타지 장

188

르를 좋아하게 되었고 결국에는 그 취미 덕분에 이 집도 살 수 있었는데, 지도는 애초부터 그가 판타지에 빠진 주된 이유였다. "나는 책에 지도가 있는지 없는지를 먼저 확인하기 시작했어. 어렸을 적 내 머릿속에서는 그게 바로 책이 재미있을지 아닐지를 판단하는 기준 중에 하나였거든. 『반지의 제왕』시리즈를 읽기 시작했을 때는 '오호, 이 사람 뭐 좀 아는데. 지도에 게다가 색인까지 붙였네!'라고 생각했지."

　　J. R. R. 톨킨은 1937년에 『호빗』과 1950년대에 『반지의 제왕』 3부작을 출판함으로써 혼자서 판타지 서사 장르 자체를 창조했다. 톨킨은 『아일랜디아』를 읽은 적이 없었지만[10] 그가 '중간계'라고 이름붙인 세계는 아일랜디아 못지않을 만큼 세세하게 건설되었다. 그는 낮에는 옥스퍼드대에서 문헌언어학 교수로 일하면서 여기서는 핀란드어의 요소를, 저기서는 웨일스어의 요소를 차용해가며 상상 속 종족들의 언어를 처음부터 끝까지 만들어냈다. 또한 그들의 달력을 만들고 계보를 기록해나갔다. 그리고 물론, 지도를 그렸다.

　　톨킨보다 앞서서 많은 작가들이 판타지식의 설정과 사건을 쓴 적은 있었지만, 톨킨의 저작이야말로 서점에서 '판타지' 서가를 창조해냈다. 그 서가는 상대적으로 무난한 다른 분야의 책 표지를 고상하고 차분해 보이게 만드는, 용과 마법사가 그려진 화려한 책 표지로 뚜렷하게 영역 표시를 한다. 톨킨의 영향력이 이렇게 절대적인 이유는 무엇이었을까? 톨킨을 읽은 독자들은 그 작가가 만들어낸 줄거리 전개나 인물에 매료되기보다는(물론 잊을 수 없는 내용들이기는 하지만, 톨킨이 거리낌 없이 인정했듯이 그 줄거리와 인물은 톨킨 자신이 그토록 사랑했던 앵글로색슨족의 신화를 거의 차용한 것이다) 톨킨의 대범한 세계 구축에, 마치 실제로 존재했

던 것처럼 중간계의 기본 설정을 전제로 깔아놓은 것에 빠져들었다. 이제껏 다른 책에서는 '우리가 이미 아는 판'에서 익숙한 인물들을 따라 토끼굴이든 옷장이든 보도블록에 분필로 그린 그림이든, 마법의 나라로 들어가는 것이 보통이었지만, 톨킨의 이야기는 달랐다. 브랜던이 말을 잇는다. "『반지의 제왕』은 아주 다른 것을 해냈어. 우리한테 '아니, 너를 그 세상으로 옮겨가게 하지 않을 거야. 아무것도 당연하게 여길 수 없는 완전히 새로운 세계에서 처음부터 새로 시작하게 만들 거야'라고 말한 셈이지."

판타지 장르 독자들은 그런 심연으로의 갑작스러운 추락과 거기서부터 이어지는 학습 곡선을 좋아한다. 그들은 보통 사람들이 공항 서점에서 스릴러 소설을 고를 때 책을 훑는 것처럼 서둘러서 책을 읽어재끼지 않는다. 그들은 판타지의 규칙을 익히고 기묘한 이름과 불가사의한 역사를 숙독하는 데 시간을 들인다. 벤저민 살만이 그러는 것처럼, 판타지 팬들은 완전히 새로운 영역에서 권위를 얻는 기분을 즐긴다. 브랜던이 말한다. "대서사 판타지 소설 하나를 다 읽을 때쯤이면 실제로 존재하지 않는 그 세상의 전문가가 되지. 그건 도전 의식을 불러일으키는 일이야."

바로 그렇기 때문에 판타지 소설은 우리가 지도를 보는 방식에 가장 가까운 읽기다. 일반적인 글 읽기는 순전히 선형적인 과정이다. 보라. 당신은 지금 이 문장을 읽고 있다. 이제 이 문장을 읽고 있다. 윗줄의 단어들은 이미 지나갔다. 당신은 여기에 있을 뿐이고, 아랫줄의 단어들은 아직 존재하지 않는다. 하지만 지도는 다른 식의 이야기를 전달한다. 지도에서 우리 눈은 공간을 자유롭게 돌아다니는데, 그 방식은 우리가 삶에서 새로운 환경을 탐구할 때와 같다.* 우리는 지리적인 여러 요소를 즉각적으로 전체로서 인식할 수 있으며 그 요소들 간의 관계를 읽어내고 흥미를 끄는 부분이 있다면 더 오래 살펴본다. 판타지는 한 글자 한 글자를 읽어나가는 것이기도 하지만 다른 장르보다는 그렇게 하는 추진력이 덜하다. 판타지 장르 작가는 독자를 결말로 이끌어가는 것보다는 구조를 창조하고 독자에게 새로운 세계를 보여주는 데 더 관심을 둔다.

어릴 때 나는 C. S. 루이스의 '나니아 연대기' 시리즈**를 좀 가볍다고, 톨킨의 책에 비교하면 동화에 지나지 않는다고 여겼는데, 이제 와서 보니 예전에 그렇게 생각한 건 지도 탓도 있다는 것을 깨달았다. 톨킨 책의 첫머리에는 늘 상세한 지도가 있었지만, 내 나니아 문고본에는 지도가 없었다. 『사자, 마녀, 그리고 옷장』에서 툼누스 씨의 숲은 그저 나무가 울창한 땅일 뿐이지만, 빌보의 숲은 장대한 안두인 강과 동쪽의 로바니온의 황무지 사이에 있는 머크우드다. 전자의 숲은 그저 이야기 속에 있지만, 후자의 숲은 구체적인 장소에 존재한다.***

단지 톨킨을 맹목적으로 모방하려고 해서가 아니라 판타지 장르에서 장소는 매우 중요하기 때문에, 오늘날 판타지 작가들은 여전히 지도를 가장 중요한 자리에 넣는다. 인기 있는 서사 판타지 작가인 데이비드 에딩스는 아예 책 표지에 지도를 넣은 적도 있다. (에딩스의 나라 알로

---

* 바로 지금 당신의 눈이 이 각주를 보려고 움직인 방식도 마찬가지다.

** 놀랄 것도 없지만 C. S. 루이스는 어릴 때부터 지도 팬이었다. 그의 유저遺著 관리자인 월터 후퍼의 말에 따르면 루이스는 소년일 때 오래된 지도책에서 발견한 이탈리아 도시인 나르니에서 나니아라는 이름을 지었다.[11]

*** 『나니아 연대기』의 초기 영국판 양장본 중 4권에는 폴린 베인스가 그린 훌륭한 지도가 실려 있지만 미국판에는 그 지도가 실리지 않았다. 베인스를 루이스에게 소개한 것은 그의 친구이자 베인스의 그림을 좋아했던 톨킨이었는데, 폴린 베인스는 제2차 세계대전 중 영국 국방부를 위해 지도를 그리며 지도 제작 훈련도 받았다.[12]

6. 범례LEGEND

리아Aloria는 스티븐슨이 보물섬을 창조한 것과 같은 방식으로 태어났으니, 에딩스는 지도를 먼저 끼적거린 뒤에 그 지도에서 영감을 얻어 모험을 구상해냈다.[*][13]) 그 지도들은 물론 지도 본연의 기능도 한다. 판타지 소설은 단편적인 여러 개의 탐험으로 구성되는 경우가 많은데, 독자들은 모험이 이뤄지는 진로의 플롯을 지도를 보며 쉽게 따라간다. '플롯'이라는 단어가 지도의 내용과 이야기의 내용 양쪽에 사용될 수 있는 것은 우연이 아니다. 하지만 브랜던은 탐험 이야기 구조를 대체로 닫힌 도시 배경에서 일어나는 그의 소설에서는 피하려고 무진 애를 썼는데, 그럼에도 책에 지도를 넣는 것은 잊지 않는다. 최근에는 총 10권으로 기획한 시리즈 소설의 첫 번째 책으로『왕들의 길The Way of Kings』을 출간했는데, 거기에는 지도가 아홉 장이나 수록되었다.

사실 브랜던에게 지도는 정말 중요해서,『왕들의 길』에 전면 지도를 포함해 몇 가지 '덧없는 것들'을 넣기 위해 그는 자비로 9000달러나 들였다. 판타지 팬들은 자신이 매킨토시 컴퓨터로 직접 그릴 수 있을 것 같은 지도로는 만족하지 못한다. 그들은 다른 세계에서 온 유물 같은 지도가 존재해서 그 다른 세계가 실제로 존재한다는 환상을 유지하고 싶어한다.『호빗』첫머리에 실린 지도는 단지 뉴욕의 출판사가 의뢰해서 만들어넣은 지도가 아니라, 그 이야기 속 드워프들이 용이 사는 동굴을 찾으러 갈 때 사용한 바로 그 지도인 것이다. 드워프나 용, 아니면 용이 사

---

[*] 언뜻 보기에는 이야기를 구성하는 데 거꾸로 가는 방식 같지만 판타지 소설에서 이는 놀랄 정도로 흔하게 쓰이는 방식이다. 브랜던도 미국 50개 주를 저마다 섬으로 새롭게 상상해서 지도를 그린 뒤에, 거기서 영감을 얻어 쓴 '역사 공상과학' 소설의 미출판 원고를 어딘가에 처박아뒀다. 판타지 소설에서 지도가 먼저 오는 기풍은「던전 드래곤」같은 판타지 롤플레잉 게임에서도 반영된다. 가장 단순하게는 게임 참가자 한 명이 종이에 지도를 그리면 둘러앉은 사람들이 그 지도를 보며 거기서 모험을 만들어낸다.

는 동굴 따위 믿기가 어렵다는 독자가 있다면 그 지도 모서리가 불에 그을렸거나 물 얼룩이 진 것을 보며 그런 불신 따위 접어둘 수 있다.

아이작 스튜어트는 브랜던의 책에 실릴 지도를 그리는 이 지역 화가인데, 그건 쉬운 일이 아니다. 아이작이 하는 일은 단지 실제로는 존재하지 않는 영토의 지도 아홉 장을 만드는 것이 아니다. 그는 아홉 차례의 다른 시대에서 유래한 매우 다른 지도 아홉 장의 견본을 만들고 있는 것이다. 어떤 것은 19세기 초반 섭정시대 런던을 떠올리게 하는 도로 지도일 수도 있고, 다른 지도는 가공의 갑각류 '크렘링'의 등껍데기에 대충 휘갈겨 그린 전투 지도일 수도 있다. 대항해시대에 실제 지도가 그랬던 것처럼, 토지 측량사가 실제로 보고 그리는 지도도 있고, 그렇지 않은 지도도 있는 법이다.* 젤릿 버지스는 1902년에 이렇게 썼다. "그럴 듯해 보이는 상태에 이르기란 보기보다 쉽지 않다."[14] 버지스는 허풍기 있는 광고를 뜻하는 '블러브blurb'라는 단어를 처음 사용하고 「보랏빛 소The Purple Cow」라는 시를 써서 가장 많이 알려진 유머작가이며, 또한 뿌리 깊은 맵헤드이었다. "흥미로운 해안선을 즉석에서 창조해내는 것만큼 어려운 일은 없다. 실제처럼 보이는 들쭉날쭉한 해안을 그려보면 자연이 당신보다 얼마나 더 영리하게 작동하는지를 알게 될 것이다."

비디오게임 디자이너이면서 부업으로 판타지 지도를 만드는 아이

---

* 오늘날 우리의 세상은 유럽의 토지 측량사들이 실제로 가보지 않고 지도를 그리는 바람에 생겨난 기묘한 부분들 투성이다. 그중에는 뉴질랜드 더니든 시의 볼드윈 가처럼 심각하지는 않은 별난 사례도 있다. 세계에서 가장 가파른 그 도로는 급경사를 이루며 린지크리크 계곡으로 내려가는데, 가장 가파른 부분에서는 35퍼센트의 비율로 (경사 각도는 19도–옮긴이) 떨어진다. 이렇게 된 이유는 런던의 도시 계획자들이 더니든에 가보지도 않고 도로를 격자로 깔끔하게 그린 탓이다.[15] 하지만 제국주의 시대 유물 중에는 웃지 못할 사례도 있다. 제1차 세계대전이 끝난 뒤 영국과 프랑스가 중동 지역을 분할할 때, 국경선을 똑바로 그으니 지도에서는 보기가 아주 좋았을 테지만, 실제로는 임의로 정한 그 국경선들 때문에 격동의 지난 세기에 많은 분쟁이 일어났다.

작은 아마 세상에서 버지스의 금언을 시험해본 경험이 가장 많을 것이다. 버지스가 그 말을 한 지 벌써 한 세기가 지났건만 해안선 그리기는 여전히 어려운 일이다. 아이작이 내게 이렇게 말한다. "발작이 일어난 것처럼 손을 움직이는 방법을 시도해봤지만, 그것도 시원치 않아요." 버지스가 찾은 방법은 종이에 물을 쏟아서 주먹으로 한 번 두드린 다음에 생겨난 무늬대로 해안선을 그리는 것이다. 아이작은 자신만의 요령을 고안해냈다.

"늘 지도 모양을 찾다보니 이제는 내가 어디에서 지도를 발견하는지가 정말 재미있어요." 아이작이 전화기 카메라로 찍은 '지도의 발견' 목록의 사진을 보여주며 말을 잇는다. "천장의 무늬, 구름, 도로에 엎질러진 콘크리트에도 훌륭한 지도가 있어요. 지도는 예상하지 못했던 곳에서 흘러나오거든요." 어느 벽의 녹슨 얼룩은 브랜던의 '미스트본' 시리즈에서 섬이 되었다. 광대한 대륙을 공중에서 내려다본 장면은 교회 지하실에 있던 접이식 의자의 닳은 모서리에서 유래했다. 어떤 사진을 보니 놀라울 정도로 지중해와 비슷한 것이, 파릇파릇한 언덕과 반도가 군청색 바다를 둘러싼 모양이었다. 알고 보니 그건 플라스틱 용기 뚜껑에 묻은 과카몰리(아보카도를 으깨고 토마토, 양파, 고추 등을 넣어 만든 멕시코 음식—옮긴이) 자국이었다. 나는 속으로 아이작이 부엌 싱크대 앞에서 지중해 축소판을 발견하고는, 마치 바스코 누녜스 데 발보아가 파나마 다리엔Darien 만의 봉우리 위에서 처음으로 태평양을 봤을 때처럼* 멍해졌

---

* 영국 시인 존 키츠는 지도 제작의 역사에서 최고의 순간으로 손꼽히는 그때를 기록한 가장 유명한 글에서 그 순간을 망쳐버렸다. 키츠는 그의 소네트 「채프먼의 호메로스를 처음 보았을 때」에서 네 행을 들여 태평양을 발견한 공을 "땅딸막한 코르테스"에게 돌렸는데, 사실 에르난 코르테스는 파나마에 간 적도 없다.

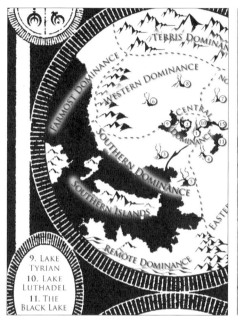

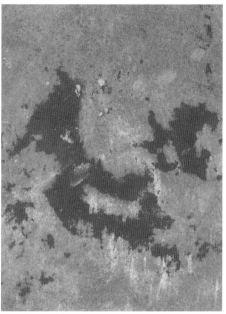

'미스트본' 시리즈에 등장하는 최후의 제국 남쪽 섬들…….

그리고 그 섬의 영감이 되어준 녹슨 얼룩.

다가, 퍼뜩 정신을 차리고 전화기를 가지러 뛰어가는 장면을 떠올렸다. "여보, 그거 냉장고에 넣지 마! 냉장고에 넣지 말고 그냥 둬!"

판타지 작가라고 해서 다들 브랜던처럼 지도를 중요하게 여기지는 않는다. 테리 프래체트는 인기 있는 코미디 판타지 소설 '디스크월드' 시리즈 문고본에 매번 지도를 한 쪽 할애하지만, 다만 언제나 그 지도는 비어 있다. 그리고 이런 설명이 붙는다. "여기 들어갈 지도는 없다. 유머 감각은 지도로 그릴 수 없기 때문이다." 궁극적으로 지도는 확실하고 완성된 것을 보여주기 위해 존재하지만, 이와 달리 문학에서는 모든 것을 분명하게 보여주기가 아니라 암시와 뉘앙스가 중요하다.

하지만 이런 간극에도 불구하고 내가 가장 좋아하는 작가들은 그들이 상상한 설정의 지도를 끼적거렸다. 단지 판타지 영역만이 아니라, 표지에 반쯤 벌거벗은 미개인 여자가 없는 책들에 대해 이야기하는 것이다. 윌리엄 포크너는 직접 요크나파토파Yoknapatawpha County의 지도를 그렸다. 토머스 하디는 웨식스Wessex를 그렸다. 표면상으로는 철학적인 훈련으로서 자신의 세상을 창조한 작가들조차 지도상의 세세한 요소들에 지나치게 매료되었다. 토머스 모어가 『유토피아』에서 그토록 상세하게 유토피아 섬을 묘사한 것을 보면 분명 그는 세계 건설 분야의 숨은 광이었으며, 내가 떠올릴 수 있는 가톨릭 성인 중 유일하게 그 분야에 소질 있는 사람이다. 그 책의 첫 판본에는 유토피아의 알파벳과, 당연하게도 상세한 지도가 포함된 부록이 수록되어 있다. 그렇다, 부록에 추가로 지도까지 달렸다는 것이다! 대하 판타지 독자들이 그걸 봤으면 날아오를 것처럼 기분이 좋을 것이다.

나는 브랜던과 아이작에게 판타지 독자들이 어떤 면에서든 현실

생활에 만족하지 못하기 때문에 일종의 탈출 기제로서 판타지에 몰입하는 것은 아닐지 궁금하다고 말했다. 어쩌면 내가 판타지 마니아들이 죄다 가망 없는 부적응자라고 은연중에 말하는 건가 싶었는데, 브랜던이 내게 이렇게 반문한다. "이봐, 나는 내 인생을 사랑하고 판타지도 사랑해. 나는 내 세상에서 탈출할 이유가 전혀 없지만 그래도 새로운 곳에 가는 것도 좋아한다고. 여행하기 좋아하는 사람들은 자기가 사는 곳을 싫어하나? 판타지 책을 펼쳐서 모르는 장소들로 가득 채워진 지도를 보면 그곳을 탐험하고 싶어지는 거야."

유타 주에서 브랜던을 만나고 돌아오는 비행기 안, 창밖 아래로 서서히 움직이는 컬럼비아 분지를 내려다본다. 캐스케이드 산맥의 구릉이 전방에 어렴풋이 나타날 때쯤, 녹색 바탕으로 둘러싸인 거대한 사다리꼴 구멍들이 보인다. 고속도로에서 볼 때는 원시림처럼 보이는 그곳을 하늘에서 보니 못생긴 개벌지(나무를 한꺼번에 베어낸 구역—옮긴이)가 조각보처럼 보인다. 브랜던이 판타지 독자를 탐험가라고 말한 것에 대해 생각한다. 조너선 스위프트와 토머스 모어는 수 세기 전에 이미 자신의 책에 지도를 넣었지만 판타지풍의 지도가 페티시의 대상으로 인기를 얻은 것은 톨킨의 시대에 이르러서야 시작된 일이었다. 불과 한 세기도 지나지 않은 그 당시는 지구 탐험이 거의 끝나가는 시기였다. 『호빗』이 출간될 무렵에 서북항로와 남극은 함락되었으며, 톨킨이 『반지 원정대』의 지도를 만들던 같은 해에 힐러리 경은 에베레스트에 올랐다. 더이상 지도상에 빈 영토는 없었다. 북극권의 툰드라지대와 검은 아프리카 같은 모험의 땅이 젊은 모험가들을 위해 남아있지 않으니 그들은 꿈을 꿀 새로운

빈 영토를 다른 곳에서 찾아야 했다. 그리하여 그들은 중간계와 프리데인, 키메리아, 어스시, 샤나라(차례대로 J. R. R. 톨킨, 로이드 알렉산더, 로버트 E. 하워드, 어슐러 K. 르 귄, 테리 브룩스가 창조한 가상의 세계—옮긴이)를 발견했다.

상상 세계를 지도로 그리는 사람들과 이야기를 나눈 뒤에 내가 배운 점은, 지도에는 단순한 길 찾기를 넘어서는 더 큰 즐거움이 있다는 것이다. 오스틴 태펀 라이트는 현실에서 아일랜디아를 탐험할 필요가 없었지만 그래도 상관없이 그와 그의 독자들은 아일랜디아의 지도에 광적으로 몰두했다. 길을 잃지 않는 한 지도를 보지 않는다면 당신은 큰 즐거움을 놓치고 있는 것이다. 로버트 하비슨이 언젠가 썼듯이 "지도를 사랑하는 사람으로서는 여행할 때만 지도에 관심을 두는 것은 마치 시를 버스 탈 때만 보는 것처럼 지극히 어처구니없는 일이다."[16]

500~600년 전에는 판타지 지도와 '진짜' 지도를 명확하게 구분할 수 없었다. 내가 고지도 박람회에서 봤듯이, 중세의 '마파문디mappa mundi', 즉 세계지도에는 실존하는 장소과 환상의 장소가 나란히 표시되어 있었다. 요한계시록에 나오는 '곡Gog'과 '마곡Magog'이라는 나라는 지도상에서 카스피 해 옆 어딘가에 성벽으로 둘러싸여 있을 때가 많았는데, 전설에서는 알렉산더 대왕이 그곳 시민들을 가둬두려고 그 벽을 건설했다고 전한다. 그리스 신화의 황금 양모피는 흑해 근처에, 노아의 방주는 터키에 있었으며 롯의 아내는 사해 옆에 여전히 서 있었다. (물론 소금 기둥으로 서 있었는데, 지금쯤이면 녹아 없어졌으리라고 생각할 수도 있겠다.) 천국은 언제나 동쪽 어딘가 수평선 바로 너머에 불의 고리로 둘러싸여 있

기는 해도 어쨌거나 땅 위에 단단히 자리잡고 있었다.* 이런 지도들은 종교적인 헌신을 의미하는 것이지, 길 찾기의 도구가 아니었다.

　　그렇다면 지금은 예전과 완전히 달라졌을까? 지도책을 훑어보면 넘기는 장마다 내가 중간계나 나니아에 가본 횟수만큼 가본 장소들이 가득하다. 한 번도 가보지 않았다는 말이다. 페루, 모로코, 태즈메이니아. 심지어 내가 사는 동네의 도로 지도에도 내가 한 번도 가보지 않은 길이며 공원들이 있다. 나는 그 장소들을 지도를 보며 상상할 수 있지만, 그게 전부다. 나의 상상 속에 존재한다. 모든 지도는 어떤 면에서는 판타지 지도다.

　　승무원이 시애틀에 착륙한다고 알려준다. 비행기가 겹겹이 쌓인 상층 구름을 뚫고 내려가자 퓨젓사운드 만의 섬들이 보인다. 저 산과 나무들이 톨킨의 가늘고 긴 손으로 빛바랜 양피지에 그려진 것이라고 상상하기는 세상에서 제일 쉬운 일이다. 또는 엄청나게 파란 바다 같은 플라스틱 용기 뚜껑에 묻은 과카몰리 프랙털 무늬에서 비롯됐다고 상상하는 것도.

---

* 사실 영어에서 천국을 뜻하는 패러다이스paradise는 완전히 따분하고 지구적인 어원에서 나왔으니, 고대 이란어에서 담장이 있는 정원이나 영지를 의미하는 '아피리다에자apiri-daeza'에서 유래했다.

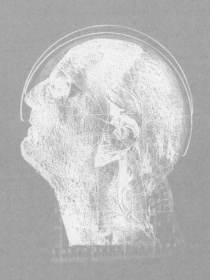

제7장

항법 RECKONING

n. 지리적 위치에 대한 계산

보라, 세상은 우리 눈을 유혹하고
우리는 모든 것을 알고자 한다!
우리는 별이 뜬 하늘을 지도로 그리고
이 지구라는 공을 탐험한다
― 매슈 아널드

그녀의 이름은 릴리 개스킨. 릴리는 투르크메니스탄과 볼리비아와 가나가 어디에 있는지 안다. 이 세 나라만이 아니라 다른 130개 나라를 자기 방 벽에 붙여둔 세계지도에서 찾아낼 수 있는데, 이 정도면 미국인 중 상위 0.01퍼센트에 들 것이다. 하지만 릴리의 지리 감각 때문에 열등감을 느끼지는 마시라. 당신이 할 수 있는 일 가운데 릴리가 못하는 것도 많으니까. 예를 들자면 책을 읽거나, 좌변기에 앉아 소변을 보는 것 등이 있다. 릴리는 태어난 지 이제 겨우 21개월 된 여자아이다.

릴리를 찍은 8분짜리 비디오는 2007년 유투브에 올라온 이래로

500만 건이 넘는 조회수를 기록했다. 그 아이는 커다란 갈색 눈에 머리카락은 돼지꼬리처럼 곱슬거리는 귀염둥이인데, 화면에는 보이지 않는 엄마 아빠가 대는 알기 어려운 나라 48곳을 집게손가락으로 자신 있게 가리키며 매트리스 위에서 방방 뛰고 그러다 가끔은 춤도 추고 박수를 친다.

"멕시코가 어디야?" 릴리의 엄마가 묻는다.

"메–히–코!" 릴리가 신나게 스페인어 발음으로 외치더니 지도 왼쪽으로 가서 멕시코를 찾아낸다.

릴리는 정말 사랑스러운 아이다. 아기 코알라 1000마리의 정수를 뽑아서 압축한 것보다 더 귀엽고, 그 애가 곁에 있는 것만으로도 만화 『지기Ziggy』와 『패밀리 서커스Family Circus』는 자연 발화해서 불에 타버릴 만큼 귀엽다. 릴리의 인터넷 비디오는 들불처럼 퍼져서 그 아이는 「20/20」 「레이철 레이」 「오프라」 등의 TV방송에도 출연했다. 릴리는 아직 기저귀도 떼기 전에 스타가 된 것이다.

의심이 좀 많은 사람이라면 릴리의 활약상을 보며 두 가지 질문을 할 것이다. 첫째, 어떤 속임수를 썼는가? 둘째, 얼마나 끔찍한 부모이기에 어린 딸한테 이런 짓을 할 수 있는가?

"릴리가 먼저 시작하기 전까지 우리는 별로 지도를 볼 일이 없었어요." 제임스 개스킨이 힘주어 말한다. 나는 릴리네 가족이 오하이오 주 클리블랜드에 살고 있으며, 거기에서 그 아이 아빠가 경영정보학 박사 과정을 밟고 있다는 사실을 알아냈다. 그리고 지금 스카이프를 이용해서 릴리네 가족이 거실에 있는 모습을 보는 중이다. 릴리는 이제 만 4세이며, 여동생과 함께 소파 등받이와 팔걸이에 이리저리 기어오르는 중이

다. 제임스와 니키 개스킨 부부는 피부약 광고에서 튀어나왔거나 대형교회 청년부에서 온 듯 보이는 젊고 단정한 부부다.

니키가 말을 잇는다. "릴리가 지도를 보며 뭔가 할 수 있다는 것을 알게 된 뒤로는 아이가 하고 싶어했어요. 그건 놀이였죠. 릴리가 지치기 훨씬 전에 우리가 먼저 지쳐버리곤 했어요." 실제로 유투브에 올라온 비디오를 보면 릴리의 부모가 그 놀이를 세 차례에 걸쳐 이제 그만하자고 하는 소리를 들을 수 있다. 하지만 릴리는 매번 "더!"라고 고집을 피운다.

릴리 부모의 말에 따르면 릴리는 본래 엄청나게 기억력이 좋았다. 아직 글을 읽지 못하지만 자신이 제일 좋아하는 책들에 나오는 단어 100여 개를 모두 외운다. 하지만 릴리의 지도에 대한 재능은 우연히 발견됐다. 릴리가 좋아하는 브래디 삼촌이 모르몬교 선교활동을 하러 2년 일정으로 타이완에 갔을 때 릴리는 삼촌이 어디 있는지 알고 싶어했다. 그래서 릴리의 부모는 지도에서 타이완을 가리켰다. 놀랍게도 다음번에 릴리가 그 지도를 봤을 때 릴리는 브래디 삼촌이 어디 있는지 기억하고 있었다.

맵헤드들은 공간지각을 타고나는 경향이 있다는 내 직관에 들어맞게, 릴리에게는 지도에서 장소를 찾아내는 손쉬운 방법이 따로 필요 없다. 제임스가 말한다. "겨우 만 두 살이었을 때도 릴리는 국경선이나 색깔 구분이 없는 지형도를 보면서 나라를 찾을 수 있었어요. 골프공만큼 작은 지구본에서도 찾을 수 있죠. 모양을 보고 아는 것도 아닌 듯한데, 몽골 같은 내륙 국가도 찾아내거든요."

릴리의 놀라운 재능은 지리광의 기질이 길러지는 것이 아니라 타고나는 것이라는 강력한 증거다. 즉 인간들 중 일부는 원래는 아무런 표시가 없을 마음에 경도와 위도를 표시하는 격자선이 그려진 채로 세상에 나온다는 말이다. 릴리의 부모는 동생인 매기와도 '지도 놀이'를 해보려고 했지만 소용없었다. 그들의 첫 아이는 다른 구조를 타고난 것이다. 제임스와 니키는 어째서 릴리에게는 특별하게 지도 놀이가 재미있는지 이해한다. 릴리는 언제나 세세한 부분에 마음을 쓰는 아이여서, DVD 플레이어의 전원 버튼이 켜진 채로 있거나 장난감 컵케이크가 플라스틱 통에 잘못된 순서로 들어가 있는 것을 쉽게 알아차리고 질겁하기 일쑤였다. 제임스가 인정한다. "약간은 강박증이죠." 그리고 니키가 덧붙인다. "하지만 처음엔 관심 때문이었어요. 릴리는 박수를 정말 좋아해요. 박수는 릴리가 관심 갖는 것에 집중하게 만들어줘요." 집에서는 박수 치는 손이 몇 개 안 되는데 익숙했던 릴리는 「오프라」에 출연했을 때 스튜디오를 가득 채운 관객들이 릴리의 재능에 환호하자 경이로워하는 듯 보였다. 눈을 커다랗게 뜨고, 자신에게 찾아든 행운을 믿을 수 없는 것 같았다.

내가 그랬던 것처럼 아마도 릴리는 자라면서 지도에 대한 재능이 그렇게 칭찬받는 경우가 매우 드물다는 사실을 알게 될 것이다. 지도 마니아 성향은 쓸모 있고 보람도 있을 수 있지만, 바깥세상으로부터 존경을 받는다든지 아니면 최소한 그 재능이 알려지는 경우조차 드물다. 하지만 예외로 미국의 젊은 지리광들이 설 수 있는 반짝이는 전국 무대가 딱 하나 있다. 바로 매년 수백만 명의 학생들이 참여하는 '내셔널지오그래픽비National Geographic Bee' 대회다.

1988년 내셔널지오그래픽협회는 설립 100주년을 기념하며—데이비드 헬그렌이 초래한 지도 문맹에 대한 언론 보도 세례에 영향을 받기도 해서—지리 교육에 대한 협회의 임무에 다시 초점을 맞추는 중이었다. 내셔널지오그래픽협회에서 내는 어린이 잡지 『월드』의 편집자 메리 리 엘든이 어린 독자들을 위한 지리 상식 경연을 제안했는데, 그 발상은 눈덩이처럼 불어나더니 미국의 철자 맞추기 대회인 '스크립스내셔널스펠링비Scripps National Spelling Bee' 대회를 본뜬 전국 규모 대회가 기획되었고, 얼마 안 가서 협회의 이사회는 그 대회를 연례행사로 승인했다.

20년 넘게 지난 지금도 엘든은 그 대회를 조직하는데, 이제 내셔널지오그래픽비는 미국 전역에서 500만 명이 참가하는 엄청난 규모로 성장했다. 거의 노르웨이 전체 인구쯤 되는 전체 참가자 중 단 한 명의 우승자를 가려내는 데는 총 6개월이 걸리며 그 과정이 얼마나 엄격한지, 나사 머큐리 계획의 우주비행사 선발이나 미국 특수부대 대원인 그린베레 선발 과정에 맞먹는다. 우선 미국 전역 1만3000개 학교에서 매년 가을에 예선이 열리며 각 예선 우승자는 필기시험을 거친다. 그렇게 해서 각 주에서 선발된 100명이 주 대회에 진출한다. 그리고 마침내 50개 주의 (또한 컬럼비아 특별구*, 괌, 푸에르토리코, 태평양의 미국령 섬들, 전 세계에 있는 미 국방부 학교에서 뽑은) 우승자들이 매년 5월이면 워싱턴 D. C.로 날아와서 전국 대회에서 겨룬다. 그들은 9차로 진행되는 예심에서 헷갈리는 지리 문제들을 앞에 놓고 돌아가며 마이크 앞에 서며, 그중 가장 점수가 높은 최종 참가자 10명이 남는다. 이 10명의 참가자가 방송으

---

* 미국 연방 정부 소재지 워싱턴 D. C.를 일컫는다—옮긴이.

로 중계하는 결승전에 진출해서 결국 그중 단 한 명의 우승자가 나오는데, 그 우승자는 2만5000달러의 대학 장학금과 내셔널지오그래픽협회 평생 회원권을 받는다. 요즘 그 회원권으로 무엇을 얻을 수 있는지는 정확히 모르겠지만, 열대우림이나 북극곰 사진은 확실히 잔뜩 받을 수 있을 거다.

잔뜩 흐린 수요일 아침, 워싱턴플라자호텔에 도착해서 보니 이미 참가자 등록이 끝나고 타일이 깔린 로비는 기대와 흥분으로 떠들썩하다. 잉어 수족관과 문이 닫힌 회의실 사이에서 인류 전체 가운데 지리에 대한 재능을 타고난 일부가 긴장한 채로 웅성거리고 있다. 활기찬 아이들 55명은 대부분이 남자아이고, 대부분이 각양각색의 폴로셔츠를 입었으며, 대부분이 마음 아플 정도로 키가 작다. 그 아이들은 들뜬 채로 뭉쳐 있는 각 가족 단위의 핵을 구성하고 있으며 가족끼리는 서로를 흘긋 쳐다보는 것 외에는 교류하는 기색이 없다. "어떤 애들은 여기에 여러 번 와봤나 보구나." 걱정스러운 눈치의 조부모가 자기 딸에게 속삭인다. 마라톤 출발선 앞에 선 군중을 보는 것 같다. 다들 회의실 문이 열리기만 기다리고 있다.

문이 열리면 부모들은 방 배정을 확인하고 자기 아이를 배정된 회의실로 서둘러 데려갈 것이다. 출전한 학생들은 예선에서 11명씩 5개 조로 나눠지고 각 조는 똑같은 문제를 풀어야 하며 전체에서 점수가 높은 10명만이 내일 오전에 열리는 결승전에 진출한다. 그때 복도 끝에서 내 귀에 익숙한 우렁찬 목소리가 들린다. 지금도 들을 때마다 매번 내 심장 박동을 빨라지게 만드는 목소리다. 어린 시절의 풋사랑 때문이 아니고, 이건 '외상후 게임쇼 장애'의 경미한 증세다. 「제퍼디!」에 출연할 때 만난

알렉스 트레벡이 대회 주최측과 이야기를 나누며 내가 있는 쪽으로 걸어오고 있는 것이다.

"켄, 안녕하세요!" 알렉스가 상냥하게 인사를 한다. 늘 입던 페리엘리스 스타일의 옷차림이 아닌 다른 모습의 알렉스를 보는 건 언제나 이상하다. 오늘은 가죽 재킷과 아버지한테 물려받은 듯한 청바지를 입고 한쪽 어깨에는 양복 가방을 걸치고 있다. 이 베테랑 퀴즈쇼 진행자는 처음부터 이 대회 결승전의 진행을 맡아왔다. 그리고 그는 그냥 쉬운 돈을 노리고 급하게 투입되는 따분한 용병이 아니다. 알렉스는 이 지리 대회의 신봉자다.

"단지 지도만이 아니잖아요!" 내가 지도에 대한 책을 쓰는 중이라고 하자 알렉스가 단호하게 말한다. "그게 바로 우리가 여기서 노력하고 있는 부분이에요. 예전의 지리는 단지 지도만을 다뤘지만, 새로운 지리는 온갖 것을 아우른다는 걸 사람들에게 보여주려는 것이죠." 여기서 온갖 것이란 역사, 지구과학, 생태, 경제를 말한다. 알렉스는 미국인의 지리에 대한 무지를 보여주는 코미디의 제왕 제리 루이스 성대모사를 한다. "'어, 프랑스는, 그야 당연히, 여기쯤, 어, 브라질 옆에……' 미국인들이 전쟁에 나가기 전에 우리랑 같은 편을 먹은 나라가 어디 있는지 정도는 알았으면 좋았을 텐데 말이죠."

아래층 회의실에서는 같은 조가 된 참가자 11명이 진행자인 내셔널지오그래픽협회 디지털미디어 국장 롭 커비를 만나고 있다. 메리 리 엘든은 이렇게 말했었다. "매년 이 대회가 열릴 때면 협회의 업무가 중단돼요. 다들 화면 앞에 모여서 대회를 지켜보죠." 협회의 입장에선 이건 정말 보람찬 순간일 수밖에 없다. 그들이 1년 동안 아무런 반향도 받지 못하면서 내보내는 지도와 잡지와 TV방송에 대해 이토록 열성을 보이는 젊은이들을 볼 수 있는 거의 유일한 기회일 테니 말이다.

"여러분에게 줄 첫 번째 지시사항은 긴장을 좀 풀라는 겁니다. 그렇게 할 수 있다면요." 커비가 말하자 잔뜩 긴장했던 부모들이 웃음을 터뜨린다. 키가 작은 학생들은 마이크 지지대를 어떻게 낮추는지 지켜본다. 4학년부터 중학교 2학년까지인 참가자들 사이에서는 키 차이가 60센티미터까지 나고 그중 몇 명은 이미 사춘기 증세가 역력하다. 커비는 '잉글랜드'가 영국을 지칭하는 이름이라거나 '홀란드'가 네덜란드를 지칭하는 이름으로 인정되지 않는다는 주의를 준다. 오세아니아는 공식적으로 한 대륙이 아니라 한 지역이라는 말도 잊지 않는다. (이전 대회에서 논란의 여지가 되어 항의를 받았던 부분인 모양이다.) 11명의 소년이 마이크 앞에 돌아가며 서서 연습을 하는 동안 나는 그 회의실 중앙 통로에 놓인 접이식 의자에 앉았다. 이 대회의 새로운 파트너인 구글의 대표자로서 온 브라이언 매클렌던이 내 옆자리에 앉는다. 매클렌던은 구글맵스와 구글어스의 기술 담당 부사장으로, 이곳에 모인 사람들에게는 말하자면 섹스심벌 같은 존재다. 그를 소개하자 아이들 사이에서 "와!" 하고 탄성이 조용히 터진다.

"여기 앉아도 될까요?"

"물론이죠. 여기가 대회의 좌석 배치 규정인 45미터 선이에요."

"본초자오선이죠." 매클렌던이 내 말을 정정한다.

"알제리와 콩고공화국 중 어느 나라가 더 많은 내륙 국가로 둘러싸여 있나요?" 첫 번째 참가자인 코네티컷 주에서 온 로버트 추에게 롭 커비가 질문한다. 로버트는 15초 안에 답해야 한다.

"콩고공화국입니다." 로버트는 자신만만하게 바로 대답한다. 정답이다. 내 눈썹이 몇 센티미터쯤 올라갔다. 눈 깜짝할 사이에 로버트는 두 아프리카 국가의 국경과 주변국의 국경까지 전부 머릿속에 그려서 정답을 도출해냈다. 알제리보다 콩고공화국에 인접한 내륙 국가의 수가 세 곳 더 많다.

이 지리 대회가 애초에는 미국 학생들이 지리 관련 설문에서 콩과 보리도 구분 못하는 대답을 늘어놓은 것 때문에 시작되었을지는 모르나, 이 대회에 나오는 문제는 멍청한 것과는 거리가 멀어서 사실은 꽤 어렵다. 그런데 4학년생들이 그 문제를 척척 풀어내고 있다. 짐바브웨의 국립공원, 도미니카공화국의 화산, 이탈리아의 자동차 생산통계, 스와질란드의 기대 수명까지, 이 참가자들은 전부 다 아는 것 같다. 애리조나 주 대표인 니컬러스 판즈워스의 아버지 테드 판즈워스가 말한다. "처음에는 '아, 그 정도야 뭐 나도 그만큼은 할 수 있다고' 하고 생각하죠. 하지만 주 결선을 보면, 그건 정말이지……." 그러더니 그는 바람 빠지는 소리를 낸다.

전국 대회까지 온 아이들은 정말 철저하게 준비를 하기 때문에 사실 이 대회의 질문들은 이만큼 어려워야만 한다. 한두 주 전에 나는 워싱턴 주 레드먼드에 있는 마이크로소프트 연구소에서 동쪽으로 15킬로미터쯤 떨어진 준婊교외 지역을 향해 차를 몰았다. 케이틀린 스네어링을 만나기 위해서였는데, 말도 안 되게 침착한 고등학교 2학년인 그 소녀는 2007년에 이 대회에 나와 우승한 여학생이다. 하지만 그해는 케이틀린의 두 번째 시도였고, 한 해 전에는 예선에서 탈락했다.

"처음 대회에 나갔을 때 네가 탈락한 문제 기억하니?" 나는 케이틀린이 기억할 거라는 걸 알면서 물어봤다.

"한랭전선보다 앞서 오는 뇌우의 선을 뭐라고 부르나요?" 그 애는 질문을 그대로 외웠다. (케이틀린은 "거의 사진처럼 정확한 기억력"을 갖고 있다고 한다.) 나도 그 답을 몰랐다. 답은 스콜선이다.

"엄밀히 말해서 자연지리학 용어는 아니잖아요." 케이틀린이 투덜거리는 걸 보니 여전히 그 패배가 쓰라린 모양이다. "그냥 뱃사람들이 쓰는 말이죠. 그때 정말 크게 낙심했어요. 그게 마지막 기회일 거라고 생각했거든요." 탈락한 케이틀린은 잠시 울고 나더니, 절판된 『내셔널지오그래픽 연감』을 구해주지 않았다고 엄마인 트레이시를 원망했는데, 알고 보니 그 책에는 이 중대한 사실이 실려 있었다.

트레이시는 이렇게 회상했다. "우리는 대회에 나올 질문이 얼마나 어려울지, TV에 중계될 때 스트레스가 얼마나 클지에 대해서도 미리 이야기했어요. 내가 '다시 하고 싶니, 안 하고 싶니?'라고 물었죠. 다음날 케이틀린은 필요한 책 목록을 가져왔고, 공부할 마음의 준비가 되어 있었어요. 처음부터 다시 하기를 원했죠."

2년 동안 케이틀린은 하루에 예닐곱 시간씩 지리만 공부했다. 쉬는 날도, 주말도 없었다. 차 뒷좌석이든 남동생의 야구 경기를 보러간 관람석에서든, 항상 무릎에 책이나 지도를 놓고 있었다. 산, 섬, 강을 끼고 있는 도시, 온갖 목록을 만들어서 3공 서류철 10권을 가득 채웠다. 그리고 지도 수백 장에 색깔 펜으로 장소들을 표시했다. 지도는 언제나 지명이 있는 것과 없는 것 두 장을 준비해서 암기용 카드로 연습을 하듯이 혼자서 시험을 봤다. 트레이시는 케이틀린이 지도 위에서 나라를 하나씩 짚어가며 마치 나폴레옹의 군대처럼 진군하던 것을 기억했다. "어느

주에는 예를 들어, 인도에 집중을 한다고 하면 우리는 도서관에 가서 인도에 대한 책을 모조리 열람하고 뭔가 새로운 것이 있는지 찾아봤어요."

'뭔가 새로운 것'이라니, 나한테는 그 말이 말도 안 되게 들린다. 케이틀린의 지리적 지식은 정말 방대해서 말 그대로 더 공부할 새로운 사실이 바닥났다는 소리 아닌가!*

케이틀린은 단지 열심히 공부하는 것이 아니라 영리하게 공부했다. 우승하기 전 해에 대회에 나갔을 때 내셔널지오그래픽협회가 어떤 식으로 질문을 하는지 미리 맛을 보고 패턴을 파악하기 시작했다. 그래서 케이틀린은 앞선 모든 지리 대회의 비디오테이프를 구해서 모든 문제에 대한 데이터베이스를 만들었다. (이것과 아주 비슷한 방법을 나도 「제퍼디!」에 출연하기 전에 실천했으니, 나는 그런 이야기를 들으며 속으로 '완전 미친 짓 아냐!'라고 생각하지 않을 수 있으며 그녀의 노력을 인정해 고개를 끄덕일 수 있는 세계에서 몇 안 되는 사람일 거다.) 한동안 대회에서 언급되지 않은 장소와 주제가 다음해 문제로 나올 확률이 높다는 생각에서 체크리스트를 만들었다. 이 대회의 전문가들과 온라인으로 정보를 주고받았다. 그들은 케이틀린에게 『지오그라피카Geographica』라는 오스트레일리아 지도책이나 돌링킨더슬레이 출판사가 낸 어린이 지도책을 구해서 보라고 조언해주었다. 케이틀린은 이 대회에 『내셔널 지오그래픽』에 실린 내용이 많이 나온다는 것을 깨닫고, 지금까지 나온 모든 『내셔널 지오그래픽』 잡지에 형광펜으로 표시를 해가며 공부했다. 두 번째로 대회에 출전하러

---

* 이건 어느 과목을 그만큼 철저하게 공부한 데서 나오는 자신감이다. 두 번째로 나간 지리 대회에서 어느 나라가 서아프리카보다 보크사이트를 더 많이 생산하는가를 질문 받았을 때 케이틀린은 눈도 깜짝하지 않았다. 이미 세계 모든 국가의 자연 자원 목록을 정리해두었기 때문이다. (정답은 기니다. 이걸 아는 사람이 또 누가 있을까 모르겠다.)

워싱턴 D. C.로 가는 비행기 안에서 이탈리아의 람페두사 섬에 있는 어선단에 대한 내용을 우연히 보고 노란색 펜으로 말끔하게 표시했다. 그해 결승전에서 람페두사에 대한 문제가 나왔다. 아주 때 맞춰서 말이다.

케이틀린은 단 한 개의 문제도 놓치지 않고 두 번째 대회를 식은 죽 먹기로 헤치고 나갔다. 캔자스 주에서 온 수닐 이에르와 결승전에서 붙었을 때 다섯 번째 문제는 왕조 시대 베트남의 수도가 어디인가라는 것이었다. 케이틀린은 '후에'라고 썼는데, 걸리는 시간으로 보건대 수닐이 훨씬 더 긴 답을 쓰고 있다는 것을 알 수 있었다('호찌민 시티'). "저는 알렉스 트레벡을 쳐다봤어요. 그는 우리 둘의 답을 보고 있었으니까요. 수닐을 본 알렉스의 표정이 '흠'이라고 하는 것 같았죠." 케이틀린이 트레벡의 쏘아보는 눈빛을 흉내낸다. "그다음엔 내가 쓴 답을 보더니 나를 보고는……, 윙크를 했어요. 저는 '우와!' 그랬죠."

나는 좀 질투가 났다. 알렉스 트레벡이 나한테는 한번도 윙크를 해준 적이 없다.

시사, 야생 동물, 의학에 대한 주제별 라운드가 끝난 뒤에 나는 다른 젊은 지리학자들을 지켜보기 위해 위층에 있는 '외교실'로 올라갔다. 올해 대회에서 워싱턴 주를 대표하는 학생은 바로 머릿속에 나라를 하나 따로 갖고 있는 벤저민 살만이다. 벤저민은 각 라운드의 첫 타자로 마이크 앞에 서는데, 차분하게 미소를 지으며 팔짱을 낀 자세다. 그는 아직 한 문제로 놓치지 않았다. 다게스탄이 어디에 있는지, 비쿠나들은 어디에 사는지, 북부 아프리카에서 제일 큰 도시가 어디인지 그 애는 전부 알고 있다. (스포일러: 러시아, 페루, 카이로.) 라운드마다 참가자들은 저

마다 다른 질문을 받는데, 이런 질문방식에는 운도 어느 정도 작용한다. 케이틀린은 이렇게 말했다. "다른 사람이 받는 질문을 들으면 매번 '정말 쉽잖아!'라고 생각하죠. 하지만 정작 내 차례가 되면 내가 답을 모르는 단 하나의 문제를 받게 되는 거예요." 이번 라운드에서 한 참가자는 라마디와 팔루자에서 분쟁이 계속되고 있는 나라가 어디냐는 질문을 받았지만(답은 이라크. 아마 이 나라는 당신도 들어본 적이 있을 거다) 다른 참가자는 양강도의 도청소재지인 혜산시가 어디에 있는가라는 질문을 받았다(혜산은 북한에 있는 작은 공업도시이니 이건 정말 어려운 문제다). 이건 운에 달린 문제다.

물론 모든 질문은 당신이 그 답을 알고 있으면 쉬울 테고 모르면 어렵기 마련이다. 벤저민은 마주로가 마셜 제도의 수도라는 것을 알고 있었고 그걸 보고 나는 매우 감동받았지만, 물에 의한 침식으로 만들어지는 카르스트 지형을 화산활동으로 만들어지는 것이라 대답하는 바람에 처음으로 점수를 놓친다. 하지만 모두에게는 사각지대가 있는 듯하다. 텍사스 주에서 온 에릭 양은 일본의 아사마 산에 대한 질문을 놓치고, 펜실베이니아 주에서 온 헨리 글리츠는 그 무시무시한 '유추' 문제 순서에서 자기 질문에 답을 하지 못하는데, 이 라운드는 참가자들이 벌벌 떨며 귀신 이야기를 하듯 이야기하는 판이다. 맵헤드들에게도 유추하기 라운드는 정말 악몽이나 다름없다. 수능시험에 이런 식의 질문이 가득하다고 상상해보라.

카푸에 : 잠베즈 = 쉬욜 : _____

헨리는 "메콩"이라고 답했지만 정답은 "인더스"다. (카푸에 강이 잠베즈 강의 지류이듯이, 쉬욕 강은 인더스 강의 지류다.) 이 조에는 이제 만점의 가능성이 있는 참가자가 없다. 벤저민에게 아직 기회가 있을지도 모른다.

여기 온 지리광 중에 두말할 필요도 없이 수준에 한참 못 미치는 이가 하나 있으니, 그건 바로 나다. 나는 내가 지리를 충분히 사랑하며 이미 퀴즈쇼도 많이 경험해 봤다고 생각했다. 6학년 수준은 당연히 되지 않겠어? 하지만 아니었다. 라운드마다 나는 대회 참가자들이 아직 변성기도 지나지 않은 귀여운 목소리로 자신 있게 대답하는 두세 질문에서 막혔다. 키질쿰 사막은 우즈베키스탄에 있다! 구아나바라는 예전에 브라질의 주 이름이었다! 나는 영화 「미지와의 조우」 결말에서 인간보다 엄청 앞선 먼치킨 외계인들(『오즈의 마법사』의 난쟁이 종족 — 옮긴이)에 둘러싸인 리처드 드레이퍼스가 된 기분이었다.[*]

예선전이 끝나고 보니 상위권에서 정체 현상이 일어났다. 결승전에 남은 자리 7개를 두고 참가자 11명이 경쟁을 해야 하는 상황이다. 나는 서둘러 아래층으로 내려가서 벤저민 살만을 응원하려고 동점 연장전을 보러갔는데, 대회 역대 기록을 보건대 벤저민에겐 유리한 부분이 있다. 지금껏 워싱턴 주 챔피언은 다른 주 출신보다 우승한 기록이 더 많다. 이제껏 대회 역사상 통틀어 5번이었으니, 4번에 1번꼴이다. 이 놀라

---

[*] 사실은 이러리라고 예상했다. 케이틀린 스네어링이 얼마나 철저하게 전략적으로 공부하는지를 직접 본 뒤에 나는 그녀에게 지리 시합을 제안했다. 케이틀린 대 켄, 고등학교 2학년 학생과 「제퍼디!」의 최강 챔피언이 벌이는 접전을 말이다. 지리를 공부하지 않은 지 2년이 지났지만 케이틀린은 내 도전을 받아들였다. 나는 내가 여기저기 TV쇼에서 질문받았던 가장 어려운 지리 문제 스무 개를 적어주면서 내가 대박으로 이길 거라고 생각했다. 하지만 케이틀린은 나를 그냥 이긴 정도도 아니고 아예 19 대 8로 짓밟았다.

운 기록에 대해 케이틀린에게 물어봤을 때 그녀는 비가 많이 오는 날씨에 공을 돌렸다. "이곳 아이들은 실내에서 더 시간을 많이 보내요. 그리고 기왕 실내에 있으니 지도를 좀 들여다보는 편이 낫겠죠!" 케이틀린은 마치 그게 세상에서 가장 당연한 일인 것처럼 말했다. 지도를 볼 수 있는 시간에 TV를 보거나 오락 따위를 할 사람이 세상에 누가 있겠는가!

동점 연장전을 보려고 열성적인 관중들이 모여들어서 미처 방에 들어가지 못한 사람들이 복도에 길게 늘어섰다. 입구 앞에서 참가자들을 보려고 목을 빼고 들여다보는데 마침 진행자가 첫 번째 질문을 던진다.

"동남아시아에서 유일하게 석유수출국기구 OPEC의 회원국이지만, 석유 수출보다 수입이 많아져서 지난해 회원 자격이 정지된 나라의 이름을 쓰세요."

인도네시아! 나는 그 답을 안다. 벤저민을 향해서 인도네시아의 기운을 방사하려고 애를 썼다. 15초 뒤 참가자들은 자신이 쓴 답을 든다. 벤저민은 '말레이시아'라고 써서 결승전에 나가지 못하게 되었지만, 실망한 기색을 내비치지 않으면서 침착하게 무대에서 내려간다. 하지만 네바다 주에서 온 열한 살짜리는 이 문제를 놓치고 나서 완전히 충격을 받아 쓰러질 지경이다. 그 아이는 자리로 돌아가면서 눈물을 터트리더니 아버지의 어깨에 얼굴을 묻어버린다.

나로서는 거의 내 아들 또래인 소년이 상처받은 모습을 지켜보기가 참을 수 없을 만큼 힘들었다. 이곳에 온 총 55명의 아이들이 대회에 나오기 위해 준비를 하느라 시간을 얼마나 많이 보냈을지 알 수 없다. 이 참가자들은 지리에 있어서라면 미국에서 가장 뛰어난 아이들일지 모르나, 그건 중요하지 않다. 결국 그중 54명은 문제 하나를 놓친 것 때문에 탈락될 테고, 그 문제 하나를 평생 기억하게 될 것이다. 이런 대회를 정말 고귀한 교육적인 활동이라고 할 수 있을까? 그보다는 차라리 아동 학대에 가까운 것 아닐까?

대회가 끝난 뒤에 메리 리 엘든에게 물었다. "아무리 지리라도 이 만한 가치는 없다고 생각해본 적 없으세요?"

"아이들이 여기서 배우는 것이 있다고 생각해요. 물론 실망을 맛 보게 되지만 실망에 대처하는 방법을 배우기도 하죠." 예상할 수 있듯이 이 대회에는 아스퍼거 증후군이나 그밖에 사회적 상호작용에서 장애가 있는 아이들이 평균보다 많다. 그런 증세가 있는 아이들은 받아들이기 어려운 패배를 경험하면 장애 증세가 특히 심해지는 경향이 있다. 메리 리 엘든이 말한다. "솔직히 말하자면요, 선생이자 부모로서 생각했을 때 내 아이를 이 대회에 내보낼 것 같지 않네요."

하지만 대회 주최자들은 부서진 꿈과 상처받은 자아를 달래기 위 해 그들이 할 수 있는 것을 한다. 운영진은 결승까지 와서 탈락한 참가 자들에게 무대 뒤 대기실에서 우유와 쿠키를 주고 그들이 얼마나 훌륭 했는지를 이야기한다. 아이들은 어른들보다 인생의 좌절을 더 예민하게 느낄지 모르지만 회복도 그만큼 빠르다. 메리 리 엘든이 웃으며 말한다. "매년 있는 일인데, 저는 대회 도중 무대 뒤 대기실로 사람을 보내요. 거 기에선 파티가 벌어지는데 탈락한 참가자들이 간혹 아주 크게 웃어서 밖에서 들리는 상황이 발생하기 때문이죠."

부모들은 이 쿠키의 방에 들어갈 수 없는데, 이는 의도적으로 하 는 조치다. 매년 엘든은 대회 시작 전에 학생들을 먼저 환영 연회에 들 여보낸 다음에 부모들은 잠시 남아달라고 한다. "부모님들에게 따로 잠

시 이야기를 하는데, 부모님은 이곳에 아이들을 지원하러 왔다는 점을 말씀드려요. 이건 아이들의 대회지 부모님들의 대회가 아니라는 것이죠." 매년 하는 이 조언은 압박이 심한 어린이 야구 리그 아빠들에 버금가는, 머릿속이 지도로 가득찬 부모들 때문에 언쟁이 일어난 과거의 경험 때문에 시작되었다. "한번은 예선전이 끝나고 났는데 어느 아버지가 아들에게 소리를 지르는 장면을 봤어요. 어떻게 이 문제를 놓칠 수가 있으며 어째서 결승에 나가지 못한 거냐는 거였죠. 제가 다가가서 아이를 떼어놓고는 아버지에게 '이쪽으로 가시죠'라고 했어요. 부모들은 자기 아이가 최선을 다하고 있다는 것을 잊어버리곤 해요. 그냥 한번 안아주고 훌륭하다고 말해주세요."

그날 오후에 나는 호텔 앞에 세워진 버스 한 대에 올라탔다. 대회가 열리는 주말은 문제풀기만으로 끝나지 않는다. 참가자와 부모들은 예선 전날에는 워싱턴 투어를 하고, 결승 전날에는 소풍이 마련된다. 아이들 대다수는 결승전을 잊고 즐겁게 놀 수 있다. 결승에 나가는 10명에게는 내일 있을 집중포화에 앞서 긴장을 약간이라도 풀 수 있는 기회다. 내일은 머리에 쥐가 나는 문제를 좀 더 풀어야 하는데, 거기에다가 TV 카메라와 알렉스 트레벡이라는 스트레스가 조금 더 더해질 테니 말이다.

위스콘신 주에서 온 밴시 젠과 플로리다 주에서 온 시바 캔지언은 내 뒷자리에 내일의 결승 진출자 무리와 함께 앉았는데 그 아이들은 여전히 대회 준비에 여념이 없다. "아프리카 대륙에서 가장 낮은 지점은 지부티에 있을까요?" 밴시가 묻는다. "네!" 그러자 한 목소리로 대답이 터져나온다. 이제 대화는 펀디 만에 있는 조류에 대한 질문으로 옮겨간다.

밴시나 시바처럼 결승전에 나간 학생이든, 통로 건너편에 앉은 사우스다코타 주에서 온 알렉스 킴처럼 거의 결승전에 나갈 뻔한 친구든, 그 아이들은 모두 활기차고 여유로워 보인다. 아이들은 더이상 부모와 함께 가족들끼리 무리지어 앉아 있지 않았으니, 오늘 아침에 호텔 로비에서 정말 예민하게 옹송그리고 있던 모습과는 놀라울 정도로 다르다. 이건 같은 고난을 겪는 형제끼리의 동지애이자, 부모에게서 받는 시달림으로부터의 휴가다.

"오늘 다들 긴장했었니?" 나는 돌아보며 물었다.

전반적으로 야유하는 소리가 난다. "긴장하는 건 우습다고 생각해요." 알렉스가 말한다.

"부모님들은 어땠어? 너희보다 오히려 더 긴장하셨니?"

"물론이죠." "네, 네, 네!" "당연하죠."

내 옆에는 조지아 주 예선 대회를 진행하는 지리학 교수인 더그 외터가 앉아 있다. 학생들이 지리 과목에 뛰어난 광경을 목격하는 것은 그가 평소에는 누리지 못하는 색다른 즐거움이다. "우리 대학 학생들은 더할 수 없이 공부에 열심이에요." 그가 말하길 학생들은 유전학, 세포 구조, 아미노산, 전자각에 대해 능통하다. "하지만 적운이나 생물군계 같은 지리나 지구과학에서 기본적인 내용을 물어보면 하나도 모르죠. 거짓말 안 보태고, 경도와 위도 설명부터 시작해야 한다니까요. 왜 계절이 바뀌고, 왜 조류가 달라지는지조차도 모르더군요." 자연 현상을 설명하기 위해 석류라든지 다른 것들에 대해 전설을 만들어냈던 고대 문명을 모르는 것과 비슷하지 않을까. 다만 스스로 지리를 모른다는 사실을 그리 신경 쓰지 않는다는 점만큼은 다를 것이다.

사실 내셔널지오그래픽협회가 지리 대회를 열겠다고 처음 발표했

을 때 학술지리학자들은 비판적이었다. 그들은 이 대회가 지리학의 명예를 스펠링비 대회 나부랭이처럼 단순 사실 암기의 수준으로 떨어뜨릴 것이라고 확신했다. 퀸스칼리지의 마크 아이첸은 어느 지리 학술지에서 이렇게 예견했다. "경쟁의 난이도가 올라갈수록 단순 암기가 강조될 수밖에 없다. 승자를 가려내려는 목적으로 지리적인 사실들은 갈수록 사소해질 것이다."[1]

하지만 외터는 다르게 생각한다. 글을 쓰려면 알파벳을 먼저 배워야 하듯이, 지리에서 수준 높은 작업을 해내려면 먼저 어디에 무엇이 있는지부터 알아야 한다. "이 아이들은 알파벳을 익힌 상태로 대학에 가게 될 것입니다. 이들이 미래에 지리라는 소설을 쓸 사람들이죠."

지금 내 뒤에서는 미래의 학자들이 버스가 어느 방향으로 향하고 있는지를 파악하려는 중인데, 시바 캔지언의 나침반 시계가 도움이 되고 있다. 세계 최대의 금 생산국이 어디인가를 두고 서로 의견이 갈리는 소리도 들린다. "남아프리카! 아냐, 중국이야. 그래, 그래 중국이야."(정답이다. 중국이 2008년에 남아프리카를 앞질렀다.)

버스에 탄 아이들이 정말 빨리 긴장을 푸는 모습에 용기를 얻어서 나는 소풍 장소에서 벤저민 살만의 어머니인 세라를 찾았다. 세라는 바비큐 접시를 무릎에 올려놓고 있다.

"벤저민은 어떤가요?"

내가 묻자 세라가 대답한다. "괜찮아요. 낙담했지만 이제는 괜찮아요."

소풍은 매년 메릴랜드 주 전원의 목가적인 농장에서 열린다. 소풍 장소 서쪽에 펼쳐진 떡갈나무와 히코리 나무 숲 쪽으로 해가 저무는 동안 아이들이 시끌벅적한 소리를 내며 풀밭을 뛰어다닌다. 협회의 마이크 뒤에서 꼼지락거릴 때만 아니면 "이들은 영리하지만 그저 보통의 아이들이에요"라는 메리 리 엘든의 말이 금세 이해된다. 편자 던지기와 즉석 농구 경기가 벌어지고 있다. 결승전에 진출한 디트로이트 주 출신의 켄지 골림림은 아마 여기서 가장 키가 작은 참가자일 것이다. 그 아이는 내 팔꿈치 높이에 닿을까 말까 한데, 내 키가 그리 큰 편도 아니다. 하지만 켄지는 3미터 골대에 공을 던지며 한참을 즐겁게 놀고 있다. 이 아이들은 대부분 서로 만난 지 하루이틀밖에 되지 않았지만 이미 친한 친구가 된 듯하다.

서로 경쟁을 해야 한다는 압박감을 넘어서고 나면, 지리는 이 아이들을 뭉치게 하는 요소다. 한 소년이 내게 행복한 듯이 말한다. "이곳에 온 사람들은 내가 하는 말을 이해해요. 나랑 지리에 대한 대화를 나눌 수 있는 사람들이라고요!" 이 무리에서는 친구들이 보는 앞에서 엄마가 지리 대회에 대한 이야기를 꺼낸다고 해서 창피해할 필요가 없다. 별종 맵헤드이어도 괜찮은 것이다. 여기서는 지리가 첫 만남의 어색함을 깨는 화제가 된다. 내일 결승에 나가는 니컬러스 판즈워스가 뉴저지 주 대표인 로이 하다르와 인사를 나누는 대화를 우연히 엿들었다.

"아, 너 뉴저지 주에서 왔구나! 뉴저지 주에서는 뉴어크가 제일 큰 도시지. 인구는 27만3000명, 내가 마지막으로 봤을 때 말이야."

"그리고 뉴저지 주에서 가장 높은 서식스카운티 하이포인트 산은 550미터야." 로이가 대답한다. 이거야 말로 아름다운 우정의 시작이 아닐 수 없다.

미시시피 주 대표인 윌리엄 존스턴은 활짝 웃는 얼굴에 통과의례 같은 바가지 머리를 한 6학년생이다. 그 애의 어머니가 내게 말한다. "윌리엄이 나라들을 만들었는데, 그걸 배경으로 '플렁크'라는 상상의 게임을 해요. 몇 달씩 걸려서 섬들을 만들어냈죠." 나는 윌리엄을 벤저민에게 소개해줘야겠다고 머릿속에 새긴다. 이번 주말 이곳에 오기 전까지 윌리엄은 또래 아이들과 별로 잘 어울리지 못했다. 윌리엄네 학교에서는 학급의 친구를 모두 초대해야만 생일파티 초대장을 돌릴 수 있다. 윌리엄의 어머니가 한숨을 쉬며 말한다. "그때가 윌리엄이 생일 파티에 초대받은 유일한 경우였어요. 그 애는 그냥……, 달라요. 하지만 여기서는 다른 사람들이 알아봐주니까, 정말 굉장한 시간을 보내고 있어요."

다른 참가자들과 마찬가지로 윌리엄은 세세한 것에 예민한 아이여서, 두세 살 밖에 안 됐을 때부터 장난감 차를 정해진 순서에 맞게 정리해야 하는 아이였다. "윌리엄은 작은 것들 때문에 화를 내요. 명왕성은 행성이 아니라는 발표가 났을 때는 아주 절망에 빠졌죠."

내 생각에 이건 지도에 미친 아이의 정신세계를 파악하기 위해 중요한 단서다. 어린 시절 나에게 지도는 요동치는 세상 속에서의 안정감을 상징했다. 새로운 학교에 가거나 새로운 도시로 이사를 가거나, TV에서 무서운 것을 봐서 아무리 크게 충격을 받더라도,* 지도책에서 내가 아는 장소들은 모두 그대로 존재했다. 오늘날까지도 나는 지도가 바뀌면 혼란에 빠진다. 팔라우가 독립을 선언했을 때나 캘커타가 이름을 '콜

---

* 레이건 시대였던 내 어린 시절에는 TV에서 온통 무시무시한 핵전쟁 관련 이야기를 해댔다. 「그날 이후」는 물론이고, 시트콤 「벤슨」에서도 출연자들이 주지사의 저택 지하의 방공호에서 아마겟돈에 대비하는 방송을 했다. 아직도 「벤슨」에 대한 악몽을 꾸는 사람은 세상에 나밖에 없을 거다.

카타'로 바꿨을 때, 나는 그런 뉴스가 당연히 신문 1면에 실릴 거라고 생각한다. 내가 가진 모든 지리 상식 책에는, 이제껏 지구상에서 기록된 최고 풍속은 1934년 뉴햄프셔 주 워싱턴 산에서 예상치 못한 4월의 폭풍이 몰아쳤을 때 기록된 시간당 372킬로미터라고 신앙고백처럼 분명하게 적혀 있었다. 그런데 1996년 오스트레일리아에서 일어난 사이클론의 최고 풍속 시간당 408킬로미터로 인해 워싱턴 산의 기록이 깨졌다는 것을 최근에 들어서야 알고 나는 충격을 받았다.[2] 그 측정값은 컴퓨터상에서 버젓이 존재했는데 과학자들이 10년도 훨씬 넘게 그것을 보지 못하고 이제야 그 기록이 갱신되었다는 것을 깨닫다니, 이 얼마나 간담이 서늘한 일인가? 내 관점으로 그 사이클론은 CNN뉴스 속보로 다뤄졌어야 했다. 도대체 어떻게 우주의 본질적인 변수 하나가 달라졌는데 나 말고는 아무도 신경쓰는 사람이 없다는 말인가?[*]

어린 눈에 비치는 지도는 영속성을 상징하는 그림 이상의 역할을 한다. 지도는 어수선한 세상을 아이들이 이해할 수 있는 것으로, 어떤 면에서는 심지어 소유할 수 있는 것으로 축소시킨다. 여러 세기에 걸쳐

---

[*] 런던 교통국 관리들이 2009년에 알아낸 바에 따르자면 사실 지도가 바뀔 때 현기증을 약간 느끼는 사람이 나 혼자만은 아니다. 런던 지하철 지도는 1931년에 엔지니어 해리 벡이 만들었다. 그는 전기회로의 도표에서 아이디어를 얻어, 체계적이기는 하지만 지리적으로 정확하지 않은 지도를 만들었고 그 수고에 대한 대가로 5파운드를 받았다. 그 지도는 런던의 일상에서 빠질 수 없는 요소가 되어서 수없이 많은 티셔츠, 커피 머그잔, 우산 등에 사용되었으며, 2006년에는 영국 역사에서 두 번째로 훌륭한 디자인으로 선정되었다.[3] (첫 번째는 콩코드 여객기였다.) 런던 시는 마지막으로 그 지도를 교정봤을 때 템스 강을 나타내는 옅은 파란 선이 없어도 되겠다고 결정하고—지하철을 타고 가는데 강이 어디 있는지 알 필요가 있나?—지워버렸다. 하지만 이는 시민들의 격렬한 항의를 전혀 예상하지 못하고 내린 섣부른 결정이었으니, 런던 시민들은 마치 실제 템스 강이 저주를 받기라도 한 것처럼 반응했던 것이다. BBC뉴스의 한 편집자는 그 결정을 "모나리자의 얼굴에서 미소를 지워버리는" 것에 비유했다.[4] 그 결정이 내려졌을 때 뉴욕 출장중이었던 런던 시장 보리스 존슨은 분노했고 유권자들에게 트위터로 메시지를 남겼다. "내가 나라를 떠나 있는 사이에 템스 강이 지하철 지도에서 사라지다니! 복귀시킬 것입니다."[5] 물론 지도는 변하지만—내 사무실에 놓인 지구본에는 유고슬라비아도 없고 당연히 판게아도 없다—그럼에도 우리는 지도가 언제나 변하지 않는 척하기를 원한다.

지도는 세상에 대한 인간의 지배를 상징했다. 몇 년 전 로마에 갔을 때, 나는 바티칸 지도 전시관에서 이탈리아와 교황령을 그린 세밀한 프레스코화를 보고 얼어붙었다. 모든 숲의 모든 나무가 점점 멀어지듯이 하나씩 세세하게 그려져 있는 광경이, 마치 톨킨의 머크우드 같았다. 나중에 알고 보니, 르네상스 시대에 교황들은 그 방을 대기실로 썼다. 방문객들이 교황을 알현하기 위해 기다리는 동안 교황의 영향력이 하늘에 닿을 뿐만 아니라 지구상에서는 어디까지 그 힘이 미치는지를 생각하게 하려는 의도였다. 군주의 왕권을 상징하는 예물 중에 홀과 함께 등장하는 구체는 지구를 상징하는 것으로, 왕이나 여왕이 문자 그대로 그 손 안에 세계 전체를 쥐고 있다는 것을 백성들에게 상기시켰다.* 20세기에 새로이 독립을 선언한 나라들은 식민주의의 족쇄에서 벗어났다는 상징으로서 나라의 지도책을 자랑스럽게 출간했다.

당신이 루이 16세든 현대를 사는 어리어리한 중학교 1학년생이든지 간에, 지도는 자신감과 소유의 만족감을 동시에 느끼게 한다. 릴리 개스킨은 지도 갖고 놀기를 좋아하지만 아직 그게 실제 장소들을 나타낸다는 것은 정확히 모른다. 여기 온 아이들은 그것을 알기 때문에 더 열성적이다. 케이틀린 스네어링이 내게 이렇게 말했었다. "지도를 보면 너른 세상을 다 볼 수 있잖아요. 내가 그중 아주 작은 일부에 속해 있을 뿐이라 해도요." 메리 리 엘든은 대회 참가자들 중에서도 더 뛰어난 아이는 작은 동네 출신인 경우가 자주 있다고 한다. 맨해튼이나 로스앤젤레스나 워싱턴 D. C.에서 온 아이들은 이미 세계가 자신을 중심으로 돌고

---

* 하지만 실제 대륙들을 에나멜로 그려놓은 지구의는 스웨덴 왕가의 예물에만 있으니[6] 어쩌면 이는 세계를 지배하려는 스웨덴의 비밀스러운 욕망을 드러내는 신호인지도 모른다.

있다고 생각한다. 반면 위스콘신 주 미노콰, 애리조나 주 플래그스태프 같은 곳에서 온 아이들은 지도에서 본 멀고먼 장소들과 연결되기를 걸신 들린 듯이 갈망한다.

소풍 장소에서 해가 거의 저물고 쿠키도 거의 없어지면서 참가자 부모들은 아이들을 데리고 일어났다. 워싱턴 D. C.로 돌아가는 버스에 올라타기 전에 내가 마지막으로 본 것은 윌리엄 존스턴과 벤저민 살만이 다. 두 상상 속 나라의 건축가들은 어스름 속에서 함께 걸어가며 고개를 수그린 채 심각하면서도 활기차게 서로 이야기를 나누고 있다. 이제 곧 알람비아 해안에서도 게임 '플렁크'가 시작되리라는 예감이 든다.

이튿날 아침에 L가와 M가 사이에 있는 내셔널지오그래픽협회 본부의 문으로 들어서면서 나는 내셔널지오그래픽 채널에서 늘 들어오 던 트럼펫 팡파르가 들리는 상상을 했다. '내셔널지오그래픽' 로비란 그 런 곳이다. 내 머리 위에는 커다란 노란색 직사각형들이 유리창에 마치 「2001: 스페이스 오디세이」의 거대한 석판처럼 어른거리고, 오른쪽에는 심해 탐사용 잠수구와 등에 은백색 털이 난 수컷 고릴라가 전시되어 있 으며, 엘리베이터 문에는 이집트 상형문자와 산호초 사진이 붙어 있다. 대회 결승전이 열릴 그로스버너* 강당 앞 복도 천장에는 인공 별들이 가 득한데, 그 광경은 협회가 설립된 1888년 1월 27일 밤에 보인 별자리를 그대로 재현한 것이다.

나는 텍사스 주에서 온 에릭 양의 부모님과 잠시 이야기를 나눴

---

* 전화기 발명가로 알려진 알렉산더 그레이엄 벨의 사위이자 잡지 『내셔널 지오그래픽』의 첫 편집장 이던 길버트 그로스버너의 이름을 땄다.

다. 에릭은 벤저민 살만과 같은 예선 조에서 초반에 실수를 했다가 전세를 회복하여 결승에 진출했다. 10여 년 전에 그들 가족은 싱가포르에서 이주해왔다고 해서 나는 우리 가족도 한때 싱가포르에서 살았다는 이야기를 건넨다. 에릭의 어머니 에일린은 만능인 아들에 대해 자랑할 기회를 놓치지 않는다. 그 아이는 재즈 피아노를 연주하며 2400점 만점의 SAT시험에서는 만 13세에 2200점을 받았고 텍사스 주 대표 수영팀에 들어갔다. 요리책을 집요하게 읽는데 정작 요리하기는 별로 좋아하지 않는다. 언젠가 벨기에에 가기를 꿈꾼다. 내 앞에서 그의 업적이 장황하게 열거되는 동안 에릭은 무표정하게 서 있을 뿐이다.

"아들이 정말 침착한 것 같네요." 내가 에일린에게 말한다.

"얘는 오이라고요!" 에일린은 내 말에 맞장구를 쳤는데, 아마도 '대단히 침착하다'는 말을 하려던 것일 터다(매우 침착하다는 뜻의 숙어인 'cool as a cucumber'를 두고 하는 말이다—옮긴이). 이 표현이 내가 모르는 싱가포르에서만 쓰는 채소에 대한 비유가 아니라면 말이다.

"결승전 때문에 긴장 되세요?" 내가 에일린에게 묻자 그녀는 고개를 저었다.

"에릭이 '엄마, 내가 꼭 우승을 해야 하는 건 아니에요. 우승한다면 그건 축복이겠죠'라고 했어요."

내 자리를 찾아가는데 또다른 결승 진출자의 자랑에 찬 부모인 로레나 골림립과 만났다. 그녀의 아들은 내가 어제 농구하는 모습을 지켜봤던 키가 1.2미터쯤 되는 켄지다. "켄지! 켄에게 원주율의 소수점 뒤 200자리를 외울 수 있겠니?" 그러자 켄지는 그 숫자를 음미하면서 외워 보인다.

애리조나 주에서 온 니컬러스 판즈워스와 유타 주에서 온 케넨 스파크스를 제외하면 오늘 결승에 올라온 참가자는 모두 아시아계 미국인이고 대부분은 남아시아 혈통이다. 이건 뜻밖의 일이 아니다. 인도계 미국인 문화는 교육에서 이런 식의 성취를 매우 중요하여 여겨서, 노스사우스재단이라는 비영리재단에서 이런 대회에 나갈 인도계 아이들을 훈련하는 면밀한 체계를 마련했으니, 그들은 모의 철자 맞추기 대회, 지리 대회, 수학 올림피아드를 미국 전역의 지부 70여 곳에서 저마다 개최한다.7 내셔널지오그래픽협회가 이 대회를 민주적으로 운영하는 데 이보다 더 곤란한 문제는 결승 진출자 10명이 전부—그리고 올해 전국 대회에 나온 전체 55명 중 53명이—남자아이라는 것이다. 지난해 통계에서는 미국에서 가장 인구가 적은 주인 알래스카 주와 와이오밍 주 대표만이 여자아이였다.

어제 소풍에서 와이오밍 주 대표인 커시 안셀미 스티스에게 이런 격차에 대해 물었더니 그녀는 또래의 사회적 압박에 이유를 돌렸다. 커시는 어깨를 으쓱하더니 말했다. "지금쯤이면 여자애들은 화장하는 데 빠져 있거든요. 지리학자가 되는 건 멋있는 일이 아니니까요."

"여자애들이 몇 안 돼 힘들지 않니?"

커시는 활짝 웃었다. "아뇨, 오히려 재미있어요. 우리가 방에 들어서면 다들 조용해져요." 긴 금발머리에 운동을 좋아하는 중학교 1학년생인 커시는 어제 소풍에서 타인의 관심을 분명 받을 만큼 받았다. 소풍 장소에서 보니 그 아이보다 머리통 하나는 작은 소년 대여섯이, 그러니까 안절부절 못하는 치아교정기와 '애덤스 애플'들이 줄곧 커시의 주변을 맴돌고 있었다.

지도를 두고 벌어지는 남성과 여성 사이의 격차는 물론 우리 문화에서 성차에 대한 주된 논쟁거리다. 별로 웃기지 않은 스탠드업 코미디에서 단골 소재로 쓰이기도 하고, 각종 언론 매체의 칼럼에서 길 물어보기를 싫어하는 남자나 가고자 하는 고속도로를 도로 지도책에서 찾지 못하는 여자에 대한 이야기가 흔하게 등장한다.* 하지만 최근 몇 년 사이에 이 주제는 시트콤 드라마의 영역에서 인지심리학 실험실로 자리를 옮겨서, 지도를 읽고 길을 찾는 방식에서 여성과 남성이 어떻게 다르며, 다르다면 과연 그 이유는 무엇인지에 대해 제대로 된 정밀조사를 하고 있다.

내셔널지오그래픽비가 시작되고 나서 초반 대회 일곱 번 중 여섯 번을 남학생이 우승하자 1995년에 협회는 펜실베이니아주립대 교수인 린 리벤과 로저 다운스에게 의뢰하여 여학생이 남학생보다 이 분야에서 뒤떨어지는 원인을 연구하게 했다. 그들은 이런 종류의 수행 격차에 대해 일반적이며 온건한 이유를 찾기를 기대했다. 남자애들이 더 경쟁적이라든지, 여자애들이 더 걱정이 많다든지, 아니면 이런 질문은 순전히 편견이라는 식의 답을 말이다. 하지만 이것보다 곤란한 연구 결과가 나왔다.

"남자아이 집단이 여자아이 집단보다 지리에 대해 실제로 지식이 조금 더 많기는 합니다." 리벤은 이렇게 인정하지만, 남자아이 53명 대 여자아이 2명이라는 비율이 남자아이가 여자아이보다 26배 뛰어나다는 의미는 아니라고 서둘러 덧붙인다. 다만 애초에 이 분야에서 남녀 성차는 미미하지만, 여러 단계를 거치며 가장 뛰어난 아이만 가려내는 이 대회

---

* 성별 간 의사소통에 대한 책인 1990년 베스트셀러 『당신은 이해 못해You Just Don't Understand』에서 저자 데버러 태넌은 이 주제가 가장 자주 받는 질문이라고 했다.[8]

의 형식상 그 차이가 증폭된다는 것이다.

　　나의 즉각적인 추측은, 이런 수행 격차가 일어나는 근본적인 원인이 공간 능력 차이에 있다는 것이다. 성별에 따른 길 찾기 검사 결과를 보면, 여자는 지형지물을 보며 길을 찾는 경향이 있지만("주유소가 있는 곳에서 좌회전하면 돼") 반면에 남자는 추측 항법을 쓴다("아직 북쪽으로 더 가야 하고 여기서 서쪽으로도 조금 더 가야 할 거야"). 이 결과는 진화론의 관점에도 잘 들어맞는다. 진화론에서 이야기하기를 인류 초기에 남자는 사냥을 하러 사방을 돌아다녔으며 언제 어디서든 동굴로 돌아오는 길을 잘 찾아내야 했으니 '동작 기억'이 발달했으며, 여자는 집 근처에서 먹을 것을 채집하는 동안 '사물 위치 기억'이 발달했다. 간단히 말해서 남자는 장소를 찾는 능력이 발달한 반면에 여자는 물건을 찾는 능력이 발달했다는 이야기다. 그로부터 2000년 뒤, 나는 바로 앞 서랍장 위에 놓여 있는 자동차 열쇠를 보지 못해서 아내를 짜증나게 한다. 반면 나는 아내가 지도를 '맞는' 방향에 맞추려고 거꾸로 돌릴 때마다 비웃는다. "민디, 지도를 돌린다고 해서 거기 그려진 표시들이 배열을 바꾸는 건 아니잖아." 내가 눈알을 굴리며 이렇게 말하면 민디는 내 말을 무시하고는 우리가 지금 부부 공동 재산을 법으로 정한 주에 살고 있으니 이혼할 경우 재산분배가 어떻게 될 것인가를 곰곰이 생각한다. 하지만 민디처럼 지도를 이리저리 돌려서 보는 사람은 많다. 1998년 존 심스와 애슐리 심스는 머릿속에서 자동으로 지도를 돌려 사고할 수 없는 민디 같은 사람들을 위해, 남쪽으로 여행할 때 유용하도록 남북이 거꾸로 된 지도를 고안했다.[9] 지도 제작사의 남성 간부들은 줄줄이 그 아이디어를 받아주지 않았지만 어느 여성이 그 지도를 보더니 바로 가능성을 알아차리

고 계약을 했다. 위아래가 뒤집어진 그 지도는 지금까지 30만 장이 팔렸다.[*] 갑자기 자동차와 스마트폰에 어디서나 GPS 내비게이션이 존재하게 된 것도 같은 이유로 설명할 수 있을 것 같다. 여자들이여, 드디어 당신이 방향을 돌릴 필요 없이 저절로 방향이 돌아가는 지도가 나왔다! 내가 운전을 할 때면 우리 집 차의 GPS 설정을 북쪽이 화면 위로 고정되도록 바꿔놓는데, 다음번에 아내가 운전을 하게 되면 화를 낸다. 이건 화장실 좌변기 뚜껑을 올려둔 채로 두는 경우에 맞먹는 상황이다.

리벤이 남자와 여자의 생물학적인 차이가 "크지는 않지만 존재한다"고 다시 말하더니 덧붙인다. "아마도 남자아이와 여자아이 사이에 유일하게 남은 인지적 차이일 것입니다." 하지만 리벤은 각종 사회적 요인이 그 작은 차이를 눈덩이처럼 불어나게 할 수 있다는 단서를 달았다. "남자아이가 여자아이보다 더 많이 돌아다닌다는 것은 이미 알려진 사실입니다. 소년은 소녀보다 자전거를 타고 더 멀리까지 가도록 허용되니까, 그들이 탐험을 더 많이 하는 거죠. 이런 요소들 때문에 주변 환경에 대한 지식이나, 어느 장소로 어떻게 갈 수 있는지 지도를 보며 알아낼 기회가 더 많아집니다." 이처럼 자라면서 겪는 작은 요인들이 일생을 좌우할 수 있다. 리벤은 맞벌이 부부가 요리와 장보기, 집안일을 동등하게 분담하는 사례가 잦은 이 시대에도 자가용은 1950년대 성 역할의 마지막 보루라는 점을 지적했다. 거의 언제나 남자가 운전을 한다는 것이다. 이건 우리 집에는 들어맞지 않는데, 우리가 함께 어딘가에 갈 때는 민디가 운

---

[*] 그다음에 애슐리 심스는 '젤리아트릭스Jellyatrics(노인을 뜻하는 '제리아트릭geriatric'과 발음이 비슷하다—옮긴이)'라는 영국에서 인기 있는 젤리 과자를 발명했다. 짐작할 수 있듯이 그 젤리는 노인처럼 생겼다.

전을 하는 경우가 자주 있다. 하지만 그 이유는 단지 민디가 지도를 읽는 역할을 하느니 운전을 하는 편을 좋아하기 때문이라서, 나는 리벤의 주장에 딱히 반대를 제기하지는 않았다.

메리 리 엘든은 이러한 적성의 격차는 적절한 지원을 받으면 좁아질 수 있을 만큼 작다고 본다. "관심 정도가 다를 뿐이에요. 어떻게 하면 여자아이들이 관심을 갖게 할 수 있을까요?" 엘든은 20여 년 전에 여성을 의학계로 끌어들이기 위해 했던 캠페인을 예로 들었다. "지금은 의대 학생 중 51퍼센트가 여성이에요. 이렇게 달라진 데는 '소녀들아, 너희도 할 수 있어'라고 격려한 힘이 컸죠. 나는 지리학에 있어서도 똑같다고 생각해요. 여자아이들에게 그들도 이길 수 있다고 말해주기만 하면 달라질 거예요."

결승 진출자 10명은 이제 모두 '내셔널지오그래픽비' 로고를 새긴 파란색 셔츠를 똑같이 입고 강당 무대 왼편에 두 줄로 앉아 있다. 무대는 이 행사를 위해서 극적으로 조명을 밝힌 7개 대륙의 지도로 장식했는데, 그 지도가 놓인 파란색 반투명 사각형의 격자판은 「제퍼디!」 세트장을 생각나게 한다. 게임쇼의 환상을 완성하기 위해 알렉스 트레벡이 성큼성큼 무대로 올라왔다. 그 40년 경력의 퀴즈쇼 베테랑이 입을 연다. "이들 10명의 결승 진출자는 이제 곧 지구와 그 위에 있는 모든 것, 그 안에 있는 모든 것에 대한 지식을 펼쳐보이며 여러분 모두를 감동시킬 것입니다." 2만5000달러의 상금과 더불어 올해 우승자는 크루즈 여행의 기회가 주어진다. 당연히 「휠 오브 포춘Wheel of Fortune」 식의 재미있고 가벼운 크루즈가 아니라 진지하고 교육적인 크루즈로, 무려 알렉스 트레벡

과 함께 갈라파고스 섬까지 가는 여행이다! 내셔널지오그래픽협회는 그들의 목표 대상들에 대해 옳은 판단을 했다. 이 발표를 듣자마자 결승 진출자 10명이 자리에 앉은 채로 신이 나서 껑충거린다.

첫 라운드를 마친 뒤에 알렉스는 결승 진출자들과 한 명씩 차례대로 잠깐 이야기를 나눴다. 「제퍼디!」에서 하는 미니 인터뷰는 하도 비굴한 태도를 유도하는지라 시청자들이 바로 꿰뚫어볼 수 있는 데 반해 이 아이들은 매력적이고 신선하다. 두 아이의 아버지인 알렉스는 참가한 아이들과 잡담을 나누는 동안 무척 편안해 보이고 평소보다 상냥하다. 긴장한 기색이 좀 드러나기는 했어도—밴시 젠은 귀여운 볼을 부풀렸다가 가라앉히기를 반복하고, 자러그 잘릴은 몸을 좌우로 흔든다—대체로 아이들도 놀라울 만큼 침착하고, 전국 스펠링비 대회 방송에서 봤던 아이들처럼 예측 불가능하거나 과장된 모습은 보이지 않았다. 그리고 다들 우표 수집, 체스, 활쏘기, 사교댄스처럼 예스러운 취미를 갖고 있는 듯하다. 오리건 주 대표인 아준 칸다스와미는 가장 성숙해 보이는 소년인데 자신의 이글 스카우트 프로젝트에 대해 이야기하고, 시바 캔지언은 제2차 세계대전 시절 비행기 모델에 대해 알렉스와 함께 태평하게 농담을 주고받는다.

두 번째 라운드가 시작되자 협회 직원 하나가 테라코타 병정으로 분장한 중국인 광대를 수레에 싣고 나왔고 알렉스가 산시성에 대한 다음 질문을 한다. 이런 것에 대해 케이틀린 스네어링이 나에게 경고했었다.

"전국 대회에서는 주의를 산만하게 만드는 물건들을 갖고 나와요! '이것은 피지에서 사람의 뇌를 파낼 때 쓰는 도구입니다!'라는 식이죠. 그런 물건에 정신을 뺏기면 안 돼요." 이런 시각적 소품들은 고대 유물부터 살아 있는 동물까지 다양해서, 펭귄이나 아르마딜로(스페인어로 '갑옷을 걸친 작은 동물'을 뜻하는 포유류―옮긴이)가 나올 수도 있다. 지난해에는 호주산 물총새가 잠깐 나왔다가 무대에 작은 기념품을 남기고 가는 바람에 한바탕 웃음을 자아냈다.

"그건 관객들을 즐겁게 해주려고 그러는 거잖니." 케이틀린의 어머니가 설명했지만 결승에 나갔을 때 케이틀린은 이런 덜 사악한 설명은 떠오르지 않았나보다. 레이저처럼 날카로운 집중력을 방해하는 건 뭐든 다 적이었다!

유타 주 대표 케넌 스파크스와 매사추세츠 주 대표 자러그 잘릴은 둘 다 산시성의 큰 강을 양쯔 강이라고 잘못 대답했다(정답은 황허 강이다). 네 번째 라운드에서 케넌과 자러그는 다시 고고학 유적에 대한 질문을 맞추지 못해 결승에서 이 두 학생이 먼저 탈락했다. 그 라운드가 진행되는 중에 나는 아이들이 어려워하는 문제는 반드시 어려워 보이는 문제가 아니라는 생각이 들었다. 노스캐롤라이나 주에서 온 샨탄 크로비디는 스톤헨지에서 가장 가까운 도시가 솔즈베리라는 것을 몰라서 스트라이크를 하나 기록했고, 케넌은 요르단 강 서안 지구에서 가장 큰 도시가 예루살렘이라고 넘겨짚는 바람에 탈락했다(정답은 헤브론이다). 이는 문화 소양 면에서 비교적 잘 알려진 정보들인데, 이 아이들은 그건 모르면서도 훨씬 더 어려운 터키 이즈미르나 남태평양 바누아투의 섬들에 대한 질문에는 정확하게 답을 말했다. 그들의 지식은 지도책과 백과사전에서 솟구치는 정보들에서 나오는 것일 뿐, 평생 여행을 하고 매체를 접하며 익힌 것이 아니다. 즉, 우리가 가진 지식처럼 살면서 얻은 것이 아니라는 점에서 다르다.

그다음에는 스미스소니언박물관의 큐레이터가 고릴라의 두개골을 들고 등장했지만 아이들은 거기에 정신 팔지 말고 살아 있는 고릴라들이 서식하는 동아프리카의 화산 산맥이 어디인지 맞춰야 한다. 네 명이 정답인 비룽가 산맥을 맞추지 못했는데, 가슴 아프게도 시바 간가바라푸는 답지에 '비룽가 산맥'이라고 썼다가 지우더니 다시 '루웬조리'라고 쓰다가 주어진 시간이 지나가버렸다. 매번 누군가는 무대에서 내려가기 때문에 진행 속도는 빨라지고 다음 라운드는 조금씩 더 짧아진다. 어느새 참가자석 절반이 비었다.

다음 세 라운드의 질문을 거치는 동안 마치 숫자 세기 동요를 부르듯이 차례대로 한 명씩 탈락했다. 켄지는 초반에 한결같이 재잘거리는 목소리로 아주 믿음직하게 답을 하더니 이번에는 주어진 12초 안에 멕시코 멕시칼리를 답하지 못했다. 이제 네 명이 남았다. 만 열 살인 밴시는 아일랜드 클루 만을 몰라서, 이제 세 명이 남았다. 마침내 열 번째 라운드, 샨탄이 불가리아의 항구 도시 이름에서 쩔쩔맨다. 샨탄은 그 문제를 놓친 뒤에 왼쪽을 쳐다본다. 에릭 양은 아직 한 문제도 틀리지 않았지만 아준과 샨탄은 스트라이크 하나씩을 기록한 상태로 그 라운드에 올라왔다. 여기서 아준도 자신의 질문을 놓치면 샨탄은 다시 한 번 살 기회를 얻을 것이고 최종 결승에 오를 가능성이 있다.

"아준, 남아메리카에서 어느 나라가 예전 통화인 '수크레'를 단계적으로 폐지하고 미국 달러를 공식 통화로 받아들였을까요?"

아준이 입술을 깨문다. "에콰도르요?"

"에콰도르, 정답입니다!" 알렉스가 외친다. 아준은 고개를 숙이더니 조용히 두 주먹을 흔든다. 샨탄은 3등상으로 장학금 1만 달러를 받게 되었지만, 그래도 엄청나게 실망한 얼굴로 마이크를 끄고 일어나서 옆자리로 걸어간다. 거의 마지막까지 왔는데 아깝게 되었다.

마지막으로 남은 두 명인 에릭과 아준은 최종 결승 라운드를 위해 서로 자리를 바꾼다. 알렉스는 두 참가자 사이 한 단 낮은 자리에 놓인 독서대 앞에 서고, 두 참가자는 같은 질문을 듣고 종이에 답을 적게 될 것이다. 마지막 질문 다섯 개 가운데 정답을 더 많이 맞히는 사람이 우승자가 된다.

"소위 그해의 이기는 문제는, 따지고 보면 지는 문제라고 할 수 있죠." 객석에서 내 옆에 앉은 앤더스 노스페가 설명한다. 앤더스는 1994년 대회에서 우승한 뒤 몬태나 주 보즈먼에 있는 자신이 다니던 중학교에서 사인 요청을 꽤 많이 받았다. 15년이 지난 지금 그는 지난 추억을 회상하며 메리 리 엘든과 나머지 주최측 사람들에게 인사를 하려고 이 자리에 왔다. 예일대에서 기차를 타고 온 그는 물리학 박사 과정 막바지에 있다.

"저 아이들이 얼마나 침착한지 좀 보세요." 내가 말한다. 다 큰 어른들이 「제퍼디!」에서 경쟁하는 스트레스 때문에 실신했다는 이야기가 있는데, 이 중학생들은 이 퀴즈의 도가니를 당당하게 치러내고 있다. 알렉스 왼편에 있는 에릭은 결승전이 진행되는 내내 얼굴색 하나 변하지 않고 오히려 초연하기까지 하다. 그 애 부모님이 말했듯이, 그야말로 오이다. 아준은 계속 좀 안절부절 못한다. 결승전에 참가한 나머지 9명보다 좀 더 사춘기에 들어선 그 아이는, 콜롬비아 보고타가 볼리바르 광장이 있는 도시라는 것을 어림짐작으로 맞춰서 살아남았을 때 눈에 보이게 안도의 한숨을 내쉬었다. 하지만 이제는 그도 아주 냉정하게 집중해서 자기 앞에 놓인 종이를 쳐다보고 있다.

앤더스가 고개를 젓는다. "저 애들 지금 분명 굉장히 긴장될 거예요." 그는 자신의 결승 대결을 떠올리며 속삭였다. "왜 이런 걸 기억하는지는 모르겠지만, 땀 한 줄기가 내 어깨에서 팔을 타고 쭉 떨어지던 것이 기억나요."

"준비가 되었으면 첫 번째 질문을 하겠습니다." 알렉스가 시작한다. "슬라보니아와 달마티아는 지금은 어느 나라에 속한 역사적인 지역입니까?"

예전 유고슬라비아 공화국의 일부였던 나라인 것은 아는데, 어느 나라더라? 세르비아? 크로아티아? 보스니아?

"정답지를 들어주세요." 시간 맞춰 알렉스가 말한다. "정답은 여러분이 쓴 그대로입니다. 크로아티아. 각자 1점씩, 동점이네요. 다음 질문 나갑니다. 론 계곡의 농작물에 피해를 입히는 남프랑스의 활강기류를 그 지역에서는 무엇이라고 할까요?"

에릭과 아준 둘 다 '미스트랄'이라고 썼다. "이번에도 두 사람 모두 정답입니다. 이거 흥미진진한데요, 여러분 안 그렇습니까? 벌써 조짐이 보이는데요."

알렉스의 말대로 그 라운드는 두 사람 모두 한 문제도 틀리지 않은 채 끝났다. 에릭과 아준은 칸디는 스리랑카에, 사라고사는 스페인 에브로 강가에, 소치는 러시아 흑해 연안에 있다는 것을 알고 있었다. 알렉스는 동점 결승전 문제지를 꺼낸다. 이제는 둘 중 하나가 한 문제라도 틀리면 바로 대회가 끝난다.

"카타르에서 서북쪽에 자리한 시타르는, 석유를 수출하는 어느 섬나라의 항구 도시인가요?" 에릭의 부모는 내 왼편에 있는 아준의 부모

236

앞에 앉아 있다. 그들은 아들처럼 침착해 보인다. 아준의 부모도 움직임이 없긴 하지만 눈을 크게 뜨고 허리를 꼿꼿이 세운 채 앉은 모습이 대회를 지켜보다 약간은 긴장한 기색이다.

에릭은 답을 적기 전에 잠시 주춤했지만, 둘 다 '바레인'이라고 정답을 적어서 결승전은 일곱 번째 질문까지 나간다. "애키미스 섬은 캐나다 누나부트 지역에서 가장 남쪽에 있는 이 만에서 가장 큰 섬입니다. 이 만의 이름은 무엇인가요?" 두 소년은 정답이라고 착각하기 쉬운 허드슨 만이라고 쓰지 않았다. 둘 다 답이 제임스 만이라는 것을 알고 있었다.

객석이 조용하다. 이제껏 누나부트의 물길에 이만큼 많은 사람이 관심을 둔 적은 없다. 알렉스가 미소를 지으며 묻는다. "두 사람 모두 정답지를 아직 충분히 갖고 있나요? 그래요, 좋습니다."

여덟 번째 문제. "도나우 강의 지류, 티미슈 강과 이름이 같은 티미슈 주는 유럽 어느 나라의 서부에 자리하고 있습니까?" 이번에는 잠시 시간이 흐른 뒤에야 펜이 사각거리는 소리가 나기 시작했다. 헝가리인가? 결승 진출자들도 나처럼 확신이 없는 모양이다.

정답지가 공개되자 객석에서 낮게 웅성거리는 소리가 났다. "이번에는 두 소년이 서로 다른 답을 적었군요." 알렉스의 목소리가 고조되었다. 아준의 종이에는 내가 생각한 '헝가리'가 적혀 있다. 에릭은 '루마니아'라고 썼다.

아준은 마치 알렉스가 이제 금방이라도 비밀스러운 종교적인 진리를 밝히기라도 할 참인 양 그쪽을 쳐다본다. 에릭은 시선을 앞에 고정하고 있다. "정답은 루마니아입니다! 2009년 내셔널지오그래피비의 우승자는 에릭 양입니다!"

객석에서 박수 소리가 터져나왔다. 아준은 쓸쓸하게 고개를 흔들 더니 오른손에 머리를 묻는다. 알렉스가 감탄하는 목소리로 외친다. "대 단한 결승전이었습니다! 네, 정말 대단했죠!" 에릭은 주먹을 들더니 겨우 몇 밀리미터를 움직여서 내가 이제껏 본 가장 작은 승리의 몸짓을 해보 이더니, 한쪽 주먹에 턱을 올린 채로 아주 작은 미소를 지었다. 그날 에 릭의 얼굴에서 처음으로 보는 미소였다.

우승자의 한마디를 따려는 신문 기자 무리를 헤치고 에릭에게 축 하를 하려고 다가갔을 때 에일린 양은 15분째 계속 울고 있었다.

"에릭, 그게 루마니아라는 걸 알고 있었니?" 내가 물었다.

"아는 정보들로 추측한 답이었어요." 에릭은 중부 유럽의 지형을 그리려고 노력하면서 도나우 강의 지류가 어디에서 시작될 법한지, 어느 방향으로 흘러갈지를 추측해냈다. 나는 감탄했다. 이 대회를 비판하는 말들과 다르게 에릭은 그냥 지명을 앵무새처럼 외우지 않았다. 그 아이 는 그 지역에 대해 속속들이 알고 있었다.

"이기니까 기분이 어떠니?" 내가 묻자 에릭은 조용히 대답한다.

"꽤 대단하네요. 중요한 사건이죠." 이 아이는 끝까지 절제하는 말 투다.

나는 55명의 아이들이 대회에서 경쟁하는 모습을 실제로 보고 나 서야 내가 얼마나 그 광경을 볼 필요가 있었는지를 깨달았다. 단순한 지 도도 읽지 못하는 젊은이들에 대한 언론 보도를 수십 년 동안 접하면 서, 나는 그 보도 내용들을 딱히 불합리하지는 않은 결론으로 일반화해왔다. '미국인은 모두 지리에 젬병이다.' 그러니 내가 어릴 때 그랬던 것처럼 지도에 미쳐 있는 아이들이 아직 존재하며 사실은 미래가 꽤 희망차다는 것을 직접 목격한 경험은 내게 치료제 역할을 했다. "그게 바로 제가 이 대회를 좋아하는 이유예요. 교육에 대한 좋은 소식을 전해준다는 것이죠. 신문에서 읽는 이야기는 대개 정말 부정적이에요. 학문에 뛰어난 아이들에게도 노력에 대한 보상을 해줘야 해요. 이 아이들은 미식축구 대회나 농구 대회에 나가서 트로피를 받지는 못할 테지만, 세상에 보탬이 될 자질을 아주 많이 갖고 있어요. 그러니까 우리가 그들에게 보상을 해줘야 합니다."

내셔널지오그래픽비 대회 우승은 어떤 아이가 장래에 비범한 일을 하게 될지 예측할 수 있는 놀라울 정도로 정확한 방법이다. 앤더스가 예일대에서 하고 있는 분자물리학 연구는 빙산의 일각이다. 이 대회의 첫 여자 우승자인 수재나 바트코요비노는 의사가 되어 메릴랜드대에서 암을 연구한다. 2001년에 우승한 카일 하다드 폰다는 하버드대에서 중국과 이집트의 관계를 연구하고 있으며, 얼마 전에 로즈 장학금을 받았다. 케이틀린 스네어링의 목표는 그보다 더 높다. 그녀는 언젠가 국무장관이 되겠다고 「투데이」 쇼에서 선언했다. 그 얼마 뒤 스네어링은 곤돌리자 라이스가 직접 사인한 사진과 대통령의 축하 편지를 받았다.

액자에 넣은 그 기념품들을 보고 있는데 케이틀린의 어머니가 혀를 차며 말했다. "하지만 전국 스펠링비 대회에서 우승한 애들은 대통령을 직접 만나잖아요." 그때 나는 지리 대회 사람들이 스펠링비 대회에 대해 갖고 있는 열등감을 처음으로 느꼈고, 그뒤로도 같은 일들을 겪었다. 그들은 고작 '맞춤법' 대회가 지리보다 더 이름이 높고 관심을 받는다는

것에 분개하는 경향이 있다. 지리는 맞춤법과 달리 5학년 이후에도 계속 학교에서 가르치며, 성인이 되어서도 중요하고 워드 프로그램이나 이메일 계정 프로그램에서 쉽게 자동 수정되지 않는 과목이니 말이다.

결승이 끝난 뒤에 열린 점심 만찬에서 알렉스 트레벡이 스펠링비 대회에 대해 비밀스레 품고 있던 질투심을 내비쳤다. "아무도 나한테 말해달라고 하지는 않았지만 어쨌든 이야기하겠습니다." 그는 의자에 느긋이 기대앉아 말을 꺼낸다. 알렉스가 와인을 몇 잔 하더니 자신의 지하실에 『내셔널 지오그래픽』 잡지가 가득하며 그 잡지를 끝없이 읽곤 한다고 모두가 들을 수 있게 이미 꽤 장황한 이야기를 한 뒤였다. "맞춤법 대회를 깎아내리려는 건 아니지만, 맞춤법 대회가 ABC의 황금 시간대에 방송된다면 우리는 그보다 더한 대접을 받아야 해요. 우리가 다루는 범위가 더 흥미롭고 광범위하잖아요. 우리도 그렇게 황금 시간대 방송을 할 자격이 있다는 거죠."

하지만 대중의 인기를 얻든 말든 간에 알렉스는 영원히 이 대회를 진행할 계획이다. "오늘 그 테라코타 병사처럼 나를 수레에 태워 무대에서 밀고 나가야 할 때까지 계속할 겁니다."

10년 뒤에는 어찌 될지 누가 아는가? 어쩌면 알렉스가 전국 방송에 중계되는 결승전에서 두둑한 장학금을 유투브 스타 릴리 개스킨에게 전달하게 되는지도. 그때 그 아이가 받게 될 박수를 한번 상상해보라.

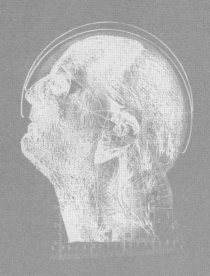

제8장

곡류 MEANDER

n. 강을 비롯한 물길의 선회하며 그리는 곡선

태양을 계속 눈앞에 두고자 한다면 하루 종일 날아서 세계를 돌아야 한다.
— 스티븐 메릿

현존하는 가장 오래된 지도책은 사람들이 그 지도를 보고 어딘가로 갈 필요가 전혀 없도록 고안되었다. 매슈 패리스 같은 중세의 지도 제작자가 성지들과 거기까지 가는 길을 아름답게 표현한 지도를 그릴 때는 주로 동료 수도사들을 대상으로 삼았는데, 수도사들은 수도원에서 한 발짝도 나가지 않으면서 성지순례의 한 걸음 한 걸음을 세세하게 살펴보고는 했다.[1] 그들은 발이 아니라 마음의 순례, '페레그리나티오 인 스타빌리타테peregrinatio in stabilitate'를 신봉했다. 이렇게 하는 안락의자 여행으로도 충분한데—물론 수도사들이 안락의자처럼 편안한 자리의 사치를 즐겼다는 뜻은 아니다—실제로 여행을 떠났을 때 그 길 위에서 맞닥뜨릴 온갖 매혹적이며 음란한 유혹을 생각해보라! 형제여 그렇다고 그걸 너무 열심히 생각하지는 말아라. 자, 기도합시다.

집 가까이 머물러 있어야만 하는 기독교적인 이유가 딱히 없다 하더라도 당시 사람들에게 로마의 지도란 화성 지도와 비슷한 만큼 쓸모 있었을 것이다. 중세시대에 사람들은 대부분 자신이 태어난 곳에서 30킬로미터 이상 벗어나보지 않은 채 살고, 일하고, 결혼하고, 죽었다. 만일 당신이 그 시절에 태어난 나라를 벗어나 여행하는 꿈을 꾸는 보기 드물게 야심찬 영혼이었다면, 아마도 당신의 인생 목표는 일생 단 한 번의 순례 여행이었을 것이다. 예를 들어 캔터베리나 산티아고 데콤포스텔라나 예루살렘으로 가는 여행 말이다. 그게 다였다. 15세기에 베스트셀러 여행서가 있었다면 그 책 제목은 『당신이 죽기 전에 가봐야 하는 한 곳』이었을 것이다.

그뒤로도 500년 동안 여행이란 거의 그런 것이었다. 1819년 런던에 캐슬레이 경이 '여행가클럽'을 설립했을 때 그 클럽의 회원 자격은 정말 여행을 많이 다녀서 런던에서부터 800킬로미터 이상 멀리까지 가본 신사들에게만 주어졌다. 이걸 믿을 수가 있나? 800킬로미터다. 런던에서 생모리츠까지 스키 여행 한 번만 다녀오면 당신도 오크 나무 판재로 실내장식을 한 여행가클럽에서, 웰링턴 공작은 물론이고 프랜시스 보퍼트 경이나 비글호의 로버트 피츠로이 선장 같은 탐험가들과 어울리며 코냑을 홀짝거릴 수 있었다.

19세기의 대중 기차 수송과 20세기의 항공 여행이 일으킨 교통혁명은 그 모든 것을 바꿔놓았다. 인류 역사상 처음으로, 말 그대로 어디든 가는 것이 가능해졌다. 그리고 실제로 사람들은 그렇게 해왔다. 지구에서 가장 인간을 반기지 않는 곳 중 하나인 에베레스트 산의 북벽은

1921년까지 사람의 발길이 단 한 번도 닿지 않은 채 남아 있었다. 이제는 마치 공연 티켓을 구하려고 밤새 줄을 서서 기다리는 10대들처럼 세르파를 몇 주 먼저 올려보내서 좋은 캠핑 자리를 차지하려는 등반팀으로 붐비는 통에, 지저분해진 산등성이에서 쓰레기를 수거하는 국제단체의 노력이 필요할 정도다.[2]

　제트기의 시대는 새로운 종류의 전문가들을 낳았다. 바로 지리적인 대상에 끌리는 성향의 수집가다. 그들은 야구카드나 도자기나 액션 피규어를 모으는 물건 수집가가 아니라, 장소 수집가다. 물론 지구상 모든 장소에 가는 것은 제아무리 21세기라 해도 불가능하다. 어찌되었든 이 게임의 경기장 면적은 5억1000만 제곱킬로미터나 되니 말이다. 그러니 완벽주의 성향의 여행가라면 특정 전문 분야를 선택할 것이다. 지구상 모든 장소에 가보는 것이 아니라 각 대륙에서 가장 높은 지점에 모두 가본다거나, 미국 내 모든 카운티 혹은 모든 주도에 가본다거나, 아니면 모든 고속도로 휴게소에 가본다거나…… 가능한 선택지는 무한하다.

　이런 장소 수집가 수천수만 명이 지금 이 순간에도 지구를 헤매는 중인데 그들 모두에게는 공통점이 하나 있다. 그들은 각자 마음에 품고 있는 체크리스트가 자신의 여행에 부수적으로 딸린 것인 척 하지만, 사실은 다들 마음 깊은 곳에서는 그게 진실이 아니라는 것을 안다. 그 체크리스트가 없어서는 안 된다는 사실을 말이다.

　루이즈 맥그리거는 조용하고 반백인 60대의 여성으로, 말하자면 당신의 할머니 같은 사람이다. 하지만 당신 할머니와 다르게 루이즈는 정말로 소말리아를 여행하겠다는 마음을 먹었더랬다. "모가디슈에서 우리가 비행기에서 내리게 두지를 않더라니까!" 루이즈는 비벌리힐스에 있는 호화로운 스테이크 레스토랑의 시끄러운 바에서 시끌벅적한 여자들 한 무리에게 불평을 늘어놓는 중이다. "소말리아 사람들은 다 내리는데 우리가 내리려고 하니까 '당신 지금 어디 가려는 겁니까?' 라고 하더라고." 소말리아는 몇 년 동안이나 무정부 상태와 유혈 사태로 혼란에 휩싸인 무인지대였지만, 그 사실에 아랑곳없이 루이즈는 진심으로 약간 발끈한 듯 보였다. 그녀는 최근에 '아프리카의 뿔(소말리아, 에티오피아, 탄자니아 등이 있는 아프리카 동북부─옮긴이)'로 여행을 떠나서 지부티와 예멘은 체크리스트에서 지울 수 있었지만, 소말리아는 결국 밟지 못하고 돌아왔다.

"진짜로 위험하다고 느끼는 장소에 있어본 적 있으세요?"

"물론이죠! 난 뉴욕이랑 로스앤젤레스에서 살았어요."

할머니, 저라면 스모그와 교통 정체를 자살 폭탄 테러, 참수형, 해적단에 비교하지는 않겠어요.

그녀는 어깨를 으쓱해 보였다. "제일 재미있는 곳은 안전하지 않거든요. 내 친구랑 나는 국방부의 여행 위험 지역 목록을 보면서 여행할 곳을 골라요."

현대의 미국판 여행가클럽은 1954년에 캘리포니아 주 남부에서 버트 헴필과 루스 데이비드슨이 창립한 '여행가센추리클럽Travelers' Century Club'인데, 이들은 독특한 여행지로 호화로운 여행을 가고 싶어하는 사람들을 상대로 하는 로스앤젤레스의 고급 여행사와 손을 잡고 일했다. 이름에 '센추리century'라고 붙인 것은 자격을 갖춘 사람만 들어올 수 있는 이 클럽의 규칙을 의미했으니, 적어도 100개국을 여행해본 사람만이 회원이 될 수 있다. 달성하기 어려운 목표라고 생각했기 때문에 그렇게 정

했지만 1950년대가 끝나갈 무렵에 이미 43명이 회원 자격을 인정받았다. "알고 보니 100개국은 그리 어려운 목표가 아니었어요, 그 시절에조차 말이죠." 지난 20년 동안 클럽 의장을 맡아온 클라우스 빌렙의 말이다.

현재 이 클럽 회원수는 2000명이 넘으며 오늘 열린 오찬은 매년 열리는 가장 큰 정기행사다. 나는 이 현대판 탐험가들, 프랜시스 보퍼트와 로버트 피츠로이의 정신적인 후손들과 허물없는 대화를 나눌 수 있길 기대하고 있었다. 바라건대 모닥불이 활활 타오르고, 흰수염누의 머리 박제가 벽에 걸려 있는 곳에서 말이다. 하지만 나의 탐험에 대한 환상은 클럽의 정기 오찬에 대해 클라우스가 나에게 말해줬을 때 무참히 깨졌다. "저녁 연회를 했었지만 회원 중에 몇 명이 로스앤젤레스의 고속도로에서 있었던 총격 사건에 대한 이야기를 들었어요. 회원들은 대부분 밤에 운전하는 걸 별로 좋아하지 않아요."

그러니까 정리를 해보자. 대담하기 그지없는 이 탐험가들은 캄차카 반도나 갈라파고스에 다녀왔지만, 해가 진 다음 405번 도로를 달릴 만큼 과감하지는 않다고? 그제서야 나는 어떤 사람들이 100개국을 가볼 시간과 돈이 있을지 깨달았다. 아주 돈이 많으며 동시에 아주 나이가 많든지, 아니면 아주 돈이 많거나 아주 나이가 많은 사람들이다. (대체로는 전자의 경우가 많다.) 레스토랑을 둘러보고 있자니 이 클럽 이름에서 '센추리'가 회원들의 나이를 가리킬 수도 있겠다는 생각이 떠오른다 해도, 크게 지탄받을 일은 아닐 것이다. 그럴 만도 한 것이, 내 시야에는 오렌지카운티산産 모피, 진주, 주름 제거 수술의 흔적들이 가득하다.[*]

---

[*] 하지만 요실금의 나이에 이르기 전에 모든 대륙을 가본 회원도 있다. 이 클럽의 가장 젊은 회원은 라니 시어로, 만 2살 6개월에 100번째 나라를 밟았다. 물론 그 부모도 클럽 회원이다.

하지만……. 이 나이 많은 회원들이 작년에 가본 멋진 여행지만 따져봐도 내가 이제껏 살면서 가본 여행지보다 더 많다. 60대인 루이즈 맥그리거는 얼마 전에 에티오피아를 열두 시간 동안 버스로 가로질렀으며, 모가디슈의 활주로에서 소동을 약간 일으키기도 했다. 이들이 탐험가가 아니라고 말할 수는 없다.

"당신은 지금까지 몇 나라나 가봤어요?" 루이즈는 내가 클럽 회원이 아니라 호기심 많은 구경꾼이라는 것에 흥미로워하며 내게 물었다.

올 것이 왔구나. 사실은 여기 오는 차 안에서 속으로 계산을 해봤다. 나는 내가 세 대륙에서 살아봤고 여행을 제법 했다고 생각한다. 하지만 정작 내가 가본 나라는 김빠지게도 24개국에 지나지 않으며, 이것조차도 환승 때문에 타이베이 공항에서 90분 동안 머물렀던 것과 고등학교 현장학습에서 비무장지대에 갔을 때 그곳 회의실에서 북한 쪽에 발을 한쪽 내밀었던 것까지 포함해서다.

"29개국이오." 나는 거짓말로 가장 근접한 소수를 말한다.

루이즈가 반격을 한다. "29개국밖에 안 가보고 지리에 대한 책을 어떻게 써요?"

한 방 먹었다. 이 자리에서 나는 유별나게 한정된 지역밖에 모르는 사람인 셈이다. 하지만 루이즈가 뭔가 알고 있는 것이 아닐까 하는 생각이 든다. 미국인이 지도와 관련된 지식이 없기로 악명 높은 것은 미국인이 해외로 여행을 잘 다니지 않는다는 사실과 관련 있지 않을까? 어쨌든 지금까지 한 번도 가보지 않았으며 앞으로도 갈 일 없는 장소에 관심을 갖기는 어려운 일이며, 여권을 갖고 있기라도 한 미국인의 숫자는 충격적일 만큼 소수이니까 말이다.* 2008년 미국 공화당 부통령 후보였던

세라 페일린은 2006년에 쿠웨이트와 독일에 있는 미군을 방문하러 갈 때까지 여권이 없었다는 것으로 헤드라인을 장식한 적이 있다. 케이티 쿠릭이 세라 페일린에게 왜 이전에는 여권을 만들지 않았냐고 질문하자, 세라 페일린은 자신은 배낭 하나 둘러매고 유럽으로 휙 떠나는 한가하고 혜택받은 대학생이 아니었다고 자랑스럽게 말했다. "나는 평생 일을 했어요. 나는 그 문화에 속해 있지 않았던 거죠."³ 이게 미국의 모습인가? 미국인에게는 가끔 여행을 떠나고 싶어하는 것이 중산층의 삶에서 자연스러운 일부가 아니라 특별한 하나의 문화이며, 그것도 그리 미국적이지 못하다고 여겨지는 부잣집 애들의 문화인 건가? ·

그날 우리 테이블에서는 40년이라는 넉넉한 나이 차이로 내가 가장 젊은 사람이었다. 내 왼쪽에 앉아 빵에 버터를 바르고 있는 87세의 빌 크로퍼드는 최근 그린란드에 다녀왔다. ("거긴 어땠어요?" "추웠지!") 그는 트위드 재킷에 터틀넥을 받쳐입고 흰 수염을 잘 다듬은 모습이 말쑥한 남자였다. 그에게 머나먼 곳에 대한 관심이 시작된 것은 열다섯 살 때 클라크 게이블이 나오는 영화 「바운티호의 반란」를 보고나서였다. "내가 그랬지. '내 인생에 언젠가는 핏케언 섬에 가서 그곳 사람들을 만나보겠어'라고 말이야. 작년에 그 섬에 집을 샀지." 핏케언 섬은 영화 속 바운티호의 반란자들이 도착한 섬이다.

빌은 일흔 살을 기념하기 위해 할리데이비슨을 샀고, 대륙을 이리저리 가로질러 10만 킬로미터를 달렸다. 그의 계획은 110세까지 여행

하는 것이다. "쉬게 됐을 때, 그때 쉬는 거지!" 그는 세상을 떠난다는 의미로 두 번째의 '쉰다'를 강조해서 말했는데, 사실 녹내장과 시력 감퇴 때문에 그는 갈수록 느려지고 있다. 하지만 빌은 철학적이다. "일어날 일은 일어나겠지만, 나는 헤쳐나갈 거야. 미리 걱정하지는 않을 거라고. 어떤 일이 생길 거라면 생기라지." 그는 씩 웃고 나를 팔꿈치로 쿡 찌르며 흐릿해진 눈 한쪽을 찡긋해 보인다. "데이트 하러 나갈 때처럼 말이야, 안 그래?"

의장인 클라우스 빌렘이 앞에 나가서 클럽의 일 몇 가지를 말하고 있다. ("마이크를 입에 좀 더 가까이 들어요!" 뒷자리에 앉은 가는귀가 어두운 회원이 그에게 소리를 친다.) 오늘 오찬에 참석하기 위해 가장 먼 곳에서 여행해온 사람에게 주는 상이 이제 막 웨이크 섬에 다녀온 잔뼈 굵은 회원들에게 돌아갔다. 하와이와 괌 사이에 있는 그 작디작은 산호섬에는 삼엄한 경계 너머에 미국의 미사일 기지가 있어서 미군의 허가를 받아야 한다. 그 때문에 그 섬은 세상에서 가장 가기 어려운 곳으로 손꼽힌다. 사실 그런 절차를 밟아서 웨이크 섬에 다녀온 141명 중에서 5명이 이 클럽 회원으로, 이로써 그들의 여행지 체크리스트에서 가장 마지막에 있는 항목을 지울 수 있게 됐다. 들뜨고 놀란 숨소리와 박수가 저절로 터져나온다.

이어서 클라우스는 "매년 프레스노에서 차를 몰고 오는 86세의 신사"에게도 찬사를 보낸다. 그는 내 맞은편에 앉은 로드 리치로, 박수에 대한 답으로 손을 번쩍 들어보이며 외친다. "여전히 살아 있는 사람들 사이에 있습니다!"

로드는 내게 이렇게 말했다. "나이는 마음에 달린 문제일 뿐이지.

자네도 내 나이에 이르면 친구와 동료들이 대부분 죽었다는 것을 깨달을 거야. 그리고 나는 내 영구차 뒤에 돈이 가득한 트레일러가 따라오는 건 원하지 않아. 그 돈을 죽기 전에 다 쓰고 싶다고! 그래서 여행을 하기 시작했어." 그는 친구에게서 여행가센추리클럽에 대해 들었고 그뒤로 친구와 서로 가본 나라 수를 비교하기 시작했다. "그 친구가 나한테 옮긴 질병 같은 거였지." 로드는 쓸쓸한 듯이 껄껄거렸다.

나라 수집이라는 질병에는 분명 어딘가 중독성이 있어 보인다. 그런 사람을 '나라를 자루에 주워담는 사람'이라고 호칭하는 이들도 있다. 마치 나라 전체가 가젤처럼 잘 잡히질 않고 몰래 다가가 잡아야 하는 사냥감인 것처럼 말이다. 내가 앉은 테이블 사람들은 여든, 아흔이 되어가지만 각자 최근에 경험한 모험과 위험했던 상황에 대한 이야기를 열심히 나누고 있다. 빌은 페루 쿠스코에서 브라질 마나우스까지 아나콘다가 사는 늪지대를 지나 아마존을 여행하고 왔는데, 그곳은 남아메리카 코카인 거래의 중심지이기도 하다. 로드는 2000년 피지에 갔다가 쿠데타 때문에 빠져나오지 못한 적이 있다. 하지만 로드는 별일 아니었다는 듯이 말한다. "아, 문제는 수바에서 일어났어요. 나는 섬 반대편 나디에 있었죠." 그래도 여전히 길은 그들을 부른다. 빌은 알래스카 주 알류샨 열도 끝이자 미국에서 서쪽 맨 끝인 애투 섬*에 가보고 싶어한다. 오늘 이 자리에 온 최고령 여행자인 앨프리드 기스는 다음달에 퀸메리호를 타고 세계일주를 할 계획이다. 영어에서 여행광에 대해 'wanderwhim'이나 'wanderhobby'가 아니라 'wanderlust'라고 말하는 데는 이유가 있다(방

---

* 알류샨 열도의 끝인 이곳은 국제 날짜변경선을 지나서 있기 때문에 학구적으로 따지자면 모순되게도 미국에서 가장 동쪽에 있는 섬이기도 하다.

맵헤드

랑벽wanderlust은 일시적인 변덕whim이나 가벼운 취미hobby가 아니라 갈망lust이라는 뜻 ― 옮긴이). 이건 절실하고 열정적인 욕망이다.

다른 사람은 이들을 이해하거나 함께 여행 사진을 봐주지 않기 때문에 이 방랑자들은 서로를 찾는다. "우리한테는 다들 이 미친 듯한 집착이 있죠." 뉴욕현대미술관의 단행본 출판인이자 영국 출신인 크리스토퍼 허드슨은 현재 이 클럽의 회장이다. "다른 친구들한테 여행 이야기를 하면 지루해서 눈이 풀려버리거나 아니면 '아이고 맙소사, 이 작자는 대체 왜 이런 지명들을 늘어놓는 거야'라고 생각하죠."

크리스토퍼는 이 클럽이 "잘 알려지지 않은 곳에 가기 위한 훌륭한 정보원"이라고 말한다. 여행가센추리클럽은 가장 최근에 헤아린 바로 483곳의 외딴 여행지에 대한 '정보 파일'을 출판했는데, 거기에는 흔한 여행 정보서에는 없는 여행 관련 조언으로 가득하다. (만약 당신이 분쟁 지역인 소수민족 거주지 나고르노카라바흐에 가게 된다면 비자 도장을 별도의 종이에 받아라. 안 그러면 아제르바이잔으로 다시 입국을 할 수 없다! 태평양 마이크로네시아에 있는 나라인 팔라우에서 가장 높은 폭포인 타키 폭포에 갈 때는 진흙을 뒤집어쓸 경우에 대비해라!) 매번 오찬을 할 때는 최근 여행에서 돌아온 회원이 여행기를 발표한다. 지금은 크리스토퍼와 내가 연회장 뒤에서 이야기를 나누는 동안 파푸아뉴기니 사진 프레젠테이션이 시작되었다. 많은 사람이 메모를 한다. 내가 눈을 들어서 봤을 때 마침 파워포인트 화면에 '남근 박'이라는 문구가 눈에 띈다. 그리고 사진이 나온다. 그렇다, 그 박은 정확히 당신이 상상하는 대로 생겼다. 어떤 사람의 머리 뒤에 거대한 '남근 박'의 영상이 어른거릴 때 그 사람의 눈을 똑바로 바라보기란 참 어려운 일이다.

여행가센추리클럽 이사진에 있는 크리스토퍼에게는 어느 지역이 이 클럽의 공식 여행지 목록에 들어갈 것인지 아닌지를 정하는 투표권이 있다. 이건 보기보다 어려운 일이다. UN 회원국은 192개뿐인데, 여행가센추리클럽은 그보다 훨씬 많은 319개의 '나라'를 인정하니, 그 목록에는 모국으로부터 어떤 식으로든 갈라진 지역도 들어 있다. 어떤 경우에는 이치에 맞는 듯 보이지만(프랑스가 여전히 타히티를 통치한다고 해서 여행자들도 그 둘을 한 '나라'로 취급할 수 없는 것은 당연하다) 어떤 경우에는 터무니없는 기준도 있다(이 클럽 규칙에 따르면 알래스카 주는 별도의 나라이며, 어떤 기준에서인지 인도네시아는 여덟 개의 나라로 나눠진다). "약간 이상한 규칙들이 있기는 하지만 우리는 이걸 아주 진지하게 받아들입니다." 이렇게 말하더니 크리스토퍼는 왜 최근에 이사회가 투표로 압하지아를―하지만 압하지아와 마찬가지로 조지아공화국에서 떨어져나오려는 분쟁지역인 남오세티아는 국가로 인정하지 않는다―하나의 '국가'로 결정했는지에 대해, 내가 청하지도 않았는데 설명하기 시작한다. 그가 화를 내는 클럽 회원들에게 이런 설명을 해야 했던 적이 이번이 처음은 아니라는 건 분명하다. 나는 점잖게 고개를 끄덕이며 크리스토퍼가 설명하는 압하지아와 남오세티아 사회 기반에서 드러나는 **명백한** 차이점에 대해 들었다. 혹시 이따가 쪽지시험이 있을까 봐 조금 긴장하긴 했다.

여행가센추리클럽을 알고 나서야 나라 수집에 착수하는 사람들도 많지만 그 반대인 경우도 꽤 있다. 그들은 나라 수집이 의무인 단체가 있다는 것을 알기 전부터 이미 집착적으로 체크리스트 지워가며 여행해온 사람들이다. 몇 년에 한 번씩 『뉴욕타임스』 여행 칼럼에 누군가가 나라 수를 세면서 여행하는 사람들의 클럽이 있냐고 질문할 때가 있는데,

그러면 편집자가 충실하게 여행가센추리클럽의 주소를 알려준다. '하이포인터스클럽Highpointers Club'도 비슷한 과정으로 사람들이 모여들어 설립된 클럽인데, 그 클럽 회원 3000명은 미국의 각 주에서 가장 높은 지점을 모두 가보는 목표에 몸 바친 사람들이다. 하이포인터스클럽을 설립한 잭 롱에이커는 아칸소 주 출신의 트럭 운전사이며 각 주의 최고점에 가기를 좋아하는 사람이었는데, 가는 봉우리의 방명록마다 같은 이름들이 눈에 띄고 그중에는 자신의 기록을 자랑하는 사람도 있다는 것을 알아차렸다. 잭은 그 감격의 순간을 기억하고 있다. "이럴 수가! 나만큼 정신머리 없는 사람들이 또 있는 모양이네!"[5] 1986년에 잡지 『아웃도어』에서 잭이 자신과 비슷한 취향의 수집가들을 찾는 짧은 기사를 실어줬고, 거기에 30명이 답을 보내왔다. 그중 9명이 이듬해에 미시간 주에서 가장 높은 지점인 아번 산 정상에서 만났으니, 그 모임은 하이포인터스클럽의 첫 번째 연례 '회의Konvention'가 되었다.*

따지고 보면 나도 클럽이 있다는 것을 알기 전부터 높은 곳을 찾아다니기 시작했다. 몇 년 전에 아내와 나는 버크셔의 단풍을 높은 곳에서 감상하고 싶어서 매사추세츠 주 서북부에 있는 그레이록 산에 올라갔다. 그리 힘들지 않은 하이킹이었는데, 1064미터인 그레이록은 내 고향인 워싱턴 주에서 100번째로 높은 플로라 산과 비교해도 높이가 절반도 되지 않는다. 하지만 내가 매사추세츠 주 전체에서 가장 높은 곳에 있다는 것을 알고 거기 서 있자니, 어째 아주 강인한 남자다운 기분이 들

---

* 맞는 철자인 'Convention' 대신 'Konvention'으로, 클럽 모토 "계속 오르자!Keep Klimbin'!"의 C를 K로 바꿔 표기하는 것이 이 클럽에 내재한 KKK 정서라고 오해하면 안 된다. 검소하기로 유명한 잭 롱에이커가 설명하기를, 이건 그가 당시에 C키가 고장난 중고 타자기를 사용하고 있었기 때문이라고 한다.

었다. 온라인에서 무려 1만 명이나 되는 사람들이 나와 같은 생각을 하며 그 황홀감을 공유하고 있다는 것을 알게 된 나는 하이포인터스의 공식 '회원 담당자' 크레이그 놀런드를 추적했다. 내가 전화를 걸었을 때 놀런드는 테네시 주 피전포지에서 열리는 스모키 산 자연 축제에서 하이포인터스클럽의 회원 가입 테이블을 지키고 있었다.

크레이그는 미국 50개 주의 최고점 중 46곳에 가봤고 2곳에서는 300미터도 채 남지 않은 지점까지 갔었다. "한번은 오리건 주 후드 산에서 눈보라에 나가떨어졌어요." 그는 진하고 친근한 남부 말투로 이야기했다. "내가 알래스카 주의 최고점에 갈 수 있을지 모르겠어요. 나이가 들어서 전보다 노쇠해졌고 몸이 뻣뻣해졌거든요."

하지만 미국 50개 주 최고점 대부분은 후드 산이나 매킨리 산처럼 당신이 상상하는 험악한 봉우리가 아니다.* 단지 다섯 곳만이 진짜 제대로 등산을 해야 하는 곳이며 나머지는 등산용 아이젠을 아무데나, 말하자면 약국에서 살 수 있다고 생각하는 나 같은 초심자도 오를 수 있다. 그레이록 산보다 더 쉬운 곳도 있다. 예를 들어 델러웨어 주의 최고점은 트레일러 파크다. 오하이오 주의 최고점은 직업학교의 깃대다. 플로리다 주에서는 브라이튼힐인데 고도 105미터인 그곳은 다른 주에서라면 가장 낮은 지형에 해당될 테고, 플로리다 주의 고층빌딩과 비교해도 상대적으로 낮다.** 그 최고점에는 휴게소가 있다. "거기서 화장실 쓸 때

---

* 수년 동안 미국의 최고점 가운데 가장 가기 힘든 곳은 고도 6000미터에 얼음으로 덮인 매킨리 산이 아니라, 로드아일랜드 주에 있는 고도 247미터인 제리모스힐이었다.[6] 그 최고점에 닿을 수 있는 길은 헨리 리처드슨이라는 노인의 사유 진입로밖에 없었는데 제리모스힐에 오르려는 사람들이 문을 두드리면 그 괴팍한 노인이 폭력을 휘두르며 위협했기 때문이었다. 2001년에 리처드슨이 죽은 뒤 하이포인터스클럽은 한때는 닿을 수 없었던 그곳 정상을 찾는 사람들에게 길을 열어주었다.

조심해요! 독사가 있거든요." 크레이그가 유용한 정보를 알려준다.

그 장소 자체에 관심이 있는 것은 아니지만 단지 인간이 임의로 그은 변덕스러운 경계선 때문에 그 장소가 체크리스트에 올랐다는 이유로 그곳을 찾아다닌다는 것은 이상하리만치 자의적인 목표 설정이다. 조지 맬러리는 에베레스트가 "거기 있기 때문에" 오르고 싶었다고 말했지만, 아이오와 주 옥수수 밭 한가운데 있는 약간 높은 지점에 1년에 300명이나 되는 사람들이 찾아가는 이유는 무엇일까? 거기엔 정말 볼 만한 것이 하나도 없다. 맬러리는 사람들이 그곳을 찾아가는 이유가 "지도에서 무언가가 거기 있다고 하기 때문이지만, 사실은 아무것도 없다"라고 말할지도 모르겠다. 이런 식의 목표는 이제껏 1만2000곳이 넘는 맥도널드에서 음식을 먹은 피터 홀든이나, 북아메리카에 있는 스타벅스 8500곳 중 20곳을 제외하고 전부 가본 '윈터'*** 같은 수집가의 경우엔 더 아리송하다. 그들의 체크리스트에 캘리포니아 주 섀스타 산이나 타히티는 없다. 그들이 목표로 삼는 여행지는 단조롭고, 어디에나 있으며, 어딜 가든 거의 똑같다. 그들은 교외 지역 쇼핑의 여행자들이며, 주차장의 길잡이들이다. 하지만 그들은 자신이 집착한 대상을 조금도 가벼이 여기지 않는다. 홀든은 단 하루 만에 디트로이트 지역 맥도널드 45곳에서

** 각 주의 최고점은 인공물이 아니라 자연적으로 높은 곳이어야 한다. 그렇지 않다면 사람들이 그 주의 어느 언덕보다도 높은 시카고의 윌리스타워(예전 시어스타워)와 뉴올리언스의 원셸스퀘어 계단을 올라야 할 테니까.

*** 본명은 라파엘 로자노이지만 언론에서 자신이 선택한 별명 말고 다른 이름으로 자신을 언급하면 화를 낸다. 수년간 스타벅스는 윈터가 방문하는 속도보다 빨리 새 매장을 열어왔지만, 최근 경제위기 때문에 거의 1000곳의 매장이 문을 닫는 바람에 윈터가 목표를 달성할 가능성이 전보다 커졌다. 하지만 윈터는 『월스트리트저널』과의 인터뷰에서, 스타벅스 한 곳이 문을 닫을 때마다 마음이 아프다고 말한 적이 있다. 그는 아직 가보지 않은 매장 하나가 문을 닫으면 "내 영혼의 또 한 조각을 잃는 것 같다"라고 했다.[7] 누구를 위하여 종이 울리냐고 묻지 마라. 윈터를 위해 울리는 것이니까.

8. 곡류MEANDER

음식을 사먹은 적이 있다.[8] (일반적으로 홀든은 빅맥 두 개를 주문하지만 마라톤을 하는 날이면 다음 맥도널드를 위해 다이어트 콜라나 맥도널드랜드 쿠키를 주문하는 것으로 만족한다.) 윈터의 외로운 원정을 담은 다큐멘터리를 보면, 윈터는 자기 차 안에서 거의 살다시피 하고 한번은 더러운 컵홀더에 쏟은 커피를 핥아먹기까지 했다.[9] 자신이 산 음료를 다 마셔야만 그 스타벅스에 다녀왔다고 체크리스트에서 지우는 규칙을 정해놓았기 때문이다.

예전에 항공사 이사였으며 여행 마케팅 컨설턴트였던 앨런 호그나우어 박사는 이렇게 지리적으로 어떤 목표를 완수하려는 성향을 지칭하기 위해 '체계적인 여행Systematic Travel'이라는 표현을 처음 사용했으며 이 개념을 로욜라메리마운트대에서 관광업 전공 학생들에게 가르쳤다. 호그나우어 박사 스스로가 자신이 가르치는 내용을 몸소 실천하는 사람이라는 데는 의심의 여지가 없다. 그의 웹사이트에는 그가 이미 완수했거나 진행중인 체크리스트가 무려 396가지나 올라와 있기 때문이다. 호그나우어는 최초로 미국의 국립공원을 모두 가본 사람으로 가장 유명하지만* 그것만이 아니라 바베이도스의 총 11개 교구, 필라델피아 시내에 있는 총 30개의 '역사적인 예배당', 타이에 있는 총 51개의 기상관측소, 미국 대통령들의 탄생지에도 전부 가봤다. 지금 그는 숫자로 셀 수 있는 새로운 목표를 발명하려고 머리를 굴리고 있다. 이 사실은 내가 그

---

* 호그나우어는 국립공원 원정을 1980년에 알래스카 주에서 완수했으며 그뒤로 25년 동안 아무도 같은 위업을 이루지 못했다고 말한다. "어처구니없는 일이죠! 국립공원은 정말 근사한 곳들인 데다가 우리가 내는 세금 수백만 달러로 유지되고 있는데, 25년이 지나도록 국립공원을 모두 가본 사람이 하나도 나오지 않다뇨." 현재 미국 국립공원관리국은 '여권'을 만들어서 방문객들이 새로운 국립공원에 가볼 때마다 작은 책자에 도장을 받도록 한다. 모든 미국인을 '체계적인 여행자'로 전향시키려는 것이다.

를 찾던 중 그가 주말을 이용해 모로코 카사블랑카에 짧은 여행을 다녀오는 바람에 며칠 뒤에 연락이 닿으면서 알게 되었다. 호그나우어는 내게 자랑스럽게 설명했다. "이번 여행으로 1월의 아프리카를 채웠어요. 이로써 지금까지 총 72달의 '대륙-달'을 완수했네요. 매달 모든 대륙의 어딘가를 방문하는 것이 목표예요."

로욜라메리마운트대에 있는 호그나우어의 사무실에는 지도가 두 장 걸려 있는데, 거기에는 그의 여행 역사가 거미줄처럼 복잡하게 걸린 실과 핀으로 말끔하게 표시되어 있다. 그 실은 북아메리카를 비롯한 세계 대부분 지역에 정말 빽빽하게 얽혀 있어서 더이상 여행 경로를 더할 수가 없을 정도다. 그는 체크리스트란 단지 목적을 달성하기 위한 수단이며 탐험을 떠나기 위한 핑계일 뿐이라고 강조해서 말한다. "이봐요, 내가 모든 국립공원에 그냥 헬리콥터를 타고 갔다온다면 그 공원을 즐기지 못했겠죠. 하지만 한 곳 한 곳에 실제로 가보고, 어떻게 가는지 조사하고, 다른 것들과도 모두 연결시키고, 가는 길에 있는 것들도 본다면 그 여행지는 훨씬 더 생생하게 다가오죠."

하지만 이쯤 되니 나는 장소 수집가들이 반박하면서 자신의 생각은 이렇다고 이야기하는 내용에 너무나 익숙해졌다. 그들은 다들 체크리스트 자체의 매력이 크지 않다고 말하지만, 체계를 갖는 것은 분명 이들에게 매우 실질적인 즐거움의 원천이다. 그렇지 않다면 왜 체크리스트를 내던지고 그냥 어디든 내키는 곳으로 가지 않는 것인가? 여기에 체크리스트에서 한 줄을 지울 때의, 인간이라면 누구나 느낄 우쭐거리는 짜릿함도 작용하는 것은 당연하다. 그리고 호그나우어는 체크리스트 하나를 끝낼 때 기분은 그것보다 더 좋다고 이야기한다. "그것들을 전체로서

보는 거예요. 당신의 이력에 무언가를 100퍼센트 가졌다고 말할 수 있다면, 놓친 것은 없는지 걱정할 필요가 없죠."

체크리스트는 참신하고 폭넓은 경험을 보증해주는 수단이기도 하다. 체계적인 여행자들, 특히 나이 많은 사람들에게는 언젠가는 죽는다는 운명에 대한 두려움, 시간이 제한되어 있다는 인식이 언제나 따라다닌다. 호그나우어가 첫 직장인 AT&T에서 일했을 때의 이야기다. 그때 그보다 나이 많은 동료가 퇴직하고 나서 마침내 아내와 세계를 보러가겠다는 상세한 계획을 세웠다. 그런데 그가 퇴직하던 바로 그날 그의 아내가 세상을 떠났다. 호그나우어는 그 슬픈 날을 기억한다. "그때 그 사람 표정이라니! 정말 중대한 깨달음이었어요. 할 수 있을 때 하고 싶은 것을 해야 해요." 그러니 티에라델푸에고에 아직 가보지 못했으면서 왜 칸쿤에 다시 가는가? 기왕 타이에 갔으면 바로 옆에 있는 라오스 여행을 왜 미루는가? 할 수 있을 때 여권에 도장을 받아라! 좋은 시절은 계속 흘러가고 있다!

여행가센추리클럽은 세계의 '나라' 목록을 319개까지 늘렸지만 어떤 수집가들에게는 그것도 너무 부족하기 때문에, 이 줄어드는 세계에서 그들은 새로운 장소, 새로운 것에 영원히 목마르다. 그래서 이 클럽 회원인 찰스 빌레이는 웹사이트 MostTraveledPeople.com을 만들었는데, 거기서는 세계를 누비는 그의 충성스러운 동료들이 심지어 센추리클럽이 정한 것보다도 더 긴 여행지 목록을 두고 투표를 할 수 있다. 그들은 현재 그 숫자를 엄청나게도 872곳까지 늘려놓았다. 그 목록에서 미국의 50개 주는 모두 별도의 '나라'다. 프랑스의 22개 지역도 각각의 크기가 미국 버몬트 주 정도에 불과하지만 마찬가지다. 사실은 아직 이 웹사이트의 기준을 통과하지 못한 지역이 별로 없다. 워싱턴 주 포인트로버츠는 우리 집에서 차로 서북쪽으로 몇 시간밖에 떨어져 있지 않으며 캐나다 아래에 매달려 있는 아주 작은 미국 영토인데, 현재 이 웹사이트에서 포인트로버츠는 찬성표를 40퍼센트밖에 받지 못해 기각된 목록에 올라 있다.

872개 지역에 전부 가본 사람은 아직 없지만 이 경쟁은 치열하다. "다른 사람들이 속임수를 쓰고 있다고 주장하는 이메일을 정말 많이 받아요." 빌레이가 짜증을 전혀 드러내지 않는 한결같이 부드럽고 냉담한 목소리로 내게 말한다. "고자질하기 좋아하는 사람들이 있죠." 찰스 빌레이는 예전엔 요새였던 샌프란시스코 프레시디오 구역 내 대령 관사를 개조한 집에 사는데, 우리는 그의 집 근처에서 만났다. 그는 진이 다 빠진 듯한 모습인데 그건 유럽 4개국을 훑으며 북해의 아주 작은 섬 헬골란트에 들렀다가 온 지난주의 여행 때문이기보다는, 그뒤 이어서 한 곳을 더 들러 앞선 여행보다 훨씬 더 고단하게 들리는 시간을 보냈기 때문이다. 어린아이 셋을 데리고 디즈니랜드에 다녀온 것이다.

기네스북에서는 더이상 이 범주가 포함되지 않지만(너무 주관적이며 논쟁이 많을 수 있어서) 국제적인 신문의 헤드라인에서 보편적으로 칭송하는 바에 따르면 빌레이는 세계에서 가장 여행을 많이 한 사람이다. 그는 부에노스아이레스에서 강도를 당해봤으며 코스타리카 청개구리들의 오줌 세례도 받아봤다.[10] 하지만 여행 사진 속에서 그는 언제나 얌전하게 미소를 지으며 대개는 말끔한 파란색 옥스퍼드셔츠에 카키 바지를 입은 모습으로 네팔에서 승려와 함께 있든, 에티오피아에서 마을 아이

들과 함께 있든, 리우의 카니발 쇼걸들과 함께 있든 언제나 똑같다. 그래서 마치 정원에 두는 장식용 난쟁이가 언제나 똑같이 눈을 휘둥그레 뜨고 유순한 웃음을 짓는 모습으로 세계 곳곳의 특이한 장소에 나타나 사진을 남기는 장난과 비슷한 효과를 낸다.

찰스 빌레이는 37세에 여행가센추리클럽 역사상 가장 젊은 나이로 클럽이 정한 나라를 모두 여행한 사람이 되었다. 그는 친구들과 함께 '마이크로스트래터지'라는 소프트웨어 회사를 창립했는데, 1990년대 말의 닷컴 붐으로 그들은 백만장자가 몇 번이나 되고도 남을 만큼 돈을 벌었다. 찰스는 일찍 은퇴하고 세계를 보러다니기로 했다. 세계를 전부 다 말이다.

그는 자신의 방랑벽이 지리에 빠져 있던 어린 시절에 시작되었다고 생각한다. 체계적인 여행자라고 해서 다 지도를 사랑하는 건 아니어서, 여행가센추리클럽의 클라우스 빌렙은 내게 이렇게 털어놨다. "우리가 압하지아나 토켈라우 제도(남태평양 사모아 제도 북쪽에 있는 산호초 군도—옮긴이)를 목록에 넣었을 때 회원들은 그곳이 어디 있는지 모르더군요. 우리한테 전화해서 물어보거나 클럽 웹사이트에서 찾아봐야 했어요." 하지만 찰스는 내가 좋아하는 맵헤드이다.

"어머니를 만나러갔을 때가 기억나요. 부모님이 별거를 하셨는데 어머니는 외딴 웨스트버지니아 주에서도 한참이나 들어간 곳에 있는 농장에 살았어요. 나는 조수석에 앉아서 도로 지도책을 옆 아래쪽에 놓고 그걸 내려다보면서 내가 운전하는 것처럼 시늉을 했어요. 지도에서 길이 오른쪽으로 꺾어지면 운전대를 오른쪽으로 돌렸죠. 그리고 태평양 연안을 향해서 운전해가는 놀이를 했어요."

맵헤드

정원 난쟁이 사진들 속에서 찰스가 언제나 웃는 얼굴로 그 지역 사람들에 둘러싸여 있는 것은 그냥 우연이 아니다. 여행을 할 때 찰스는 주도면밀한 사회성을 발휘한다. 그에게 있어서 사람들은 장소와 마찬가지로 중요하다. 어떤 때는 사람이 더 중요하다. "사람들이 어디에서 왔으며 어떤 사고방식을 가졌는지 알아보고, 그런 생각이 지리적 조건과는 어떻게 연관되는지 살펴보는 것을 좋아해요. 누군가를 만났을 때 출신지만으로 그들에 대해 뭔가를 알 수 있다는 건 큰 힘이 되죠." 나는 내가 가진 잡다한 상식들도 같은 역할을 해주는 것 같다고 말했지만 그는 여기에 동의하지 않으면서, 그가 하는 방식의 여행은 더 많은 것을 가져다준다고 말한다. "진짜 유대가 중요해요. 첫 번째 단계는 상식을 아는 것이지만, 장소의 이름을 아는 것과 마찬가지로요. 다음 단계는 그 위에 감정적인 유대를 형성하는 것이에요. 상식은 잘해봐야 간접적인 지식이지만, 그 장소에 실제로 가보면 그곳 사람들의 상황을 느끼고 당신과 연관지을 수도 있어요."

앨런 호그나우어에게 그렇듯이 체크리스트를 만들고 체계를 갖추는 것은 찰스에게도 여행 욕구에서 중요한 부분을 차지한다. 내가 컴퓨터공학 수업에서 제일 처음 배운 개념 중 하나가 TSP, 즉 '여행하는 외판원 문제Travelling Salesman Problem'였는데, 여기에서 프로그래머들은 주어진 목록의 모든 도시를 방문할 수 있는 최단거리를 찾아야 한다. 얼핏 간단해 보이는 이 문제는 사실 엄청나게 고려할 사항이 많고 복잡해서, 목록에 도시 몇백 곳을 넣으면 아무리 현대의 빠른 컴퓨터를 돌려도 완전히 풀려면 몇 년이 걸릴 수도 있다. 여행하는 외판원 문제는 이론적인 훈련이었지만, 이 문제를 찰스 빌레이는 지난 10년 동안 현실에서 풀어

가는 중이다.

"그런 걸 정말 좋아해요. 나는 컴퓨터 전문가잖아요. 어떤 알고리즘을 작업할 때 노력을 더 많이 투입할수록 그 알고리즘은 향상되죠. 그래서 나는 끊임없이 세계일주 티켓을 연구했어요. 효율적이고 싶으니까요. 별로 원하지 않는 곳에서 일주일 동안이나 떠나지 못하고 머물러야 하는 상황이 발생하지 않도록 확실히 준비하는 거죠. 조사를 조금만 더 하면, 어쩌면 이 여행을 더 효율적이고 더 즐겁게 만들 방법을 찾을 수 있을 거예요."

나는 열성적으로 고개를 끄덕였다. 나도 효율성에 집착하기로 둘째가라면 서러운 사람이다. 내 아내가 생각하는 성공적인 데이트란 영화나 연극이나 레스토랑이 그녀 마음에 들었는가에 달려 있는데, 나는 좋은 주차공간을 찾는다면 그걸로 만족이다. 기왕이면 최선의 주차공간을 찾으면 좋겠지. 그럴 때의 짜릿함이란.

"하지만 그런 식으로 엄격하게 효율성을 따지다보면 여행의 즉흥적인 즐거움은 없어지지 않나요? 어디로든 열려 있는 길의 자유 같은 것 말이죠." 내가 묻는다.

"그게 바로 도전거리죠. 둘 다 추구하는 것. 내 철학은 언제나 여행을 분 단위로 계획하되, 그 계획을 다 내던져버릴 마음의 준비도 갖추는 거예요." 2005년에 찰스는 북대서양에 폭이 불과 약 27미터인 바위섬 로콜에 가기 위해 모험을 떠났다. 정말 도달하기 어려운 그 섬에 가본 사람은 당시에 기록된 숫자로 열두 명이었으니, 달에 착륙한 사람 수와 같았다. 하지만 찰스는 로콜 앞까지 갔다가 너울이 너무 심해서 상륙을 하지 못했고, 그의 일행은 배 옆에서 팔을 뻗어 섬의 가파른 절벽에 말 그

맵헤드

대로 포스트잇을 붙이고 돌아오는 것으로 만족해야 했다. 3년 뒤 찰스는 그 섬에 다시 갔는데, 이번에도 너울이 6미터로 높이 치는 바람에 그가 타고 간 고무보트 조디악을 섬에 댈 수가 없었다. 하지만 언제나 그렇듯 즉흥적일 준비가 되어 있던 찰스는 잠수복을 입고 소용돌이치는 대서양으로 뛰어들었고 그 바위섬 한쪽에 닿았다. "조류와 해초와 새똥으로 뒤덮여서 바위가 미끄러웠어요." 하지만 그는 "상륙이라고 부를 수 있을 만큼 오래" 바위에 매달려 있었다. 찰스는 그 순간을 인생에서 거둔 최고의 승리 중 하나로 꼽는다.[*]

하지만 왜? 왜 가장 가까운 육지에서도 650킬로미터나 떨어진 바다 한가운데, 20미터쯤 삐죽이 솟아 있는 황량한 사화산에 가서 고작 몇 초를 보내려고 온갖 위험을 무릅쓰고 시간과 돈을 들이는가? 물론 조지 맬러리는 그 이유를 알고 있었다. "왜냐하면 그 섬이 거기 있으니까."

성년이 될 무렵에 나는 지구상에서 나만 빼고 나머지 사람들은 모두 어른의 세계에 자신 있게 통달했는데 나만 감을 못 잡고 힘에 부쳐 한다는 끔찍한 확신을 품게 되었다. 꽤 오랫동안 나는 모두가 적어도 가끔은 이런 기분을 느낀다는 것을 몰랐다. 하지만 찰스 빌레이는 로콜의 해초에 매달려 있을 때든 파리 리츠호텔의 유명한 헤밍웨이 바에서 자신의 이름을 딴 음료를 주문할 때든(그 음료는 케이트 모스가 가장 좋아한다는 '레몬 찰리'[**]다) 지구 위 어디에서든 자신이 있는 방위를 파악하고 있

---

[*] 시칠리아 남쪽 지중해에 이따금 솟아올랐다가 다시 가라앉거나 침식되는 침수 화산인 페르디난데아 섬에 그가 가볼 기회가 있을지 궁금하다. 그 섬이 마지막으로 수면 위에 올라왔던 1831년에는 관광객이 떼로 몰려들었고, 그곳이 어느 나라 영토인가를 두고 외교적인 논쟁이 붙었다. 페르디난데아가 마지막으로 뉴스거리가 되었던 때는 1986년으로, 그 섬을 리비아 잠수함이라고 착각한 미국이 폭탄을 투하해버렸다. 과학자들은 최근의 화산활동으로 보건대 페르디난데아가 곧 다시 나타나리라 예측한다.[11]

8. 곡류MEANDER

으며 능수능란하다. 그는 다섯 개 언어를 유창하게 구사하며 전투기 조종도 해봤다. 사우디아라비아에서 공무원들이 애를 먹이면 화가 난 척하지만 아프리카에서 도로가 봉쇄되어 같은 상황이 벌어지면 크게 미소를 지을 줄도 아는 사람이다.

이건 자신은 어딜 가든 완전히 편안하지가 않은데 남들은 다 불가사의하게도 그럴 수 있다고 생각하는 우리 대다수에게는 꿈같은 일이다. 나한테 찰스가 슈퍼히어로는 아니지만, 그는 자신의 비결 중 하나가 지도라고 털어놓는다. "지도를 더 많이 아는 것은 힘이에요. 길을 잃은 사람과 길을 잃지 않은 사람을 생각해보세요. 길을 잃지 않은 사람이 좀더 자기관리가 되겠죠."

하지만 당신이 남의 불행에서 쾌감을 느끼는 사람이라면, 이걸 알아두시라. 찰스 빌레이가 일찍 퇴직하고 나서 얼마 되지 않은 2000년대 초반, 나스닥이 무너지고 회계 부정 사건이 일어나면서 찰스의 신생 기업 주식이 폭락했다. 2002년 3월의 어느 하루에만 해도 그가 보유한 주식 가치는 61퍼센트포인트나 떨어졌다. 얼마 전에 그는 생활비를 벌기 위해서 예전 자신이 있던 마이크로스트래터지의 부회장직으로 돌아갔지만, 여전히 어느 때보다도 더 많이 여행을 한다. 그동안 어림잡아도 100만 달러를 넘게 썼지만 찰스는 10여 년 동안 세계를 누비고 다닌 것에 후회가 없다. "나는 젊고 건강하고 책임질 것이 적은 상태에서 그만큼 여행할 수 있었어요. 내가 아이를 일찍 가졌다면 그 여행을 전부 할

** 레몬 찰리는 찰스와 그의 아내가 언젠가 이탈리아 아말피코스트에서 맛봤던 리몬첼로 칵테일과 똑같은 맛을 내기 위해 파리 리츠 호텔의 바텐더가 5년간 노력한 끝에 만들어낸 칵테일이다. 케이트 모스는 '리몬첼로'라는 단어를 무심결에 잘못 말해서 그 음료에 레몬 찰리라는 이름이 붙게 한 장본인이다.

수 없었겠죠. 거기에 대해 아주 만족해요."

우리 인생에서 자주 그렇듯이 여기서도 돈이 문제다. 세라 페일린이 옳았을까? 세계 여행은 부를 타고나서 평생 이코노미석에 탄 적도, 레스토랑 체인점에 간 적도 없는 사람들만 누릴 수 있는 특권일까? 보통 사람들도 여행광이 될 수 있을까?

크리스 길아보는 그렇다고 생각한다. 크리스는 자신과 같은 짓을 하는 최상류층 '최고의 세대'* 같은 부류들의 클럽이 있다는 것을 알기 이전에 이미 지구상에 있는 모든 나라에 가보겠다는 목표를 세웠다. 찰스처럼 그는 효과적인 여행에 대해서라면 권위자다. 찰스와 달리 그는 닷컴 기업의 백만장자가 아니다. 사실 그는 서른한 살 난 고등학교 중퇴자로서 지금은 '라이프스타일 디자인' 블로그를 운영하고, 싸게 다니는 여행과 소규모 창업에 대한 자기계발서를 써서 돈을 번다. 9·11 이후에 크리스와 화가인 아내 졸리는 세계를 위해 뭐든지 더 해야겠다는 생각에 시에라리온과 라이베리아에 있는 의료 비영리기구에서 4년 동안 자원봉사를 했다. 그때 아프리카를 여행하는 동안 그는 나라를 수집하기 시작했다. 스물, 서른, 그러다가 마흔 개 나라를 넘겼다.

"이거 멋진데! 100개국을 여행하려면 얼마나 걸릴까?" 크리스가 이런 생각을 했던 것이 기억난다고 내게 이야기를 해준다. 우리는 그가 사는 곳인 오리건 주 포틀랜드에 있는 어느 펍에서 만났다. 나는 버거를 레어로 익혀달라고 주문했는데 크리스가 두부와 키노아가 들어간 뭔가

---

* '최고의 세대Greatest Generation'는 저널리스트 톰 브로코가 1998년에 쓴 책에서 처음 쓴 말로, 미국에서 1930년대의 대공황과 제2차 세계대전을 겪으면서 나라의 재건을 위해 애쓴 세대를 뜻한다 — 옮긴이.

고결한 채식 특별 메뉴를 주문하자 어쩐지 죄책감이 들었다. 주문을 받은 종업원은 우리 둘 중 누가 개발도상국의 수질오염 문제에 대한 전문가인지 알아맞힐 수 있을까?

크리스는 저렴한 여행의 기회를 찾아내는 데 있어서 갈수록 늘어가는 자신의 기술을 활용해서 어림잡아 계산해봤는데 100개국에 3만 달러면 가능하다는 것을 깨달았다. 그것도 여전히 큰 돈이니, 소파 틈새에 떨어져 모인 뜻밖의 돈이 3만 달러나 되어서 세계를 한 바퀴 도는 데 그만큼의 돈을 충동적으로 쓸 수 있는 사람은 많지 않다. 하지만 크리스는 그 정도면 싸다고 생각한다. "싼 거죠! 정말 싸죠! 3만 달러로 내가 뭘 살 수 있을까요? 그 돈으로 차를 한 대 사는 사람이 많을 텐데, 그 대신 다른 나라 100곳을 볼 수 있다고?" 게임도 안 된다. 그는 떠났다. 그 이후에 크리스는 자신의 탐험을 세계 전체로 넓혀서 지금까지 가본 나라는 149개국인데, 2013년 4월 7일까지는 세계 여행을 완수하겠다는 힘겨운 목표를 세웠다.

크리스는 내가 만나온 다른 여행광들과 같은 동기로 움직인다. 바로 계획과 색다른 것을 좋아하는 성향이다. 하지만 그의 이름은 워싱턴 주 포인트로버츠가 공식적으로 여행할 곳 목록에 올라가야 하는지 아닌지를 투표에 부치는 MostTraveledPeople.com에서는 찾아볼 수 없다. "그런 데는 관심 없거든요." 그는 간단하게 말한다.

"그 목록에 대해 그 클럽 사람들은 아주 진지해요."

"알아요. 하지만 나는 관심이 없어요. 그들이 성공하기를 바라죠. 그 사람들을 움직이는 동기에 대해 염려가 되지만, 어쨌든 그들이 행복했으면 좋겠어요. 행복하다면 그걸로 좋아요."

"여기에 어떤 위험성이 있나요?"

"외부적인 보상에 의존한다는 게 위험해요. 왜냐하면 그런 건 없으니까요." 그의 말이 맞다. 윈터는 자신이 가본 스타벅스의 수를 세는 목표에 대해 설명하면서 "세상 사람들이 모두 내 이름을 알기를 원해요"라고 했는데, 윈터의 유별난 탐험은 결코 그를 진정으로 유명하게 만들어주지 못할 것이다. 기네스북에서 '가장 많이 여행한 사람' 기록을 빼버리자 찰스 빌레이는 "마라톤을 완주했는데 대회 주최측이 이미 다들 집에 가버린 것을 알게 되는 것 같아요…… . 정말 좌절감을 느껴요"라고 애통해했다.[12]

"그리고 그는 그 목표를 위해 수백만 달러를 썼죠." 크리스는 한숨을 쉬며 놀라워한다. 크리스는 모험을 다니며 그보다 훨씬 적게 썼으며, 거의 누구라도 세계 곳곳을 여행할 수 있다는 것을 증명했다. 다만 그렇게 하기를 얼마나 원하는가에 달린 문제일 뿐이다.

체크리스트가 애초에 중독 증세를 부추기기는 하지만 대부분의 세계 여행자들에게 이내 여행은 그 자체로서 보상이 된다. 여행을 다니기 시작한 초기에 찰스 빌레이는 효율성에 대한 갈망에 휩싸여서 단지 체크리스트에서 항목을 지우기 위해 각 나라에 잠깐 들르는 시늉만 했다. 이제 그는 그 나라들을 다시 가서 제대로 보고 싶다. 불가리아, 이란, 온두라스, 튀니지. "결승선은 없어요." 그는 이렇게 말한다. 이제는 더이상 경쟁하기 위해서 여행하지 않는다.

하이포인터스클럽의 최고점 수집가들도 자신의 수집 대상이 단지 높은 곳에 오르기가 아니라 사람의 발걸음으로 다져진 길에서 벗어

나기라는 것을 안다. 크레이그 놀런드는 이렇게 말한다. "이 목표는 당신이 스스로 가보리라고 전혀 생각하지 않았던 곳에 가게 해주는 운송 수단인 셈이에요. 오클라호마 주 켄턴에 가봤어요?" 그러게 나는 켄턴이라는 곳에 가본 적이 없다. 크레이그는 그곳이 오클라호마 주의 최고점인 블랙메사에서 가장 가까운 프라이팬 손잡이처럼 생긴 동네라고 설명한다. "거기 가면 공룡의 흔적과 미국에서 가장 긴 메사(탁자처럼 생긴 지형—옮긴이)를 볼 수 있어요. 그리고 세 개 주가 만나는 분계선이 있는데 그 지점은 이제껏 다섯 차례나 바뀌었죠. 오래전 '샌타페이 트레일'의 마차 바퀴 자국도 볼 수 있어요. 켄턴은 오클라호마 주에서 유일하게 산악 시간대(미국 서부 해안의 '태평양 시간대'보다 한 시간 앞선다—옮긴이)에 속하는 동네죠. 인적도 없는 외딴 동네인데, 거기서 하루 종일 보낼 만하다니까요! 하지만 '켄턴에 한번 가보자'라고 하는 사람은 아무도 없죠."

나한테는 이런 체크리스트가 없지만 나는 이 사람들을 존경한다. 하나의 일을 끝마치는 사람들, 뭔가를 거의 다 하는 것에는 만족하지 않는 사람들을 존경한다. 그리고 바로 지금 이 순간에도 상습적인 여행자 수천수만 명이 세계를 이리저리 누비면서, 인간이 지극히 일상적으로 하고 있는 행위인 '한 장소에서 다른 장소로 가기'를 일종의 행위 예술로 격상시키고 있다.

고작 1세기 전만 해도 세계를 전부 보고 싶은 사람들에게는 그게 불가능한 꿈이었고, 그래서 지도책을 놓고 앉아서 지도에 그려진 장소들에 대해 하릴없이 공상을 하는 게 전부였다. 쉽게 여행하는 우리 시대를 기준으로 보기에는, 루즈벨트 대통령이 1906년에 파나마 운하가 어떻게 되어가는지 보러가기 이전에는 나라 밖으로 나가본 미국 대통령이 단 한

268   맵헤드

명도 없다는 것을 생각하면 놀랍다. 인간 역사에서 처음으로 제트기 시대의 운송 수단은 만족이라고는 모르는 여행자들의 손아귀에 세계 전체를 쥐여주었다. 그리하여 그들은 지도책을 던져버리고 거기에 그려진 모든 장소에 직접 가볼 수 있게 되었다. 그들 스스로 지도책이 되었다.

그리고 그들 중 최소한 한 명은 말 그대로 그 영토가 되었다. 하이포인터스클럽의 설립자 잭 롱에이커는 2002년에 치료할 수 없는 암에 걸렸다는 사실을 알게 되었다. "산에 있고 싶다. 산이 내가 있어야 할 곳이야."[13] 유언장을 준비하며 그는 친구들에게 이렇게 말했다. 그래서 잭은 필름통을 모으고 거기에 각각 미국의 50개 주 이름을 적어서 클럽 회원들에게 나눠주었다. 9개월 뒤 잭은 세상을 떠났고 회원들은 잭의 마지막 소원을 기려 그를 화장한 재를 나눠갖고 50개 주에서 가장 높은 곳이라고 미국지질조사소가 표시한 지점에, 봉우리와 트레일러파크와 메사와 휴게소에 하나하나 찾아가 뿌렸다. 마지막 체크리스트가 완성되었다.

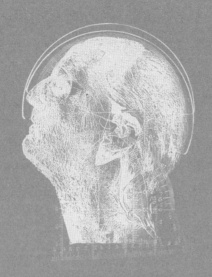

제9장

트랜싯 TRANSIT

n. 지도 제작자들이 사용하는 측량기기. 회전할 수 있는 망원경이 달린 경위의

지나치는 색색의 풍경보다 색색의 종이에 더 관심을 흩뿌리는 것을 기쁨으로 삼는 맵헤드들이 있다. 나는 그런 여행자들이 모든 도로 번호를 기억하고, 모든 주행 거리를 되짚어가는 이야기들을 들었다.[1]
— 존 스타인벡

미국 서북부 태평양 연안 지역을 운전해가기에 정말 더할 나위 없이 아름다운 날이다. 커멘스먼트 만의 파란색 물 위로 레이니어 산이 정말 크고 또렷하게 비쳐서 특수 효과를 보는 것만 같다. 그뒤로는 맥스필드 패리시의 그림에서 방금 튀어나온 듯한 여름날의 적운이 금빛으로 높이 솟았다. 하지만 나와 함께 차에 탄 두 남자는 이처럼 경이로운 자연 따위는 안중에 없다. 그들은 다른 종류의 풍경에 관심이 있기 때문이다.

"우리가 방금 건넌 다리는 1928년에 세워졌어요. 10년 전에 확장 공사를 했는데 명판에는 여전히 애초의 준공 날짜가 적혀 있네요." 운전대를 잡고 있는 마크 바저니치가 말한다. 그는 느리고 신중하게 말하는 사람이며 좀 듬성듬성한 흰 수염을 길렀는데, 그건 어느 분야에서든 현명하고 나이 많은 괴짜가 누리는 특권이라고 할 수 있다. "그리고 우리가 지금 아래를 지나가는 다리에는 예전 밀워키 레일로드의 표식이 붙어 있네요. 저기 보여요?"

조수석에 앉은 존 스패퍼드는 그나마 젊은 축에 속하며 금발머리가 조금 희끗희끗한 남자인데, 예전에 8년 동안 군 정보부에서 복무할 때 그랬을 법하게 머리를 짧게 깎았다. 그는 우리가 있는 곳에서 서남쪽 지역에 도로가 뒤죽박죽으로 이어져 있기 때문에 야기되는 교통 체증에 대해 설명하는 중이다. "타코마까지는 167번 도로가 바로 연결되지 않아요. 167번은 퓨알럽으로 내려가는데, 거기서 512번 도로로 이어지고 그걸 따라 더 남쪽으로 가면 I-5 주간interstate 고속도로로 이어지죠. 하지만 167번 도로를 뉴포트까지 쭉 확장할 계획이래요!" 존의 눈앞에는 이미 타코마에서 북쪽으로 시애틀 교외 지역까지 교통 체증을 우회해 한 번에 갈 수 있는 6차선 고속도로의 모습이 어른거린다.

마크와 존은 아마추어 고속도로 학자들로, 이들은 스스로를 '도로광roadgeek'*이라고 즐겨 부른다. 자주 놀림거리가 되는 영국의 '트레인스포터trainspotter(철도 애호가를 뜻하는 영국식 표현─옮긴이)'들이 작은 공책에 기관차 번호를 표시하는 체계를 만들어냈듯이, 도로광들은 큰 주간 고속도로부터 작디작은 시골길에 이르기까지 미국 전체 도로망의 수호자임을 자처한다. 그들은 웨스팅하우스 사가 제조한 가로등과 GE가

9. 트랜싯TRANSIT

제조한 가로등을 구분해낼 수 있으며, 주간 고속도로에서 표지판 글씨가 '하이웨이 고딕'에서 새로 나온 '클리어뷰' 서체로 바뀐 것을 알아차리는 유일한 사람들이다. 다른 사람들이 좋아하는 TV드라마나 스포츠팀에 보이는 꾸준한 열정을 이들은 도로 건설 프로젝트에 쏟는다. 그들은 왜 펜실베이니아 주 남부와 콜로라도 주 동북부에 모두 I-76 주간 고속도로가 있는지 알고 있으며,* 기이하게도 분수가 붙어 있는 웨스트버지니아 주 시골길 번호들을 어떻게 해석해야 하는지도 알고 있다.**

이들에게서 도로광의 표면을 긁어내고 나면 맵헤드가 모습을 드러낸다. 사실상 그들이 하는 모든 이야기는 어린 시절 가족들과 휴가를 다닐 때 한도 끝도 없이 차를 타고 다니면서 몇 시간 동안 지도책을 세세하게 들여다보던 경험에서 시작한다. 마크는 어린 시절 매년 여름 시애틀에서 조부모님이 사는 포틀랜드까지 다니면서 99번 고속도로에 있는 교통 신호를 꼼꼼하게 기록했고, 그때 수집한 상당한 분량의 주유소 지도 컬렉션을 지금도 갖고 있다. 존은 불과 아홉 살에 가족들 중에서 길잡이의 역할을 물려받았는데, 그의 엄마가 자꾸만 지도를 잘못 읽는 바람에 결국은 뒷좌석에 있던 존에게 지도책이 날아왔을 때부터였다. 수년 동안 마크나 존 같은 도로 애호가들은 네 잎 클로버 모양의 인터체인지나 '컨트롤 시티control city'***에 그토록 몰두하는 사람이 이 세상에 자신밖

---

* 콜로라도 주를 지나는 I-76은 1975년까지는 I-80S라고 불렸지만 고속도로 이름에서 알파벳 접미사를 빼기로 하면서 이름이 바뀌었다.

** 웨스트버지니아 주에 가는 사람들은 알아두시라. 도로 번호 분수에서 위의 숫자는 그 길이 갈라져나온 주요 도로의 번호이며, 아래 숫자는 그 길이 어느 갈림길인지를 표시한 것이다.

*** 컨트롤 시티는 고속도로 표지판에 적혀 있는 가능한 목적지를 의미한다. 분기점에서 한 차선이 시더래피즈 방향으로 가는 I-380 도로로 이어진다고 표시되고 오른쪽에 있는 다른 차선은 I-80 도로로 나가서 디모인으로 가게 된다고 표시되어 있으면, 시더래피즈와 디모인이 컨트롤 시티에 해당한다.

에 없다는 슬픈 확신 속에서 고속도로를 연구하곤 했다. 이전에는 이런 취향에 붙일 수 있는 이름조차 없었지만, 인터넷 시대가 도래하면서 이 외로운 '도로학자'들은 자신과 비슷한 열정을 가진 사람들이 세계 곳곳에 수천 명이나 있다는 것을 알고 놀라지 않을 수 없었다. 마크의 딸은 아빠에게 곧잘 이렇게 말한다. "잘됐네. 이제 고속도로에 관심 있는 사람들 총 50명이 서로를 찾아낼 수 있게 됐으니까."

그런데 더 잘된 일은 이제 인터넷 덕분에 도로광들이 자신의 작업을 '발행할' 공간을 얻었다는 점이다. 도로광의 여행에서 사진은 정말 큰 부분을 차지한다. 헌신적인 도로광이라면 새 차를 시운전할 때 카메라를 앞에 어떻게 고정할 수 있는지부터 확인할 텐데, 이것은 앞으로 그차를 타고 벌일 모든 탐험에서 주행거리 표지판과 분기점 사진을 찍기위해 좋은 방법이다. 독자들 중에는 그런 사진들 수천 장을 찍어서 상자에 담아 침대 밑에 고이 모셔둔다면 좀 바보 같다고 생각하는 사람도 있겠지만, 웹에서는 그 사진을 대중과 공유할 수 있다. 그들의 여행을 담은 기록을 영원히 남기는 셈이다. 아무도 그걸 보지 않는다 해도 상관없다. 도로광의 웹사이트에는 언제나 이렇게 거의 동일한 사진이 몇 페이지 분량씩 올라가 있어서, 녹색 직사각형과 '출구 전용' 화살표와 트럭 후미등 사진이 끝없이 이어진다. 그 사진들은 취미로 새를 관찰하는 사람들이 찍은 사진처럼 보기 드문 사진이 아니며, 따지고 보면 수백만 명의 운전자가 매년 똑같은 풍경을 보고 있다. 하지만 도로광의 욕구에는 자신의 여행을 기록하고 심지어는 수집해야 한다는 확신이 중심을 차지한다. 도로광은 자신이 '획득한' 도로가 얼마나 많은지 자랑할 때가 많은데, 획득한다는 말은 어느 도로 하나를 처음부터 끝까지 달려봤다는 의미다.* 이

건 매우 구체적이며 획득 가능한 체계적 여행의 한 가지 유형이다.

그리고 운전자의 시야에서 찍은 사진 슬라이드쇼가 보여주는 따분함이야말로, 그것의 진정한 가치인지도 모른다. 다른 사람들은 당연하게 여길지도 모르나, 미국의 주간 고속도로 체계는 이제껏 고안된 것 가운데 최고로 놀라운 엔지니어링의 위업이다. 그 체계가 처음 만들어지기 시작한 때는 1919년이다. 드와이트 D. 아이젠하워라는 이름의 젊은 장교가 캘리포니아 주에 있는 가족들을 그리워하던 차에 서부 해안으로 향하는 국토 횡단 군 차량 수송대에 들어가기로 했다. 그 수송대의 임무 중에는 수송하는 트럭과 직원 차량이 횡단 여행을 견뎌낼 수나 있을지―그 차량들은 이제 막 유럽에서 치열한 참호전을 마치고 왔다는 것을 염두에 두시라―확인하는 것도 포함되어 있었다. 1919년에 미 대륙의 한쪽 바다에서 다른 쪽의 빛나는 바다까지 운전해 가는 횡단 여행은 오늘날 우리가 생각하는 한가로운 5일 간의 여행이 아니었다. 주요 도시만 벗어나면 포장도로가 거의 없었기 때문에 수송대는 진흙, 먼지, 움푹 파인 바퀴 자국, 불안한 다리들, 심지어 유사(바람이나 흐르는 물에 의해 흘러내리는 모래―옮긴이)와도 씨름해야 했다. 그들은 출발한 지 62일 만에 '성공적으로' 샌프란시스코에 입성했는데(평균 시속은 9.7킬로미터로였다!) 거기까지 가는 동안 겪은 230건의 사고로 인해 차량 9대와 21명을 잃었다.**[2] 아이젠하워는 그 시련을 결코 잊지 않았으며, 특히 제2차 세계대전 중 독일에서 유지 보수가 잘된 광범위한 아우토반 도로망을 봤을 때는 더욱 절실해졌다. 1956년 대통령 아이젠하워는 주간 고속도로 체계

---

* 한 도로의 처음부터 끝까지, 모든 차선으로 달려봤다는 건 아니다. 그건 정말 어리석은 짓일 거다.
** 부상자를 뜻하며 다행히도 사망자는 없었다.

를 법으로 제정하여 총 연장거리 6만6000킬로미터에 달하는 고속도로 건설을 인가했다. 그 도로 면적을 모두 합하면 델러웨어 주 전체 면적에 버금가며 후버 댐 80개를 건설할 수 있는 양의 시멘트가 들어갈 공사였다.[3] 이는 역사상 평화 시에 이뤄진 최대 규모의 공공사업이었다.

하지만 후버 댐이나 골든게이트 다리와 달리, 매일같이 관광객이 줄을 서서 주간 고속도로 체계를 구경하며 감탄을 던지는 일은 없다. 사실 우리는 그보다 훨씬 덜 인상적인 도로변 건축물들(콘 팰리스, 세계에서 가장 큰 흔들의자, 미주리 주 브랜슨 같은)에 서둘러 도착해서 사진을 찍으려고 문자 그대로 고속도로를 발밑에서 짓이긴다. 도로는 그것이 제 역할을 못할 경우 우리가 길을 잃거나 꼼짝 못하게 되거나 갓길에 멈추게 된다는 점에서 지도와 비슷하다. 도로광들이 아니었다면 누가 그 하찮은 고속도로의 진가를 인정해줄까? 도로를 달리던 마크가 잠시 차를 멈추더니 스프래그 애비뉴와 16번 고속도로를 연결하는 도로 공사를 보여준다. 기존 고가의 디자인이 독특해서—다리가 총 네 개 있는데 하나당 무게가 거의 400톤이나 나간다—확장 공사를 할 수가 없기 때문에, 서쪽으로 향하는 새 고가를 건설중이다. 정말로 기존 고가의 점점 가늘어지는 다리 디자인은 꽤 독특하며 아름답기까지 하다. 나는 이제껏 고가 고속도로를 수천 개는 운전해 지나갔지만, 그 도로의 지지대를 제대로 바라본 적은 한 번도 없었다.

아마도 도로광들은 미국의 어느 고속도로에서도 무언가 매력적인 구석을 찾아낼 수 있을 테지만, 그들에게도 그들만의 특별한 랜드마크와 순례 길이 있다. 그 별난 장소들 중에는 나 같은 아마추어의 눈에 띌 정도로 특이한 것도 있다. 시러큐스 티퍼래리힐에 있는 어떤 교통 신호등

에는 초록색 불빛이 제일 위에 있다.[4] (그 동네의 아일랜드계 혈통을 기리는 의미다.) 위스콘신 주 오클레어 서부에 있는 1010번 도로는 미국에서 가장 큰 수가 번호로 붙은 도로라고 알려져 있다.[5] 테네시 주 엘리자베스턴을 관통하는 US-321이라는 이상한 소용돌이는 또 어떤가. 그 도로가 엘리자베스턴 시내로 들어갈 때는 표지판에 분명 '남쪽-북쪽'이라고 적혀 있는데 US-19E 도로와 합류할 때쯤 그 표지는 앞뒤가 바뀌어서, 결국 US-321의 양방향이 모두 '북쪽-남쪽'이라고 표시된다.[6] 엘리자베스턴에서 US-321 도로를 타고 어느 방향으로 나가든지 간에 당신은 남쪽으로 달리는 셈이다!

펜실베이니아 주 브리즈우드는 인구가 200명 남짓인 시에 편입되지 않은 작은 마을로, 아마 미국에서 가장 악명 높은 동네일 것이다. 마크가 이야기를 해준다. "사람들은 대부분 '브리즈우드에 도대체 뭐가 있는데 그래?'라고 할 거예요. 하지만 도로광으로서는 그 동네의 이름만 들어도 몸서리를 치죠." 이 지역에 I-70 주간 고속도로를 건설할 때 펜실베이니아 유료 고속도로 위원단이 자금 조달에 관련해 합의하지 않는 바람에, 새로 짓는 주간 고속도로와 기존 유료 고속도로를 연결하는 진입로를 건설하지 못했다. 결과적으로 그 고속도로에는 지금도 1.5킬로미터 남짓한 틈이 있으며, I-70를 달리던 운전자들은 갑자기 주간 고속도로에 신호등이 나타나는 것에 어리둥절해한다. 물론 그 지역 주유소와 패스트푸드 음식점들은 그 기이한 현상을 좋아해서 제대로 된 분기점을 건설하려는 어떤 시도에도 반대해왔다. 미국의 도로광들은 이제 '브리즈우드'라는 단어를 어디에서든 고속도로를 달리던 차량 앞에 느닷없이 정지 신호가 나타나 막는 곳을 일컫는 데 사용하며, 애초에 이 난국을 빚어낸

장본인인 전 펜실베이니아 주 하원의원 버드 슈스터를 험악하게 비난하는 말로 쓰는 사람도 있다. 진짜 세상에서 슈스터는 그의 선거구에서 표를 얻기 위한 지역개발 사업의 일환으로 진행된 교통 프로젝트를 진두지휘한 사람으로서 여전히 좋게 기억되지만, 맵헤드의 세상에서 그는 푸맨추(영국 작가 색스 로머의 소설에 등장하는 악당―옮긴이)급의 교활한 초특급 악당이다. 1991년에 슈스터는 앨투나를 통과하는 새로운 고속도로가 I-79와 I-81 사이를 지나가는데도 정부의 지침을 어기고 I-99 주간 고속도로라고 이름 붙여야 한다고 고집했다. 그러면 번호 순서가 맞지 않게 되는데도![7] 질서와 항상성에 대해 때로는 아스퍼거 증후군처럼 고집을 부리는 도로광들에게 이런 일은 용서받지 못할 죄악이다.

하지만 세심한 도로 애호가의 눈이 공익을 위해 좋은 일을 할 때도 꽤 있다. 직장까지 통근을 하든 아니면 캘리포니아 주에서 I-80을 통해 곧장 배송된 양상추 한 통을 사든지 간에, 우리는 모두 국가의 고속도로 시스템에 매일같이 의존하고 있다. 하지만 법안으로 상정된 도로 개선 계획을 지켜보거나 새로운 도로 표지가 옳은지 확인하는 사람이 우리 중에 몇 명이나 될까? 도로광들은 유타 주 커내브부터 플로리다 주 펜서콜라까지 헷갈리거나 번호가 잘못 적힌 표지판을 보면 주 교통 당국에 발끈 화를 내는 이메일을 몇 번이고 되풀이해서 보내는 유일한 사람들이며, 다음에 그 길을 지나갈 때 자신이 보고한 잘못이 수정된 것을 보면 기뻐한다. 우리가 인지하지 못하고 있더라도 우리는 모두 그들에게 빚을 진 셈이다.

이 고속도로 감시단의 수호성인은 리처드 앵크럼이라는 남자인데, 그는 로스앤젤레스 시내 자신의 집 근처에 있는 패서디나 고속도로

와 I-5 주간 고속도로 사이의 헷갈리는 분기점에 신물이 났던 아티스트다. 앵크럼은 주 당국에서 그 도움이 안 되는 표지판을 교체하기를 마냥 기다리는 대신 직접 나서서, 그가 「게릴라 공공 서비스」라고 이름 붙인 설치 작품을 제작하여 하루 14만 명의 운전자라는 관객들 앞에 선보였다.[8] 그는 캘리포니아 주 교통국이 규정한 방향 표지와 I-5 주간 고속도로 표지의 완벽한 복제품을 만들었고 2001년 어느 이른 아침, 주황색 조끼와 안전모와 고깔 모양 안전 표지물로 무장을 한 다음 혹시 누군가가 그를 저지할 경우에 대비해 가짜 서류까지 지참했다. 20분 뒤에 그의 '예술 작품'은 고속도로 표지판 위에 무사히 설치되었다. 그가 만든 표지는 정말 감쪽같아서 9개월 동안 아무도 알아차리지 못했다. 마침내 어느 주간 무가지에서 그 사실을 폭로하자 캘리포니아 주 교통국은 앵크럼의 예술이 기물 파손 행위라며 대대적으로 비난했지만, 그로 인해 도로 표지판이 더 나아졌다는 점에는 반론을 제기하지 못했다. 그뒤로 8년 동안 앵크럼이 집에서 만든 표지는 그대로 사용되었으며, 그 덕분에 수백만 명의 로스앤젤레스 시민과 관광객들은 시내에서 길을 잘 찾아다닐 수 있었다. 2009년에 캘리포니아 주 교통국은 앵크럼의 표지판을 공식 표지판으로 교체했으나 새 표지판에도 앵크럼이 수정한 부분이 반영되었다.[*]

  "우리가 지금 어디 있나요?" 내가 물었다. 우리는 타코마와 인근의 레이크우드 사이에 있는 좀 음울한 상업 지구를 지나가는 중인데, 나는 도로광처럼 생각하려고 애썼지만 왜 우리가 이 길을 지나기로 했는지

---

[*] 앵크럼으로서는 원통하게도 원래 있던 표지판은 고철 덩어리가 되어 중국으로 보내졌다. 귀스타브 쿠르베의 「돌 깨는 사람들」이나 윌리엄 블레이크의 「최후의 심판의 환영」이 그랬듯이, 값을 따질 수 없는 또다른 예술 작품이 시대의 뒤편으로 사라졌다.

리처드 앵크럼이 그의 '작품'을 설치하는 모습이 담긴 저속 촬영 장면.

감을 잡을 수가 없었다.

"여기는 오래된 US-99 도로예요." 마크가 유난히 경건한 목소리로 말한다. 서부 해안의 66번 국도 격인 (단지 숫자를 위아래로 뒤집기만 하면 된다!) 99번 고속도로는, 한때 캐나다 국경에서 멕시코까지 달리는 도로였지만 1968년에 I-5 주간 고속도로가 완성되면서 그 임무가 해제되어 이제 그 도로는 대부분 익명이며 표지판도 없다. 도로광들은 고고학자들이기도 해서 현대의 도시 속 폐허에서 역사를 찾아낸다. 그들은 이제는 전당포나 성인 비디오점이 들어선 황무지에 지나지 않는 곳에서 예전에 거기 있던 엑손 주유소나 티피 천막 모양 모텔의 유령을 본다.

일정표에 있는 마지막 행선지도 역사적인 장소다. 바로 유명한 타코마 내로스 다리인데, 최근 이곳에는 키트삽 반도가 있는 서쪽으로 향하는 쌍둥이 다리가 추가로 건설되었다. 이곳 해협을 건너는 기존 다리는 '질주하는 거티'라고 불리던 유명한 다리였지만 1940년에 폭풍 때문에 무너져버렸다. 물리 기초 수업을 들었다면 그 다리가 흔들리면서 공명을 일으켜 무시무시하게 노래하다가 퓨젓사운드 만으로 무너져 내리는 유명한 영상을 봤을 수도 있다. 하지만 새 다리는 확실히 튼튼하게 지어졌다.

"도로광이 된다는 것은 나머지 사람들에게서는 이해받지 못하는 일이에요." 우리가 차를 돌려 타코마 시내로 향할 때 존 스패퍼드가 한숨을 쉬며 말을 꺼낸다. "이 성향은 유전되는 것이 아니어서 우리 애들조차 저 같지 않거든요. 그래서 좀 실망했죠." 그는 자신이 어린 시절에 경험했듯이 여기저기 떠돌아다니는 가족 휴가 여행을 좋아하지만, 이제 대학에 갈 나이인 딸은 또래 친구들처럼 **진짜** 휴가를 원하는데, 그건 올

282

랜도에 있는 야외수영장 딸린 곳에서 일주일을 보내는 휴양을 의미한다. "우리는 한 곳에서 하루 이상 머무르지 않아요." 존이 어깨를 으쓱하며 말을 잇는다. "우리 딸은 옥수수밭을 보는데 질렸죠."

미국 도로광들에게 전설로 여겨지는 경이를—I-285 주간 고속도로가 애틀랜타 공항 인근에서는 16차선으로 펼쳐진다거나 I-95와 US-5 고속도로가 뉴잉글랜드를 지나는 동안 무려 36번이나 교차하는 대기록처럼[9]—자신의 아이들과 함께 즐기지는 못하지만, 존은 차세대 도로광들에게 시동을 걸어주는 역할을 하고 있다. 그는 전역한 뒤로 줄곧 초등학교에서 아이들을 가르쳤는데, 그가 가르치는 4학년생들은 매일 아침 지리활동으로 일과를 시작한다. 교실 뒤에 있는 주 지도에서 화이트보드용 펜으로 고속도로를 따라가는 것이다. "한 해가 끝날 때쯤이면 영리한 학생들은 각 고속도로의 다르게 생긴 표지판 모양만 보고 고속도로를 구분할 수 있어요. '아, 이건 US-12구나!'라고 말이죠."

한편 마크는 도로광에게는 꿈의 직업에 안착했다. 바로 워싱턴 주 교통국에서 일하며 워싱턴 주의 공식 고속도로 지도를 책임지고 있는 것이다. 우리는 타코마로 돌아갔고 마크가 나와 존을 각자의 차 앞에 내려주며 작별 인사를 했다. 마크가 차를 몰아 떠날 때 그의 포드 토러스 뒤에 붙은 사제 번호판이 눈이 띈다. 거기에는 '지도쟁이MAPPER'라는 단어를 둘러싸고 작은 글씨로 '나는 길을 잃지 않는다. 나는 지도 제작자다'라고 적혀 있다.

내 차를 몰아 시애틀로 돌아오는 길. 시호크가 미식축구를 하는 경기장을 지나고, 실력이 형편없는 마리너스가 완전히 야구가 아니라고

는 할 수 없는 뭔가를 하는 경기장을 지나간다. 그러다가 두 경기장에서 한 블록 동쪽에 I-90 고속도로의 서부 종점이 지난다는 것이 생각난다. 언젠가 야구 경기가 끝나고 나서 우리 아들 딜런과 함께 그 고속도로 진입 차선을 지나갔던 적이 있다. 내가 이렇게 말했다. "저 고속도로를 타고 달리면 보스턴 항에 도착할 때까지 도로가 끊어지지 않아. 태평양부터 대서양까지 곧장 이어지는 도로거든."

딜런은 그 생각에 사로잡혀서는 보스턴까지 그날 밤 당장 운전해가자고 졸라댔다. (이미 좀 늦은 시각이어서 우리는 그 대신 아이스크림을 먹으러 갔다.) 나도 어릴 때 바로 그런 생각에 정말 흥분했던 기억이 난다. 모든 길이 결국은 연결되며, 우리 집 진입로가 아스팔트와 시멘트로 만들어진 끝없는 강이 시작되는 곳이어서 결국 디즈니랜드나 플로리다키스 제도나 칠레 티에라델푸에고까지 이어질지도 모른다는 생각 말이다. 지금의 나는 그런 그림을 떠올리기도 전에, 미국 도로사 100년과 자동차 문화의 흉측한 결과물이 먼저 떠올라 몸서리치기 일쑤다. 무분별하게 뻗어나간 교외 지역, 혼잡 시간대의 교통 정체, 대기오염, 쉐보레 로고 위에 『캘빈과 홉스』의 캘빈이 오줌을 누는 장면의 범퍼 스티커. 하지만 어릴 때는 지도책 속과 현관 앞에 뻗은 도로에 대한 내 사랑의 감정이 현실 세계의 합병증 때문에 흐릿해지는 일은 없었다. 도로들은 단지 공간이자 가능성을 의미했다.

미국은 하도 넓기 때문에 미국인으로서 지도에 매료될 때는 다른 나라 사람이 지도 애호가가 될 때와는 사뭇 다른 의미를 지닌다. 영국을 예로 들어보자. TV시리즈 「닥터 후」에 등장하는 로봇 달렉을 우표에 인쇄할 정도로[10] 마니아 기질이 있는 나라이니 짐작 가능한 일이기도 한

　　　　　　　　　　　　　　　　　　　　　　맵헤드

데, 영국인은 지도 사랑에 있어서 둘째가라면 서러운 사람들이며 주황색 표지를 씌운 영국 육지측량부의 '탐험가' 지도는 지금도 매년 수백만 부씩 팔려나간다.[11] 하지만 영국 지도에는 어딘가 아늑하고 소소한 데가 있다. 영국인은 세부사항을 빠짐없이 그려넣은 대축척 지도를 만드는 것을 자랑스럽게 여겨서, 그 지도는 마치 철도가 놓여 있는 모형이나 상점 유리창에 전시한 미니어처 크리스마스 마을처럼 보일 정도다. 미국인 여행작가 빌 브라이슨은 『작은 섬에 대한 기록Notes on a Small Island』에서, 도싯 구릉지대에서 하이킹을 하던 중 돌 의자에 앉아 방향을 확인하려고 지도를 꺼냈을 때를 이렇게 기억한다.

> 예를 들어 파이크스피크(로키산맥에 있는 해발고도 4300미터의 산—옮긴이)보다 작은 지형은 지도에서 제외하려는 경향이 있는 나라에서 온 나는, 영국 육지측량부의 1:25000 지도 시리즈의 세세함에 계속해서 감명을 받는다. 이들은 풍경의 모든 주름과 작은 잔디 조각까지, 모든 헛간과 거리 이정표와 풍차 펌프와 고분까지 포함시킨다. 모래밭과 자갈밭을 구분하고, 철탑에서 뻗어나온 전력선과 전신주에서 뻗어나온 전력선을 구분한다. 이 지도에는 심지어 내가 지금 앉아 있는 돌 의자마저 표시되어 있다. 지도를 들여다보면서 지금 내 궁둥이가 배치된 면적의 위치를 알 수 있다는 것이 나를 경악하게 한다.[12]

찍으면 바로 엽서 사진이 되는 협곡과 폭포와 메사가 있는 신대륙의 광활한 풍경은 좀 다른 종류의 지도 사랑을 길러냈다. 이 대륙의 오솔길은 뺨이 불그스레하고 품이 큰 반바지 차림에 지팡이를 짚은 노인들

의 발길이 수 세기에 걸쳐 구석구석 닿지 않았다. 이곳에는 볼 것이 여전히 너무 많으며, 이 땅은 그것을 기록하려는 우리의 빈약한 시도를 보잘것없게 만든다는 환상이 여전히 존재한다. 예를 들어 미국의 도로 지도를 유럽의 미슐랭 지도와 비교해보면 차이를 알 수 있는데, 미슐랭 지도는 운전자들이 신경쓰지 않는 아름다운 세부사항들로 가득하다. 테두리선, 철도, 등산로, 숲, 습지들처럼 말이다. 이런 차이는 문화유산의 일부다. 오늘날 영국과 유럽의 도로 지도는 걷거나 자전거를 타기 위해 수 세대에 걸쳐 만들어온 지형도들의 후손이다. 반면에 미국인이 도로 지도를 만들기 시작한 것은 자동차를 들이고 난 이후였으며 그건 빠르게 진행된 사건이었다. 감당해야 할 거리가 광대했기 때문에 자동차는 우리를 포드 모델 T에 맞췄다.

사실 미국에서는 도로가 지도에 맞춰서 변했지, 지도가 도로에 맞춰진 것이 아니다. 지도 역사가들은 지도 제작자들이 내린 결정이 지도가 표현한 영토에 실제로 과감하게 영향을 미쳤다는 주장을 정말 좋아하지만—예를 들어 독일이 베르사유 조약으로 잃은 모든 영토를 강조해서 표시한 바이마르 시대 지도에서 영향을 받아 히틀러가 권력을 얻고 제2차 세계대전이 일어났다는 주장처럼[13]—그럼에도 이런 사례에서 인과관계가 복잡하게 얽힌 것을 살펴보면 명백한 증거가 될 지도 하나만 콕 집어내기는 어렵다. 하지만 알다시피 미국의 고속도로 체계는 이와 달라서, 거의 랜드맥낼리 사가 단번에 구상해낸 그림이었다.

랜드맥낼리가 차량 항법 사업에 뛰어든 것은 1907년으로, 다만 그때는 지도를 만드는 일은 아니었다. 그 대신 랜드맥낼리는 경쟁사의 '사진 차량안내서'를 사들였다. 이는 많이 이용되는 도로를 따라 운전자의 눈높이에서 본 랜드마크와 교차로의 사진을 보여주는 안내서로, 거기 실린 사진은 도로광들이 계기판 위에 사진기를 놓고 찍은 사진과 똑같았다. 그 안내서는 도로 위에 그려넣은 화살표로 운전자에게 정확히 어느 쪽으로 차를 돌려야 하는지 알려줬으니, 지금 구글의 인기 있는 스트리트뷰를 거의 100년이나 앞서 선수를 친 셈이다. 시카고—밀워키 행 가이드에 실린 사진은 앤드루 맥낼리 2세가 직접 그의 신부와 함께 신혼여행을 떠나 북쪽으로 가는 동안 그의 패커드(1958년까지 생산된 미국 자동차 브랜드—옮긴이) 앞좌석에서 촬영한 것이다.[14] 당시에 그 안내서는 새롭지는 않았지만 실용적이었다. 사실은 지도보다 더 쓸모가 있었다. 그때는 아직까지 미국의 도로를 분류하는 보편적이고 일관된 체계가 없었기 때문이다. 랜드맥낼리는 운전자들에게 "15번 고속도로를 만나면 좌회전하라"고 하는 대신 "빨간 헛간 있는 곳에서 좌회전하라"고 안내해야 했다. 아마도 15번 고속도로에 숫자로 이름이 붙여지기 전이거나, 아니면 그 숫자가 붙여진 뒤라 해도 정작 도로에는 표시를 하기 전이었던 것이 틀림없다.*

랜드맥낼리는 이 문제를 해결하기 위해 사내에서 공모를 했는데 제도공인 존 개릿 브링크가 입이 떡 벌어질 만큼 대담한 해결책을 내놓

---

* 구글 같은 회사는 아직 보편적으로 사용되는 주소 체계가 없는 세계 어딘가에서는 운전 경로를 설명하느라 오늘날에도 같은 문제를 겪고 있다. 그들이 찾아낸 해결책은 랜드맥낼리가 썼던 방법과 비슷하다. 거리 이름이 아니라 랜드마크를 기준으로 기본적인 경로를 안내하는 것이다. 인도 벵갈루루에서 운전을 하는 사람은 "바네르카타 길을 따라 남쪽으로 가다가 호수르메인 길에서 좌회전하시오" 대신에 "병원을 향해서 남쪽으로 가다가 그 길 끝에서 좌회전하시오"라는 안내를 받을지도 모른다. 하지만 랜드마크를 기본으로 하는 길 안내를 하더라도 누구나 그 안내를 따라갈 수 있다고 보장되는 것은 아니다. 구글의 지리정보시스템 전문가 제시카 펀드가 내게 말해준 이야기에 따르면, 구글 맵을 이용하는 어느 파키스탄 사람은 그의 집 근처에 있는 밝은 파란색 벽을 언제나 손쉬운 길 찾기 랜드마크로 이용했다. 하지만 어느날 그가 제시카 펀드에게 불평하기를 그 벽이 이제 회색으로 칠해져서 아무도 그의 집을 찾아오지 못한다고 했다.

앗으니, 그건 거의 랜드맥낼리가 있는 자리로 산이 옮겨와야 한다는 수준이었다. 브링크가 제안한 방안은 미국의 정신없이 얽힌 도로를 지도에 그려내는 좀 더 나은 방법을 찾는 대신, 그 회사가 일방적으로 미국 전역의 도로를 정리하는 체계를 지정하고 상징과 숫자들을 골라야 한다는 것이었다.[15] 그래서 이 일을 맡은 랜드맥낼리의 직원들이 전국으로 차를 몰고 다니면서 전신주에 색색의 줄무늬를 칠하고 고속도로 상징을 그려 넣어 모든 도로를 분류했다. 마치 오래전에 미 서부 전역에서 아메리카 원주민으로 구성된 정찰대가 개척자의 길을 표시하고 다녔던 것처럼 말이다. 랜드맥낼리는 리처드 앵크럼보다 앞선 이 작업에 "새로 열린 길Blazed Trail" 프로그램이라는 이름을 붙였다. 1922년 무렵에는 미국 전역 8만 킬로미터가 넘는 고속도로에 숫자와 표시들이 달렸으며, 주 정부와 연방 기관들도 거기에 맞춰서 번호를 붙이며 따라오기 시작했다. 그리하여 현대적인 미국 도로 지도책이 탄생했으며, 그 사촌 격인 석유 회사가 배포하는 무료 도로 지도도 만들어졌다. 이런 주유소 지도들은 1913년부터 1986년까지 80억 장이 인쇄되어 20세기 미국에서 가장 큰 홍보용 증정품으로 자리매김했다.[16]

랜드맥낼리 사의 도로 지도책은 미국인에게 독특한 자유의 의식, 즉 장거리 자동차 여행과 따로 떼어놓을 수 없는 것이 되었다. 나는 도시에서 운전 경로를 생각할 때는 그 경로에 있는 실제 랜드마크를 떠올리지만, 도시를 벗어나 한 시간이 넘는 여행을 계획할 때면 내 머릿속에 랜드맥낼리 지도책에서 바로 뜯어낸 듯한 그림을 떠올린다. 그때 내 마음의 눈이 보는 고속도로에는 검은색 바탕에 노란색 줄이 그어져 있지 않다. 대신 텅 빈 흰색 바탕에 밝은 파란색 띠와 빨간색 경계선들이 펼쳐져 있다. 말 그대로 탁 트인 길이다. 국유림은 얼룩덜룩한 반점인데, 곰곰이 생각해보면 그건 나무가 아니라 마치 연한 녹색을 띤 아주 작고 구불구불한 주름으로 이뤄진 대뇌피질처럼 보인다. 물론 나무도 있기는 하다. 국립공원 하나마다 사철나무가 한 그루씩, 작은 초록색 삼각형 모양인 텐트 옆에 놓여 있다.

지도책은 여행과 자유를 조건반사적으로 연상하게 만드는 상징이 되었기 때문에, 맵헤드들 중에는 집을 나서지 않고도 랜드맥낼리 지도책을 열어보기만 함으로써 방랑벽을 해소할 수 있는 사람도 있다. 짐 싱클레어의 '밸런타인데이 대학살Valentine's Day Massacre'의 참가자들을 만나보자. 편지로 참가하는 이 대회는 짐 싱클레어가 지난 40년 동안 매년 2월에 개최하고 있다. 참가자들은 샌프란시스코 골든게이트 다리부터 뉴욕의 자유의 여신상까지(홀수 연도에는 반대 방향으로 간다) 우회하는 경로로 미국을 횡단하는데, 하지만 정작 자기 집 안락의자나 식탁 앞을 떠나는 일은 없다. 이 여행은 전적으로 지도상에서 이뤄지기 때문이다.

'밸런타인데이 대학살'은 (짐 싱클레어가 매년 주최하는 다른 지도 관련 행사인 '지구를 도는 트로피 질주'나 '독립기념일 불꽃놀이'도 마찬가지로) 짐이 회원이었던 시카고의 '대초원 경주팀' 등의 클럽들이 모여 1960년대 중반에 주최한 당시 유행이던 도로 자동차 경주에서 유래했다. 하지만 이 스포츠카 광들은 몬테카를로에서 그러듯이 속도전을 벌이지 않았다. 그 '시간─속도─거리' 전에서 참가 팀들은 미리 정해진 속도로, 공공도로를 따라 복잡하게 방향을 바꿔가며 운전을 해서, 정해진 일련의 체크포인트를 정해진 분초에 정확하게 지나가야 했다. 그러다가 도로가 얼어붙

고 운전자들은 집에 갇혀 있어야 하는 미국 중서부의 길고 긴 겨울 동안, 누군가가 지도에서 벌이는 도로 경주를 제안했고, 그리하여 1964년에 처음으로 밸런타인데이 대학살 대회가 열렸다. 짐은 1968년부터 그 대회 주최를 맡았으며 1980년에는 대회 운영에 전념하기 위해 화학 엔지니어 일을 그만두었다.

그 시절과 마찬가지로 지금도 대학살 대회의 본부는 패서디나에서 곧장 북쪽에 있는 덩굴장미가 핀 60년대풍 집이다. 샌가브리엘 산맥의 구릉에 안개가 끼고 비가 내리는 날, 짐과 그의 아내 수의 초대를 받아 그 집에 들어서자마자 전형적인 할아버지 할머니네 집의 정경을 느낄 수 있었다. 어딘가 놓인 라디오에서 클래식 음악이 조용히 흘러나오고, 서가에는 개리슨 케일러와 애거사 크리스티의 양장본이 줄지어 꽂혀 있고, 평평한 자리에는 모두 손자 손녀의 사진이 놓여 있다. 하지만 전형적인 할아버지 집과 다른 점이라면 짐의 사무실인데, 사실 그의 사무실은 그 집 거실 전체로 옮아가서 공간을 죄다 차지하고 있다. 당구대에는 상자와 봉투와 참고서적이 산처럼 쌓였다. "이제는 협탁까지 종이상자가 차지했어요." 수가 한숨을 쉬며 말한다. 그녀는 격자무늬 소파에 퀼트 바구니를 곁에 두고 앉아 있다.

"나는 대학살 대회를 스키에 비유해요. 사람들이 한 번만 해보면 곧장 이해하고 좋아하든지, 아니면 '이걸 왜 해?'라고 바로 결론을 낸다는 점에서요." 짐이 말한다. 60대 후반으로 흰 수염을 기르는 그는 목소리가 깊고 걸걸한데, 진지한 교수 같은 분위기를 풍긴다. "누구든지 이 대회를 좋아할 거라고 생각하는 건 그만뒀어요. 대부분은 여기에 적합한 머리가 없으니까요."

나는 짐의 그 말이 대학살 대회에 아무나 참가할 수 있는 것은 아니라는 의미임을 알지만, 혹시 아무도 그들을 이해할 수 없음을 말하는 것인가 생각하는 독자가 있더라도, 그럴 만도 하다. 지도 경주는 기묘한 비잔틴 시대 풍습 같은 대회여서, 그 대회를 숙달하는 것보다 그게 어떤 대회인지를 설명하기가 더 어렵다. 어릴 때 나는 잡지 『게임즈』에서 대학살 대회 광고를 정기적으로 봤고, 그 대회를 내가 그때 좋아할 만한, 지도상에서 자유롭게 탐험하며 물건을 찾는 게임이라고 생각했지만 실제로 참가한 적은 한 번도 없었다. 짐과 함께 지난해 대회 책자를 숙독하면서 그 대회가 사실은 아주 다른 게임이라는 것을 알았다.

대학살 대회의 여덟 개 구간 중, 캐나다 온타리오 주 파리에서부터 미국 오하이오 주 에덴 공원까지 가는 세 번째 구간에서 한 단계를 예로 들어보자.

> 8. 51쪽에서 US-24 고속도로 표지를 지난 다음, 두 자리 숫자가 붙은 고속도로 중에서 가장 가까우며 번호가 없는 분기점으로 향하는 고속도로 위를 지나는 고속도로로 갈아타라.

이 지시사항을 올바르게 분석해서 완수한다면, 당신이 선택한 경로에 대한 객관식 문제에 답을 할 수 있다.

> Q27. 다음 중 가장 먼저 보이는 것은?
> a. 볼링그린주립대
> b. 오하이오 유료 고속도로

c. 펨버빌

d. 스카치리지

이런 문제는 실제로 도로 경주를 할 경우 체크포인트에 사람이 서서 지키고 있는 것처럼, 참가자가 경로를 잘 따라가고 있는지 확인하는 역할을 한다. 짐과 그의 동료들은 매 단계마다 교묘하게 안전장치를 해둬서, 일반적으로 참가자들은 한 번 잘못된 길로 가더라도 그 사실을 아예 모른 채 올바른 경로로 되돌아올 수 있다.

이처럼 길을 둘러가게 만드는 함정을 신중한 관찰과 대회 규정에 대한 아주 세세한 해석에 의거하여 매 단계에 만들어놓았다. 예를 들어서, 일반적으로는 '도로'가 '이름 붙여진 고속도로'와 마찬가지라고 생각할 수 있지만, 대학살 대회에서는 아니다. 여기서 두 표현은 완전히 다른 것을 의미한다. (도로는 지도상에 그어진 선이며, 그 선을 따라서 '주간 고속도로 25'나 '아이오와 42' 등으로 이름 붙여진 고속도로가 하나만 있을 수도 있고, 동시에 여러 개가 있을 수도 있고, 하나도 없을 수도 있다.) 하나의 지시가 끝나고 나서 다음 지시가 시작될 때까지 그 사이에 도로에서 방향을 어떻게 잡을 것인가를 의미하는 '경로 따라가기'는 간단한 개념처럼 들리지만 실제로는 차례로 우선순위가 있는 네 가지 타이브레이크 규칙이 요구되는데, 규칙 하나하나가 정말 복잡해서 '온on'이라는 단어 하나에만도 세 단락 분량의 정의가 따라붙는다. 심지어 구두점도 중요해서, 따옴표 없이 적힌 장소명은 그 장소 자체를 의미하지만 따옴표가 붙으면 지도상에 그 장소를 **표시한** 글자를 의미한다. 이런 식의 규칙이 계속 이어진다.

이 정도로 정밀하기 때문에 때로 대학살 대회는 나처럼 아무것도 모르는 초심자에게는 그저 답답하고 기술적인 것으로 보이기도 하지만, 짐은 이 대회의 목표가 다른 데 있다고 강조한다. "우리는 현실에 부합하는 규칙들을 만들려고 노력합니다. 할 수 있는 최대한 신빙성을 갖추려고 노력하죠. 그래서 사람들이 실제로 도로에 있으며 한 지점에서 다른 지점으로 가고 있는 것처럼 느낄 수 있도록 하려는 거예요. 그렇게 가는 길에 랜드마크를 살피고, 방향을 돌려야 할 지점을 보게 되죠." 오랫동안 함께해온 참가자들에게는 이 무리 안에서만 통하는 농담과 도중에 출몰하는 단골 캐릭터들이 재미의 큰 부분인데, 단골 캐릭터들은 원래는 그저 규칙을 따라가는 과정에 불과할 대학살 대회에 재미를 더하는 요소다. 가장 사랑받는 단골 캐릭터는 '늙은 몰티즈'인데, 멍청하고 회색 털이 복실한 이 녀석은 몬태나 주 몰타에 있는 그의 오두막 근처에서 자주 목격된다. 매년 열리는 이 대회에서 늙은 몰티즈는 짐의 제2의 자아여서, 짐은 여전히 매년 2월이면 "늙은 몰티즈 집에 있나요?"라고 묻는 전화를 받는다. (참가자들은 규칙을 이해하지 못할 경우 짐에게 전화를 하거나 편지를 쓸 수 있다.) "나는 항상 '그 녀석은 집에 없는데요. 내가 도와줄 수 있을까요?'라고 대답해요."

이런 식으로 반복되는 전통들은 어떤 참가자들을 몇십 년 동안 매년 대학살 대회에 참가하게 만드는 원동력이다. 그들은 충성도가 높은 집단이다. 캘리포니아 주 페탈루마에 사는 은퇴한 응급실 간호사인 낸시 윌슨은 30년 넘게 대학살 대회에 참가했다. 그녀는 대학살 대회 답지에 리히텐슈타인의 우표 소인이 찍히게 하고 싶어서 일부러 그 조그만 산악 국가에 여행을 갔던 적도 있다. (짐은 미국의 각 주, 각 나라별 최고 점수를 평가한다.) 바트 브램리는 댈러스에 사는 전문 브리지 선수이며(1997년

에 미국 브리지 리그에서 올해의 선수로 뽑혔다) 대학살 대회에서 네 차례나 우승했다. 그는 근시가 최근에 더 심해졌지만 근시를 몇 분 만에 해결해 줄 라식 수술을 미루고 있다. 왜? 왜냐하면 지금 그는 콘택트렌즈를 끼지 않은 채로 사물을 선명하게 보려면 거의 코끝에 닿을 듯이 가까이 다가가야 하는데, 그게 지도 경주를 할 때 가장 좋은 자세라는 것이다. 바트는 이렇게 말했다. "지도를 3센티미터 앞에서 볼 수 있는데 그러면 모든 것이 보이죠. 라식 수술을 받으면 그렇게 할 수 없을 거 아닙니까."

시간이 흐르면서 충직한 사람들만이 키질을 하듯이 걸러졌다. 전성기인 1990년대 초반에는 매년 3000명가량이 참가했던 이 대회에, 작년에는 500명이 채 되지 않는 사람들이 답을 보내왔다. 이런 감소를 두고 '미국인이 얼마나 지도를 싫어하는가'를 보여주는 또다른 세기말적인 징후라고 지적하기 쉽지만, 짐은 도로 경주의 인기가 꺾였다는 것에서 원인을 찾는다. 주로 도로 경주 팬들이 대학살 대회에 참가하니 말이다. 짐은 이렇게 이야기한다. "우리는 언제나 참가자들에게 나이를 물어봤어요. 1970년대에는 30대 중반이라는 답이 왔죠. 그다음에는 30대 후반, 그후에는 40대 근처라고 하더군요. 같은 무리가 우리와 같이 해오고 있다는 것을 안 봐도 알 수 있죠."

수가 말을 잇는다. "가끔은 어떤 사람이 자기 아버지나 어머니가 돌아가셨다는 소식을 전해올 때가 있어요. 그들이 우리에게 소식을 알려주는 의미는 이제 답을 보내지 않으리라는 사실을 알려주는 것만이 아니라 그들의 돌아가신 부모님이 이 대회를 정말 즐겼다는 뜻이기도 하죠."

"좋기도 하고 슬프기도 한 일이죠." 짐이 맞장구를 친다.

맵헤드

"아니면 어떤 사람이 '내 시력이 이제 예전 같지가 않아요'라는 소식을 전할 때도 있어요."

"그런 일을 곱씹으며 담아두지는 않아요."

"하지만 누군가가 시간을 들여 편지를 쓸 만큼 우리를 생각해주었다니, 고마운 일이죠."

누군가가 전화를 걸어와서 마지막으로 엄마나 아빠와 그 대회에 참가하며 얼마나 즐거웠는지를 싱클레어 부부에게 이야기할 때도 있을 것이다. 참가자들은 대부분 혼자서 참가하지만, 대학살 대회를 2월의 가족 전통으로 삼은 참가자들도 있다. 지도 애호가로서 이건 아이들과 보람찬 시간을 보내는 꽤나 목가적인 방법이라는 생각이 든다. 나는 서너 세대를 아우르는 즐거운 얼굴들이 지도책을 펼쳐놓고 주변에 옹기종기 모인 풍경을 상상한다. 내 머릿속 그림에는 핫초콜릿이 담겨 김이 모락모락 오르는 컵들이 놓여 있고, 어째서인지 다들 스웨터를 입고 있다. 그래 바로 이거다. 나는 결심한다. 올해 제닝스 가족은 첫 지도 경주에서 달리게 될 것이다!

패서디나에서 돌아온 지 얼마 지나지 않아서 싱클레어 부부가 보내온 커다란 흰색 우편봉투가 배달되었다. 신이 나서 봉투를 뜯어보니 안에는 랜드맥낼리 도로 지도책(주문 제작한 그 지도책 표지에는 '밸런타인데이 대학살' 로고가 찍혀 있다)과 경로 안내 책자가 들어 있다. 소개 글에는 내게 행운을 빌어주는 짐 싱클레어와 '늙은 몰티즈' 둘의 서명이 적혀 있다.

그날 저녁 나는 민디와 아이들을 불러모아 설명한다. 우리는 이

9. 트랜싯TRANSIT

제부터 국토 횡단 드라이브를 할 거야……. **지도책으로!** 말줄임표가 나오기 전까지는 흥분의 도가니가 연출되다가 이내 의심의 눈초리가 뒤따랐다. 마치 내가 방안을 가득 채운 아이들에게 이렇게 말한 것처럼. 이제부터 내가 끝내주는 마법을 보여줄게……. 과학을 이용해서!

우리는 지도책에서 캘리포니아 주 북부를 펼치고 출발점인 골든게이트 다리를 찾았다. 내가 큰 소리로 지시를 읽는다. "샌라파엘에 있는 580번 주간 고속도로에서 오른쪽으로 가시오. 다음 중 무엇이 가장 먼저 보이는가? (a) 버클리, (b) 샌프란시스코, (c) 런던."

"여기 버클리가 있네." 민디가 말한다. 우리는 모두 동의하고, 내가 '(a)'에 동그라미를 친다. 다섯 단계를 거치고 난 뒤 우리가 새크라멘토에 들어갈 무렵 아이들이 벌써 심통을 부린다.

"지루해! 언제 끝나?" 딜런이 불평한다.

"사람들은 대부분 코스를 끝낼 때까지 스무 시간에서 서른 시간까지 걸린대."

"서른 시간?" 딜런이 과장되게 앓는 소리를 한다.

"와, 이건 정말 딜런과 **진짜** 자동차 여행을 할 때랑 똑같네!" 민디가 말한다.

20분 뒤, 반란은 더 요란해지고 있다. 케이틀린은 테이블 아래 바닥에서 혼자 노래를 한다. 딜런은 시끄럽게 폭발음을 내며 낙하산을 단 장난감 병정을 갖고 논다. 나는 오리건 주 남부의 지도를 눈을 가늘게 뜨고 들여다보면서 US-395 도로를 따라가며 보이는 호수를 세는 중이다. 차 안에서라면 쉬운 일이겠지만, 지도로는 놀라울 정도로 두통을 유발하는 일이다! 우선 한 가지는, 호수에서 고속도로까지 거리를 재기 위해 자를 사용해야 한다. (대학살 대회의 규칙상, 나는 도로에서 6.4밀리미터 이내에 있는 사물만 '볼 수 있다.) 게다가 방금 깨달은 것인데, 16번 지시사항에 의해 내가 이 고속도로 '위$_{on}$'가 아니라 '위$_{upon}$'에 놓이게 된다는 것을 알았다. 나는 한 손가락으로 지도 위의 내 위치를 짚은 채로 여기서 'on'과 'upon'의 미묘한 차이를 알아내기 위해 규칙을 설명한 책장을 넘겨본다. 그때 갑자기 딜런이 낙하산 병사를 쏘아올리고, 그 병사는 내 손가락이 조심스럽게 길을 찾아가고 있는 지도 위에 떨어진다.

"딜런!" 나는 완전히 영화 「칩멍크」에 나오는 데이브*처럼 고함을 친다.

민디가 말한다. "와, 이건 정말 아빠랑 **진짜** 자동차 여행을 할 때랑 똑같네!"

그리하여 두 어린아이와 함께 서른 시간짜리 지도 훈련을 하려던 나의 무모한 시도는 끝이 났다. 존 스패퍼드처럼 어쩌면 나도 내 유전자 계통에서 마지막 맵헤드가 될 운명인지도 모른다. 나는 투덜거리며 지도책과 함께 내 불만도 주섬주섬 그러모아서 내 방으로 들어갔고 침묵 속에서 가상의 장거리 도로 여행을 계속했다.

그뒤로 몇 주 동안 나는 매일 밤 약 한 시간씩 끈덕지게 대학살 대회를 하며 보냈다. (이 대회가 뭘 학살하는지 이제는 안다. 바로 당신의 자유 시간이다.) 우리 애들은 이제 내가 지도책 위로 몸을 구부정하게 수그리고 "191번 도로에서 좌회전을 한 다음, 와이오밍 주에서 '191'을 보면 비포장

---

* 칩멍크 삼형제의 양아버지인 데이브는 앨빈이 말썽을 피울 때마다 "앨빈!" 하고 고함을 친다—옮긴이.

도로로 우회전하라" 같은 소리를 웅얼거리며 마치 고속도로가 점자로 되어 있기라도 한 것처럼 손가락으로 천천히 지도 위를 짚어 따라가고 있으면, 나를 혼자 내버려둬야 한다는 것쯤은 터득했다. 온갖 종류의 지도를 좋아하는데도 불구하고 나는 정말 경이로울 정도로 지도 도로 경주에 소질이 없다는 것이 밝혀졌다. 둘째 주에는 내 현재 위치가 텍사스 주 서부인데 주어진 지시사항으로 추론하건대 내가 아직 콜로라도 주에 있어야 한다는 것을 깨달았다. 결국 어디에서 내가 잘못 갔는지 알아내고는 로키산맥으로 돌아갔는데, 콜로라도 주 캐년시티에서 인근에 있는 푸에블로까지 조금씩 길을 찾아가느라 한 시간이나 걸렸다. 60킬로미터 남짓 되는 그 길을 실제로 운전하는 데 걸릴 시간보다 더 오래 걸린 셈이다.

나는 이 모든 것이 짓궂은 장난이라고 밝혀지기를 비밀리에 바라기 시작했다. 초등학교 때 시험에서 지시사항이 "문제를 풀기 전에 지시사항을 모두 읽으세요"라고 시작되더니 요점이 없고 미로 같은 지시사항을 한참 읽어 내려가면 결국 마지막에 "앞에 나온 모든 단계를 무시하세요. 제일 위에 이름만 적어서 제출하세요"라고 적혀 있는 경우처럼 말이다. 하지만 며칠은 몇 주가 되고, 캔자스 주와 네브래스카 주를 굽이굽이 지나는 동안 내 희망은 흐려진다. 내 시력도 마찬가지다. 답을 맞게 풀었나 검토하려고 다시 볼 때마다, 왜 그런지 매번 나는 같은 지시사항을 완전히 다른 고속도로에 적용하는 실수를 저지른다. 이론물리학자들이여, 알아두시라. 밸런타인데이 대학살 대회의 지시들은 양자 준위의 불확실성이 이루는 일종의 접점에 놓여 있는 모양이다. 이건 슈뢰딩거의 자동차 여행이다.

장거리 자동차 여행을 할 때 정신을 놓기 시작하면 차를 세우고 쉬어야 한다. 짐은 나 같은 초심자에게 대학살 대회의 전체 여덟 개 구간 중 네 개만 끝내고 나서 답을 보낼 수 있게 하는데, 결국 나는 그렇게 했다. 사우스다코타 주 어딘가에서 오도가도 못하게 되어 결승선에 있는 자유의 여신상을 볼 수 없는 운명에 처한 나는 패배를 인정하고 내 답지를 우편으로 보냈다.

3주 뒤에 '늙은 몰티즈'에게서 온 이메일을 열어봤더니 내가 1등이라고 적혀 있다! 그게 사실은, 나처럼 절반만 가고 포기한 초보 참가자 중에서 1등이라는 소리다. 나 같은 초보는 총 여섯 명이었다. 그래도 내 최종 점수인 16점은 나쁘지 않은 편이다. 이 점수는 문제 48개 중에서 16개를 놓쳤다는 뜻으로, 대학살 대회에서는 골프 칠 때처럼 낮은 점수가 이기는 거다. 바트 브램리는 올해 만점인 0점을 받은 출전자 여섯 명 중 하나로, 이로써 대학살 대회에서 다섯 번째 우승을 거뒀다. 그 라식 수술은 1년 더 기다려야 하나 보다.

정답지가 우편으로 배달되어 왔을 때 내가 바보 같은 실수를 한 문제 16개 중 제일 첫 번째 문제를 보고 끙 소리가 절로 났다. 리치먼드와 샌라파엘을 연결하는 다리를 건너 동쪽으로 운전해 갈 때 처음으로 보이는 것이 버클리인가 아니면 샌프란시스코인가? 지도책을 다시 펼쳐보고서 내 실수를 깨닫는다. 지도의 작디작은 글자들을 꼼꼼히 정독하느라 훨씬 큰 글자를 놓친 것이다. 샌프란시스코 카운티, 라고 그곳 만 전체에 버젓이 써 있다.

에드거 앨런 포의 말을 들었어야 했다. 포는 1844년에 추리소설의 고전 『도둑맞은 편지』에서 탐정 뒤팽의 입을 빌어 이렇게 말한다.

지도로 하는 퍼즐 게임이 있다. 한 팀이 조건들을 말하면 상대 팀은 답을—동네, 강, 주, 혹은 제국의 이름을—찾아내야 하는데, 달리 말해서 지도의 잡다하고 혼란스러운 표면에 적힌 어떤 단어든 답이 될 수 있다. 이 게임의 초심자는 보통 아주 극미한 글자로 적혀 있는 이름을 선택해서 상대편을 꺾으려고 하지만, 노련한 사람들은 큰 글자로 지도 이쪽부터 저쪽까지 넓게 펼쳐진 단어를 선택한다. 거리에 걸린 커다란 글자의 표지판이나 현수막처럼, 그런 이름은 지나치게 명백하기 때문에 시야에서 벗어난다.*[17]

도로광과 지도 경주 참가자들과 이야기를 나누면서, 나는 정확성에 대한 그들의 끝없는 욕구에 감탄했다. 그런 정확성은 미국의 도로가 상징하는 케루악 부류의 자유와 극과 극의 반대라는 생각이 든다. 진짜 장거리 도로 여행에서는 주간 고속도로 표지판의 서체라든지 도로번호가 바뀌어온 역사 따위는 신경쓰지 않을 것이다. 당신이 있는 도로에서 지도상으로 6.4밀리미터 안에 있는 풍경만 보기로 제한하지도 않을 것이다.

하지만 어쩌면 뒤팽이 옳은지도 모른다. 이렇게 작디작으며 마니악한 세부사항에 집중하느라 나는 도로 팬들에 대한 큰 그림을 놓치고 있는지도 모른다. 이 취미가 단지 인간이 임의로 정한 세부사항에 대한 것이라면, 짐 싱클레어는 참가자들에게 매년 『베티 크로커 요리책』을 한

---

* 같은 장치를 빌리 와일더 감독이 저평가받은 그의 1943년작 전쟁 영화 「카이로로 가는 5개의 무덤」에서 이용했다. 여기서 이름뿐인 '무덤'은 사실 사하라 사막에 숨겨진 군수물자 은닉처인데, 그게 어디 있는지는 지도상에 매우 간단하게 숨겨져 있다는 것이 밝혀진다. 바로 지도상에서 '이집트'를 표시하느라 사하라 사막에 걸쳐 넓게 적혀 있는 글자 E, G, Y, P, T가 있는 자리다.

권씩 보내서 레몬시폰 케이크를 만드는 복잡하고 헷갈리는 레시피를 따라하게 할 수도 있다. 도로광들은 일정한 번호 체계가 있는 무엇에든 집착할 수도 있었다. 야구카드, 토네이도, 심지어 모차르트 소나타도 해당된다. 하지만 그들은 자신이 탈 것으로 지도를 선택했다. 도로광이 찍고 다니는 사진이나 밸런타인데이 대학살 대회는, 구글어스 사용자가 그 지도를 끝없이 확대해서 들어갈 때처럼 지도에 가능한 한 가까이 가기 위한 한 가지 방법이다. 맵헤드들에게 지도는 그만큼 눈을 뗄 수 없이 강렬하다. 우리는 그 안으로 아예 들어가기를 원한다.

"대부분의 사람이 거울을 지나갈 때 그걸 쳐다보지 않고는 못 배긴다는 걸 아세요?" 바트 브램리가 내게 이렇게 물었다. "나는 지도를 볼 때 그런 기분을 느껴요." 올해 대학살 대회 문제를 풀면서 나는 마치 혐오 요법을 시도하는 기분이었다. 너무 강력해서 나 같은 맵헤드조차도 감당할 수 없는 지도를 처방받은 것이다. 하지만 그렇다 해도, 잘 안 됐어도 뭐 어떤가. 아무래도 내가 내년에 이 대회에 다시 참가할 거라는 기분이 든다! 조심하쇼, 브램리 씨. 내가 당신을 노리고 있다고!

어쩌면 우리 아이들도 다시 데리고 갈지 모르겠다. 하지만 그런다면 다음번에는 정말 가족 휴가처럼 그 여행을 떠날 생각이다. 아이들은 뒷좌석에 앉히고 안전띠라는 영리한 안전장치로 어른들한테서 떼어놓고, 휴대용 DVD플레이어를 계속 돌리는 거다. 가족이 함께하는 시간! 내년에는 사우스다코타 주보다 좀 더 멀리 갈 수 있을 거다.

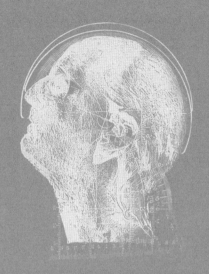

제10장

오버에지 OVEREDGE

n. 지도에서 도곽선圖郭線 밖에 있는 부분

들판의 장신구인 양 반쯤 묻힌 비밀들을 보아라,
그 숨겨진 것들이 언젠가 드러나기를 바라면서
— 존 다니엘

2001년 5월 1일 자정, 콜로라도 주 스프링스 동쪽 외곽의 고원에 자리한 미국 공군우주사령부의 어느 이름없는 영웅이 버튼을 하나 눌렀으며, 그리하여 전 세계 수백만 명의 삶이 달라졌다. 정부가 버튼 하나를 눌러서 할 수 있는 일은 대개 우리 삶의 질을 즉각적으로 향상시키지 못하지만, 미국 대통령이 직접 지시한 그 결정은 세계 어디에 있든지 간에 맵헤드의 삶을 열 배는 더 낫게 만들었다. 그 순간에 마치 마법처럼, 지구 중궤도를 도는 인공위성 24개로 구성된 GPS가 지구 표면 어디에서든 당신의 위치를 고작 몇 미터의 오차 범위 안에서 알려줄 수 있게 된 것이다.

냉소적인 사람들은 미군이 버튼 하나로 그 시스템을 훨씬 낮게

맵헤드

만들 수 있었던 이유는 그동안 줄곧 그들이 거짓말을 해왔기 때문이라고 지적할 수도 있다. 사실 첫 GPS 위성은 이미 1978년에 개시되었지만 그동안 미국 정부의 직원만이 그 실제 데이터에 접근권이 있었다. GPS 수신 장치를 가진 시민들은 무작위로 오류를 일으키는 뒤얽힌 신호를 받아서, 대부분의 경우 그들이 얻는 위치 정보는 수백 미터씩 오차가 났다. 물론 시민들에게 중요한 질문에 잘못된 답을 주는 것이 미국 정부로서 처음 하는 짓은 아니었다. 예를 들어 미국 국세청은 수년간 그렇게 해왔다. 하지만 GPS에 일어나는 오류는 의도적인 것으로, 국가 보안을 이유로 실제 신호에 조작되어 들어간 것이다.

하지만 1990년대 후반쯤 되었을 때 이런 조작은, 완곡하게 말해서 '선택적 이용 가능성'은 구시대의 유물이 되었다. 미군에서는 기밀 유지가 중요한 지역에서 국한적으로 GPS 전파를 방해하는 방법을 알아냈고, 시민들은 위성항법보정시스템DGPS이라는 지상에 기반을 둔 새 기술 덕분에 이미 위성 데이터를 향상시킬 수 있었기 때문이다. 그래서 빌 클린턴 대통령은 '선택적 이용 가능성'을 완전히 해제하도록 명령을 내렸고, 2000년 봄에 백악관의 과학 자문 닐 레인이 기자들 앞에서 중대 발표를 했다. "보트에서든 차에서든, 아니면 사업차 필요해서든 취미를 위해서든, GPS 수신기를 산 모든 사람은 오늘 자정을 기점으로 GPS 신호가 열 배는 더 정확해지는 것을 보게 될 것입니다."[1]

그날 밤 오리건 주 포틀랜드에서 데이브 울머라는 이름의 컴퓨터 컨설턴트가 자정까지 남아서 투박한 GPS 수신기 마젤란2000의 신호가 달라지는 것을 지켜봤다. 그 기기는 이름에 붙은 2000이라는 숫자가 아직 미래적으로 들리던 1990년대 중반에 산 것이었다. "정말로 중대한 순

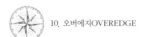

간을 지켜봤어요. 그때 기록해둔 트랙 로그를 아직도 보관하고 있어요."
그의 GPS 수신기 화면에는 90미터 반경의 오차가 있었는데, 한순간에
그 오차는 9미터로 줄어들었다. 그만큼의 차이는 두 달 전이라면 엄청나
게 중요한 역할을 했을 것이었다. 그해 3월 데이브는 스노모빌을 타고 세
인트헬렌스 산 정상으로 가면서 전에 한 번 가봤던 길을 따라가려고 했
다. 하지만 바로 그 '선택적 이용 가능성' 때문에 그는 경로에서 90미터쯤
벗어났고 예기치 않게 얼음 덮인 능선에서 떨어졌다. "나는 능선 이쪽으
로 등을 대고 미끄러져 내려갔고, 스노모빌은 다른 쪽으로 떨어져서 빙
글빙글 회전하다가 완파됐죠. 90미터가 어떤 짓을 할 수 있는지 알려주
는 눈이 번쩍 뜨이는 경험이었어요."

데이브에게는 5월의 그날 밤에 집에서 GPS 수신기의 신호가 집
중되는 장면을 지켜보는 경험이 마치 평생 난시로 고생하다가 안경을 쓰
는 경험 같았다. 그뒤 그는 침대에 누워서도 여전히 흥분을 가라앉히지
못해 잠을 이룰 수 없었다. 1990년대의 교란된 GPS 신호는 당신이 축구
경기장에 있다는 것을 알려주었지만 (그리고 당신이 정말 축구 경기장에 있
다면 그 신호의 오차는 별것 아닐 것이다) 새로운 GPS는 당신이 경기장에
서 어느 지점에 있는지를 알려줄 수 있게 되었는데 이건 새로운 지평을
여는 기술이었다. '이제 GPS로 어떤 놀라운 일들을 할 수 있을까?' 그는
이런 생각을 했던 기억을 되살린다. 이 순간이 오기 전까지는 인류가 결
코 할 수 없었던 무언가가 있을 것이다. 데이브가 내게 이야기한다. "바
로 그때 지오캐싱geocaching(GPS를 이용한 일종의 보물찾기 게임. 물건을 숨기
는 용기를 '지오캐시'나 '캐시', 이를 찾아다니는 사람들을 '캐셔'라고 한다 ― 옮
긴이)을 생각해냈어요."

이튿날 아침, 데이브 울머는 필요한 물건을 챙겼다. 그의 집에서 1.5킬로미터쯤 떨어진 구불구불한 비탈길 한 켠에 있는 숲의 대피소에 차를 세우고, 사람들이 이름을 적어 넣을 수 있는 방명록, 현금 4달러, 영화 「조지 오브 정글」 비디오, 로스 페로(미국의 사업가이며 1992년과 1996년 대통령 선거에 출마했다—옮긴이)의 책, 지도 제작 소프트웨어, 새총 손잡이, 콩이 든 캔을 담은 20리터짜리 용기를 땅에 반쯤 묻었다.* 그런 다음 GPS 사용자들의 인터넷 토론방에 그 장소의 위도와 경도를 올렸다. 그때 데이브가 올린 첫 번째 발표는 단지 기념하기 위한 일회성 이벤트가 아니라 이렇게 싹이 터서 앞으로 계속 이어질 국제적인 보물찾기 놀이를 깜짝 놀랄 만큼 상세하게 예언하듯이 그려냈다.

> 이제 선택적 이용 가능성이 없어졌으니 우리는 세계 곳곳에서 은닉처 찾기 게임을 할 수 있다! 선택적 이용 가능성이 제거된 정확도라면 위치 정보를 이용한 은닉처 찾기는 쉬울 것이다. 비밀 은닉처의 위치 정보는 인터넷에서 공유하여 사람들이 그 지점까지 길을 찾아가고 보물을 발견할 수 있다.
>
> 독창적인 장소에 당신만의 은닉처를 만들어서 거기에 어떤 물건과 로그북을 함께 넣은 다음, 위치를 인터넷에 올리자. 얼마 안 가서 세계 곳곳에는 우리가 찾아낼 수 있는 은닉처 수천 개가 생길 것이다. 즐기자![2]

---

* 역사적인 최초의 지오캐시는 이제 없어진 지 오래지만, 순례를 오는 캐셔들이 쉽게 찾을 수 있도록 2003년에 닉네임 'Team360'이 그 자리에 새로운 캐시를 기념명판과 함께 두었다. '원래의 깡통 콩 Original Can of Beans', OCB는 그때 Team360이 인근의 지오캐시에서 찾아내 명예로운 유물이 되었으니, 마치 어느 성인의 손가락 뼈 한 조각이거나 예수가 못 박힌 십자가의 한 조각처럼 지오캐싱 모임들에서 경건한 침묵 속에 공개되었다.

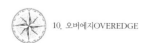

그다음 날 워싱턴 주 밴쿠버에 사는 GPS광 마이크 티그가 컬럼비아 강을 건너 차를 몰고와서 울머가 물건을 숨긴 은닉처를 찾아냈다. 그는 로그북에 자신의 이름을 적어넣고 담배 몇 개비와 카세트테이프 하나, 펜 하나를 넣어두었다. 그리고 마치 바이러스 보균자처럼 그 주말에 마이크 티그는 세인트헬렌스 산비탈에 새로운 은닉처를 두 곳 설치했다. 2주가 채 지나지 않아서 미국 내 여섯 개 주와 칠레, 오스트레일리아, 뉴질랜드에 은닉처가 생겨났고, 티그는 갈수록 늘어나는 은닉처 좌표들을 기록할 간단한 웹사이트를 만들었다. 이로써 데이브 울머가 인간에게 내재된 원시적인 무언가를 건드렸다는 사실이 서서히 드러났다. 단지 첨단 기기 전문가들의 권태가 아니라, 수렵채집인의 후뇌에서 등한시해온 부분을 건드린 것이다. 찾기 어려운 물건을 찾아다니려는 욕구가 있지만 수동적으로 앉아 있어도 우리에게 필수적인 모든 것(음식, 물, 열기, 리얼리티 쇼 등)이 거저 차려지는 현대에는 그럴 기회를 얻지 못했던 우리의 본능 말이다.*

시애틀에서 고속도로로 세 시간 정도 떨어진 곳에 사는 컴퓨터 프로그래머 제러미 아이리시는 신혼여행에서 돌아왔을 때 자신이 일하던 온라인 쇼핑몰이 도산했다는 사실을 알았다. 제러미는 내게 이렇게 말했다. "우울한 일이었죠. 관심을 돌릴 것이 필요했어요." 제러미의 아내는 그가 GPS 기기를 사는 것을 허락했다. 그가 야후에서 'GPS 게임'이라고 검색했을 때 처음으로 뜬 것이 티그의 '은닉처 찾기' 목록이었다. 자신의 집에서 80킬로미터 떨어진 곳에 은닉처가 하나 있는 것을 보고 나

---

* 이게 사실이라면, 골프 치는 사람부터 우표 수집가, 공원이나 해변을 금속 탐지기로 훑고 다니는 무서운 노인들까지, 이제껏 인간이 만들어낸 사실상 거의 모든 취미를 설명할 수 있다.

서 한 시간 뒤, 제러미는 돌이 여기저기 박혀있는 통나무 운반용 도로를 따라 그리 거칠지 않은 새턴 SL2 자동차를 운전하며 덜컹거리고 있었다. 도로가 끝나는 곳에서 제러미는 차를 두고 그해 여름 가장 더운 날 햇볕이 내리쬐는 개벌지를 걸어들어갔다. 제러미가 내게 해준 이야기는 이랬다. "그날 물을 별로 가져가지 않았어요. 끔찍했어요. 끔찍한 여행이었죠." 하지만 나무 그루터기 뒤에 숨겨진 상자를 찾아냈을 때의 전율은 그 모든 시련을 가치 있게 만들었다. "언덕을 걸어내려오면서 내가 생각한 건, '사람들이 필요한 준비를 하고 오도록 해야겠군. 그래야 나처럼 경험 없고 준비도 안 된 채로 오지 않지'라는 거였어요."

울머를 비롯한 초기의 GPS 물건 찾기 사냥꾼들은 그들의 보물을 'GPS 은닉처'라고 하는 것보다 '지오캐시'라고 부르는 게 좋겠다고 이미 결정한 상태였으며—마약 운반책이나 대마초 중독자에게는 은닉처stash가 있지만, 옛날 옛적 탐험가들이나 프랑스계 캐나다인 사냥꾼들에게는 캐시cache가 있다!—제러미 아이리시는 마이크 티그가 만든 웹사이트를 이어받아 지오캐싱닷컴을 만들기로 해서, 그 웹사이트는 캐시 75개가 표시된 목록과 함께 온라인에 문을 열었다. 『뉴욕타임스』는 그해 10월에 지오캐싱을 일반 대중에게 공개했는데 그때 아이리시가 손님방에 설치해둔 웹 서버는 쏟아진 접속량을 간신히 버틸 수 있었다. 그때 제러미는 어쩌면 지오캐싱닷컴이 진짜 회사가 될 수 있겠다고 생각했다.

전자 상거래 사업이 무너지면서 표류자가 된 다른 두 사람과 함께 제러미 아이리시는 자금을 모으기 시작했지만 인터넷 버블 이후 시대에 벤처기업 투자자의 선택권은 아주 드물고 적다는 것을 알았다. "벤처기업 투자자한테 가서 이렇게 말하는 걸 상상할 수 있어요? '우리한테

10. 오버에지OVEREDGE

309

아이디어가 하나 있는데요, 숲속에 숨긴 플라스틱통의 위치를 알려주는 목록 서비스를 웹에 만들 거예요.' '그걸로 어떻게 돈을 벌 계획인가요?' '모르겠어요! 1998년에는 그런 질문 안 했잖아요!'" 그래서 그들은 초기 자금을 모으기 위해 기증받은 티셔츠에 지오캐싱 로고를 박아서 웹사이트를 통해 판매했다. 그다음 봄에는 지오캐싱닷컴의 '프리미엄 멤버십'도 팔기 시작했고 그때부터 본업을 그만두고 사이트 개발에 전념했다. 그렇게 하면서 지오캐싱닷컴은 탄탄하고 사용자 친화적인 웹사이트가 되었고, 호기심 많은 소비자가 크리스마스 선물로 GPS 수신기를 받은 뒤 제일 처음 찾아가는 사이트가 되면서 지오캐싱은 대중적인 문화로 성장했다. 2001년 초반에는 캐시 목록에 겨우 300개가 올라 있었지만, 2002년이 끝나갈 무렵에 그 숫자는 1만을 넘겼다.

하지만 이렇게 옮겨가는 과도기에는 점점 커지는 고통도 뒤따랐다. 초기 지오캐싱 모임은 아웃사이더 집단이어서 컴퓨터 전문가 해커와 아웃도어 애호가들이 기묘하게 섞여 있었으며[*] 그중 많은 수는 어느 인터넷 회사가—다른 곳도 아니고 시애틀에 있다니, 나쁜 대기업 마이크로소프트랑 똑같잖아!—덤벼들어서 그들의 게릴라 취미 생활을 체계화하고 상업화하는 것을 마뜩잖게 여겼다. "자기들이 해놓은 일인데 그걸로 몇 사람이 이윤을 챙긴다는 사실에 불쾌해하는 사람도 있었어요." 에드 홀이 내게 말했다. 그는 지오캐시의 위치를 처음으로 지도에 표시하기 시작한 '벅슬리의 지오캐싱 웨이포인트'라는 웹사이트를 운영한다.

---

[*] 여전히 지오캐싱 집단은 벤다이어그램에서 실내파와 실외파가 겹치는 독특한 교차 부위에 놓여 있다. 초기 GPS기기는 하나같이 SUV 이름처럼 벤처, 스포츠트렉, 오리건 등 다부진 모델명을 달고 나왔지만 그런 기기를 사는 사람들 중에는 책벌레 샌님 유형의 얼리어답터가 많았다.

"그들은 뭘 하려는 거지? 왜 우리 게임을 두고 소유권을 주장하려는 거야?" 제러미 아이리시와 그의 동업자들이 실책을 저지르기도 했다. 지오캐싱닷컴의 데이터를 뒤져서 자신의 지도를 그렸다는 이유로 에드 홀의 사이트에, 제러미 아이리시가 상표 등록을 하려고 했던 '지오캐싱'을 로고에 사용했다는 이유로 퀸 스톤의 NaviCache.com 사이트에 법적 경고를 보낸 것이다. 데이브 울머가 제러미 아이리시의 웹사이트 게시판에서 언쟁을 일으킨 뒤에는, 그 웹사이트 '지오캐싱의 역사' 페이지에서 데이브의 이름을 지우고 첫 번째 캐시를 설치한 사람을 익명의 '누군가'라고 임시로 적어놓았다.

이런 실랑이는 이제는 지나간 일이다. 제러미 아이리시는 대중의 환심을 사는데 요령이 생겼고, 지오캐싱 창단 멤버들은 그들의 취미를 좀 더 정리되고 초보자도 알기 쉽도록 만들어놓은 제러미 아이리시의 공을 인정한다.* 수년 동안 호의적이지 않았던 데이브 울머조차도 누그러들었다. "그들이 지오캐싱으로 돈을 벌어도 상관없어요. 지오캐싱닷컴 웹사이트는 훌륭해요. 그 사이트를 개발하느라 엄청난 시간을 들였을 거예요. 거기에 대한 보상을 받을 자격이 있죠." 아이리시의 작은 사업체는 그라운드스피크 주식회사로 성장하여 이제는 45명이 넘는 '하인'을 고용하고 있다. 스스로를 이렇게 호칭하는 이 '하인'들은 시애틀 본사에 우거진 숲을 연상시키는 연녹색 가리개로 장식한 사무실 칸막이 안

---

* 제러미 아이리시의 사이트가 지오캐싱이 성장하는 데 결정적인 역할을 했다는 증거로서, 멀리 갈 것도 없이 그 이후에 등장한 다른 GPS 게임을 보면 된다. 지오대싱(무작위로 선택된 지점에서 본질적으로는 지오캐싱을 하는 게임), 셔터스폿(사진을 보고 찾아가는 지오캐싱), 지오벡실라(깃발을 차지하는 전 세계적인 게임) 등은 모두 잘 설계된 게임인데도, 지오캐싱처럼 수백만이 아니라 전 세계에서 고작 몇십, 몇백 명이 할 뿐이다.

에 자리를 잡고 있다. 그리고 2010년 3월 8일, 그 웹사이트에 올라온 지오캐시 숫자는 100만을 돌파했다.

100만 개의 지오캐시라니! 좀 더 정확히 하자면 지금 내가 이 글을 쓰는 순간 목록에 올라온 캐시는 138만5781개이며, 추가로 매일 1000개 이상이 새로 올라온다. 세계에 존재하는 다른 것들의 목록과 비교해보자. 와이드보디 제트기(일반적인 상업 여객기로 쓰이는, 객실 복도가 두 줄씩 있는 동체 폭이 넓은 제트기—옮긴이) 6230대, 맥도널드 3만2000곳, 얼룩말 66만3000마리, 세그웨이 4만 대, 유대교 회당 1만 5900곳. 여러분은 이런 것들은 본 적이 있을 테지만, 여기에 비교했을 때 상대적으로 지오캐시는 도처에 존재하는데도, 대부분의 사람은 지오캐시를 알아도 실제로 본 적은 한 번도 없다. 그라운드스피크 주식회사의 공동 창업자 브라이언 로스는 지오캐싱을 "아무도 모르는 세계에서 가장 큰 취미"라고 했다.[3] 그게 바로 이 게임의 요체다. 지오캐시는 명확히 알고 그것을 찾아다니지 않는다면, 때로는 알고 찾아다니더라도 찾아내기가 어렵다. 하지만 지오캐시는 어디에나, 일곱 개 대륙 모두에 존재한다. 바티칸 돌 벽에 감춰진 지오캐시도 있으며, 캄보디아 앙코르와트의 높은 사원 틈새에도 있고, 짐바브웨 빅토리아 폭포 옆 나무의 구부러진 자리에도 하나 있다. 라스베이거스 벨라지오 카지노의 정문 하단부를 손으로 쓸어보면 자석으로 붙여둔 지오캐시를 찾을 수 있을 것이다. 콜로라도 주의 파이크스피크 산비탈에는 여섯 개가 있으며, 남극 맥머도 기지에도 두 개가 있다.

지오캐시는 데이브 울머가 시작하던 초창기와는 약간 달라졌다.

사실 그의 역사적인 첫 번째 캐시는 오늘날 새로 입력되는 캐시를 모두 심사하는 지오캐싱닷컴의 자원봉사자 네트워크에 의해 바로 퇴짜를 맞을 것이다. 그들이 정한 기본 규칙 몇 가지를 어겼기 때문인데, 그건 바로 캐시를 땅에 묻어서는 안 되며 음식과 돈은 넣을 수 없다는 규칙이다. 하지만 이 게임의 본질은 데이브 울머가 2001년 유즈넷 게시판에 올린 글에서 제안했던 그대로다. 세계 어딘가에 용기를 하나 숨기는데 그 용기는 크거나 작을 수도 있고 정교하게 위장을 할 수도 있으며 아니면 그냥 단순한 플라스틱 용기일 수도 있다. 캐시에는 종이로 된 로그북과 '장물'이—찾아낸 사람이 바꿔넣을 수 있는 자질구레한 물건이—들어 있다. 숨긴 캐시의 위도와 경도를 웹에 올리고, GPS 기기를 가진 누구든 그것을 찾아낸 다음 로그북에 이름을 적어넣는다. 대부분의 사람은 지오캐싱닷컴 사이트에 들어와서 거기에도 기록을 남기고 자신의 경험에 대해서도 기록을 남긴다.

지오캐시를 한 번도 찾아본 적이 없는 나는 일단 좀 회의적이다. 보이스카우트 배지 따기를 하는 것 같은 이런 게임이 정말 재미있단 말인가? 제닝스 집안에 유일하게 있는 GPS 기기는 '대니얼'로, 우리 차 창문에 흡착판으로 붙어 있는 저가형 내비게이션이다. 대니얼은 사실 우리가 그 기기 안에서 선택한 영국 억양 목소리의 명칭이다. 공장 출고 시 기본 설정은 '질'이었는데, 신경을 많이 써야 하는 미국인 여자친구 같은 그 목소리를 우리는 참을 수가 없었다. 우리가 방향을 잘못 틀 때마다 "경로 재탐색!"이라고 하는 질의 목소리는 거의 분개하는 한숨 소리 같았다. 하지만 대니얼은 "경로 재탐색"이라고 말할 때 오래된 가족 운전사처럼 나직하고 부드러운 소리를 낸다. 그리고 대니얼은 혼내는 법이 없

다. (사실 우리의 대니얼은 내가 그의 텍스트 파일을 수정할 수 있는 방법을 알아낸 뒤로는 "경로 재탐색"이라고 말하지 않는다. 그 대신 이제는 "방향을 잘못 틀었어, 이 바보야. 내가 말하는 대로 해"라고 하는데, 그럴 때마다 뒷좌석의 우리 애들은 신이 난다.) 아이들은 대니얼을 가족의 일원인 것처럼 대한다. 두어 달 전에는 과학박물관에서 GPS에 대한 전시를 보던 중에 딜런이 아쉽다는 듯이 말했다. "대니얼도 여기 같이 왔더라면 좋았을 텐데. 이걸 보면 정말 좋아했을 거예요."

우리 집에는 손에 들고 사용하는 GPS 기기가 없지만 내가 제러미 아이리시를 만나기 위해 그라운드스피크 사의 사무실에 찾아갔을 때 그가 그랬다. "지오캐싱은 아이들을 야외로 꾀어내기 위한 방법이에요. 그게 우리가 애초에 내세운 만트라였죠." 나는 딜런이 집 뒤에 있는 숲속을 탐험하는 것을, 햇빛 찬란한 오후에 개미들을 따라가고 요새를 짓거나 개울에 댐을 만들며 노는 것을 보고 싶지만, 우리가 아무리 애를 써도 딜런은 진정한 21세기의 아이다. 그 애를 밖에 내보내면 거기 그냥 선 채로 25분쯤을 미닫이 유리문에 코를 눌러 찌그러뜨리고 있는데, 그 모습이 마치 세상에서 가장 슬픈 정원 난쟁이 같다.

하지만 책벌레 기질이 있는 아이들은 지오캐시의 열렬한 팬일 때가 많다. 상상해보라. 책에서 봤던 바로 그 보물찾기인데, 우리 집에서 몇 킬로미터 되지 않는 반경 안에 수백 개나 숨어 있다니! 어른들에게는 찾는 행위 자체가 즐거움이지만 아이에게는 그 탐험의 마지막에 얻는 획득물이 장난감 병정, 해피밀 장난감, 플라스틱 장신구 등 값을 따질 수 없는 보물일 때가 많으니, 이건 믿기지 않을 만큼 신나는 일이다.

아내도 이건 시도해볼 만하다고 생각한다. "마지막에 25센트짜리 장난감을 손에 쥐게 된다면 딜런은 뭐든지 할 거야. 그것 때문에 요새 만날 치과에 언제 또 가냐고 묻는 거잖아."

내가 말한다. "요즘 이게 완전 인기인가 봐. 이제는 전화기에 GPS 가 내장된 사람이 정말 많으니까. 여기 지오캐시를 하는 유명인들 좀 봐. 미아 패로, 윌 휘튼, 라이언 필립. 밴드 포이즌의 드러머도 있네."[4]

처음으로 민디가 진심으로 관심을 보인다. "잠깐, 그 사람 팔 하 나로 지오캐싱을 하러 다닌다고?"

"포이즌이라니까, 데프레퍼드*가 아니고!"

일주일 뒤에 딜런과 나는 아이들용 지오캐싱 GPS 기기 지오메이 트주니어에 60달러를 쓴다. 연두색 고무 재질로 된 그 기기에는 캐시 위 치 25만 개가 이미 저장되어 있다. 배터리 두 개를 넣고 나서 30초 뒤, 디지털시계 같은 화면에 우리 집 현관에서 동남쪽으로 정확히 0.274킬로 미터에 캐시가 하나 있다는 것을 알려준다. 놀랄 일이 아닐지도 모르지 만, 솔직히 나는 놀랐다. "저쪽으로 274미터만 가면 있어." 나는 이렇게 말하고 차도로 힘차게 걸어갔고, 딜런은 GPS를 자기 앞으로 팔을 쭉 뻗 어서 마치 수맥 탐사봉처럼 이리저리 움직인다. "길 건너편 언덕 뒤에 있 는 게 틀림없어요."

지오캐셔들은 언제나 캐시를 찾는 즐거움은 거기까지 가는 여정 에 있다고, 바로 코앞에 있는데도 그냥 지나쳐버릴 수 있는 예상하지 못 한 장소에 멈춰서서 유심히 살펴보는 데 있다고 이야기한다. 사실 지오 캐싱이 당신 동네에 숨겨진 비밀들을 밝혀주리라는 것은 자명한 일이어

10. 오버에지OVEREDGE

서 이 바닥에서 통용되는 줄임말도 있다. '내가 몰랐던 또다른 공원Yet Another Park I Didn't Know About'라는 뜻의 'YAPIDKA'다. 이것이 바로 데이브 울머를 계속 잡아두는 이 게임의 매력인데, 데이브는 이제 1년 내내 SUV를 몰고 서부 전역을 돌아다닌다. (내가 전화했을 때 데이브는 애리조나 주 프레스콧 남쪽에 있는 브래드쇼 산맥에서 캠핑을 하는 중이었다.) 그는 이제는 자신이 찾아낸 것을 기록하지 않지만 그가 말하길 "아주 조금이라도 지루한 기분이 들면 지오캐싱닷컴 사이트를 열어서 내 주변에 뭐가 있는지를 봐요. 잡동사니가 들어 있는 상자에는 관심 없지만, 원주민 거주지 흔적을 발견하거나 지리적으로 보기 드문 아주 근사한 장소, 용암 동굴, 아름다운 숲을 조망하기 좋은 지점을 찾아낼 수도 있지요. 그냥 갈 때는 그런 것을 우연히 만나게 되지 않아요. 하지만 지오캐싱을 할 때면 그냥 만나게 되죠."

나는 우리 집에서 길 건너에 있는 숲에 깨진 맥주병 말고는 별로 대단한 미스터리가 숨어 있을 거라고 기대하지 않지만, 딜런이 언덕 꼭대기에 오르더니 소리를 지른다. "우와, 아빠! 빨리 와서 이거 좀 보세요!" 알고 보니 내 서재 창문에서 매일 내다보는 언덕배기의 커다란 소나무가 그 숲속에 정교하게 구비구비 이어진 나무판자 길과 경사로를 숨기고 있었는데, 그 경사로에서 어떤 부분은 3미터 높이까지 올라가 있다. 우리 집 길 건너에 이웍ewok(「스타워즈」 여섯 번째 에피소드에 등장한 테디베어처럼 생긴 외계 종족—옮긴이) 마을이 있었는데 3년이나 모르고 살았다니!

"어떤 오빠들이 BMX 자전거로 점프 묘기를 하려고 이렇게 만들었어요." 이웃에 사는 여자아이가 친구들과 숲을 헤치고 가다가 설명해준다. 나는 예의 바르게 그 아이의 말을 들으면서 딜런한테서 눈을 떼지 않으려고 애쓰는 중이다. 딜런은 로켓 같은 소리를 내며 경사로를 이리저리 뛰어다니느라 바쁘다. "하지만 그 오빠들은 동네를 떠나서 대학에 갔나 봐요. 이제는 아무도 사용하질 않아요."

나는 장난감 GPS 기기를 내려다본다. 우리의 좌표 찾기는 종료되었다. 그 말은 지금 내가 지구 표면의 위도와 경도에서 1/1000분 단위로 명시된 목표 지점에 서 있다는 뜻이다. 차 안에서 GPS로 길을 찾을 때는 너무 당연하게 여기던 것이 뜻밖에도 경이롭게 느껴진다. 내가 몇 걸음을 뗄 때마다 내 손 안에 있는 장난감에 뜬 숫자가 바뀌는데, 그것은 이 장난감이 저기 우주에 떠 있는 기계의 신호를 잡고 있기 때문이다. 200억 달러짜리 복잡한 군사 위성들이 내가 숲에서 고작 플라스틱통을 찾도록 돕고 있다는 말이다. 우리는 정말 미래에 살고 있는 게 맞다.

하지만 캐시는 도대체 어디 있지? 캐셔들이 '지오센스geosense'라고 부르는 것이 나한테는 아직 발달되지 않았는데, 캐시를 숨긴 사람의 머릿속을 읽을 수 있는 그 초감각은 풍경을 살펴보는 것만으로 캐시가 숨겨져 있을 만한 지점을 찾아내 '지오조이geojoy'를 누리는 능력이다.* 물론 30센티미터 범위까지 정확한 GPS 수신기는 없다. 내가 보는 좌표는 GPS 수신기가 하늘 높이 있는 여섯 개의 위성이 이룬 별자리에 반사된 신호를 받는 시간에 달려 있는데, 그 신호는 우주를 직선으로 여행하는 것이 아니다. 예를 들어, 여기 있는 큰 나무들처럼 다른 사물에 반사되어서 작은 오차가 생기기 시작한다. 나는 캐시가 이 좌표를 중심으로 얼마 안 되는 반경 안에 있다는 것은 알지만, 우주에서 온 신호가 나에게 "거

---

* 그렇다, 캐셔들은 성가시게도 모든 단어에 '지오'라는 단어를 붙인다. 그 효과는 1950년대 SF영화들에서 등장인물이 '스페이스 부엌'에서 '스페이스 아침'으로 '스페이스 과일'을 먹는 것과 비슷하다.

 10. 오버에지OVEREDGE

기 그 구멍 뚫린 나무에 있잖아, 이 바보야!"라고 정확히 말해주지는 않으니 내가 알아서 찾아야 한다. 나는 낙엽을 뒤집어보고 바위를 들춰보고 나무뿌리 아래도 살핀다. 이건 자동차 열쇠를 찾으려고 할 때나, 치아교정기를 찾으려고 카페 쓰레기통을 뒤지는 만큼의 재미가 있는 일일 거다. 사람들이 이걸 재미로 한다고?

그때 깨달음이 찾아든다. 가장 높이까지 올라가는 자전거 경사로 아래에 서 있는데 이런 생각이 들었다. 주어진 지오캐시 좌표에는 위도와 경도만 있다. 그러면 Z축은? 높이는 어떻게 될까? 나는 흔들리는 나무판자 길을 따라 올라간다. 딜런도 따라오고 싶어하다가, 반쯤 올라오더니 아래에 있는 게 낫겠다는 걸 깨닫는다. 10대 아이들이 자전거를 돌려서 도로 내려갔을 경사길의 가장 높은 지점에서 판자 아래에 손을 집어넣었더니 거기에 뭔가 철제로 된 각진 물건이 있다. "찾았다! 찾았어!" 그걸 발견하는 순간 예상하지 못한 엔돌핀이 분출되어 행복감에 나는 소리를 친다. 아하. 바로 이게 사람들이 재미로 이 게임을 하는 이유구나.

딜런은 그 작은 상자를 열더니 첫눈에 사랑에 빠진다. 상자 안에는 쓸데없는 팝콘이나 땅콩은 빼고 값싼 장난감들만 있는 크래커잭 과자통이 들어 있다. 여섯 살짜리에게 그건 다이아몬드나 루비에 버금가는 물건이다. 딜런은 갖고 싶어하던 플라스틱 보안관 배지를 보더니, 자기 주머니를 뒤져서 '처키치즈Chuck-E-Cheese(각종 게임 시설이 있는 어린이 대상 피자 레스토랑으로, 게임을 할 때 토큰이 필요하다—옮긴이)'의 토큰을 보안관 배지 대신 통에 넣는다. 나는 로그북에 이름을 남긴 다음 캐시 상자를 다시 제자리에 잘 둔다. 집에 오는 길에 딜런은 신이 나서 재잘거린다. "아빠, 우리 언제 그 자전거 트랙에 다시 가서 놀 수 있어요? 아빠, 우리 동네에 지오캐시가 더 있을까요? 아빠?" 현재 점수: 지오캐싱 1, 비디오게임 0.

활동중인 지오캐셔는 500만 명 안팎인데, 이 게임에는 규칙이 별로 없어서 지오캐셔들은 저마다의 방식으로 이 게임을 한다. 대다수는 간헐적인 캐셔인 경우가 많아서 이따금 화창한 오후에 배우자나 아이들을 데리고 동네에서 쉬운 캐시를 찾으며 차를 몰고 돌아다니는 사람들이다. 그들은 장거리 자동차 여행을 하는 중이거나 자기가 사는 지역에서라도 잘 모르는 동네에서 약속이 있는데 시간이 좀 남았을 때, 근처에 지오캐시가 있는지 보려고 스마트폰을 꺼낼 생각을 하기도 한다. 그들은 분별력 있고 차분한 사람들이고 뭐든지 간에 미치게 집착하는 성향은 아니며 이웃과 공동체에서 매우 존경받는다. 이들에 대해서는 더 이야기할 게 없다.

하지만 지오캐셔 중에는 집착하는 유형의 사람들이 있는데, 그들이 노리는 사냥감은 좀 더 구체적이다. 예를 들어 '익스트림 캐시'를 하는 사람들은 다른 보상을 바라기 때문이 아니라 단지 얻기 힘든 '스마일리'—지오캐싱닷컴 사이트에서 캐시를 찾는데 성공했다는 것을 나타내는 아이콘—때문에 말 그대로 목숨이나 팔다리를 건다. 그들은 절벽이나 폐광 갱도, 높이가 12미터쯤 되는 떡갈나무 위, 그레이트솔트 호수 바닥에 숨겨진 캐시가 아니라면 공연히 시간을 낭비하지 않는다. 그들은 '사이코 어번 캐시 13번' 같은 거대한 흰고래에 대해 조용히 속삭인다. 웨스트버지니아 주에 있는 그 전설적인 캐시는 포토맥 강 한가운데 20미터

가량 솟아 있는 돌탑 꼭대기에 헬리콥터로 떨어뜨려 설치한 것이다.* 이런 '익스트림 캐시' 중에는 정말 극단적인 나머지 이제껏 한 번도 발견되지 못한 사례도 있는데, 2004년 네팔 히말라야의 높은 봉우리인 고쿄리에 남겨진 캐시, 2002년 러시아 잠수정 미르가 대서양 해저의 레인보 열수공(해저의 지하에서 뜨거운 물이 솟아나오는 구멍―옮긴이)에 떨군 캐시가 있다.**

    '퍼즐 캐싱'은 머리로 하는 익스트림 캐시인데, 여기에 몰두하는 사람들은 스쿠버다이빙이나 암벽 등반 장비는 관두고 대신 한층 간단한 도구를 선택한다. 바로 연필이다. 퍼즐 캐시는 지오캐싱닷컴 사이트의 지도에서 사람 애를 태우는 파란색 물음표로 표시되어 있는데, 위도와 경도를 보여주지 않는 지오캐시이기 때문이다. 퍼즐 캐시에 도전하는 사람은 주어진 암호를 풀거나, 구글 검색으로는 답을 찾을 수 없는 퀴즈나 수수께끼를 푸는 등 그 사악한 퍼즐을 풀어야만 좌표를 해독할 수 있다. 소프트웨어 개발자라든지 그밖에도 낯빛이 창백한 컴퓨터족의 인구밀도가 높은 시애틀은 퍼즐 캐시의 온상인데, 나는 금세 여기에 빠져들었다. 백개먼 게임(주사위를 던져서 말을 움직이는 보드 게임으로, 기원전 3000년경에 메소포타미아에서 유래했다고 알려졌다―옮긴이), 20세기의 지진, 한자 등 제 아무리 비밀리에 전수되는 주제라 해도 나는 스마일리를 얻어내기 위해 뛰어들 용의가 있다. 어떤 퍼즐 캐시를 풀기 위해 내 컴퓨

---

* '사이코 어번 캐시 13번'을 처음으로 회수한 팀은 육지에서 발을 떼는 일 없이 밧줄과 자석을 이용하는 정교한 방법으로 캐시를 잡아채고 다른 물건으로 대체하는 데 성공했다. 두 번째 팀은 활과 화살로 탑 꼭대기에 닻을 고정한 다음 암벽 등반하듯이 탑을 기어올라갔다.

** 이 캐시를 설치한 당사자는 바로 비디오게임 개발자 리처드 개리엇인데, 나는 그가 만든 게임 「울티마」를 하며 (물론 지도도 갖고 놀면서) 어린 시절의 대부분을 보냈다. 아버지가 전직 나사 우주비행사인 개리엇은 국제우주정거장에 오른 여섯 번째 '우주 관광객'으로서 우주에도 가봤다.

터 모니터에서 쓰는 RGB 색깔을 컬러 TV에서 쓰는 YIQ 모델로 변환하는 행렬에 통달해야 했다. 또다른 퍼즐 캐시를 풀 때는 시애틀의 '지리적 중심'을 계산해야 했는데, 지리적 중심이란 아주 튼튼한 핀이 있다면 그 위에 도시를 올려놨을 때 균형을 맞출 수 있는 지점을 뜻한다. 가장 재미없었던 경우는 우마 서먼이 나온 영화 「프라임」을 빌려와서, 엔딩크레딧 마지막에 나오는 미국영화협회 등록번호를 보고 좌표를 찾아냈을 때다. 나는 이런 캐시를 하나 찾아낼 때마다 익스트림 캐시에 무모하게 도전하는 사람들에게 희미하긴 해도 일종의 동류의식을 느낀다. 내가 깎아지른 절벽에서 자일에 매달려 내려오는 일은 없겠지만, 그래도 행렬 대수학을 푼다든지 우마 서먼의 로맨틱코미디를 보는 등 꽤 힘겨운 시련을 견뎌내야 하는 것은 마찬가지니까.

익스트림 캐셔나 퍼즐 캐셔는 캐시 하나를 해결하는데 몇 시간, 심지어 며칠도 쏟아붓는다. 그들에게는 양보다 질이 중요하다. 반면에 '파워 캐셔'는 지오캐싱의 세계에서 끝을 모르는 대식가다. 그들의 격언은 가능한 한 오래, 가능한 한 많이 캐시를 찾는 것이다. 2010년 9월 27일에 아이디가 '벤투라 키즈ventura_kids'*인 말리부 출신의 듀오가 하루 안에 캐시를 1157개나 찾아내는 세계 신기록을 세웠다.[5] 계산을 해보라. 24시간 동안 매 1분 15초마다 캐시를 하나씩 찾았다는 뜻이다. 이와 대조적으로 나와 딜런은 그 자전거 트랙에 있는 캐시를 찾는데 1시간이 넘

---

* '벤투라 키즈'는 2009년 여름에 다른 캐셔인 'EMC of Northridge, CA'의 50번째 생일을 기념하기 위해 덴버 공항 근처 도로에서 캐시 413개를 찾았을 때 처음으로 세계 스피드 기록을 세웠다. 그들의 신기록 수립에는 또다른 캐셔와 EMC 본인도 동행했는데, EMC는 사실 소프라노 가수인 엘린 칼슨이다. 풍부한 지오캐싱 이력 외에도 칼슨의 가장 마니아 성향의 경력을 꼽자면 2006년 「스타트렉」 리마스터링 판에서 가사 없이 "우우—"로 이어지는 주제곡을 천상의 목소리로 부른 것이다.

게 걸렸으며, 게다가 그건 우리 집 앞마당에서 엎어지면 코 닿을 거리에 있었다. 이처럼 적나라하게 드러나는 효율성에서 가장 핵심은 계획 세우기다. '벤투라 키즈'는 미리 경로를 다 그려봤고, 신호등이나 교통 체증이 없는 지역을 선택했다. 그들은 4륜구동 자동차에 만일의 사태를 대비한 만반의 준비를 해서, 연료 3.8리터를 싣고 각자 헤드램프 한 개를 챙겼다. 매번 새로운 캐시를 찾을 때마다 그 팀의 일행은 조종실 운항 승무원들처럼 재빠르게 움직여서 대개는 운전자가 계기판에서 GPS 기기를 떼기도 전에 캐시를 찾아냈다. (그들은 펜으로 로그북에 이름을 적는 대신 미리 프린트한 스티커를 가져가 붙여서 소중한 몇 초를 절약했다.) '벤투라 키즈'의 스티브 오가라는 지오캐싱닷컴 포럼에서 그들의 선례를 따르고 싶어하는 사람들에게 충고했다. "자기에게 맞는 속도를 지키세요. 초반에 부상을 입지 않도록 조심하세요. 계속 물을 마시고, 가끔 사진도 찍으세요. 전갈과 선인장을 주의하세요."

아무리 그렇다 해도 이 놀라운 마라톤은 그들이 고른 장소가 네바다 주 중남부 사막고원지대에 있는 시골길이었기 때문에 가능한 일이었다. 그곳 고속도로 중에는 '파워 트레일'이 많아서 캐시가 도로를 따라 매 161미터마다 있는데(지오캐싱닷컴 규칙에 따르면 160미터 이내에 캐시가 한 개 이상 있으면 안 된다), 대개는 전신주 아래에 놓여 있어서 찾기가 쉽다. 왜 자연의 경치 좋은 자리에 캐시를 두지 않고, 볼 것도 하나 없는 고속도로 가장자리에 지오캐시를 줄지어 두었을까? 물론 이런 속도전을 부추기기 위해서다.

인위적으로 숫자를 늘린 수백만 지오캐시의 세계는 예전의 게임 방식을 좋아하는 몇몇 캐셔의 불만을 샀다. 원래 그들이 이 게임에 끌

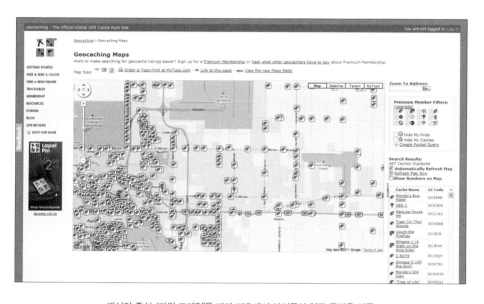

캐시의 증식: '파워 트레일'을 따라 지오캐시 아이콘이 인구 폭발을 이룬
덴버 동쪽 130제곱킬로미터 구역.

린 것은 지오캐시의 희귀성 때문이었다. 예전에는 외진 산이나 인적 드문 해변으로 모험을 떠나야 캐시를 하나 찾을 수 있었다. 두말할 필요도 없지만, 어디에나 있는 것을 찾는 게 더이상 어떻게 특별할 수 있단 말인가? 순수주의자들은 질 낮은 캐시가 넘쳐나는 현상을 '마이크로 스퓨 micro-spew'라고 부르며 그런 캐시가 가장 뻔한 방식인 35밀리미터 필름통에 담겨 있는 것을 경멸하는 말을 한다. "지오캐시에서 필름통은 말하자면 이메일에서 스팸 같은 거죠." 그건 너무 뻔하게 캐시라는 걸 드러내는데 "필름통을 하나 숨길 때마다 요정이 하나씩 죽어요." 한때 에드 홀은 자기 동네에 있는 캐시를 모두 찾겠다고 마음을 먹었지만, 그의 집에서 400미터가량 떨어진 지점의 상상할 수 있는 최고로 지루한 장소인 버거킹의 드라이브스루에서 캐시를 발견했을 때 그 목표를 버렸다. "바로 그때 깨달았죠. 지오캐싱이 대중성에 영합해서 변질됐다는 걸요."

하지만 다른 지오캐셔들은 캐시의 빽빽한 밀도를 계속 늘려가고 있다. 그들은 모든 주차장 가로등의 받침대에 약통을 붙이고, 모든 공원 테이블 아래에 자석식 열쇠함을 붙일 때까지 멈추지 않을 기세다. 많을수록 좋다! 나는 이것이 지오캐싱의 인기가 갑자기 올라가는 이유를 설명해주는 명백한 단서라고 생각한다. 우주가 너무 분명하게 설명되지 않도록 우주를 신비로운 비밀로 채우고픈 욕구 말이다. 아이들은 우리의 회색빛 일상 이면에 이야기책에 나오는 것처럼 밝고 흥미로운 세상이 숨어 있는 게 틀림없다고 직관적으로 믿는다. 하지만 그들은 자라면서, 그렇게 숨겨진 세상 따위는 없다는 슬픈 진실을 받아들인다. 오래된 벽난로 벽돌 뒤에 숨겨진 남부연합의 금 조각이나, 파도에 떠밀려온 유리병 속의 요정 지니 따위는 없다. 하지만 지오캐싱은 이처럼 잃어버린 보물

맵헤드

수천 개를 되살린다. 이건 추종자들이 세상을 한 번에 사탕통 하나만큼, 조금씩 더 신비롭게 만들어가는 방법이다.

『해리 포터』가 수백만 권 팔린 것도 같은 환상을 보여주었기 때문이다. 내부자들의 작은 집단에만 알려진 비밀의 세계 말이다. 조앤 롤링이 쓴 그 시리즈에는 지오캐싱에서와 마찬가지로 겉으로는 평범해 보이는 장소와 사물에 신비한 비밀이 숨어 있다. 아무것도 없는 벽돌 벽이 열리면서 마법의 비밀 통로가 드러나거나, 낡은 부츠나 신문 따위가 사실은 정체를 감추고 있는 순간이동의 도구일 수도 있다. 그러니 지오캐셔들이 해리 포터의 세계에서 아무것도 모르는 비非마법사를 부르는 단어인 '머글'을 아무것도 모르는 '비非캐셔'들에게 붙인 것은 새삼스러운 일이 아니다. 이는 캐셔들이 자신의 비밀스러운 지식에 대해 갖는 만족감과 (캐셔는 사람 많은 트레일을 걸어가면서 저기 있는 나무 둥치에 대해 다른 사람 **아무도 모르는** 것을 자신만 알고 있다는 뿌듯함을 느낄 수 있다) 외부인이 초래할 수 있는 실질적인 위협을 동시에 반영한다. 캐셔들은 지오캐시를 숨기거나 꺼낼 때 남의 눈에 띄지 않으려고 무진 애를 쓸 것이다. 왜냐하면 호기심이 과도한 구경꾼 하나만 있어도 그 비밀 장소는 '머글'당할 수도 있으며(약탈당한다는 뜻이다) 그러면 장래에 찾아올 캐셔는 망한 것이다. 따라서 이 놀이에는 남몰래 즐기는 짜릿함이 있으니, 이는 거의 냉전 시대 이중간첩 수준이다. 쌀쌀한 날씨에 공원 벤치에서 새 모이를 주는 척하며 장시간 기다리거나 인적 드문 시골길에서 사전에 협의된 접선 장소를 살피며 차를 타고 지나가기도 하니까.

지오캐셔들은 관목 덤불 뒤에 잠복하고 있거나 배전함 뒤에 어슬렁거리는 동안 머글들의 의심스러운 눈길을 피하려고 (그러다가 119 신고

가 뒤따를 때도 많은데, 경찰 심문을 받는 건 다작 캐셔가 되기 위한 통과의례다*) 그들만의 요령을 개발한다. 자신 있게 형광 주황색 조끼를 입고 메모판을 들고 다니는 사람도 있다. 시청 직원 차림을 하면 얼마든지 의심스럽게 행동할 수 있으니까. 또다른 부류로는 오타와에 사는 데이비드 카리에처럼(지오캐싱에서의 닉네임은 '자티머스Zartimus') 야음을 틈타 캐시를 찾아나서는 사람도 있다. "내가 캐시를 찾으러 갈 수 있는 유일한 시간이죠. 애들도 있고 하니까요." 그는 이렇게 말하지만 그 순진한 설명을 완전히 믿지는 못하겠다. 사실, 지오캐싱 집단에서 자티머스는 배트맨 망토와 모자를 쓰고 3미터짜리 가죽 채찍을 드는 별난 유니폼 차림으로 유명하다. 머글들이 다가올 때 그가 쓰는 방법은 이렇다. "망토를 머리 위로 뒤집어쓰고 그냥 앉아 있어요. 망토로 가리면 모양을 알아볼 수 없게 돼서 나를 볼 수 없거든요." 밝을 때 캐시를 찾으러 가는 게 더 좋은 (그리고 슈퍼히어로 방범대 의상이 없는) 내가 개발한 전략은 찾으러 다니는 동안 GPS 수신기가 마치 전화기인 것처럼 큰 소리로 이야기를 하고, 아이들과 함께 다닐 때가 아니면 학교나 놀이터 근처는 피하는 것이다. 이 말에 웃을 지도 모르지만 당신이 중년 남자라면, 놀이터의 철제 울타리를 샅샅이 뒤지며 20분만 있어보면 알 거다. 그날 당신이 어디서 밤을 보내게 될지를.

　지오캐싱과 법이 맺어온 관계는 의심스러운 사건들로 얼룩져 있다. 여기서 가장 심각한 문제는 수상하게 어슬렁거리는 것이 아니다. 9·11 이후로 도시의 공공장소에 미심쩍게 생긴 물건을 숨기는 것은 정

---

* 잠시 뒤에 우리가 만나게 될 '스쿠버소닉'은 경찰한테 심문을 당한 적이 무려 25번이나 된다.

말 안 좋은 생각이어서, 지오캐시를 숨기는 사람 때문에 집단 대피가 있었다는 뉴스가 한 달이 멀다 하고 나왔다. 그런 사건은 뽑기 장난감이 든 상자를 폭발물 처리반이 처리하는 것으로 결말나기 일쑤다. 이런 지오캐시는 지오캐싱닷컴 사이트의 지침에 어긋나게 다리, 철도, 기념물 등 공공 기반 시설에 너무 가까이 설치된 경우가 많다. 게다가 지오캐시용으로 제일 흔하게 쓰이는 용기가 가장 의심스럽게 생겼다는 점도 도움이 안 된다. 바로 군대에서 지급되는 녹색 탄약 깡통이니까 말이다. 그럴 바에는 아예 로그북을 째깍거리는 구형 물체 안에 넣고 연결된 심지에 불을 붙여두는 건 어떤가. 그리고 '폭탄'이라고 써두는 거다. 그것도 아랍어로. 에드 홀이 내게 이렇게 이야기한다. "요즘은 음식 담는 플라스틱통을 써요. 그건 위험해 보이지 않으니까요. 탄약통은 좀 아니죠."

　　야생에서 캐시 용기는 다른 종류의 문제를 야기할 수 있다. 외딴 장소에 사람들을 수백 명 꾀어내고 나면 그곳은 더이상 외딴 장소일 수 없다. 식물이 밟히고 땅이 다져지면서 눈에 보이는 '지오트레일'이 만들어진다.* 국립공원 관리국은 지오캐싱을 정교하게 변형된 일종의 쓰레기 투기 행위로 보고 일찌감치 국립공원과 야생보호지역에서 이를 금지했다. 하지만 공원 입장객이 줄었을 때 야생보호구역 관리자들은 오히려 지오캐셔들에 호의적이었다. 어떤 면에서 보자면 지오캐셔는 이상적인 방문객들이기 때문이다. 그들은 열성적이며 똑똑한 자연 애호가들로 CITO 즉, '캐시는 두고 쓰레기는 치우자Cache In, Trash Out'라는 좌우명 아

---

*　데이브 울머는 첫 번째 캐시를 설치하고 6주 뒤에 바로 이 문제를 예견했고, 자신이 초래한 자연 훼손에 깜짝 놀란 그는 2001년 6월 17일에 이런 글을 포럼에 올렸다. "좋아요, 좋아. 그만 포기하겠어요! 지오캐싱 놀이를 위한 개발은 모두 중단되어야 합니다."[6] 하지만 이미 늦었다.

 10. 오버에지OVEREDGE

래에서 지오캐시를 찾으러 나설 때면 자주 청소 이벤트를 벌이는 사람들이니 말이다. 2009년 10월 국립공원 관리국은 정책적으로 공원 관리자가 적당한 지역에서 지오캐싱을 허용할 수 있는 여지를 열어주었으며, 2010년 드디어 국립공원에 캐시가 다시 등장했다.

처음으로 캐시를 찾고 나서 석 달 만에, 나는 공식적으로 이 게임에 중독됐다. 벤투라 키즈처럼 24시간 동안 집중적으로 캐시를 찾는 경주에 나서지는 않지만, 캐시를 찾으러 나서지 않고 하루이틀이 그냥 지나가면 좀이 쑤신다. 나는 내 새로운 버릇을 그냥 '연구' 차원인 척하거나, 아니면 위장을 위해 딜런을 부추겨 아들이 플라스틱 장난감을 끝없이 원하기 때문인 척하지만, 대체로 딜런은 나보다 한두 시간 먼저 지겨워하기 때문에 도너츠를 약속하고 "맹세하는데 마지막 하나만 더" 찾자고 꾀어내야 한다. 나는 내가 풀어낸 퍼즐 캐시 근처로 심부름을 가도록 일정을 조정한다. 맥가이버 칼은 족집게(아주 작은 캐시 용기에서 잘 나오지 않으려 하는 로그 종이를 꺼내기 위해)와 이름 적을 때 쓸 볼펜이 달린 것으로 바꾼다. 사실은 로그북에 내 지오캐시용 닉네임을 하도 많이 쓰다 보니 한번은 수표에 그 이름으로 서명을 한 적도 있다.

지오캐셔들의 일상이 이 게임을 중심으로 돌아가는 경우는 드물지 않다. 캐나다 앨버타의 지오캐셔인 '비아헤로 페르디도'는 니카라과 모스키토 해안에 있는 어느 캐시 하나에 엄청나게 집착했다.[7] 당시에 그 캐시는 한 번도 발견되지 않은 채 5년째 정글에 놓여 있었다. 거기에 이름을 적어넣으려는 일념으로 그는 중앙아메리카까지 날아갔는데, 가족과 친구들이 그가 미쳤다고 하지 않도록 카리브 해에서의 휴가를 덧붙였다.

(그는 원주민 가이드와 함께 칼로 정글을 헤치며 몇 시간 동안이나 뙤약볕 속에서 헤맸지만 운이 없었다. 그는 그저 DNF, '찾지 못함Did Not Find' 하나를 얻고 집에 돌아왔다.) 롱아일랜드에 사는 '후키라우라우'는 피닉스에 있는 임시직을 얻었는데, 이는 거기까지 가는 길에 캔자스 주에 들러 세계에 현존하는 가장 오래된 캐시인 '밍고'의 로그북에 이름을 적어넣기 위해서였다고 했다.[8]

데이브 울머는 지오캐시의 중독성이 그가 애초에 구상한 그림에 포함되어 있었다고 주장한다. 그는 내게 이렇게 이야기했다. "지오캐싱은 당신의 뇌에 설치하는 새로운 응용 프로그램이에요. 마치 컴퓨터에 새 게임을 받아서 설치하는 것이나 다름없죠. 지오캐싱을 알게 될 때 당신은 뇌에 새 게임을 설치하는 셈이에요." 울머는 지난 10년간 '정보시대를 넘어서'라는 정보 이론에 대한 선언문을 쓰고 고치고 있는데, 그는 이것이 인간 역사를 바꿔놓으리라고 확신한다. 누군가가 그걸 읽어주기만 한다면 말이다. 그 원고를 정독하고 나서 나는 그게 완전히 미친 짓이거나 아니면 완전히 천재적인 일이라고 확신하게 되었다. 단지 나는 그중 어느 쪽이 맞는지를 구분할 수 있을 만큼 똑똑하지 못할 뿐이다. 울머의 담화에서 지오캐싱은 ISSU, 즉 자가증식하는 '특수 단위의 지능형 시스템Intelligent System Specification Unit'이다. "여기에 관여하고 있는 사람들 수백만 명을 생각해보면 이건 아주 복잡한 시스템이에요. 나는 지오캐싱을 이렇게 종합했는데, 이게 바로 지오캐싱이 끝내주게 잘 돌아가는 이유입니다. 첫날부터 정확히 이렇게 되도록 설계되었죠."

"그러니까 이 모든 것이 스스로 퍼져나가는 생명체라고 본다는 말인가요? 우리가 이 큰 뇌를 구성하는 작은 뉴런이라는 건가요?"

"그렇죠!"

하지만 내가 아무리 지오캐싱의 집단의식에 흡수되었다 해도 나는 공유하지 못하지만 캐셔들이 애타게 갈망하는 명예가 하나 있으니, 그건 바로 FTF, '처음으로 발견한 자First To Find'라는 타이틀이다. 캐셔들 중에는 처녀 캐시 찾기, 즉 새로 숨겨진 캐시에 최초로 이름을 남기는 데 전문인 사람들이 있다. 24시간 파워 캐셔가 이 세계의 마라토너라면, FTF 사냥개는 단거리 선수다. '스쿠버소닉Scubasonic'이라는 이름으로 지오캐싱을 하는 오리건 주 포틀랜드 출신의 브라이언 픽스는 거의 초인에 가까운 FTF 기록을 보유하고 있다. 그는 하루에 10개를 기록한 적도 있는데, 포틀랜드 인근 지역에서는 보통 일주일에 새로운 캐시가 10개에서 15개쯤 나올 뿐이니, 이는 정말 놀라운 기록이다.

지오캐셔가 그리 많지 않던 예전에는 FTF는 한낱 범부도 성취할 수 있는 목표였으니, 간헐적인 캐셔조차도 이따금씩 새 캐시를 우연히 발견하곤 했다. 하지만 지금은 스테로이드 시대다. 지오캐싱닷컴 사이트에 매년 30달러를 내는 '프리미엄' 회원들은 새로운 캐시가 올라오자마자 안내를 받을 수 있으며 하드코어 캐셔들은 그 메시지가 스마트폰이나 PDA를 울리도록 해둔다.

"나는 블랙베리를 말 그대로 끼고 자요." 워싱턴 주 밴쿠버에 있는 그의 부동산 사무실에서 만난 브라이언이 내게 말해준다. 그는 49세지만 깜짝 놀랄 정도로 동안인 남자로, 넓고 반짝이는 이마가 그를 대머리 아저씨가 아니라 소년처럼 보이게 만든다. "진동으로 해두는데 신호가 울리면 바로 일어나서 나가죠. 침대 옆에는 항상 옷을 준비해둬요. 1분 안에 현관을 나서고 가는 길에 좌표를 입력하죠."

"의사들 같네요."

"뭐, 하지만 이걸로 돈을 벌진 않죠."

FTF 중독자들은 같은 캐시에 동시에 모여들 때가 정말 자주 있기 때문에 지오캐셔 중에서 유일하게 이들은 사회성이 높을 때가 많다. 브라이언은 자신의 강적들을 알고 있으며 그들을 좋아한다. 그가 이 지역의 FTF 중독자 무리에서 가장 사랑받는 인물은 못 되지만 말이다. "속였다는 혐의를 받은 적이 있어요." 그는 한숨을 쉬며 말을 잇는다. "내가 먼저 찾을 때가 정말 많아서 짜증이 난 모양인데, 먼저 찾고 싶다면 당장 일어나서 찾아가면 되죠! 누가 막고 있는 것도 아닌데 말이에요." 그는 새로운 캐시가 있는 위치에 먼저 갔다가 어떤 차가 끼익 소리를 내며 서더니, 거기서 내린 운전자가 이미 손전등 불빛들이 숲을 샅샅이 뒤지고 있는 것을 보고는 화가 나서 그를 노려본다든지 자동차 지붕을 쾅 내리치는 것도 봤다. 결국 에베레스트에 두 번째로 오른 사람은 아무도 기억하지 않는 법이다.

시간이 지나면서 브라이언은 그의 경쟁자들이 어디에 사는지도 그들이 먼저 발견한 지오캐시의 위치를 근거로 파악할 수 있었다. 도시의 범죄 조직처럼 FTF 캐셔들도 자기 '구역'을 갖게 된다. 그래서 브라이언은 새로운 지오캐시가 어디에서 하루 중 언제 나타날지 패턴을 분석해서 자신의 구역을 넓히기로 마음먹었다. "패턴이 보이기 시작했어요. 그래서 새로운 캐시가 나올 거라고 생각하는 지역에 차를 몰고 가서 그 중심에 자리를 잡고 있죠." 어떤 밤에는 자신이 가장 좋아하는 장소인 포스터 로드에서 주간 고속도로 I-205로 나가는 진입로에서 시간을 보내기도 한다. 잠복중인 경찰처럼 차에 앉아서, 블랙베리나 노트북에 새 먹

잇감이 나타나기를 참을성 있게 기다리는 것이다. 대개 얼마 안 가서 하나가 뜬다. "그러면 바로 출발해서 금방 도착하죠."

　나는 새 지오캐시의 즉시 알림을 받지 않으니 나의 짧은 지오캐싱 경력에서 내가 FTF에 근접했던 적은 없다. 그러던 어느 이슬비 내리는 오후, 나는 식료품점에서 걸어오며 별 생각 없이 휴대전화의 지오캐싱 앱을 켜고 '인근 지오캐시 찾기' 메뉴를 선택한다. 내 현재 위치는 집에서 몇 블록 떨어지지 않은 곳이고 이웃에 있는 캐시는 몇 달 전에 이미 다 훑었으니, 근처에 새로운 캐시가 있을 거라는 기대는 없다. 그런데, 목록 제일 위에 파란색 물음표가 떴다. 내가 모르는 캐시가 몇 킬로미터 떨어지지 않은 곳에 있다는 의미다. 그 캐시의 전체 내용을 살펴보니 간단한 논리 퍼즐 같다. 게다가 새로 올라온 지 두 시간도 채 지나지 않았으며 로그는 아직 비어 있다. 나는 집으로 서둘러 돌아가서 연필을 붙잡고 그 문제를 풀어서 10분 만에 그럴싸해 보이는 좌표를 도출해냈다. 그 좌표를 구글어스에 입력했더니 그 캐시는 집에서 5분밖에 안 되는 자전거 도로 끝에 있다. 우리 동네의 '스쿠버소닉' 부류가 이미 길에 나섰을까, 아니면 아직 내게 기회가 있을까? 나는 차 열쇠를 낚아채고 계단을 한 번에 세 단씩 내려가서 차고로 간다. 아드레날린이 솟구친 혈액이 귓가에 고동친다.

　"어디 나가?" 민디가 부엌에서 부른다. "딜런이 피아노 책을 잊고 갔대. 레슨 시작하기 전에 자네타의 집에 책 좀 갖다줄 수 있어?"

　제정신인가? 지금이 어느 때인 줄이나 알고 하는 소린가? "아니!" 나는 고함치고 차고 문을 닫았다.

　차에 앉아서 나는 잠시 거울 속 내 모습을 쳐다봤다. 내가 어떻게 된 거지? 가족한테 소리를 지르고 피아노 레슨을 위기에 빠트려서 내가 얻는 것이 뭔데? 고작 내 이름을 앞으로 아무도 신경쓰지 않을 종이 쪼가리에 제일 먼저 적겠다고 이 난리야? 나는 묵묵히 위층으로 올라가서 딜런의 피아노 책을 챙긴다. 그러고는 다시 차로 달려들어가 쌩 하고 출발한다.

그 자전거 길에 도착했을 때는 비가 억수같이 쏟아지고 있었고, 그곳은 황폐해 보였다. 새로운 캐시가 설치된 지 이제 정확히 네 시간 지났다. 지금쯤이면 분명 이미 한 명이나, 두 명이 다녀갔을 수도 있다. 나는 물에 빠진 생쥐 꼴이 되어 마침내 나무 기둥 아래 울창한 풀숲 속에 숨겨진 조그만 약병을 발견한다. 떨리는 손으로 뚜껑을 돌려 연다. 추워서 떨리는 건지 왜 그런 건지 모르겠다. 어떤 이유에서인지 나는 탐험가 로버트 스콧을 머릿속에 떠올린다. 1911년 남극으로 출발할 때 그는 남극점에 도달하는 최초의 사람이 되겠다는 큰 꿈을 갖고 있었다. 하지만 1912년 1월 16일에 스콧의 팀은 그들 앞 얼음에 놓인 돌 이정표와 북쪽을 향하는 개썰매 자국을 발견한다. 경쟁자인 로알 아문센의 노르웨이 탐험대가 고작 몇 주 차이로 남극 FTF에서 스콧의 팀을 누른 것이다. 스콧은 일기에 이렇게 적었다. "최악의 상황이 벌어졌다. 모든 백일몽은 지워야 한다. 지루한 귀환이 될 것이다."*9 나는 약병 안에서 GPS를 휴대한 아문센의 이름을 보게 되리라고 생각했는데, 그 대신 내가 본 것은 내 지오캐싱 경력에서 처음으로 보는 것이다. 그건 바로 다름 아닌, 깨끗이 비어 있는 로그 종이다. 탐험시대 지도 가장자리의 하얀 테두리처럼,

---

* 사실 스콧의 팀은 돌아오는 길에 눈보라에 갇혀 길을 잃었다. 다행히도 지오캐셔들이 대면하는 위험은 이보다 훨씬 덜하다.

그것은 더럽혀지지 않은 영역이다. 그리고 나는 내 맥가이버 칼에 달린 조그만 볼펜으로 자랑스럽게 나의 흔적을 남기면서 개척자 같은 기분을 느끼는 것이다.

　지오캐싱이 정말로 우리의 두개골에 다운로드한 비디오게임이라면, 이 게임의 최고 득점자 목록의 가장 위에 있을 머리글자는 두말할 여지도 없이 LVB다. 이는 샌프란시스코 이스트베이에 사는 은퇴한 통신 엔지니어인 리 반 데어 보케의 이름인데, 닉네임 '알라모굴Alamogul'을 쓰는 보케는 지난 8년 동안 지오캐싱을 하면서 압도적으로 많은 5만 3353건의 발견을 기록했으며 2위인 경쟁자보다도 거의 1만5000건이 앞선다. 사실 보케는 내가 이 문단을 쓰는 동안에도 캐시를 서너 개쯤 더 찾을 테니 그 간격은 이보다 더 클 거다. 그는 몇 년 동안이나 '팀 알라모Team Alamo'라는 닉네임으로 지오캐싱을 했지만 믿기 어려운 그의 대기록이 무슨 거대 조직에 의해 대량생산되었다고 짐작하는 의심 많은 캐셔들에게 질려버렸다. "그 팀이란 건 나와 내 아내라고요. 게다가 아내는 지오캐싱을 정말 싫어하죠!"

　처음엔 반 데어 보케도 간헐적인 캐셔로 시작했다. 그는 불퉁한 여든 줄의 아버지와 하루 종일 집에 처박혀 있었으니 지오캐싱은 그가 기르는 골든리트리버 케이시와 동네의 언덕을 산책하며 할 수 있는 소일거리였다. 그러다 숫자가 올라갈수록 더 몰두하게 되어서, 캐시를 찾으러 갈 때 필수적이지 않은 것은 차츰 두고 나가기 시작했다. 처음에는 개를, 다음에는 아내를, 심지어 좌회전까지도.* "나는 매일 캐시를 찾으러 다니지 않아요. 일주일에 이틀 정도 나가는데 캐시가 많은 곳을 찾아가죠."

"그러면 미리 계획을 하고 가나요? '이 지역에 갈 거야, 여기 가면 캐시 서른 개를 찾을 수 있어'라고?"

반 데어 보케는 무시하듯이 웃었다. "아뇨. 겨우 서른 개 때문에는 아무 데도 가지 않아요." 이건 슈퍼모델 린다 에반젤리스타가 "하루 1만 달러 이하의 일거리 때문에 일어나지는 않는다"는 유명한 금언의 지오캐싱판이 틀림없다. 서른 개면 내 하루 기록의 세 배쯤 되니 나한테는 꽤 괜찮은 기록처럼 들리지만, 알라모굴 같은 거물급 캐셔에게는 하루에 100개쯤 찾는 것도 대수롭지 않다. 반 데어 보케는 솔직하게 털어놓는다. "따분할 때도 있어요. 하루에 25개 이상 찾으면 지겨워지기 시작하죠. 하지만 어딘가 가려고 장시간 운전을 했으니 할 일은 끝내고 싶잖아요."

그래서 거물급 캐셔들은 그만 물러나면 더 안 좋다는 것을 알기 때문에 더 이상 즐겁지 않아도 계속 캐시를 찾는다는 말인가? 그들이 이 게임에 이처럼 몰두하는 데 적어도 조금은 강박이 작용한다는 건 금방 알 수 있다. 반 데어 보케는 지오캐싱에 대해 이야기할 때 '청소'라는 단어를 사용하며 거의 하워드 휴즈 같은 성향을 보였다. "한 지역을 청소하려는 욕구에서 움직여요. 우리 집에서 반경 16킬로미터 이내는 깨끗이 유지하고 싶거든요." 오늘 아침에 그는 친구 한 명과 함께 16킬로미터 안전지대 안에 새로 나타난 캐시를 '청소하기' 위해 다녀왔는데, 딱 하나를

---

* 그렇다. 반 데어 로케의 말에 따르면 숫자를 높이려는 목표로 캐시를 찾으러 다닐 때는 이게 중요하다. "도시에서 좌회전은 절대적으로 도움이 안 돼요. 신호를 받고 앉아서 기다리고, 기다리고, 기다리고, 기다리죠. 그런 다음엔 돌아올 때도 또 좌회전을 받아야 하잖아요!" 내가 믿기 어려워서 되묻는다. "그게 당신의 성공 비결이란 말이에요? 좌회전을 안 한다고요?" "내 비결 중 하나죠."

찾지 못했다. "좌절스러운 일이에요. 찾지 못한 캐시가 아직도 저기 있으니까요. 나는 컴퓨터 앞에 앉아서 좌절감을 느끼겠죠. 내 지도에 그 캐시가 아직 있는 걸 보면서요." 화면을 아무리 북북 문지르고 문질러도 스마일리가 아닌 아직 찾지 못한 캐시의 표식은 지워지지 않는다!

하지만 이제는 나도 그 강박을 이해한다. 내가 지오캐싱닷컴 사이트에서 우리 이웃을 살펴봤을 때 아직 발견하지 못한 캐시를 나타내는 작은 녹색 사각형이 스마일리 사이에서 나를 비웃고 있는 것을 보니 신경이 거슬렸다. 기묘하게도 찾지 못한 캐시가 있다는 생각을 해도 일상에서는 그리 신경쓰이지 않는다. 그 캐시가 있는 근처로 차를 몰고 지나가면서 다른 날 다시 오겠다고 생각해도 괜찮다. 하지만 지도에서 그 표시를 보면 그놈의 존재를 견딜 수가 없게 된다. 나는 혹시 이게 지도의 어두운 면인지, 질서정연한 지도의 권위가 온갖 종류의 불확실한 숙제들을 어서 해결해야 할 것처럼 느끼도록 우리를 속이는 것인지 궁금하다. 예를 들어 1890년에 다이아몬드 업계의 큰손 세실 로즈는 영국이 아프리카의 두 식민 영토를 연결해야 한다고 로비를 벌였다. 영국의 짙은 빨간색이 케이프타운부터 카이로까지 연결된다면 지도에서 얼마나 보기 좋을 것인가! 다행히도 당시 외무장관 솔즈베리 경은 지도 마니아가 아니었다. 솔즈베리 경이 상원에서 이렇게 말했다. "나는 아프리카 중심부에, 해안에서 석 달이 걸리는 거리에 좁고 긴 영토를 소유하는 것보다 더 불편한 상황은 상상할 수 없다. 그리하면 독일과 (…) 또다른 유럽 열강 같은 강력한 제국들의 무력 사이에 놓이게 될 텐데 말이다. 내 생각에는 사람이 끊임없이 지도를 연구하다 보면 이성의 힘이 방해를 받는 경향이 있다."[10] 이와 비슷하게, 제1차 세계대전 이후 위대한 세르비아의 지리학

맵헤드

자 요반 츠비이치가 만든 지도들은 발칸 반도의 민족 분포를 깔끔한 줄무늬와 부드러운 파스텔 색으로 표현했다.[11] 하지만 현실에서는 그 아름다운 지도가 1세기 동안 잔혹한 인종 청소를 일으키는데 한몫했으니, 그 분쟁은 발칸 반도의 실제 인종 간 경계를 지도에 보이는 것처럼 분명하게 가르고자 하는 것이었다.

반 데어 보케의 집착을 어떻게 생각하든 간에 그가 이룬 성취의 규모는 부정할 수 없다. 친구나 가족들이 보케가 이 전 지구적인 락앤락 사냥에 들이는 시간을 비웃으면 그는 이렇게 묻는다. "어떤 분야에서든 세계 최고인 사람 중에서 아는 사람 있어?" 반 데어 보케에 필적할 만한 지오캐셔는 이제껏 아마도 단 한 명이었을 것이다. 닉네임 알라모굴 이전에 지오캐싱의 최고 득점자 명단 꼭대기에 있던 사람은 지난 세기 거의 내내 가장 왕성하게 활동한 '쿠퍼에이전시CCCooperAgency'였다. 실제 이름은 린 블랙으로 펜실베이니아 지역 해리스버그에 사는 보험중개인인데, 사람들 이야기를 종합해보건대 그녀는 비범할 정도로 에너지 넘치고 유명한 지오캐셔였으나 나에게는 완전히 수수께끼 같은 인물이다. 린 블랙은 2009년에 이 게임을 그만두었는데 지금은 자신이 한때 지배했던 지오캐싱의 세계에 대해 전혀 이야기조차 하지 않으려 한다.

왕성하게 활동하는 거물급 캐셔는 대부분 남는 시간이 넘쳐나는 은퇴자들인데, 당시에 린 블랙은 바쁜 사업가이자 세 아이의 어머니였다. 그녀는 온 가족을 데리고 미국 동부 해안을 구석구석으로 파워 캐싱을 다녔지만, 가족들은 그녀만큼 지오캐싱에 끝없는 체력을 갖고 있지 못했다. 얼마 안 가서 린 블랙은 자신의 지오캐싱에 대한 집착이 문제가 되어간다는 것을 깨달았다. 2005년 신문 인터뷰에서 그녀는 이렇게 말

한 적 있다. "나는 지오캐싱밖에 몰라요. 지오캐셔 중독자 모임 클리닉을 세워야 해요."[12] 린의 남편인 케빈도 의견이 같았다. 린은 몇 차례 그만두려 했다고 2006년에 다른 인터뷰에서 말했다. "아이들과 어긋나기 시작했어요. 아이들은 지오캐싱에 넌더리가 나 있었죠. 내가 너무 이기적이었어요."[13]

하지만 그만뒀다고 생각할 때마다 마이클 콜리오네처럼, 린은 다시 끌려 들어갔다. 경쟁자인 리 반 데어 보케가 지오캐싱을 시작했을 때 그는 린 블랙보다 1400개나 뒤처져 있었으니 어떤 수를 쓰더라도 린 블랙의 기록에 근접할 방도는 없었다. 2005년에 반 데어 보케는 린 블랙이 가족들과 더 시간을 보내기 위해서 캐싱을 완전히 그만뒀다는 말을 공통의 친구에게서 들었다. 반 데어 로케가 놀랍다는 듯이 말한다. "이틀 뒤에 린 블랙은 비행기에 올라서 독일로 갔어요. 가족들은 두고, 6주 동안 캐싱을 하려고요! 그 이야기를 듣고 정말 화가 났죠." 2008년 말에 그녀는 2만5000번째 캐시를 끝으로 마침내 그만둔다고 선언하고 '쿠퍼 에이전시' 아이디도 탈퇴했다. 하지만 일주일이 지나지 않아서 린은 다시 캐싱을 시작했다. 전처럼 열정적이지는 않았으며 다른 닉네임을 사용했다. 마침내 2009년 마지막 날, 펜실베이니아 유료고속도로를 바로 벗어나 있는 랭카스터 카운티 호수 근처 캐시에서 린은 다음과 같은 기록을 남겼다.

남편과 함께 즐거운 산책을 즐겼고, 남편이 캐시를 찾았다. 아주 멋졌다. 마지막 캐시.[14]

그리고 그 두 단어 '마지막 캐시'를 끝으로, 그녀는 정말 그만뒀다.

'쿠퍼에이전시'의 영웅 전설은 인터뷰나 게시판에 남긴 글이나 지오캐시 로그를 통해 단편적으로 이해해보건대 내게는 경고성의 이야기다. 어떤 사람들은 알코올 중독처럼 중독에 빠질 유전적 소인을 갖고 태어나는데, 린 블랙이 그랬듯이 나도 지오캐시를 하도록, 아니 집착적으로 지오캐시를 하도록 태어난 것 같다. 내가 가장 사랑하는 것들에 지도, 새로운 장소 탐험하기, 퍼즐 풀기, 우주여행 시대의 기기가 포함되니, 내가 GPS 재활원에 들어갈 더할 나위 없이 유력한 후보자라는 건 따놓은 당상이다.

방과 후 청소년 대상 TV프로그램을 보면서 나는 진짜 중독에서 바닥을 치고 나오는 이야기들에는 꼭 뒷골목과 쓰레기장이 나온다고 믿게 됐는데, 결국 나의 중독도 마찬가지였다. 어느 날 오후, 나는 타이어 할인점 뒤에 있는 쓰레기장 주변을 기웃거리고 있었다. 내 GPS 수신기가 그곳의 암석정원 어딘가에 지오캐시가 하나 숨어 있다고 했기 때문이다. 채 1분도 지나지 않았을 때 작업복 차림의 타이어 전문가가 떫고 의기양양한, 자신이 버린 쓰레기를 뒤지는 이상한 남자를 잡았을 때 보일 만한 바로 그런 시선으로 나를 쳐다본다는 걸 눈치챘다.

"어이, 거기 뭐 하는 거요?" 그가 물었다. 왜 그런 질문을 하는지도 알만 했다.

나는 GPS 수신기를 귀에 갖다댔다. "아 미안해요. 차를 세우고 받아야 했어요. 통화하는 동안 그냥 걸어다니고 있었어요."

내가 차로 돌아가 주차장에서 나가는 동안 그는 팔짱을 끼고 나를 쳐다보았다.

내가 대체 저기서 뭘 하고 있었던 거지? 지오캐싱은 세계에 숨겨진 아름다운 장소들을 탐험할 구실이 되어야 하는데, 나는 목적만을 위해 가는 길은 상관하지 않은 것이다. 나는 도시에 사는 탓에 내가 찾아가는 캐시는 명백하게 볼품없는 도시 풍경 속에 있는 게 대부분이었다. 맨홀 아래에 매달려 있는 '마이크로 캐시', 자전거 거치대나 쓰레기통이나 야구장 외야석에 부착된 타이레놀 알약보다도 작은 자석형 '나노 캐시', 심지어 어떤 건 샌드위치 가게 야외 테이블 아래에 껌처럼 붙어 있었다. 나는 지평선을 넓히기로 결심했다. 도시에서 벗어나야 했다.

지오캐싱닷컴 웹사이트를 뒤지다가 북쪽으로 두 시간만 가면 많은 사람이 추천한 캐시가 있는 것을 알았다. 그 캐시는 캐나다와의 국경에서 멀지 않은 누크색 강의 거의 알려지지 않은 폭포 위에 있다. 지금까지 몇 명 안 되는 용감한 영혼만이 그걸 찾아냈다. 지오캐싱닷컴에 올라와 있는 지형 난이도 평점에는 최고치인 별 다섯 개가 붙어 있는데, 나한테 이건 처음이다. 캐시를 숨긴 사람이 대문짝만 하게 경고를 써뒀다. "매우 어려운 경사길입니다. 혼자서 가지 마세요." 그는 또한 내가 그의 캐시를 꼭 찾아야 하는 의무 따위 없으며, 내가 때 이른 죽음을 맞이하거나 몸이 엉망진창으로 훼손되는 등의 경우에도 자신은 아무런 책임이 없다고 썼다. 더이상의 쓰레기장 뒤지기는 없다. 이게 바로 내가 찾을 캐시다!

그 주말에 나는 등산화와 낡은 작업용 장갑을 꺼내고 하드스크래블 폭포로 차를 몰았다. 이 고속도로는 처음 와보는 곳이라서 가는 길에 지나칠 수 있는 다른 캐시의 위치를 종이에 프린트해왔다. 하지만 별 다섯 개짜리 캐시가 우선이다. 기점에서부터 폭포까지는 마른 개울 바닥을 따라가는 짧고 쉬운 길이었고 그날 아침은 영혼을 깨끗이 씻어줄 만큼 아름다웠다. 서북부의 초봄, 회색의 스산한 하늘에서 구름 사이로 해가 뚫고 나올 때면 그 전엔 죽은 듯 보이던 검은 나무들이 사실은 아주 맑고 깨끗한 초록의 수 없는 점으로 뒤덮여 있는 것이 드러나는 그런 날이다. 그럴 때면 풍경이 눈 깜짝할 사이에 1월에서 6월로 건너뛴다.

이번 캐시는 '사이코 어번 캐시 13번' 같은 식의 '익스트림 캐시'가 아니지만, 적어도 내 기준에서는 꽤 극단적이다. 폭포 남쪽의 가파른 경사로에 등산로 따위는 없다. 그 대신 사려 깊은 이 지역 사람들이 나무에 밧줄을 묶어서 더 수직에 가까운 길에서도 방문객들이 올라갈 수 있게 해뒀다. 나는 숨을 헐떡거리며 130미터를 지그재그로 올라갔지만 목숨이 위협받을 만한 상처는 입지는 않았고, 포효하는 폭포의 계단 숫자를 헤아리면서 올라간다. 여섯, 일곱, 여덟. 캐시가 숨겨진 아홉 번째 작은 폭포까지 올라갔을 때쯤 팔과 다리가 쑤신다. 내가 이것을 위해 여기 왔지, 라고 스스로에게 말한다. 그곳에서 이미 예상했듯이 탄약 상자를 어렵지 않게 찾는다. 그 캐시까지 가는 길은 별 다섯 개지만 숨겨진 정도는 별 두 개로 표시되어 있었다. 목표물이 아니라 거기까지의 여정이 중요한 것이다.

나는 아홉 번째 폭포의 바위투성이 가장자리로 걸어가서 건너편 폭포로 이어진 계곡을 내려다봤다. 그 풍경에는 타이어 할인점 주차장에 없는 모든 것이 있었다. 장대하고 영감을 불어넣어주는 그 풍경에 쓰레기 따위는 없다. 나는 지오캐싱의 할아버지, 데이브 울머에게 잠깐이나마 동질감을 느낀다. 그는 지금도 내게 아인 랜드(20세기 중반에 활동했던 러시아 태생의 미국인 소설가, 철학자, 극작가─옮긴이)를 인용한 구절이라든지 근사한 석양이나 선인장 사진들을 보내주는데, 그가 지금도 영

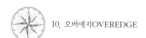

화 「쿵푸」의 데이비드 캐러딘처럼 서부 어딘가를 헤매고 다니며 GPS 신호를 따라 인적 드문 읍내와 원주민 암굴 주거지, 폐광이 된 금광을 찾아다닌다는 사실은 기분을 좋게 한다. GPS 마니아들은 그 기술 덕분에 그들이 찾아갈 수 있는 '관심 지역Points Of Interest'을 뜻하는 줄임말, POI를 자주 사용한다. 내 생각에 지오캐싱은 이 행성 전체를 하나의 거대한 POI로, 이전보다 더욱 다채롭고 흥미진진한 곳으로 만들어주었다.

그 절벽 끝에 서서 근처에 있는 다른 지오캐시들이 표시된 종이를 펼쳤다. 아직 해가 지려면 몇 시간이 남았다. 집으로 가는 길에 도로변에서 여덟에서 아홉 개는 더 찾을 수 있을 것이다. 아니면 이 지오캐시를 지나서 산길을 쭉 따라올라갈 수도 있다. 위에는 열 번째 폭포가 있고 그다음에는 밧줄을 타고 반대편 계곡으로 내려갈 수 있다고 했다. 그런다고 해서 내 지오캐시 기록이 늘지는 않을 텐데……. 하지만 다시 생각해보면 중요한 건 그게 아니지 않은가? 나는 주머니에 종이를 도로 넣고, 장갑을 다시 끼고, 계속 산을 올라갔다.

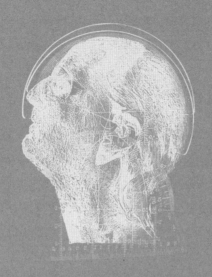

제11장

국경 FRONTIER

n. 두 나라를 가르는 선

오늘날 우리 시대는 고대에 꿈꾸지 못했던 것들을 하고 있다……. 우리 시대의 길잡이들이 우리에게 새로운 지구를 선사했다.[1]
— 장 페르넬, 1530

루이스 캐럴의 마지막 소설 『실비와 브루노』를 보면 '마인 헤르'라는 신비로운 여행자가 등장하여 자신이 여행한 멀고 먼 세계에서는 지도 제작의 과학이 우리의 보잘것없는 한계를 한참 넘어서서 발전했다는 이야기를 실비와 브루노에게 들려준다.[2] 그는 당시 구할 수 있는 가장 정밀한 지도가 1킬로미터당 9.4센티미터 축척이어야 한다는 생각을 비웃고, 그의 세계에 대해 자랑을 늘어놓는다. "얼마 안 가서 우리는 1킬로미터당 3.4미터 축척까지 갔지. 그후에는 1킬로미터에 56.3미터를 시도했어. 그러다 이제껏 최고로 멋진 생각을 해낸 거야! 우리는 실제로 지도의 나라를 만들어냈거든, 1킬로미터당 1킬로미터의 축척으로 말이야!" 하지만 그는 그 궁극의 지도가 한 번도 완전히 펼쳐져본 적이 없다는 것을 인정해

맵헤드

야 했다. 그 지도가 엄청나게 큰 탓에 농작물에 드는 햇빛을 가린다고 농부들이 항의했기 때문이었다.

　루이스 캐럴이 생각해낸 1대 1의 완벽한 정밀도로 그려졌으며 실제 영토와 똑같은 크기의 지도에서 영감을 받아, 호르헤 루이스 보르헤스는 단편 「과학의 정밀성」을 썼고, 움베르토 에코는 놀라울 정도로 빈틈없는 1982년의 에세이에서 그 지도를 탐구했다. 에코는 그런 지도가 수반할 논리학상의 문제점을 상세하게 열거했다.[3] 예를 들어, 그 지도를 접으려면 한 부대의 사람이 필요할 것이다. 움베르토 에코는 루이스 캐럴의 책에서 농부들이 제기한 항의 내용을 고심하다가 그 지도를 투명하게 만드는 방법을 궁리하지만, 지도에 그려넣는 표시들은 불투명할 수밖에 없으니 결국 부분적으로 해를 가릴 것이며 그러면 결국 그 아래에 있는 토양의 생태가 영향을 받아 변하리라는 점을 깨닫는다. 그렇게 되면 그 지도는 더이상 정확하지 않게 된다!

　물론 캐럴, 보르헤스, 에코는 이런 이야기를 실제 지도 제작의 혁신이라고 진지하게 제안하는 것이 아니다.* 그들의 거대한 지도는 지도와 거기에 표현되는 영토의 까다로운 관계를 두고 벌이는 엉뚱한 사고실험이자, 세부사항을 끝없이 파고드는 지도 애호가들의 성향에 대한 애정 어린 조롱이다. 이 작가들이 알고 있던 지도가 몇 세기 동안 얼마나 달라지지 않았는지 생각해보라. 1870년이나 1970년의 지도는 1570년

---

* 실물 크기 지도를 발명한 바로 그 장에서 루이스 캐럴은 우연히도 현대의 페인트볼 게임도 발명했다. 아니, 정말이다. '마인 헤르'가 아이들에게 전쟁이 벌어졌을 때에 대해 어느 행성의 아이들에게 말해준다. "총알은 부드러운 검은색 물질로 만들어졌는데 그 총알이 닿은 모든 것에 자국을 남겼지. 그래서 전투를 한 차례 치르고 나면 양쪽 편의 병사들이 몇 명이나 '죽었는지'를 세기만 하면 됐어. 이 말은 '등에 묻은 표시'라는 거지, 앞에 묻은 표시는 세지 않아."

의 지도와 오십보백보다. 종이 위에 그린 짙은 선은 해안선, 파스텔톤 선은 정치적인 경계선이며, 점을 찍고 이름을 달아서 도시들을 표시한다. 북쪽은 위 방향일 테고, 얇은 선으로 그린 격자무늬는 위도와 경도를 의미할 것이다. 애석하게도 지도 귀퉁이에 인어나 식인종 그림을 더이상 그리지 않는 것만 제외하면 500년 동안 지도는 그리 달라지지 않았다.

하지만 지금 우리는 지도에 있어서 기이하며 변화무쌍한 시대를 살고 있다. 디지털 지도와 위치 기반 기술이 갑작스러운 맹공격을 해오면서, 수 세기 만에 처음으로 지도의 생김새가 어떠해야 한다는 우리의 근본적인 생각이 바뀌었다. 20세기의 지도 애호가는 지도책에 빠져들 때 아마도 그 책장을 한낱 그림이 아니라 다른 세상을 향해 열린 창문이라고 상상했을 것이다. 하지만 이제 우리는 그 안을 자세히 들여다본다. 스크롤을 돌려 상하좌우로 움직이거나, 회전도 하고, 확대와 축소도 하면서 본다. 도로 지도와 지형도를 바꿔가며 보거나, 우주에서 찍은 보석 같고 구름 한 점 없는 지구 사진에 겹쳐 보기도 한다. 내가 걸어갈 때 지도도 움직이고, 근처에 있는 친구가 지도상의 영역에서 느릿느릿 걸어가는 것을 보여줄 수도 있다. 이 개념이 불과 10년 전 『해리 포터』에 처음 등장했을 때는 아이들의 환상에 지나지 않았지만 이제는 현실에서 흔히 볼 수 있는 일이다. 이 명백한 변화가 완성되려면 앞으로 한 세대가 지나가야 할 것이다. 어찌 되었든 아직도 나는 그림으로 단어를 설명하는 게임을 하면서 '전화기'를 그릴 때 배배 꼬인 수화기 선과 돌리는 다이얼을 그려 보여주기 때문에, 휴대전화에 익숙한 내 아이들은 어리둥절해하니 말이다. 하지만 그 변화는 분명히 일어나고 있다. 좋든 나쁘든 간에 지도는 예전과 달라졌다.

그리고 이런 변화의 일등공신이 그들이 그렸던 불가능한 실물 크기 지도를 현실에서 적용한 지도라는 것을 알면, 캐럴과 보르헤스는 어리둥절해할 것이다. 나사의 '월드 윈드Wolrd Wind'나 마이크로소프트의 '빙 맵스Bing Maps'처럼 검색 가능한 지구본 프로그램은 가상공간에 존재하며 실물 크기의 지도도 아니지만, 그 프로그램의 목표는 '마인 헤르'가 말한 그대로다. 종이 지도에서처럼 선택적으로 단순화하는 것이 아니라 영토 전체, 즉 전 세계를 1대 1로 빠짐없이 세세하게 표현하는 것이다. 여러 면에서 볼 때 그 지구본들은 우리가 실제 세계에서 사진기나 자로 주워담을 수 있는 것보다 더 많은 정보를 담고 있다. (역설의 대가 루이스 캐럴조차도 실제 영토보다 두 배 더 상세한 지도는 이야기하지 않았다!)

구글어스는 최초의 가상 지구본은 아니지만 전 세계에서 7억 회이상 설치된 기록을 세워 현재 그 분야를 주도하고 있다. 그 기술은 이제는 정말 어디에나 존재하기 때문에 애초에는 별것도 아닌 비디오게임 데모 영상에서 시작되었다는 사실을 믿기 어려울 정도다. 1996년에 실리콘그래픽스 사의 기술자들이 그 회사의 25만 달러짜리 시설이 구현해낼 수 있는 컴퓨터그래픽의 질감 표현 능력을 자랑할 방법을 찾고 있었다. 1968년에 단편영화 「10의 제곱수Powers of Ten」가 은하계 규모에서부터 현미경으로 봐야 하는 규모까지 오가며 지구를 묘사했는데, 그 영상에서 영감을 받은 실리콘그래픽스의 기술자들은 '우주에서 당신의 얼굴까지'를 제작했다. 비행 데모인 그 영상은 지구의 고공 궤도(인공위성 궤도 가운데 고도 3만5786킬로미터인 지구정지궤도보다 높이 있는 궤도─옮긴이)에서 시작해 점점 확대해 들어가서 마테호른 산 위의 받침대에 놓인 닌텐도 64를 찾아간다. 닌텐도 64는 실리콘그래픽스 사의 그래픽 칩이 내장

된 기기였다. 3년 뒤에 크리스 태너는 그 비디오를 브라이언 매클렌던에게 보여준다. 태너와 매클렌던은 독자적으로 게임 기술 회사인 인트린식 그래픽스을 설립하기 위해 다른 몇 명과 함께 실리콘그래픽스를 떠난 엔지니어들이었다. 지금은 구글지오의 기술 담당 부사장인 매클렌던은 이렇게 회상한다. "그 영상을 보던 날 내가 말했어요. '우리 이걸 만들기 위한 독립 회사를 차려야 해.' 문제는 우리가 아직 인트린식그래픽스의 자금도 조달하지 못한 상태였다는 거죠!"

인트린식그래픽스가 게임 개발을 위한 자금을 조달하고 난 뒤 그들은 정말로 새로운 회사를 따로 차려 '키홀'이라는 이름을 붙이고, 그들의 3D기술을 지리적으로 적용하는 데 집중했다. 인터넷 버블 이후인 이때는 소규모 창업을 하기에 최악의 시기여서, 키홀은 잠재 투자자들에게 부동산과 여행 산업에서 고객이 부동산을 대여하기 전에 미리 살펴볼 수 있는 프로그램을 만드는 중이라고 설명했다. 하지만 사실 키홀은 그들이 개발하는 제품의 진짜 매력이 무엇인지 알고 있었으며, 그 핵심이 바닷가 콘도가 아니라는 것도 알고 있었다. 그건 머큐리 계획의 우주비행사들처럼, 한 걸음에 10킬로미터를 걸을 수 있는 장화를 신은 옛날이야기 속 소년처럼, 성층권을 뚫고 올라갔다가 다시 내 뒷마당으로 단번에 미끄러지듯 돌아오게 해주는 기술이었다. 그들이 숨기고 있던 계획은 이 부동산 업계를 위한 프로그램을 지구 전체로 확장하려는, 사실상 인터넷상의 지구를 창조하려는 것이었다.

분수령은 2003년 3월, 미국의 이라크 침공 때 있었다. 매클렌던은 CNN의 기술 담당 부사장과 중학교를 같이 다녀서 아는 사이였고, 그때 CNN이 이라크전을 3D로 보여주기 위해 키홀의 소프트웨어를 들였다. 이전에 시청자들은 이렇게 생생한 지도와 공중을 날아가는 영상을 본 적이 없었으니, 당시에는 그 소프트웨어가 70달러였는데도 자기 집 PC에 깔기 위해 구입했다. 키홀의 조그만 사무실에 있는 서버는 접속량을 버티지 못할 지경이었고, 직원들은 그 지역 가전제품 상점에 계속 달려가서 하드웨어를 보충해야 했다. 1년 뒤에 키홀은 그들의 소프트웨어를 구글의 설립자 래리 페이지와 세르게이 브린에게 보여주었고, 그 시연이 얼마나 매력적이었던지 당시에 구글은 정신없이 신규 상장을 하는 중이었는데도 하루 만에 그들에게 인수 제안을 해왔다. 키홀의 항공 화상은 얼마 안 가서 구글의 새로운 지도 페이지에 나타났고, 한동안 구글맵스는 꿈같은 유토피아가 되었으니, 그 지도를 사용하는 대다수의 사람은 A지점에서 B지점까지 가는 경로를 찾아 출력하는 실용적인 목적에서가 아니라 별다른 이유 없이 공중에서 지구를 둘러보았다. 두 달 뒤 마침내 구글이 키홀의 프로그램을 구글어스라는 무료 서비스로 출시했을 때 접속량은 폭발했다. "구글어스 때문에 구글이 멈출 뻔한 위기가 두어 번 있었어요. 이용량이 정말 폭주해서 구글어스의 다운로드를 끊어야만 했죠. 첫 엿새 동안은 아슬아슬했어요." 매클렌던이 웃으며 말한다. 내셔널 지오그래픽비 대회에서 매클렌던을 만났을 때 그는 내게 캘리포니아 주 마운틴뷰에 있는 사무실을 잠깐 구경시켜 주겠다며 그 지역에 올 일이 있으면 들르라고 했다. 아마도 그는 단지 예의상 가볍게 한 말이었을 테지만, 디지털 지도에 대한 나의 집착 정도를 그가 알 리가 없었다. 나는 디지털로 변환된 시베리아의 타이가 위를 행복하게 날아다니거나, 3D로 표현된 맨해튼 마천루를 신이 나서 이리저리 돌려보며 며칠이라도 보낼 수 있는 사람이다. 구글어스가 문을 열고나서 첫 몇 달간은, 내가 우리

의 실제 지구에서보다 구글어스에서 시간을 더 많이 보낸 주말이 꽤 많을 거다. 나처럼 지도 집착증인 사람에게 이 가벼운 초대는 『찰리와 초콜릿 공장』에서 윌리 웡카의 초콜릿 공장으로 가는 황금 티켓을 받은 것이나 진배없다.

구글지오 본사에는 움파룸파족이 일하고 있지는 않지만, 예전에 내가 구글 연구소에 가봤을 때 기억하는 바로 거기엔 첨단 기술의 별종들은 몇 명 있다. 엘리베이터에서 나와서 처음으로 보이는 것은 주차요금 징수기 크기의 지도 상징물로, 샌프란시스코 만 지역에서 앨 고어가 가장 좋아하는 장소가 커런트 TV 본사라는 것을—케이블 방송인 커런트 TV는 바로 앨 고어가 설립했다—보여주고 있다. (구글어스 본사에는 이처럼 구글 온라인 지도에서 행선지를 표시하는 핀의 엄청나게 큰 버전이 사용된 홍보물이 여기저기 보이는데, 과거 유행한 유명인을 활용한 홍보의 잔재다.) 벽에 걸린 유화는 빌 거피가 그린 것으로, 그는 구글 스트리트뷰 사진만 보면서 자신이 실제로는 가보지 않은 도시 풍경을 그리는 켄터키 주 시골 지역의 화가다. 내가 지금 있는 층은 바다를 테마로 꾸며놓았다. 벽에는 서핑 보드가 줄지어 놓여 있고, 매클렌던과 내가 담소를 나누는 중인 회의실 밖 휴게 공간에는 프로그래머 몇 명이 거대한 석고 고래에 편히 기대서 노트북으로 일을 하고 있다.

브라이언 매클렌던은 키가 크고 말투가 부드러운 40대 중반의 남자인데 이마에 깊이 새겨진 주름 때문에 실제보다 조금 더 걱정이 많아 보인다. 어쩌면 그가 구글어스의 책임 엔지니어로서 짊어지고 있는 유난한 책임감 때문일지도 모르겠다. 어쨌거나 나는 지금까지 행성 하나를 통째로 책임지고 있는 사람은 만나본 적이 없으니까. 구글어스는 진짜 행성이 아니라고 비웃을지도 모르겠지만, 생각해보라. 구글어스를 구성하는 데이터는 수백수천 테라바이트에 이른다. (1테라바이트는 1000기가바이트이며, 의회도서관에 있는 모든 책의 내용을 저장하려면 20테라바이트 정도가 필요하다.[4]) 이건 어마어마한 책임이며, 해왕성이나 천왕성처럼 아무도 살지 않는 얼음덩어리 행성의 담당자가 되는 것보다 복잡한 일임에 틀림없다. 하지만 계급에는 특권이 따르니, 구글어스의 중심은 (말 그대로 구글어스를 처음 열었을 때 정확히 그 지도의 중심은) 캔자스 주 로렌스에 있는 어느 아파트 건물인데, 이는 바로 그 건물에서 자란 매클렌던에게 비밀리에 경의를 표현하는 것이다.

구글어스라는 디지털 영토를 감독하는 일은 쉽지 않다. 구글어스를 이루는 항공사진은 위성, 비행기, 열기구, 심지어는 카메라를 장착한 연에서 촬영하는데 날이 갈수록 기하급수적으로 증가한다. 매클렌던은 이렇게 이야기한다.[*] "지금껏 촬영한 사진을 모두 다 합쳐도 내년에 우리가 추가할 사진보다 적습니다." 이들의 궁극적인 목표는 지구 전체를 1센티미터당 1픽셀에 담는 것이다. 실제 지구 표면의 1제곱센티미터가 구글어스에서 1픽셀이 될 테니, 이만하면 루이스 캐럴의 상상 속 지도와 그리 다르지 않다. 이 목표는 아직 20년은 더 걸릴 것으로 매클렌던은 짐작하는데, 현재 구글어스상에는 아직 해상도가 픽셀당 15미터에 지나지

---

[*] 항공사진 측량법은 마침내 대규모 삼각측량법을 물리치고 지도 제작에서 최신 기술의 자리를 차지했다. 하지만 이는 구글어스보다 훨씬 앞서 시작된 기술이다. 미국 남북전쟁 당시 반도 작전을 벌일 때, 조지 매클레런 장군은 부하들에게 줄을 맨 기구를 타고 150미터 상공에 올라가서 남부연합군의 전선을 지도로 그리라고 명령했다. 그 기구를 가장 오래 탔던 사람은 웨스트포인트 사관학교를 이제 막 졸업한 병사였는데, 그는 나중에 장군이 되는 조지 암스트롱 커스터였다.[5] 1세기 뒤, 최초의 미군 위성들은 항공사진을 찍기 위한 고해상도 카메라를 장착했지만 그 필름을 그 자리에서 현상하거나 사진을 지구로 전송할 수 있는 방법이 없었다. 그래서 결국 그 위성들은 필름 꾸러미에 낙하산을 달아 대기중으로 떨어뜨리도록 설계되었으며, 이를 군 항공기가 공중에서 회수했다.[6]

않는 곳이 있으니, 1000배도 넘게 치이기 나는 것이다. 그리고 3차원을 모두 정리하더라도 기술자들은 그다음엔 네 번째 차원을 해결하기 위해 씨름해야 하는데, 바로 시간의 흐름이다. 구글어스가 역사적인 사진들을 모은 덕분에 우리는 궤도에서 시간이 흐르는 것까지 볼 수 있지만 과거만이 아니라 미래도, 즉 지도를 최신으로 유지하는 불가능한 임무도 걱정해야 한다. 이용자들은 이미 구글어스의 표면을 지나가는 날씨나 교통 상황 등의 실시간 내용을 볼 수 있다. 하지만 매클렌던은 이런 이야기를 한다. "훨씬 더 어려운 것은 인간이 만드는 변수죠. 이 업체는 지금도 있을까? 이 전화번호는 맞을까? 출입구는 여기에 있는 것이 맞나? 이용자들이 스마트폰에서 구글맵스 내비게이션을 작동시켜서 원하는 업체를 찾아갈 수 있게 하려면 이런 질문들에 맞는 답을 제공해야 하는데, 이게 실질적으로 돈이 되는 사업 영역이죠."

구글의 지도 부문은 이 인터넷계의 거물 기업에서 중요한 수익 사업이다. 매클렌던은 소매 지출의 90퍼센트가 여전히 오프라인에서 이뤄지며, 지도나 지역 검색 같은 지리 관련 기술에 의해 움직인다는 점을 지적한다. 하지만 구글맵스와 구글어스는 지정학적인 논란에서 비난이 집중되는 대상이기도 하다. 중국은 구글이 타이완을 중국의 영토로 표시하지 않는 등의 '실수'를 하면 단호한 조치를 취할 수 있으며, 니카라과는 구글맵스에 잘못 그어진 국경선을 근거로 코스타리카의 영토에 군사적인 습격을 감행할 수 있다.[7] 때로 구글은 민감한 특정 지역을 조작하거나 흐릿하게 만든 제3자의 사진을 사기도 한다. 가장 유명한 예를 들자면, 9·11 이후 구글이 백악관이나 국회의사당 등 민감한 지역을 흐릿하지 않은 사진으로 바꾼 지 한참이 지났는데도 미 해군 관측소에 있는 부통령 딕 체니의 관사는 끈질기게 흐릿한 상태로 남아 있었다. 마침내 구글에서 검열되지 않은 사진을 확보하여 가능한 한 빨리 구글어스에 업데이트했는데 하필이면 그날은 오바마 대통령의 취임식 날이었다. (매클렌던은 "그 사진을 더 빨리 찾았다면 더 빨리 업데이트했을 거예요!"라고 주장한다.) 이런 식의 실랑이들 때문에 구글어스는 어떤 면에서는 실제 존재하는 민족 국가처럼 움직이게 되어서, 정부들과 협상을 하거나 심지어는 장소 이름을 논의하는 UN 위원회 회의에 구글의 대표자를 파견하기까지 한다.

아무리 구글 두들과 직원들에게 제공하는 간식이 훌륭하다고 해도, 회사 하나가 세계의 지도에 이만큼 결정적인 영향력을 지니는 상황을 걱정해야 하는 건 아닐까? 인터넷 지도의 시대가 시작될 무렵에 어떤 지리학자들은 지도 제작의 '맥도널드화'가 일어날까봐, 즉 지도가 패스트푸드처럼 될까 조바심을 냈다.[8] 값싸고 어디에나 있지만, 품질보다는 광고 수익에 더 신경쓰는, 멀리 있으며 책임은 지지 않는 기업에 의해 운영되는 현상 말이다. 하지만 품질에 쩨쩨하게 굴기는커녕 구글은 구글맵스에 이용자들이 홀딱 반할만 한 서비스(3D 수중 지형! 스트리트뷰 수준의 스키 경로 지도![*] 쌍방향 지구온난화 모델!)를 거의 매주 추가하고 있다. 하지만 전례가 없이 상세하며 인기 높은 구글어스는 사생활 보호와 안전에 대해 심각한 우려를 낳기도 한다. 어쨌거나 여행자들이 호텔을 찾아가도록 도와줄 뭄바이 지도는 테러리스트들이 그 호텔을 공격할 때도 도움이 될 테니까.

구글은 이용자가 구글맵스를 어떻게 사용하는가를 통제할 수 없지만, 지도를 이용해 사악한 의도를 퍼트리려는 시도로부터 구글이든,

마이크로소프트나 야후든, 지도를 만드는 기업이 안전할 수 있는 것은 바로 온라인 지도의 대중성 때문이다. 그들이 수정한 데이터를 수백만의 눈동자가 지켜보고 있다. 실수가 지도상에 올라가면 (아니면 더 흥미롭게도 어떤 음흉한 지도 제작상의 비리가 드러나기라도 하면) 그 지역 사람들이 알아차리고, 블로거들이 꽥꽥거리고, 곧 잘못은 수정될 것이다. 2009년에 인도의 국경 인근 아루나찰프라데시 주에 있는 동네들이 구글맵스에서 잠시 중국어 이름으로 표기된 적이 있다.[9] 인도인들이 몸서리치며 반응하자 구글은 그날 안에 실수를 인정하고 힌디어 이름을 되살렸다.

브라이언 매클렌던은 1센티미터를 1픽셀에 담는 실시간 세계지도라는 구글의 보르헤스적인 꿈을 '해상도의 궁극'이라고 부르는데, 나는 최종을 뜻하는 듯한 그 말에 좀 충격을 받았다. 나한테는 그것이 모든 지도 제작의 끝이자 모든 발견의 끝을 의미하는 것처럼 들리기 때문이다. 이는 지도에 대한 주된 역설이다. 지도는 새로운 풍경을 우리에게 보여줌으로써 세계를 넓어지게 하지만, 동시에 그 새로운 풍경들을 정리하고 숫자를 헤아려 굴복시키기 때문에 한편으로 세계는 작아진다. 구

---

* 그렇다. 구글은 2010년 동계올림픽 기간 중에 이 사진들을 웹에 올리면서 스트리트뷰를 찍는 스노모빌을 공개했다. 구글플렉스를 방문했을 때 나는 스트리트뷰 함대의 모든 차량을 디자인하는 댄 래트너를 만났다. 자동차와 스노모빌에 이어 '트라이크'도 나왔는데, 이는 래트너가 바르셀로나에 갔을 때 자갈이 깔린 길은 대개가 일반적인 구글 자동차가 다니기에는 너무 좁다는 것을 깨닫고 구상해온 차량이다. 그 이후로 트라이크는 국립공원과 놀이공원의 지도를 그리는 데 사용되고 있는데, 다만 트라이크가 길에 돌아다닐 때면 딱히 그럴 만한 이유가 없는데도 지나가는 사람들이 트라이크를 아이스크림 판매대로 착각하는 일이 늘 발생한다. 레고랜드에서는 아이들이 트라이크 운전자에게 아이스크림을 달라고 했는데, 한번은 어느 기술 학회에서 유명한 노벨상 수상자가 그런 적도 있었다. 래트너는 내게 스트리트뷰 함대에 가장 최근 합류한 식구도 보여주었는데, 그건 바로 실내 사진을 찍는 트롤리였다. 하지만 그 트롤리로 정확히 무엇을 찍을 계획인지는 아무도 말해주지 않았다. 루브르박물관? 타지마할? 플레이보이 맨션? 그건 일급비밀이다.

글어스가 완벽한 지도를, 모든 것을 설명하는 지도를 완성한다면 더이상 지도를 그릴 이유가 어디에 있단 말인가?

하지만 매클렌던은 다르게 생각한다. 그는 가상의 지구가 사실은 발견의 부흥기를 이끌어낸다고 주장한다. 구글이 웹에 올리는 항공사진은 오래되었든 최근의 것이든 간에, 인간의 눈이 이전에 보지 못한 사진이 대부분이며, 구글은 그런 영상을 수백수천의 호기심 많은 안락의자 여행자들의 눈앞에 제공하고 있다. "가장 작은 픽셀의 수준까지 눈으로 직접 확인해본 적이 없는 영상이 정말 많이 있었어요. 그리고 때로는 바로 그렇게 가장 확대해 들어간 영상에 우리가 이제껏 알지 못했던 것들이 존재할 때가 있죠."

1868년에 헬륨이라는 원자가 발견되어 아이들의 생일 파티를 혁명적으로 바꿔놓았다. 지구의 지하에는 헬륨이 대량으로 매장되어 있지만—미국의 천연가스 매장층 중에는 최대 7퍼센트가 헬륨인 곳도 있다—정작 헬륨을 발견한 과학자들은 그 원소를 발밑에서 찾아낸 것이 아니라 1억6000만 킬로미터 밖에서 분광기를 이용한 분석으로 찾아냈다. 헬륨은 우리가 이곳 지구에서 발견하기 15년 전에 태양에서 먼저 발견된 것이다.* 이와 비슷하게, 요즘 과학자와 아마추어 지리학자들은 지구의 숨겨진 비밀을 실제 우리 고향별 위에서 발견하기 전에 먼저 구글어스에서 찾아내고 있다. 오스트레일리아 서부에 있는 유성이 충돌해 생긴 구멍,[10] 파르마에 있는 로마 시대 저택,[11] 엘도라도의 전설을 불러일으켰을 수도 있는 잃어버린 아마존의 도시 유적,[12] 이제껏 인간에 알려

---

* 그래서 이 원소에는 그리스의 태양 신 헬리오스의 이름이 붙었다.

지지 않은 수백 종의 식물과 동물이 서식하는 모잠비크의 외딴 숲,[13] 이 모든 것은 구글어스 이용자들이 찾아내기 전까지 어느 지도에도 표시된 적이 없었다.* 2008년에 독일 과학자팀은 구글에 올라온 사진으로 전 세계 목초지에 있는 방목하는 소 8000마리와 야생 사슴 3000마리를 연구했다.[14] 놀랍게도 그중 대다수가 북쪽에서 남쪽을 향해, 지구의 극에 맞춰 서서 풀을 뜯고 있었다. 이는 대형 포유류가 철새나 거북처럼 지구의 자기장을 느낄 수 있으며 이를 이용한다는 첫 번째 증거였으며, 이제껏 코앞에 있었는데도 우리가 모르던 사실이다. 사람들은 수천 년 동안 가축이 풀을 뜯는 모습을 봤지만 구글어스가 나오기 전에는 가축이 모두 같은 방향을 향하고 있다는 사실을 아무도 알아차리지 못했다. "과학적인 연구와 비전문적인 연구를 통해 10년 전에는 해결하기 어려웠던 문제들을 풀게 되리라고 생각합니다. 역사상 지금까지 발견한 것보다 앞으로 20년 동안 더 많은 것을 발견한다 해도 놀랍지 않습니다." 매클렌던의 말이다.

하지만 구글어스팀은 그들이 만든 지도가 그저 세세한 부분들을 더해주는 역할이 아니라 훨씬 더 근본적인 면에서 지도를 바꿔놓았다고 믿는다. 구글의 지구는 실제와 비슷하기 때문에, 보르헤스나 에코가 현기증을 느낄 만큼 지도와 실제 영토의 구별을 모호하게 한다. 매클렌던이 이런 말을 덧붙인다. "사람들은 구글어스에서 뭔가를 보면 그걸 두고

---

* 구글 보도자료에서 별로 다루지 않는 기묘한 이야기들 중에는, 1990년대에 독일 동북부를 찍은 항공사진들에서 발견한 '만(卍)자 무늬 숲'도 있다.[15] 알고 보니 1930년대 제3제국 전성기에 나치 관료들이 브란덴부르크 소나무 숲에 나치 문양으로 커다란 나무들을 심었던 모양이다. 그 효과는 봄과 가을에 두세 주를 제외하면 보이지 않는데, 그 시기에만 색이 더 옅은 그 낙엽송의 잎이 우듬지에 밝은 노란색 만자 무늬를 새기곤 했다.

왈가왈부하지 않습니다. '이건 누군가가 만든 것일까? 그들이 이 그림을 그렸나?' 라고 말하지 않죠. 그것은 특정한 누군가에게만 해당되는 현실이 아니라, 진짜 현실이니까요."

지도 해체주의자들은 이 주장을 들으면 신이 날 거다! 지난 30여 년 동안 지리학의 경향은 지도가 현실이 아니라 틀릴 수도 있는 내러티브이므로, 저마다 별난 부분과 의도가 있다고 여겨왔다. 이건 건강한 회의주의라고 할 만하다. 대체로 지도는 우리가 가고자 하는 곳에 데려다주는 역할을 정말 수행하기 때문에 우리는 그 지도를 뒷받침하는 수천 가지 추정이나 편견에 대해 질문할 생각을 하지 못한다. 비난받을 수 없을 것처럼 보이는 교실 벽의 세계지도조차 예외가 아니다. 왜 지도는 위가 남쪽이 아니라 북쪽이어야 하는가? 왜 자기 맘대로 미 대륙이 중심에 놓이는가? 왜 지리적인 특징보다 정치적인 특징을 더 눈에 띄게 표시하는가? 왜 이 도시는 지도에 넣었는데 저 도시는 넣지 않는가? 왜 타이완은 국가로 표시하지만 팔레스타인은 국가가 아니며, 혹은 그 반대는 될 수 없는가?

지도 제작자들은 최선의 의도에서 이런 선택들을 할 수도 있지만, 무의식적으로 결정을 내렸다 해도 그로 인한 결과가 세계에 대한 특정 시각을 강화해준다는 사실에는 변함이 없다. 기억이 희미하긴 하지만 부모님이 나에게 브라질이 사실은 알래스카 주보다 다섯 배 크다고 말해주셨을 때 믿지 못했던 기억이 난다. 내 침실에 걸린 지도를 보면 브라질과 알래스카 주가 쌍둥이나 다름없는 것을 내 눈으로 똑똑히 볼 수 있었으니까! 그건 내 지도가 역사 깊은 메르카토르 도법 지도이기 때문이었다. 1569년에 플랑드르의 지도 제작자 헤르하르뒤스 메르카토르는 서쪽

이나 북북동쪽처럼 배가 향해하는 일정한 방향을 나타내기 위해 항정선 (배의 항로가 각 자오선과 동일한 각도로 교차하는 선―옮긴이)을 말끔하게 그을 수 있는 원통도법으로 세계지도를 제작했다. 문제는 이런 식의 도법 때문에 극지방이 말도 안 되게 부풀려진다는 점이다. 그런 지도에서 지구의 양 극지방은 적도에서 무한대의 거리*에 존재하기 때문에 종이 위에 그릴 수조차 없다. 내가 어릴 때 메르카토르 지도는 교실, 밤마다 하는 뉴스 방송, 우표, 정부의 회견실 등 어디에서나 사용되었으니, 내 세대는 메르카토르 지도에서 네 배나 부풀려 그려지는 그린란드가 아프리카보다 크다고 굳게 믿으며 자랐다.[16]

물론 모든 도법에는 어느 지역이든 아니면 방향이든, 어딘가는 조작되는 부분이 있다. 오렌지 껍질을 평평한 면에 펼친다고 생각해보라. 오렌지 껍질이 찢어지고 구겨지는 것을 보면 문제가 무엇인지 알게 될 것이다. 바로 뭔가는 포기해야 한다는 점이다.** 하지만 메르카토르 지도가 서양에서 그토록 오랫동안, 부분적으로라도 널리 사용된 이유는 그 왜곡이 오히려 쓸모 있었기 때문이다. 뻔한 이야기지만 그 지도에서는 북아메리카와 유럽이 실제 비율에 맞지 않게 중요해 보이며, 반면에 개발도상국들은 대부분 하찮게 보인다. 그 결과 1996년의 연구에서 밝혀진 바

---

* 메르카토르 자신도 그의 도법이 극지방을 망쳐놓는다는 것을 알고 있었다. 메르카토르는 이 도법을 이용한 첫 번째 지도에서 북극을 완전히 빼버리고 별도의 그림으로 작게 넣었다.

** 둥근 지구 전체를 동일한 시점에서 하나도 왜곡된 부분 없이 볼 수 있는 유일한 방법은 1935년에 크리스천사이언스 교회가 세운 보스턴의 명소 '마파리움'에 가는 것이다. 마파리움은 스테인드글래스로 만든 약 9미터 높이의 지구본으로, 적도 다리를 통해 그 안에 들어가서 지구상의 모든 지점을 동일한 거리에서 볼 수 있다. 그 지구본을 구성하는 유리판 608장을 바꿔 끼우는 것이 어렵기 때문에 그 지도는 완성된 해에 고정되었으니, 오래전 사라진 베추아날랜드(보츠와나), 트루시알오만(아랍에미리트), 네덜란드령 인도제도를 여전히 볼 수 있다. (네덜란드령 동인도제도는 현재 인도네시아, 서인도제도는 현재 앤틸리스 제도다―옮긴이.)

에 따르면 세계 각지의 학생들에게 세계 대륙의 윤곽을 그려보라고 했더니 거의 모든 학생이 유럽은 너무 크고 아프리카는 너무 작게 그렸다.[17] 그 테스트를 아프리카에서 했을 때도 결과는 같았다. 냉전시대에 미국인은 메르카토르 도법에 의해 그려진 거대하고 위협적인 소련과 그 아래에 위태롭게 매달려 있는 아시아의 모습을 마음에 들어했다.

　　나는 고등학교 2학년 첫날에 스페인어 교실에 들어갔을 때 이제껏 익숙한 메르카토르 지도가 아니라 면적 비율이 맞는 피터스식 투영도법 지도를 처음으로 봤다. 논란이 많은 그 지도는 1973년에 독일인 역사가 아르노 피터스가 환호를 받으며 공개했는데, 피터스는 언론에서 그 지도가 고루한 메르카토르를 혁명적으로 공격하기 위한 것이라고 말했다.* 사실 피터스 투영법은 1855년에 발표된 골 투영법을 되살린 것으로, 지도 제작자 중에는 그 투영법이 면적을 맞게 보여주기 위해서 적도 지역을 왜곡하여 지구를 위아래로 길게 잡아늘이는 것을 싫어하는 사람이 많다. 지리학자 아서 로빈슨은 피터스가 그린 세계지도를 "축축하고 낡은 겨울 속옷을 북극권 한계선에 걸어놓은 모양"이라고 비유했다.[18] 하지만 피터스가 충격을 주려는 의도로 그 지도를 만들었다면 나한테는 제대로 먹혀들었다. 나는 그 지도를 하염없이 바라보며 덩치 큰 아프리카가 지도의 중심을 떡 하니 차지하고, 빈혈에 걸린 듯한 러시아와 알래스카 주가 북극을 끌어안고 있는 모습에 감탄했다. 내가 아는 지도들이 지구에 대해 거짓말을 하고 있다는 말은 전에도 들어봤지만, 증거를 내 눈으

---

* 사회적 정의에 헌신하는 피터스의 성향은 어린 시절에 이미 싹텄다. 그의 아버지 브루노는 노동조합 운동을 한 것 때문에 1945년 나치에 의해 투옥되었는데, 그뒤 곧 전쟁이 끝나지 않았더라면 사형당할 뻔했다.

11. 국경FRONTIER

로 직접 보는 것은 전혀 다른 이야기였다.

　TV토크쇼 「새터데이 나이트 라이브」의 '위크엔드 업데이트'에서 하는 가짜 뉴스 방송 세트의 변천사를 보면, 메르카토르 투영도법의 몰락을 추적할 수 있다. 그 방송에서 뉴스 진행자 뒤에 세계의 윤곽을 보여주는 지도가 댄 애크로이드와 제인 커틴이 진행하던 시절에는 말단비 대중에 걸린 메르카토르 지도였지만, 데니스 밀러가 진행을 맡으면서 그보다는 덜 어처구니없는 변형 메르카토르 도법인 밀러 원통도법 지도로 바뀐다. 현재 진행자인 세스 마이어스 뒤에는 정방형 도법의 지도가 보이는데, 이 지도는 항해를 할 때는 쓸모가 없지만 컴퓨터 지도로 인기 있는 지도다. 하지만 우리가 어린 시절에 익히 보아온 메르카토르 지도는 전보다 덜 보이기는 해도 완전히 멸종될 리는 없다. 예를 들어, 구글에서 당신이 사는 동네나 도시의 지도를 찾아보시라. 그다음에는 지도를 계속 축소해서, 지도에 지구 전체가 보일 때까지 완전히 뒤로 빠진다. 이제 남극이 나머지 대륙을 모두 합친 것보다 얼마나 크게 보이는지 알겠나? 그렇다. 구글맵스는 여전히 메르카토르 도법을 사용한다.[*]

　그러니 구글 지도가 인식론적인 의미에서 모든 게 의심할 여지없이 사실이라는 매클렌던의 주장에는 트집을 잡기가 쉽다.[**] 어떤 면에서 볼 때 구글 지도도 여느 지도와 다름없이 판단과 타협으로 가득하다. 하지만 매클렌던의 그 말이 정말 의도한 것은 구글어스가 다른 종이 지도보다 더 설득력 있고 흥미진진하며 정말 실감나기 때문에 우리가 세계를

---

[*]　지도를 확대했을 때 맞는 각도를 유지하기 위해서라는 그럴 만한 이유 때문이다. 구글맵스는 초기에 더 나은 투영 도법을 사용했지만 그것 때문에 고위도에 있는 스칸디나비아 도시의 거리가 기우뚱한 각도로 교차하는 일이 벌어졌다.

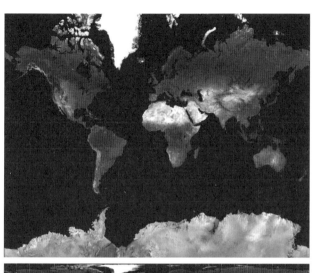

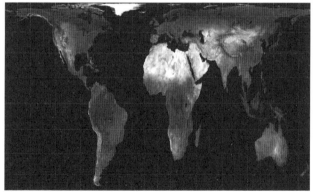

메르카토르 도법과 골−피터스 도법.
그린란드가 가장 좋아하는 도법과 가장 싫어하는 도법이다.

보는 방식을 바꿀 수 있는 독특한 능력을 지닌다는 것이다.

"사람들은 그 사진이 실제 그 장소라고 신뢰하죠. 그리고 그걸 보면서 정서적으로 반응하게 돼요. 마치 새로운 장소에 정말 가본 듯한 기분을 느끼는데 이제까지 어떤 지도도 하지 못했던 역할이에요. 예를 들면, 바그다드에 교통 체증이 있는 것을 보면서 거기 사는 사람들이 우리랑 그리 다르지 않다는 것을 깨닫게 됩니다. 우리 도시가 폭격을 맞아 건물이 파괴된다면 어떤 기분이 들까요? 그게 바로 거기서 일어나고 있는 일이죠. 테헤란도 마찬가지예요. 사실 그 사람들은 많은 측면에서 서구화된 도시에서 살고 있는데, 우리는 그들을 텐트에 사는 구식 이슬람주의자라고 생각하죠. 하지만 그건 사실이 아니에요. 테헤란은 공중에서 보면 유럽 도시와 매우 비슷하며 인구가 아주 조밀한 도시거든요."

"그건 마치 구글어스가 진짜 지구에 평화를 가져다줄 이데올로기의 도구라고 말하는 것 같네요." 내가 매클렌던에게 물었다.

그는 조금도 망설이지 않고 대답한다. "네. 그렇게 말한 게 맞아요. 그리고 나는 정말 그렇게 믿어요. 지도를 보면서 우리가 사실은 꽤 가까이 있는 사람들과 분쟁을 벌이고 있다고 생각하게 되면 그 분쟁을 계속하기가 매우 어려워지죠. 모두가 그럴 수 있다면—북한 사람들이 로스

** 이에 대한 반증으로 영국 웨스트랭커셔에 있는 아글레튼을 들 수 있는데, 구글맵스와 구글어스에 존재하는 이 마을은 아쉽게도 실제로는 존재하지 않는다.[19] 구글은 이를 공식적으로 그들의 데이터베이스에서 일어난 '간헐적인 오류'라고 하고 지도에서 아글레튼의 표시를 제거했지만 지금도 그 이름을 검색하면 찾을 수 있다. 아글레튼이 발견되었을 때 이는 국제적인 뉴스 헤드라인으로 올라와서 아글레튼은 1978년 미시간 주 공식 도로 지도에 등장했던 오하이오 주 고블루와 비토수 이후 가장 유명한 실재하지 않는 마을이 되었다.[20] 그 당시 미시간 주립 도로위원회에 미시간대 동문인 피터 플레처가 회장직을 맡고 있는데, 그가 오하이오주립대 팬들을 놀리려고 '고 블루Go blue'와 '비트 오수Beat OSU'라는 이름(전자는 미시간대의 응원 구호이며 후자는 '오하이오주립대를 무찌르자'는 의미다—옮긴이)으로 가짜 동네를 만들어넣은 장본인이다.

맵헤드

앤젤레스나 미국 중부에 있는 작은 동네가 어떤지를 볼 수 있다면—그렇게 고립되었다고 느끼지 않을 거예요. 하지만 그들은 이런 정보에 접속할 수가 없죠."[*] 이것은 유토피아에 대한 구글의 독특한 접근방식이다. 바로 정보는 중립적이지 않으며, 균형만 지킨다면 사람들이 서로 이해할 수 있도록 돕는 힘을 지녔기 때문에 선천적으로 선하다는 개념이다.

'월드와이드웹' 시대 초창기에는 '인터넷'이라는 실재하지 않는 새로운 장소가 신처럼 어디에나 있지만 어디에도 없는, 지형이 없는 빈 공간이라는 사실이 인기를 끌었다. 가상공간은 어떤 면에서 우주와 유사했지만, 그 공간은 우리가 사는 3차원 세계와는 전혀 연관되지 않은 채로 가상으로 탐험되었다. 처음에는 「가상현실」이나 「론머맨」 등 조악한 '가상현실' 영화가 만들어졌다. 그후에는 결국 그 모든 것이 잘못되었다는 것이 밝혀졌다. 15년이 지난 지금, 정보 산업에서 가장 인기 있는 트렌드는 '지오태깅geotagging,' 즉 트위터, 유투브, 플리커에 올라오는 사진 등 인터넷에 존재하는 모든 데이터를 지구상의 한 지점과 연관짓도록 위치 정보를 입히는 것이다.

지오태그는 작은 변화처럼 들릴지도 모르지만—페이스북에 새 포스트를 올릴 때 위도와 경도를 넣을 뿐인데 그게 뭐가 그렇게 대단해!—사실은 웹에서 혁명을 일으킬 잠재력을 지니고 있다. 현재 온라인 검색을 지배하는 패러다임은 도서관 사서의 패러다임과 같다. 우리는 키

---

[*] 키홀을 공동 창립했으며 구글어스의 초기 코드 대부분을 프로그래밍한 아비 바 지브는 이와 비슷한 동기에서 지도 검색창상의 한 지점에서 다른 지점으로 이동할 때 여객기 고도에서 '날아가는' 듯이 이동하기보다는, 높은 궤도에서 뛰어내리는 방식을 선택했다. 그는 이 소프트웨어로 지구상의 모든 장소가 사실은 가까이 있으며 서로 연결되어 있다는 점을 강조하고자 했다.

위드를 사용해 주제를 제시하면("공룡 화석에 대해 알려줘" "국민연금제도에 대해 알려줘") 자료가 선반에서 내려온다. 하지만 '지오웹'에서 데이터는 주제별이 아니라 장소별로 분류되기 때문에, 검색 엔진은 사서라기보다는 여행안내자의 역할을 한다. "이 주변에 뭐가 있어?"라고 물으면 (GPS 내장 스마트폰을 사용한다면 이 질문은 자동화되어 있다) "이런 친구들, 이런 상점들, 이런 사진들이 있어"라고 답이 쏟아진다. 그 데이터는 당신이 찾고자 하는 특정 대상에 맞춤으로 제시된다. "이런 지오캐시, 이런 고객, 이런 에티오피아 음식점이 있어." 그리하여 인터넷은 실제 세상에 덧씌워지는데, 솔직히 이건 지도와 다르지 않다.

2005년에 드림웍스의 애니메이션 소프트웨어 개발자 폴 라데마허는 샌프란시스코 만 지역에서 살 집을 찾고 있었다. 당시는 지오웹이 등장하기 이전이어서 라데마허는 곰 가죽을 뒤집어쓰고 돌칼을 들고 사냥에 나서야 했으니, 아파트를 찾으러 나설 때마다 지도를 검색하여 프린트한 종이를 한 뭉치씩 들고 나갔던 것이다. 그의 프로그래머 뇌는 이게 잘못되었다는 것을 깨달았다. 이건 우아하지가 못하다. 마침 2달 전에 구글맵스가 서비스를 시작했는데 라데마허는 부드럽게 스크롤 되는 그 지도를 보며 감탄했다. '잠깐' 하고 그는 생각했다. '그 지도는 브라우저에서 작동되는 자바스크립트이니까, 내가 그걸 변형할 수 있지. 그 지도 위에 크레이그리스트(부동산 임대뿐 아니라 중고 물품 거래, 구인, 구직 등을 하는 벼룩시장과 유사한 웹사이트—옮긴이)에 올라온 임대아파트 목록을 합칠 수 있다면 어떨까?' 구글맵스는 사용자가 소프트웨어와 상호작용을 할 수 있게 해주는 API, 즉 응용 프로그램 인터페이스를 아직 내놓지 않았기 때문에 라데마허는 시행착오를 겪으며 계속 시도하여, 지

맵헤드

도 화면을 표현하는 이해할 수 없는 텍스트 내 숫자들을 임의로 수정하면서 어떻게 바뀌는지 살펴봤다. 두어 주 뒤에 그렇게 수정한 스크립트를 구동시켰을 때 라데마허의 브라우저에는 깔끔한 샌프란시스코 반도의 모양으로 아파트들이 흩뿌려져 나타났다. 그것이 구글어스를 이용한 최초의 매시업(기존의 웹 콘텐츠와 서비스를 융합하여 새로운 웹서비스를 만들어내는 것—옮긴이)이었는데, 한 달도 채 지나지 않아서 라데마허의 코드를 이용한 수십 가지 복제판이 등장했다. 석유 가격, 영화 시간표, 교통 단속 카메라, 택배 추적, 거리 범죄 등, 사람들이 인터넷에서 찾아보고 싶어하는 거의 모든 것을 이제는 조금 더 편리하게 지도에서 볼 수 있는 것 같았다.

"우리는 모두 지도가 플랫폼이 되리라고는 미처 깨닫지 못했던 것이죠." 지금은 구글맵스 API팀에서 일하면서 한때 자신이 해킹한 바로 그 인터페이스를 관리하는 라데마허가 말한다. 지도는 수천 년이나 되었고, 무엇인가를 재현하는 도구로서 인류가 가장 오래전에 고안해낸 것이지만, 새로운 모바일 기술은 지도를 다재다능한 도구로 재탄생시켰으며, 그 결과 지도의 르네상스를 이끌어냈다. 20년 전에 사람들은 대부분 고속도로를 타거나 쇼핑몰에서 길을 찾기 위해 아마 일주일에 한 번 정도 지도를 들여다봤을 것이다. 하지만 지금 스마트폰 사용자들은 10년 전이라면 지도와 연관짓지 않았던 것을 찾기 위해 1시간 안에도 몇 번씩 지도를 확인할 때가 종종 있다. 단지 "루마니아가 어디 있지?"만이 아니라 "피자를 어디서 주문하지?"를 위해서도 말이다. 지도를 어쩐지 시대에 뒤떨어지고 지루한 것으로 여기는 대중의 시선에 익숙해진 지리광들에게 이런 변화는 황금시대의 시작이나 다름없다.

이런 변화를 가장 적나라하게 보여준 사람은 인기 록밴드 플레이밍 립스의 가수 웨인 코인일 것이다. 2009년에 구글 스트리트뷰* 이용자들은 오클라호마시티의 웨인 코인이 사는 거리 사진에서, 그가 앞마당에 놓은 욕조 안에 옷을 다 입은 채로 앉아 있는 영문을 알 수 없는 장면을 봤다. 웨인 코인이 인터뷰에서 말하길, 그날 그는 핼러윈 파티 때 아이들에게 겁을 줄 소도구를 준비하는 중이었는데, 구글의 놀라울 정도로 포괄적인 거리 사진 속에 자신이 불멸하게 될 줄은 전혀 몰랐다고 했다. "360도 카메라를 장착하고 모든 거리를 돌아다니는 자동차라고요? 우리 진짜 끝내주게 좋은 시대를 살고 있지 않아요?"라고 말하며 그는 놀라워했다.[21]

하지만 열정이 넘치는 웨인 코인 같은 이들에게, 새로운 지도와 그것이 영향을 미치는 기술에 반대하는 암울한 커샌드라의 경고가 있는 것도 사실이다. 위치 기반 서비스로 인한 최악의 일이 영화 「마이너리티 리포트」에서처럼 길을 걸어가는 당신의 이름을 불러대며 짜증나게 하는 광고 정도라고 생각한다면 오산이다. 미국지리학회 회장이자 지리정보시스템GIS의 개척자 제롬 돕슨은 GPS를 장착한 지도가 언젠가 야기할 수도 있는 사생활과 자율성 침해의 가능성을 일컫는 단어로 '지리적 노예geoslavery'를 처음 사용한 사람이다.[22] 당신이 하는 모든 일에 지오태그가 붙는다면 모든 사람이 당신이 어디에 있는지 언제나 알 수 있다. 퇴근하

---

* 구글에 전해지는 이야기에 따르면, 스트리트뷰는 구글의 공동창립자 래리 페이지가 아침 출근길에 운전자의 시선에서 찍은 비디오를 지도팀에게 주면서 "이거 만드세요"라고 말하면서 탄생했다. 하지만 래리 페이지는 그 아이디어를 낸 것을 살면서 후회할지도 모른다. 2008년에 스트리트뷰가 남을 염탐한다는 논란에 대한 반응으로 어느 사생활보호 단체가 스트리트뷰를 이용하여 래리 페이지의 사생활에 대한 보고서를 작성했는데, 구글에 올라 있는 사진들로 그의 조경회사 이름, 렉서스 SUV의 번호판을 공개했다.[23]

고 나서 술 한 잔 하러 친구를 만날 생각이라면 좋지만, 도둑이 당신 동네에서 누가 집에 없는지 알아내려고 정탐하는 중이라거나, 손버릇이 나쁜 헤어진 애인이나 소아성범죄자나 아니면 당신이 온라인에 올린 뭔가를 보고 화가 잔뜩 난 낯선 사람을 상대하고 있는 경우라면 별로 좋을 수가 없다. 돕슨은 우리가 현재 만들어지는 중인 조지 오웰의 디스토피아에 살고 있다고 말하는데, 다만 여기에는 감시를 일삼는 음험한 정부는 없다. 우리 스스로 그 역할을 하고 있다.

'나쁜 짓 하지 말자Don't be evil'라는 구글의 유명한 모토를 마음에 새기면서 나는 폴 라데마허에게 '맵 2.0'이라고 불리는 새로운 디지털 지도 기술이 나쁘게 쓰일 수 있을지 염려되는가를 물었다. 라데마허가 내게 말하기를, 구글어스의 기술 팀장인 마이클 존스는 새로운 기술이란 모두 무시무시해 보이지만 몇 달만 지나면 그 기술 없이 다들 어떻게 살았는지 의아해한다는 지적을 자주 한다고 했다. "한번은 존스가 예를 든 것이, 요즘 휴대전화에는 다 카메라가 달렸는데 그게 처음에는 얼마나 무섭고 사생활을 침해할 것처럼 보였는지를 이야기했어요. 화장실에 들어가서 거기 있는 사람들을 모두 사진으로 찍어서 인터넷에 올릴 수 있으니까요! 하지만 지금 우리가 공중 화장실에 휴대전화를 갖고 들어가는 것을 금지하고 있나요? 그런 경우는 본 적이 없어요. 사람들이 굳이 그런 짓을 하지 않으니까요."

그 예는 말이 된다. 아무도 카메라 달린 전화기로 할 수 있는 염탐에 대한 문제를 굳이 해결하지 않았다. 지금으로서는 카메라 달린 전화기에 딸린 이점이 때로 일어날 수 있는 오용 사례보다 더 크기 때문에 우리는 그냥 그 문제를 감수하기로 한 것이다. 공중 화장실에서 남을 훔

쳐보는 것이 유행병처럼 번지기라도 하면, 예를 들어 무음으로 사진을 찍을 수 있는 카메라 전화기를 금지하는 등의 법적 조치나 기술적인 해결 방안을 찾을 것이다. 같은 이유에서 위치 기반 기술의 오용 문제도 지금보다 더 영리한 기기와 나은 사생활 보호 설정으로 해결될 수 있다. 하지만 그런 해결 방안들은 자유시장의 민주주의 기반에서 가장 잘 먹힌다. 만약 당신이 의심스러운 반체제 인사 전부를 1분 1초마다 감시하는 데 이 기술을 이용할 수 있는 북한 스타일의 독재 체제에 살고 있거나, 해가 진 뒤에는 대학생들을 밖에 나돌아다니지 못하게 하거나 여자는 극장에 들이지 않는 탈레반 스타일의 신권 국가에 살고 있다면, 위치 기반 기술에 대해 편안할 수 없을 것이다.

물론 맵 2.0 기술이 산비탈에서 길을 잃은 등산객들부터 허리케인 카트리나에 휩쓸린 사람들까지, 수많은 생명을 구한 것도 두말할 필요 없는 사실이다. 2010년 1월, 진도 7의 지진이 아이티의 수도 포르토프랭스를 강타했다. 구조대는 어디서부터 시작해야 할지 감을 잡을 수조차 없었다. GPS 수신기를 갖고 있는 사람들도 쓸 만한 디지털 아이티 지도가 없다는 것을 알게 되었다. 구글은 일반적으로는 전매권을 적용하는 구글의 공동 맵메이커 도구 데이터를 고맙게도 UN이 마음껏 사용하게 해주었는데, 하지만 그 당시 진짜 영웅은 맵메이커를 대신할 수 있는 오픈소스 웹사이트 '오픈스트리트맵' 프로젝트였다. 오픈스트리트맵은 쉽게 설명해서 지도의 위키피디아다. 누구나 사용할 수 있으며, 누구나 실시간으로 수정할 수 있고, 거기에 올라 있는 데이터는 영원히 무료이며 저작권이 없다. 아이티에서 지진이 일어난 화요일 늦은 오후에 오픈스트리트맵상의 아이티는 하얗게 빈 공간이었다. 그러나 단 몇 시간 안에 전 세계 수천 명의 아마추어 지도 제작자들이 달려들어 항공사진을 참고하며 도로와 건물을 오픈스트리트맵 데이터베이스에 추가했고, 마침내 포르토프랭스의 모든 뒷골목과 보행로까지 그려넣을 수 있었다.[24] 그 지도 위에 구조대원들은 교통 수정사항과 부상자 분류 시설과 이재민 수용 시설을 추가했고, 며칠이 채 지나지 않아서 자원봉사자들이 만든 그 지도는 UN이 교통 정보를 참고하는 자료로 쓰이게 되었다. 유니세프의 긴급구호 담당관 지하드 압달라는 이런 글을 올렸다. "모든 응급 지도 제작자들에게 이처럼 큰 도움을 준 것에 감사드립니다. 여러분이 내 인생을 훨씬 쉽게 만들어주었어요. 나는 여기서 원맨쇼를 하고 있으니 말이죠…… 정말 고맙습니다."[25]

오픈스트리트맵이 아이티에서 생명을 구했다는 글을 읽은 뒤에, 나는 그 사이트에서 우리 동네를 살펴보다가 우리 집이 있는 막다른 골목도 그 지도에 없다는 것을 알았다. 정말 내가 지도를 그려도 되나 싶어서 잠시 망설이다가 내 손으로 우리 집이 있는 거리를 추가하고 이름도 붙였다. 위키피디아에서 하듯이. 아무리 사소한 것이라 해도, 세계가 지리적 지식을 모아놓은 곳*에 무언가 새로운 정보를 더한다니 놀라울 정도로 흥분되는 일이었다. 아주 잠깐이었지만 나는 뉴질랜드의 해안선을 그리는 쿡 선장이자, 교외 지역의 탐험가 스탠리가 되었다.

새로운 기술들은 대부분 지도가 어떻게 만들어지는지, 지도가 어

---

* 구글의 맵메이커는 그들의 지도를 사람들이 제멋대로 수정하는 것을 막기 위해 일련의 복잡한 프로토콜을 사용했다. "그러니까 내가 시베리아 한복판에 못된 말을 써넣으려고 상상의 고속도로를 그려 넣으면 당신네가 날 잡을 수 있다는 건가요?" 내가 구글의 제시카 펀드에게 묻자 그녀는 아무렇지 않게 대답했다. "당신이 그러는 거 벌써 다 봤어요."

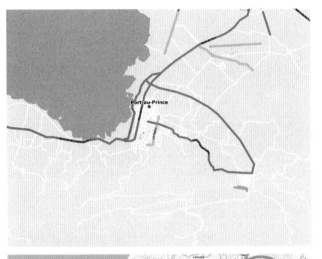

오픈스트리트맵에서 본 포르토프랭스. 지진이 강타하기 전과 그로부터 일주일 후.

디에 사용될 수 있는지를 재창조하는데 그치지만, 유난히 독보적인 혁신 하나가 '지도가 무엇인가'라는 정의를 바꾸고 있다. '증강 현실augmented reality'이란 실제 존재하는 환경과 컴퓨터로 생성한 영상을 합치는 기술인데, 예를 들면 미식축구 경기를 TV에서 중계할 때 경기 상황을 설명하기 위해 화면에 나타났다가 사라지는 선도 그런 기술이다. 최근까지 증강 현실은 주로 이론적인 아이디어에 불과해서 실험실에 국한되어 있었고, 뭐 말할 것도 없지만 그런 실험실에서는 증강 현실을 체험하려고 영화 「론머맨」에 나오는 커다랗고 투박한 헬멧을 썼을 거다. 하지만 증강 현실은 가상현실이 아니다. 증강 현실이 우리에게 보여주는 세상은 새로운 세상이 아니다. 그건 바로 우리의 현실이며, 다만 원래보다 더 향상된 우리 현실이다.

그리고 GPS와 카메라가 장착된 스마트폰의 시대에는 더이상 그런 헬멧 따위 필요 없다. 이걸 상상해보라. 당신은 맨해튼 한복판에 있는 사무용 빌딩에서 걸어나와 가장 가까이 있는 지하철역을 찾는다. 주변 지도를 참고하는 대신 스마트폰을 꺼내든다. 화면은 당신의 현재 시점에서 주변 환경을 보여주는데, 거기에 새로운 정보의 층을 보강한다. 화면을 다른 방향으로 돌리면 상징물들이 나타나서 마치 그 자리에 고정되어 있는 것처럼 당신 앞의 공중에 떠 있다. 지금 있는 자리에서 오른쪽으로 100미터만 가면 렉싱턴애비뉴 선이 지나가는 역이 보인다. 어쩌면 분홍색 점선이 보도 위에 나타나서 가장 가까운 출입구까지 곧장 안내해줄 수도 있는데, 당신은 그 점선이 실제로는 보도 위에 없다는 것을 확인하려고 여러 번 발밑을 내려다볼지도 모른다. 화면을 가는 길에 있는 음식점으로 향하면 이용자들의 리뷰가 배경 위로 희미하게 뜨고,

관광 명소로 향하면 관광 정보 링크가 보인다. 위로 향했더니 길 건너편에 있는 아파트 몇 집의 창문들에 가상의 '임대' 표시가 가격과 함께 뜬다. 이 모든 것은 당신이 많은 디지털 지도 서비스에서 주워모을 수 있는 정보들이지만, 한 가지 중대한 차이점이 있다. 수천 년 동안 우리는 마음속에서 우리 자신을 지도 안에 투영시켰다. 그러나 이제는 지도 정보가 밖으로 나와, 우리 현실 위에 스스로를 투영시킬 능력을 갖추게 된 것이다.

나는 미래주의에 대한 끝없는 실망에 익숙해져 있어서(2000년대가 도래한지도 한참인데 왜 내가 아직 돔을 씌운 바다 속 도시에 살고 있지 않은 거야?) 증강 현실 스마트폰 앱이 이미 존재한다는 글을 읽었을 때 충격을 받았다. 실험실이나 무역박람회가 아니라 실제로 쓸 수 있는 앱이, 그것도 애플의 앱스토어에 공짜로 있다니 말이다. 나는 단지 그 앱을 쓰고 싶어서 새 아이폰으로 바꿨지만 결국은 실망하고 말았다. 위키튜드라는 앱은 마치 현실 속의 웹브라우저처럼 내 환경에 근처의 모든 관심 지역에 대한 정보를 넣어준다고 약속했지만, 우리 집 앞에서 그 앱을 작동시켰을 때 내가 볼 수 있는 것은 8킬로미터 안에 있는 모든 스타벅스와 전자제품 상점 체인 베스트바이를 나타내는 로고들뿐이었다. 아이폰용으로 나온 최초의 증강 현실 앱으로 옐프(음식점뿐만 아니라 온갖 종류의 소매 업체를 검색하여 실제 이용자들의 리뷰를 볼 수 있는 온라인 서비스—옮긴이)에서 내놓은 '모노클'은 그보단 조금 더 나아서, 아이폰을 세로로 들고 서북쪽을 향하자 내가 제일 좋아하는 타이 음식점에 대한 정확한 정보가 떴다. 하지만 두 프로그램 모두 별로 흥미로운 경험을 안겨주지 못했다. 내 아이폰의 애플 OS 버전에서는 들어오는 시각 정보를 제3자가 활용하도록 허락하지 않았기 때문에, 그 앱들은 단지 카메라의 GPS와 가속도계가 측정한 정보만으로 내가 보고 있는 것을 파악했다. 내가 천천히 매끄럽게 전화기를 움직여도 증강 현실 정보가 무작위로 꿈틀대고 흔들리는 바람에, 현실 세계에 덧입혀 놓은 환상을 깨트리고 말았다. 그리고 스마트폰 화면은 제대로 에워싸인 듯한 기분이 들기에는 너무 작고 흐릿하다. 그러니 이용자들은 1990년대에 유행했던 매직아이를 볼 때처럼 눈을 가늘게 뜨고 보며 잠시 생각하다가 "응 뭐, 좀 신기한 것 같네"라고 말해버리고 만다.

하지만 이건 일시적인 결함이다. 틀림없이 앞으로 얼마 안 가서 증강 현실 화면은 훨씬 부드럽게 움직이게 될 테고, 우리는 모든 증강 현실 데이터가 내장되고 날쌘 '터미네이터' 콘택트렌즈를 끼게 될 것이다. 물론 증강 현실의 모든 애플리케이션이 지도와 관련된 것은 아니다. 증강 현실을 실제로는 존재하지 않는 정교한 3D 모델과 상호작용하는 데 이용하면, 건축가들이 설계한 건물을 시각화해보거나 외과의사들이 환자를 희생시키지 않으면서 까다로운 삼중혈관우회수술을 연습하는 데에도 유용할 것이다. 원한다면 증강 현실을 이용해서 세상을 당신이 그리는 초현실적인 꿈나라로 바꿔놓을 수도 있다. 하늘 색깔을 30초마다 바꾸거나 지나가는 모든 행인의 얼굴에 늑대인간 가면이나 코미디언 안경을 씌울 수도 있다. 하지만 이 기술이 일상에서 이용되는 경우는 대부분 위치 기반일 텐데, 그래서 나는 이런 의문이 떠올랐다. 이런 종류의 세상에 덧입혀진 내비게이션을 지도라고 부를 수 있을까? 지리 정보를 그림으로 보여주는 방법이기는 하지만, 이 신기술에는 그리 의미 있는 추상화의 과정이 없다. 그 지도는 아주 훌륭한 각주들이 달린 실제 지형

그 자체이지 않은가. 말하자면 『실비와 브루노』에 나온 실물 크기 지도의 3D 버전이랄까.

　　나는 증강 현실의 길 찾기가 지도를 대체하리라고는 생각하지 않는데, 그건 내가 지도에 의존하는 많은 기능을 증강 현실이 대신 수행할 수 없기 때문이다. 증강 현실은 바로 지금 내 주변에 무엇이 있는지를 알려주는 데는 유용하지만, 플로리다 주의 카운티 중에서 2008년 선거에서 버락 오바마에게 표를 준 곳이 어디인가를 보거나, 페루가 에콰도르의 북쪽인지 남쪽인지를 보려고 할 때는 별로 쓸모가 없다. 나는 현재 GPS 기반 지도 도구들의 트렌드를 증강 현실이 이어갈 것이 걱정스러운데, 그 도구들은 정말 편리하고 사용하기 쉬워서 우리에게 내장된 공간 지각의 발달을 저해할 수 있기 때문이다. 사실상 그 지도는 정말 성능이 좋아서 우리 자신의 지도 그리는 능력을 형편없게 만들어버릴 수 있다.

　　이 논쟁에서 GPS 내비게이션은 대신 매 맞는 소년이다. GPS가 시키는 대로만 가다가 절벽에서 떨어지거나 기찻길 위로 올라가버린 운전자의 사례는—이런 사례가 수천 건은 족히 된다—공간적인 사고를 점차 기술에 맡기고 있는 문화적인 증상이다. 할 일이 완전히 없어지고 나면 그 능력은 다시 돌아오지 않을 수도 있다. GPS에 지나치게 의존해서 일어나는 무능력에 대한 뉴스 가운데 내가 가장 좋아하는 이야기는 이름이 알려지지 않은 스웨덴인 부부가 2009년에 베네치아에서 햇빛 찬란한 카프리 섬까지 운전해서 가려고 했던 사례다.[26] 운 나쁘게도 그들은 GPS에 행선지를 입력할 때 철자를 잘못 적었고, 두어 시간 뒤 이탈리아 북부의 공업 도시 '카르피'에 도착했다. 거기서 그들은 시청을 찾아가 어리둥절한 시청 직원들에게 카프리의 유명한 해식동굴인 블루그로토에 어떻게 가는지 물었다. (그곳 시청 직원들은 블루그로토를 그들은 모르는 그 지역 음식점 이름으로 생각했다.) 하지만 지도를 10초만 들여다봤더라면 이 스웨덴 부부는 다음의 사실을 알아차렸을 것이다.

- 베네치아에서 카프리까지 640킬로미터를 두 시간 만에 운전해갈 수는 없다.
- 카프리는 베네치아 서쪽이 아니라 동남쪽에 있다.
- 그리고 가장 중요한 것은 카프리가 작은 섬이라는 사실인데, 그 부부는 내륙 평원에 자리한 카르피에 도착하기까지 다리를 건너지도, 배를 타지도 않았다!

하지만 그들은 지도를 찾아보지 않았다. GPS를 믿었던 것이다.

물론 우리의 길 찾기 능력이 퇴화하는 현상은 GPS 때문에 시작되지 않았다. 베두인족 같은 유목 문화는 지금도 하늘의 별이나 낙타 발자국을 보며 온갖 자연적인 길 찾기의 방법을 사용하지만, 현대의 미국인은 편안한 도시 생활에서 도로와 표지판 등에 의존할 수 있으니 자연의 표지를 결코 볼 수 없을 것이다. 과학 기술에 자리를 내준 인간의 기술 중에 많은 것은 그리 큰 손실이 아니다. 나는 하늘의 태양 위치를 보며 시간을 읽는 능력에서 내 조상들만큼 뛰어나지 못하지만, 내 손목시계가 잘 작동하니까 괜찮다. 하지만 길 찾기의 종말은 그보다 좀 더 심각한 문제일 수 있다. 우리 주변 환경을 파악하는 것은 단일 기술이 아니다. 이는 온갖 공간 지각과 능력들이 복합적으로 작용하는 기술이며, 그 능력들 가운데 매우 근본적이기 때문에 기계에 내줄 수 없는 부분이 많

다. 길을 찾기 위해 생각을 열심히 하면 우리 뇌에 있는 뉴런이 자란다는 것을 알고 있다. 그러면 우리가 그 뇌세포들의 운동을 그만둬서 축 늘어지게 두면 어떻게 될까? 공간 기억을 전문적으로 연구하는 몬트리올의 정신의학과 교수 베로니크 보보는 이렇게 이야기한다. "우리 사회는 해마가 줄어드는 방향으로 맞춰져 있습니다. 제 의견으로는 앞으로 20년 안에 치매가 갈수록 더 빨리 일어나는 것을 보게 될 것입니다."[27]

하나의 종으로서 우리의 공간 능력이 사라져가는 것은 비극일지 모르나, 지도 마니아로서 보기에는 디지털 지도 혁명 때문에 피해를 입은 더 서글픈 희생자는 종이 지도다. 시애틀 시내에서 제일 큰 지도 상점에 갔을 때, 관광객이 잔뜩 몰리는 파이크플레이스마켓 근처로 새로 자리를 옮긴 그 매장에 진열되어 있는 여행 지도 가지 수가 예전 매장보다 적다는 것을 금세 알아차릴 수 있었다. 뒷벽에 있는 미국지질조사소 지형도 보관장은 거의 찾는 사람이 없다. 이제 등산객들은 필요한 등산로 지도를 스마트폰에 받는다. 그 지도 상점의 공동 소유주가 접이식 휴대용 지도 진열대 쪽을 몸짓으로 가리키며 이렇게 말한다. "지도 사업은 크게 저하됐어요. 예전에는 저런 지도가 새로 나오면 20개나 25개쯤 주문해뒀어요. 그러지 않으면 다 팔려버리곤 했거든요. 이제는 한두 개만 팔아도 운이 좋은 거죠. 다각화를 해서 가게를 유지할 수 있기를 바라고 있어요." 정말로 이 이름뿐인 '지도 상점'은 이제 각종 여행 관련 상품(배낭과 여행안내서 등)과 아주 약간의 지리 관련 기념품(국기, 12면체 지구본, 디자인으로 꾀를 부린 특이한 벽걸이용 지도들. 예를 들어, 지도 전체를 귀한 여러 가지 원목을 깎아 만들어서 3500달러를 붙이거나, 오선악보에 음표를 영리하게 배치해서 5대륙의 모습을 구성한 지도도 있다)으로 대부분 채워져 있었다.

내셔널지오그래픽협회의 수석 지도 제작자 앨런 캐럴은 지도 시장에 대해 걱정하지 않는다고 말하는데, 그렇게 생각하는 이유는 종이 지도와 인터넷 지도가 서로 다른 기능을 하기 때문이다. "지금까지 보건대 우리의 지도 판매는 인터넷 때문에 타격을 입지 않았어요. 분명한 건 이와 매우 다르게 백과사전류는 타격을 입었다는 점이죠." 1990년대에 CD백과사전의 부상이 부지불식간에 밀어닥치면서 브리태니커 같은 백과사전 출판사들은 5년 만에 판매가 83퍼센트포인트나 추락했다.[28] 지도책은 좀 더 오래 버틸 수 있을 텐데, 이는 세세한 부분까지 다양한 목적으로 검색할 수 있는 디지털 지도 플랫폼이 아직은 나오지 않았기 때문이다. 하지만 그런 플랫폼이 결국 만들어지면 어떤 일이 벌어질까?

어쩌면 나는 확대·축소가 되거나 스크롤할 수 있거나 레이어를 겹쳐서 보는 온갖 기능을 고집스럽게 거부하는, 한 번 펼치면 다시 네모 반듯하게 접어지지도 않는 종이 지도에 대해 특이한 향수를 품은 마지막 세대인지도 모른다. 그래 그거다. 향수. 나에게 종이 지도는 학교 도서관이나 휴가를 떠날 때 우리 가족 승용차의 뒷좌석을 떠올리게 한다. 즐거웠던 시간들 말이다.

내 기억 속의 지도는 지난 세기 대부분의 시간 동안 미국에서 가장 유명하며 가장 많이 팔린 '랜드맥낼리' 지도가 거의 전부를 차지한다. 1868년에 시카고에서 보스턴 출신 인쇄업자와 가난한 아일랜드계 이민자가 동업으로 설립한 랜드맥낼리는, 얼마 안 가 당시 싹트기 시작한 운송업으로 사업 범위를 넓혀 기차표와 여행안내서와 시간표를 만들었다. 그 회사는 1871년 시카고 화재 때 잿더미가 될 뻔했지만 머리 회전이 빨

랐던 윌리엄 랜드가 기차표 인쇄기 두 대를 화염에서 구출해 미시간 호숫가의 시원한 모래 속에 묻어두었던 덕분에 1600도가 넘는 불길에서 무사할 수 있었다.[29] 그리고 고작 사흘 뒤, 검게 그을린 시카고에 대한 조사가 채 끝나기도 전이었는데, 모래에 묻어두었던 인쇄기들은 화염에서 살아남은 건물에 설치되어 다시 돌아가기 시작했다. 바로 그 이듬해에 랜드맥낼리는 처음으로 지도를 인쇄했는데, 그 지도는 미국과 캐나다를 아우르는 철도 지도였다. 그후의 일은 역사가 되었다.

랜드맥낼리의 홍보 담당자에게 잠깐 회사에 방문해도 되겠느냐고 문의할 때 나는 그 회사 본사에 내가 '지도' 하면 떠올리는 퀴퀴한 20세기 중반의 매력이 어느 정도 간직되어 있기를 바랐다. 동굴 같은 벽돌 천장 아래에서 윙 소리를 내며 돌아가는 인쇄기가 가득한 풍경을 바란다면 너무 지나쳤나? 하지만 내가 탄 택시는 스코키 근교에 있는 이름 없는 상업 지구로 나를 데려다주었다. 건물 로비로 들어가서 몇 층에 안내 데스크가 있는지 확인하기 전까지는 타원형 지구본 위에 나침반이 겹쳐진 랜드맥낼리의 상징적인 로고가 눈에 띄지도 않았다.

"넉 달 전에야 겨우 예전 사무실에서 이사를 나왔어요." 내 방문 일정을 잡아준 비서인 제인 슈츠크체파니아크가 설명한다. 랜드맥낼리의 직원 200명은 그들이 오랫동안 머무르던 콘크리트 벽돌에 페인트를 칠한, 창문도 없는 벽과 색 바랜 녹색 서류 보관함들이 전혀 그립지 않은 모양이다. "예전 사무실은 꼭 초등학교 같았다니까요." 제인이 농담을 던진다. 사무실을 이전하면서 우선 50년 묵은 지도 인쇄 필름들은 버렸고, 직원들에게는 랜드맥낼리의 예전 지도 수천수만 장이 정리되지 않은 채로 보관된 침침한 방을 약탈할 수 있는 기회가 주어졌다. 모두가 기념품을 몇 개 챙기고 나서 나머지 지도도 모두 내다버렸다.

　　전직 도시 계획자였던 조엘 민스터는 지난 9년 동안 랜드맥낼리에서 수석 지도 제작자로 일해왔다. 그의 사무실은 파란 지구의 반구 여러 개가 마치 「스타트렉」의 트랜스포터로 그 자리에 순간이동한 것처럼 벽을 뚫고 나와 있는 등 현대적인 분위기로 꾸며졌지만, 민스터는 종이 지도가 여전히 랜드맥낼리의 중심 사업 분야라는 데는 단호하다. 적어도 지금은 말이다. 랜드맥낼리 웹사이트에 확대·축소를 하거나 스크롤을 할 때면 뚝뚝 끊기면서 투박하게 움직이는 지도가 올라있는 것에 대해[30] 묻자 그는 쓴웃음을 짓는다. "그 지도는 무료로 제공하는 것이고 우리의 목표는 온라인 지도로 최고가 되려는 것이 아니거든요." 트럭 운전사들이나 휴가를 떠나는 사람들에게 팔았던 지도책이 지금도 회사의 주요 수익원이지만, 조엘 민스터의 말에 따르면 이 회사는 GPS 기기와 전자책용 지도책과 스마트폰 앱도 만들 계획이다. 딱히 미래가 거기에 달려 있다고 생각해서가 아니라 만약을 위해 한 발을 담가두려는 것이라고 한다. 그는 이렇게 단언한다. "앞으로 15년, 20년 뒤에도 랜드맥낼리는 여전히 여행 계획 사업을 하고 있을 것입니다. 그 정보를 전달하기 위해 어떤 매체를 이용하게 될지는 모르지만, 뇌에 이식한 칩도 물론 가능할 테고, 어쨌든 이 사업을 계속 이어가리라는 것은 틀림없죠."

　　종이 지도와 맺어온 내 오랜 역사에도 불구하고 나는 민스터의 낙관주의에 설득당하고 말았다. 새로운 플랫폼이 결국에는 종이 지도를 대체하더라도 애통해할 이유는 없다. 새로운 기술은, 그 기술이 무엇이 되든지 간에 이제껏 종이 지도가 잘 수행해오던 모든 기능을 문제없이 해내야 할 테니 말이다. 그 새로운 기술은 휴대하기 좋고 직관적이어

야 할 것이다. 바로 지금 특정 정보가 필요한 모든 사람의 필요뿐만 아니라 그냥 재미로 지도를 훑어보는 사람들의 필요도 수용해야 할 것이다. 단지 목적지까지 가는 방법 한 가지만 알려주는 것보다 더 넓은 캔버스가 되어야, 즉 A에서 B까지 가는 방법만을 알려주는 것이 아니라 근처에 들를 만한 곳이며 곁길을 A부터 Z까지 모두 알려줘야 할 것이다. 어쩌면 나 같은 옛날 사람들 중에는 지도에서 잉크 냄새가 나고 목재 펄프처럼 구겨지던 시절에 지도가 얼마나 멋있었던가를 자꾸만 이야기해서 손자들을 짜증나게 할 사람도 있겠지만, 그 이야기들은 십중팔구 눈 내리는 날 언덕 위의 학교까지 걸어올라가는 길만큼 다양성을 지닐 것이다. "요즘 애들은 망막 인식으로 회전하는 홀로그램 지구본이 얼마나 편리한지 모를 거다! 나는 종이 지도를 보며 숙제를 해야 했어. 아니 진짜로, 종이 지도였다니까! 그 지도는 거추장스럽고 지도에서 뭘 찾기도 어렵고, 인쇄가 완성되는 바로 그 순간부터 이미 시대에 뒤진 물건이 되어버렸지. 그 시절에는 맵헤드가 되려면 한 성격해야 했다고!"

어쩌면 종이 지도는 우리가 지금 생각하는 것보다 오래 버틸지도 모른다. 시카고에 가 있는 동안 택시를 두 번 탔는데, 첫 번째는 공항에서 스코키에 있는 랜드맥낼리 본사까지, 두 번째는 스코키에서 내가 묵을 호텔까지였다. 두 번 모두 택시운전사는 계기판에 장착한 GPS에 완전히 의존했고, 그 기계는 매 순간 정확히 우리가 어디로 가야 하는지 일러주었다. 그런데도 무엇에 홀려서인지 우리는 가다가 길을 잃었다. 두 번 모두 말이다.

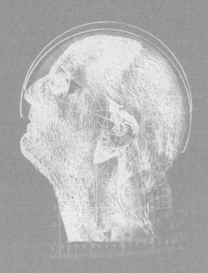

제12장

고저 RELIEF

n. 지도에서 등고선이나 색으로 표시하는 지구 표면의 고도 차이

우리는 탐험을 멈추지 않으리라

그리고 모든 탐험의 끝은

우리가 시작했던 곳에 도달하기 위하여

그리하여 그곳을 처음으로 알기 위해서다.[1]

– T. S. 엘리엇

공연을 보려고 기다리며 친구들 몇 명과 함께 앉아 있는데 내 전화기가 울린다. "켄, 저는 로저라고 합니다. 지난주에 저한테 메시지 남기셨죠?"

"아 그래요, 로저! 전화 걸어줘서 고마워요. 이웃에 사는 캐시한테 전화번호를 물어봐서 전화드렸어요. 실례했습니다." 그러고 나서 나는 심호흡을 한다. 내가 그다음에 하려는 말이 매우 이상한 것이기 때문이다. "로저 씨네 집 진입로의 끝이 '정수로 떨어지는 도수의 합류지점'이라는 거 아세요?"

긴 침묵. "내 진입로가 뭐라고요?"

도수 합류지점 프로젝트Degree Confluence Project는 1996년에 알렉스 재럿이라는 매사추세츠 주의 웹 프로그래머가 시작했다. 그때 그는 GPS 기기를 구입해서 사용하기 시작했는데, 자신이 출퇴근길에 하루 두 번씩 서경 72도의 자오선 근처를 지난다는 것을 알아차렸다. 걸리적거리는 분, 초 단위 없이 72도로 깔끔하게 떨어지는 그 경도선의 수학적인 완벽함이 알렉스에게는 자동차 주행 기록계를 처음으로 되돌렸을 때 0들이 일렬로 늘어선 모양처럼 감미롭게 다가왔다. 그는 친구와 함께 자전거를 타고 15킬로미터 정도를 달려서 서경 72도 자오선이 가장 가까이에서 위도선과 만나는 지점인, 북위 43도와 만나는 지점을 찾아갔다. 그 교차지점은 어느 습지 옆에 있는 눈 덮인 숲속의 별다른 특징이 없는 곳이었다. "우리는 거기 어딘가에 '43N/72W'라고 적힌 기념비가 있어야 한다고 기대했지만 그런 것은 없었다."[2] 알렉스는 자신의 웹사이트에 그 기념비적인 탐험의 사진을 올리면서 이렇게 적었다.

생각해보면 아무런 기념비가 없다는 사실이 바로 많은 사람을 '합류지점 사냥'이라는 취미에 빠지게 한 원동력이었다. 처음에는 알렉스와 친구들, 가족들이 시작했다가 나중에는 인터넷을 통해 알렉스의 프로젝트를 우연히 알게 된 수천 명의 지리광들이 뛰어들었다. 이 정수 합류지점들을 표시하는 '국립측지측량소'의 표식 같은 것은 없었으며, 그 말은 아무도 그 지점들을 찾은 적이 없다는 뜻이다. 전 세계에는 이런 합류지점 1만6340개가 있으니,* 오래전 탐험가들처럼 깃발을 꽂을 기회도 그 숫자만큼 존재한다.[3] 합류지점 사냥꾼들은 그들의 돈키호테 같은 목표를 달성하기 위해 가나의 정글에서 군대개미를, 말레이시아의 습지에서

는 거머리를, 알제리의 사하라 사막에서는 무장한 유목민들을 용감하게 대면해왔지만,[4] 아직도 세계에는 1만 곳이 넘는 정수 합류지점들이 누군가 찾아주기를 기다리고 있다.

하지만 모든 합류지점이 인디애나 존스 같은 모험을 필요로 하지는 않는다. 사실 지구상의 어느 지점이라도 이 지도 제작의 완벽한 지점들에서 79킬로미터 안에 있다. 나는 시애틀에서 가장 가까운 합류지점이 우리 집 현관에서 30분도 안 걸리는 곳에 있다는 것을 알고 뛸 듯이 기뻤다. 하지만 북위 48도, 서경 122도의 교차점을 찾아가려는 내 시도는 달성될 수 없었다. 그곳에는 군대개미도, 국경을 지키는 보초도 없지만 내 사냥감에서 몇 미터도 안 되는 곳에 '출입금지'라는 표지판이 네 개나 세워져 있었기 때문이다. 나는 합류지점 프로젝트의 웹사이트에 올라와 있는 그 지점을 찾아갔던 다른 사람들의 기록을 훑어봤는데, 그 사냥꾼들은 대부분 그냥 뒷길에서 목표지점까지 매복해서 가다가 포기했고 합류지점 프로젝트의 엄격한 지침에 준거하여 아무도 그 지점에 가봤다고 기록하지 못했으니, 그 지침이란 바로 '땅 주인의 허락을 받아야 한다'는 것이다.

그게 바로 내가 로저를 추적한 이유다. 로저의 목소리는 새로 알게 된 자신의 명성에 당황한 것처럼 들리지는 않았다. "그 집이 북위 48도 선에 있는 건 알고 있었지만, 그건 전혀 몰랐네요. 합류지점이라고 부른다고요?" 그리고 나는 그 중요한 땅 한 조각에 찾아가도 좋은지 물

---

* 계산을 해보면 사실 위도선과 경도선이 만나는 지점은 6만4422곳이지만, 그중 대부분은 물 위나 극지방의 빙산 위에 있다. 많은 고위도 합류지점에서는 경도선들이 합쳐지기 때문에 재릿과 그의 동료들은 그 지점들도 인정하지 않는다. 적도에서 멀어질수록 합류지점들은 서로 가까워지다가 극지방에서는 3킬로미터도 안 되는 거리에 있게 된다.

었지만 그게 앞으로 몇 달간 불가능한 일이라는 것을 알게 되었다. 로저는 예인선의 요리사인데, 그 배는 현재 하와이로 향하는 중이며 하와이 다음에는 웨이크 섬에 갈 계획으로, 앞에서 나온 이야기를 기억한다면 웨이크 섬은 여행가센추리클럽에서 가장 골칫거리 행선지로 손꼽히는 곳이다. "돌아오면 전화할게요." 그가 약속을 한다.

나는 로저에게서 다시 연락을 받지 못하리라고 생각했지만, 두 달 뒤 로저는 약속을 지켰다. "그래, 언제 48/122 지점을 보러올래요?" 그 주말에 로저와 나는 그의 진입로 끝에서 양치식물을 밟아대며 마치 흰 지팡이를 든 장님들처럼 각자의 GPS 수신기를 이리저리 흔들고 있었다. 지오캐싱을 할 때와 비슷하지만 다만 찾아낼 물건이 없다는 점은 달랐다.

그러다 마침내 로저가 말한다. "여기 근처인데, 아 바로 여기네요. 0, 0, 0, 모두 0이에요."

나는 그 마법의 지점에 섰을 때 어떤 전 지구적인 중요성 때문에 번개가 내려치는 것을 느끼지나 않을까 상상했지만, 아무 일도 일어나지 않는다. 그저 충실하게 그 운명적인 양치식물의 사진을 찍는다. 도로광들이 그러듯이 세심하게 관심을 기울여줘야 한다.

"북위 48도, 서경 122도 지점의 관리인이 된 것을 명예롭다고 느끼세요?" 내가 로저에게 묻는다.

그는 어깨를 으쓱한다. "모르겠어요. 이건 양날의 검이네요. 여기 와보고 싶어하는 사람들이 전화번호를 남길 수 있도록 진입로 끝에 표지판을 세울까 싶어요."

"명판을 거는 건 어때요?" 물론 이건 농담이다.

"아, 그 생각도 해봤죠……." 로저는 꽤 진지하게 말하며 턱을 쓰다듬는다.

다시 고속도로를 타기 위해 구불구불한 숲길을 달리는데 내 GPS의 대니얼이 우렁찬 영국식 말투로 내가 분기점을 놓쳤다고 알려준다. 대니얼이 이렇게 꾸중을 한다. "방향을 잘못 틀었어, 이 바보야. 내가 말한 대로 해." 합류지점 사냥꾼 수천 명이 지구를 샅샅이 훑고 있는 것을 생각하다가 정신이 딴 데 팔렸던 모양이다. 적어도 하이포인터스클럽 회원들은 찾아갈 최고점이 그리 높지 않을 때도 많지만 실제로 지리적인 봉우리에 오른다. 반면에 지구의 위도와 경도가 그리는 격자는 **전적으로** 인간이 임의로 정한 것이다. 우리가 원을 360도로 나눈다는 사실은 바빌론 사람들이 (부정확하게) 계산한 1년의 일수에 따라 정해진 고대의 유물이다. 지구에는 '서극'이나 '동극'은 존재하지 않으므로 경도는 이보다 더 임의로 정한 것이다. 우리가 현재 사용하는 경도 0도 선, 즉 그리니치를 지나는 본초자오선은 구레나룻을 넓게 기른 미국 대통령 체스터 A. 아서가 소집했던 1884년 국제자오선회의에서 정치적인 논쟁이 한바탕 오간 뒤에 선택된 관습이다. 프랑스는 런던 교외의 그리니치 자오선에 동의하지 않고 계속해서 파리를 지나가는 그들만의 자오선을 30년 동안 사용했다. 프랑스인들이 좀 더 설득력이 있었거나 혹은 고대 바빌론인들이 좀 덜 설득력이 있었더라면, 알렉스 재럿을 비롯한 합류지점 사냥꾼들은 완전히 다른 교차점들을 찾아다녔을 것이다.

하지만 이것이, 즉 본질적으로 임의라는 점이 바로 '도수 합류지점 프로젝트'의 미덕이다. 그 프로젝트 웹사이트에 올라온 사진들은 여느 도로광의 웹사이트에 올라온 사진들과 마찬가지로 다 똑같아 보인다.

그들이 발견한 마법의 지점이 보츠와나에 있든 베이커스필드에 있든, 별 특징 없는 나뭇잎과 마른 풀과 진흙이 반복해서 등장한다. 하지만 그 사진들은 당신이 그 장소에 있는 것만으로는 충분하지 않다는 점을 상기시켜준다. 누구든 그렇게 할 수 있다. 중요한 점은 당신이 지금 어디 있는지 인지하는 것이다. 콜럼버스는 그의 편향된 유럽 중심적 시각에서 아메리카 대륙을 '발견'했지만, 아메리고 베스푸치의 이름을 따서 그 대륙에 이름이 붙여지는 바람에 모욕을 당했다. 그 이유가 단지 베스푸치가 그곳의 매력적인 원주민들을 더 잘 광고했기 때문만은 아니었다는 것을 나는 의회도서관에서 배웠다. 다른 이유가 있었는데, 그것은 베스푸치가 스스로 어디에 있는지를 알고 맥락을 이해했다는 점이다. 콜럼버스는 자신이 인도에 있다고 생각했지만, 베스푸치는 새로운 대륙을 발견했다는 사실을 알아차렸다. 같은 이유에서, 로저는 자기 차고로 가는 길에 그 양치식물을 수도 없이 지나쳤을 테지만, 그 지점이 어떤 의미를 지니는지 '발견'한 것은 합류지점 프로젝트였다. 그리고 그게 바로 지도가 하는 역할이다. 우리가 있는 위치, 이동하고 있는 장소에 대한 이야기를 들려주는 일 말이다. 500달러짜리 GPS 기기는 당신의 위치를 알려줄 수 있지만, 10달러짜리 도로 지도책은 맥락을 알려준다는 점에서 여전히 강력한 도구다.

합류지점 프로젝트는 위도와 경도를 우리가 끊임없이 재인식하는 것에 대한 간접증명법(어느 명제의 결론을 부정했을 때 가정이 모순된다는 것을 보여서, 간접적으로 그 결론이 참이라는 것을 증명하는 방법. 귀류법이라고도 한다—옮긴이)이 아니다. 그 영광은 2006년 5월에 웹 유머작가 제 프랭크ze Frank가 고안해낸 '지구 샌드위치'가 차지했다.[5] 제 프랭크는

짧은 비디오에서 자신의 팬들에게 빵 두 조각을 지구 표면상 180도 대척점에서 땅에 놓아서 실제로 먹을 수는 없지만 지구를 거대한 샌드위치로 만들자고 했다. 그는 자신의 기발한 발상을 기념하려고 존 레논의 「이매진」 같은 부드러운 발라드를 만들기까지 했다. 그는 이렇게 노래했다. "이 빵을 땅에 놓으며, 나의 임무가 끝나지 않았다는 것을 알지만, 그래도 지구가 하나의 샌드위치라면, 우리 모두 하나(의 샌드위치)일 거예요." 프랭크의 도전은 당신이 생각하는 것보다 어려운 일이었다. 서로 위아래가 반대인 지구의 지도를 겹쳐서 보면, 이 행성의 거의 모든 땅 조각은 거대한 물을 마주보고 있다는 것을 알 수 있다. 이건 거의, 당신이 선택한 신이 누구든 간에 그 신이 자신의 피조물로 샌드위치를 만든다면 오픈샌드위치가 되게 하려는 의도였던 것 같다! 몇 군데 되지 않는 가능한 지점 가운데 하나는 이베리아 반도다. 스페인에서 지구의 중심을 향해 구멍을 뚫으면 뉴질랜드 북섬 어딘가로 나오게 된다. 프랭크가 이 도전에 대해 웹에 글을 올리고 몇 주 뒤, 캐나다인 형제인 조너선 롤린슨과 던컨 롤린슨이 런던에서 포르투갈로 여행을 하는 일정에서 잠시 스페인 남부의 언덕에 들러서 먼지 깔린 바닥에 바게트 반쪽을 놓았고, 뉴질랜드 오클랜드에 사는 인터넷상의 어느 공모자가 자기 집 근처에서 마찬가지로 바게트 반쪽을 땅에 얹었다. 인류 역사상 최초로 지구 샌드위치가 완성된 것이다.

지구 샌드위치 만들기가 (야심차기는 하지만) 바보 같은 장난에 지나지 않는다고, 1980년대에 리버풀 출신 밴드 에코앤더버니멘Echo & the Bunnymen이 했던 개념예술 같은 거라고 생각하기 쉽다. (그 밴드는 당시 그들의 투어 경로를 지도에서 보면 토끼 귀 모양이 그려지도록 하려고[6] 투어 일정

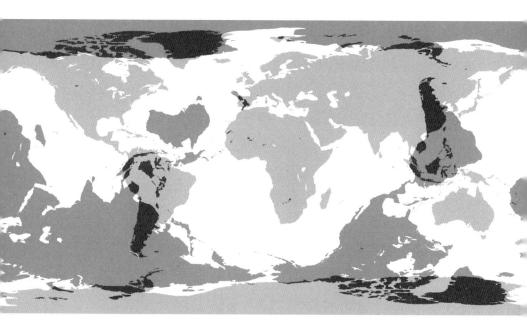

뒤집어진 지도를 겹쳐놓은 지구.
북반구와 남반구 모두에서 샌드위치를 만들기 좋은 지점은 매우 드물다.

을 짤 때 스코틀랜드의 아우터헤브리디스 제도 같은 특이한 지역을 넣었다.*)

하지만 내가 이 여행에서 만나온 맵헤드들을 생각해보면 그들 모두가 공유한 특징 중에는 한 가지 욕구가 공통으로 존재한다. 그건 바로 지구를, 모든 자오선과 위도선과 대척점들까지 포함해서 전체를 하나의 거대한 장난감으로 만드는 것이다. 체계적인 여행자들은 제트기를 사용하고, 지오캐셔들은 GPS 인공위성을 사용하며, 구글어스 팬들은 3D로 만들어진 항공사진을 사용하지만, 이들 모두는 지난 수 세기 동안 사람들로 하여금 지도책을 샅샅이 뜯어보게 만들어온 동일한 욕구를 공유한다. 그건 바로 우리의 보잘것없는 삶을 전체로서 존재하는 지구의 맥락에 배치하여, 더 큰 범위의 맥락에서 우리 삶을 시각화하려는 욕구다. 오늘날까지도 우리는 뭔가 야심찬 계획의 윤곽을 그리려고 할 때면 그 계획이 어떻게 우리를 '지도 위에on the map(영어 표현에서 무언가를 중요하게 만든다는 뜻―옮긴이)' 놓아줄지 이야기한다. 우리는 그렇게 얻는 더 큰 영광과 시각을 갈망한다.

　　우리는 또한 탐험도 갈망하는데, 그건 기술이 발달할수록 더 찾기 어려워지는 짜릿함이다. 알렉산더 대왕은 자신이 정복한 영토가 어디까지 뻗었는지를 보고 울었는데, 그 이유는 더이상 정복할 세계가 남지 않았기 때문이었다. 사실은 알렉산더 대왕이 정말 울었는지 아닌지는 모르겠다. 이건 영화 「다이하드」에서 배우 앨런 릭맨이 연기한 독일

＊　1984년에 더버니맨이 자기네 고향을 기념하기 위해 열었던 '크리스털 데이' 축제에서 이 밴드는 수백 명의 리버풀 팬들 이끌고 리버풀을 도는 자전거 투어를 했는데 전체 경로가 토끼 모양을 그리도록 계획했다.7 그 토끼는 더버니맨의 별난 매니저 빌 드러먼드가 리버풀 지도 위에 그렸는데, 토끼의 배꼽을 리버풀의 유명한 캐번클럽 앞인 매슈 가 끝에 있는 맨홀 뚜껑에 놓이게 했다. 경로를 급하게 그리느라 그대로 가려면 리버풀 성당을 통과하고 머지 강을 건너서 자전거를 달려야 한다는 것이 뒤늦게 밝혀지는 바람에 막판에 코스를 좀 수정해야 했다.

인 테러리스트가 한 말이다. 하지만 최소한 그 정서는 충분히 공감할 수 있다. 인간의 야망은 건너갈 새로운 개척지를 원하며, 지난 1000년 동안 그 개척지는 대부분 자연의 영토였다. 1872년 앨먼 톰프슨이라는 측량사가 유타 주 중남부에 자리한 사막고원을 탐험하면서 콜로라도 강의 지류인 포테이토크리크를 지도에 그렸다. 그는 그 지류의 이름을 에스컬랜티 강이라고 바꿨으며 50킬로미터에 이르는 그곳 산악지대는 이제 헨리 산맥이라고 불린다. 톰프슨은 몰랐지만, 그가 발견한 것은 인접한 미국 영토의 지도에 더해진 마지막 강, 마지막 산맥이다.[8] 톰프슨이 탐험하기 전에 그곳을 지나는 사람들은 헨리 산맥을 '이름 없는 산맥'이라고 불렀으며 그 지역에 사는 나바호 원주민들은 지금도 그곳을 '드질 비치 아디니 Dzil Bizhi' Adini', 즉 '이름을 잃어버린 산'이라고 부른다. 하지만 그건 더이상 사실이 아니다. 이제는 지도 제작자들이 원했듯이 모든 장소에 이름이 붙여졌으며, 모든 장소를 깔끔하게 목록으로 정리했다. 개척지는 이제 더이상 없다.

물론 진보에 대한 인간의 열망은 콘래드가 말했던 지도상의 '빈 공간'이 사라진다고 해서 끝나지 않는다. 인간은 이제 우주나 인간의 게놈처럼 다른 것을 지도로 그리는 데 관심사를 돌렸다. 하지만 세계를 공간적으로, 지도 제작상에서 질서정연하게 정리하도록 설계된 인간에게는 그것만으로 충분하지 않다. 우리는 소립자나 준성(블랙홀이 주변 물질을 빨아들이는 에너지 때문에 형성되는 거대한 발광체이며, 지구에서 관측 가능한 가장 먼 천체—옮긴이)처럼 흐릿하게 그려질 수밖에 없는 대상을 발견하는 것만으로 만족하지 못한다. 우리는 여전히 **진짜** 장소들을, 우리가 가볼 수 있고 우리를 둘러싸고 있는 장소를 발견하기를 바란다.

그리하여 우리는 탐험을 재발명한다. 아무리 작고 위험하지 않다 해도, 우리는 지극히 따분한 장소조차도 새롭게 만들 방법을 찾는다. 임의로 정한 체크리스트에 적어넣어서, 저기 있는 공원들 어딘가에 지오캐시를 숨겨서, 그 공원들 사이를 지나가는 고속도로의 출구 표지판을 사진으로 찍어서, 그 사진을 인터넷에서 전례에 없이 세세한 픽셀 단위로 샅샅이 조사하면서. 어떤 이는 말끔한 현대식 지도를 완전히 버렸다. 어떤 이는 고지도를 보며, 그 지도의 어처구니없이 부정확한 해안선과 여백에 그려진 촉수 달린 괴물들을 보며 신비감을 되살린다. 어떤 이는 상상 속에만 존재하기 때문에 아직 인간의 발길이 닿지 않은 영토에서 배회한다. 나는 어릴 때 이미 완성된 환상의 왕국 지도에 종이 한 장을 더 스카치테이프로 붙이고 계속 지도를 그려서 새 영토를 더해나갔다. 그 무궁무진한 지도에는 우울하게 마지막 '포테이토크리크' 따위는 없을 것이다.

이렇게 많은 저마다 다른 지리광들을 만나는 것은 내게 치유의 효과가 있는 경험이었다. 나는 그들이 각자 집착하는 대상이 다양하지만 결국은 모두 동일한 유전자의 발현이라는 것을 보았는데, 그것은 내 친구들이 슈퍼히어로로 빠져 있을 때 나는 지도책을 수집했던 바로 그 본능과도 일맥상통한다. 하지만 내가 가장 놀란 대목은 친구들이 내가 책으로 쓰고 있는 주제에 대해 들었을 때 보인 반응이다. 어릴 때부터 나는 지도를 진실한 취미로 생각하는 것에 사람들이 코웃음을 치는 데 익숙했기 때문에, 내가 "지도를 좋아하는 사람들에 대한 책이야"라고 할 때면 마치 변명을 하는 듯한 기분이 들었다. 그런데 뜻밖에도 그 단어들은 나를 사람들의 비밀 친구, 고해신부로 만들어주는 마법의 말이었다.

랜드맥낼리 사의 편집국장인 로리 보먼이 내게 이렇게 말했었다. "내가 어디서 일하는지 말할 때마다 '정말요? 저 지도 정말 좋아해요!'라고 하는 사람이 얼마나 많은지 믿지 못하실 거예요. 생각하시는 것보다 훨씬 더 많아요. 하지만 사람들이 맵헤드이라고 고백하는 것을 좀 창피해한다는 것도 알 수 있죠." 그게 바로 내 친구들한테서도 목격한 반응이다. 심지어 내가 몇 년씩이나 알아온 친구도, 숨은 맵헤드이라고는 전혀 상상조차 못한 친구도 있었다.

"나는 희귀 지도 판매자들의 웹사이트를 보며 오후 내내 시간을 죽일 수도 있어." 한 친구가 이렇게 말했다. 나는 그 친구가 집에서 일한다는 것을 알고 있었는데 항상 그가 정말로 일을 하고 있다고 순진하게 믿었다. "군침만 흘리는 거지, 아무것도 사지는 않고. 우리 집에서는 그게 포르노나 다름없어."

5년 동안 살던 부인과 최근에 별거를 시작한 다른 친구는 이런 말을 했다. "우리 부부 사이가 나빠졌을 때, 나는 아내가 몇 년 동안이나 나한테 하라고 말해왔던 대로 내가 어린 시절에 모은 『내셔널 지오그래픽』 잡지를 갖다버렸어. 하지만 지도는 차마 버릴 수가 없더라. 그래서 지도들은 따로 책꽂이 꼭대기에 숨겼지.*"

"어릴 때 부모님한테 애걸해서 크리스마스마다 도로 지도책 시리즈인 『토머스 가이드』를 사달라고 했어." 또다른 친구는 이렇게 말하면서 고개를 숙이고 그 일이 부끄러운 듯이 히죽 웃었다.

하지만 뜻밖의 지도 후원자 중 최고는 민디의 산부인과 전문의였

---

* 지도 애호가들이여, 알아두라. 당신의 배우자는 당신이 『내셔널 지오그래픽』을 '기사가 좋아서' 읽는다고 주장하는 걸 믿지 않을 수도 있다.

다. 나는 그녀를 '원숭이 의사'라고 부르는데, 그 의사가 우리 딸 케이틀린을 받았을 뿐만 아니라 시애틀의 우들랜드파크 동물원에서 태어난 모든 고릴라 새끼를 받았기 때문이다.[*] 그 원숭이 의사는 액자에 넣은 세계지도를 검사실 벽에 걸어두는데, 그녀의 말로는 긴장한 환자들의 주의를 돌리는데 지도만큼 효과적인 것이 없기 때문이라고 한다. 이게 지도 사랑이 넘어야 할 가장 높은 기준인 것 같지는 않지만—'지도는 곧 닥칠 골반 검사를 생각하는 것보다 더 재미있어요!'가 딱히 조만간 지리 관련 표어가 될 것 같지는 않다—그 의사는 검사를 시작하려고 할 때 얼마나 많은 환자가 지도에 완전히 몰두하는지를 보고("당신이 생각하는 것보다 훨씬 많아요!") 놀랐다.

세계지도에서 아프리카도 찾지 못하는 미국 대학생들에 대한 온갖 무시무시한 이야기들에도 불구하고, 지리에 대한 호의는 아직 개발되지 않은 광활한 저수지에 저장되어 있는 것 같다. 그것은 위장해 정체를 숨기고 있다. 옆에 있는 사람이 호의적인지를 알 때까지 고개를 숙이고 있다. 하지만 우리 사회가 최소한 어느 정도라도 지도를 지식, 문화, 관심거리를 나타내는 중요한 표지라고 여기지 않는다면, 지도 문맹인 학생들에 대해 불안을 조장하는 신문 기사는 애초에 나오지 않았을 것이다.

맵헤드로서, 나는 이제껏 생각해온 것처럼 내가 외로운 별종이 아니라는 것을 확신하고 마음이 놓인다. 하지만 이건 전체적으로 세계에 더 좋은 소식이다. 사람들이 아직 지도를 좋아한다는 이야기다! 언론이 공포를 퍼트렸지만 우리 아이들은 아직 지도를 좋아한다. 아이들이

---

[*] 그렇다. 우리는 이 사실이 우리 딸에 대해 많은 것을 설명해줄 수 있다는 걸 안다. 특히 변기 사용을 훈련시키기가 어려웠던 이유에 대해서.

지리시험에서 일제히 낙제를 받는다면 그건 우리가 그렇게 만들었기 때문이다. 우리 어른들이 지리나 공간 읽기 능력을 제대로 가르치지 않고 있거나, 주변을 스스로 탐험하고 다닐 수 있게 끈을 충분히 길게 풀어주지 않았다는 의미다. 우리는 수만 가지 사소한 방법들로 아이들이 지도란 고리타분하고 지루하며, 그걸 그냥 재미로 들여다보고 있는 건 뭔가 좀 이상하다고 믿게 만들었다.

하지만 우리가 뭘 하든지 간에, 나는 지도가 이 전투에서 이길 운명이라고 생각한다. 500년 동안 지도는 거의 변하지 않았으니, 지도를 향한 우리의 열정이 전보다 좀 식은 것은 별로 놀라운 일이 아니다. 하지만 오늘날 우리는 지도에 있어서 구텐베르크 혁명에 버금가는 상전벽해의 가능성을 목도하고 있다. 구글어스에서 3D로 그려진 그랜드캐니언 위를 날아가는 비행이나, 당신의 친구들이 어디 있는지 실시간으로 보여주는 지도나, 휴대전화 안에 갖고 다닐 수 있으며 도로 하나까지 상세하게 그려진 종합적인 세계지도는 전혀 지루하지 않다. 이런 기술들은 공간 지각에 있어서 정말 대책이 없는 지도 회의론자라 해도 전향시킬 수 있을 만큼 흥미로운데, 이는 비디오게임이 없었다면 컴퓨터에 빠질 운명이 아니었던 수천수만의 아이들이 비디오게임을 통해 컴퓨터 공학을 공부하기로 선택하는 것과 마찬가지다. 수십 년 만에 처음으로 우리가 지리적인 르네상스에 들어서고 있는지도 모른다고 생각할 만한 이유가 생겼다. 비바 라 레볼루시옹Viva la revolución!

내가 이야기를 나눈 지리학자와 심리학자들의 말이 옳아서 지도 사랑이 단지 공간 사고력을 보여주는 증세라면, 지도 사랑이 곱슬머리나

색맹처럼 가족 안에서 유전된다는 것도 말이 된다. 그게 내 경우에는 분명히 해당된다. 우리 부모님은 지도를 들여다보기를 좋아하셨다. 내 외조부모님도 그랬다. 내가 어릴 때 1년 내내 저금을 해서 손에 넣은 해먼드 지도책 다음에 두 번째로 갖게 된 지도책은 랜드맥낼리 사의 『코즈모폴리턴 월드 아틀라스Cosmopolitan World Atlas』로, 내가 한국에 있을 때 외할머니가 보내준 것이었다. 제목이 적힌 속지에 외할머니가 볼펜으로 쓴 깔끔하고 동글동글한 글씨가 아직도 생각난다. "1983년 메리 크리스마스! 지도책은 나도 아주 좋아한단다! 사랑을 담아서, 할머니 할아버지가." 그 나이 때 나에게 할머니의 말은 의미가 컸다. 지도책은 어른들이 그걸 좋아한다고 말해도 용납되는 대상이라는 사실을 나 말고도 누군가가 이해한다는 의미였으니 말이다.

할머니는 10년 전에 폐병으로 돌아가셨는데, 그때는 내가 민디와 결혼한 지 얼마 지나지 않아서였다. 할머니는 증손자들을 만나지 못했는데, 이제야 깨닫는 것이지만 나는 한 번도 어른이 된 이후에 할머니와 지도에 대해 이야기를 해본 적이 없다. 할아버지는 지금도 여든둘의 연세에 비해 정정하고 근처에 사시기 때문에, 우리는 매주 수요일마다 할아버지를 초대해 함께 저녁을 먹는다. 그리고 할아버지가 여전히 그리워하시는 돌아가신 할머니 이야기를 꺼내게 하는 건 어려운 일이 아니다.

"할머니는 왜 지도와 지도책을 그렇게 좋아하셨던 거예요?" 어느 날 저녁을 먹고 식탁을 치우다가 내가 물었다.

"음, 할머니의 어머니는 엘콕이라는 이름의 남자와 결혼을 하셨지."(할아버지와 수 차례 대화를 나눠본 경험으로, 나는 이 이야기가 내 예상보다 수십 년 전으로 거슬러간다는 것과 내가 만나본 적이 없는 사람들이 등장한다는 사실에 그리 놀라지 않았다.) "그 남자는 망나니였어. 술주정뱅이에. 베티는 술집에 가서 아버지를 데려오도록 심부름 갔던 것을 기억하고 있지." 할아버지는 자신의 아내 이야기를 할 때 여전히 현재형으로 말한다. 세 딸을 키우며 갖게 된 습관일 텐데 가끔은 할머니를 지칭할 때 "네 엄마"라고 할 때도 있다.

"베티의 어머니는 그 엘콕이라는 남자와 이혼했다가 다시 결혼했다가 또 이혼했어. 그 이혼 뒤에 정규직으로 취직을 했어. 이사를 많이 다녔지. 한번은 우리가 솔트레이크시티에 갔을 땐데, 베티가 살던 곳을 전부 찾아보려고 오후 내내 이리저리 차를 몰고 다닌 적이 있어. 넷, 다섯, 여섯 곳이 생각나는구나. 여름에 베티와 테디(이분은 할머니 동생으로, 내 이모할머니다)는 어머니가 일하는 시간이 정말 길었기 때문에 친척 집에서 살았어. 그 애들은 하루 종일 도서관에서 시간을 보냈는데, 그러면 베티는 지도책을 들여다보곤 했지." 거기서 이 모든 것이 시작되었다. 불안정한 집안, 아름다운 지도가 얼마든지 있고 따뜻이 반겨주는 도서관. 『컬렉팅』이라는 책에서 고지도에 대해 쓴 베르너 뮌슈테르베르거는 지도 애호가들이 결손 가정 출신이거나 (우리 할머니처럼) 이사를 많이 다닌 가족에서 나온다는 것을 (나처럼) 알고 있다. 지도는 우리에게 결여된 안정감과, 장소와 근원에 대한 감각을 느끼게 해준다.

할아버지가 슬픈 듯이 말을 잇는다. "베티는 놀라울 정도로 영리했어. 학교를 마치지 못한 것을 아주 아쉬워했지."

"결혼했을 때도 할머니는 지도 보는 걸 좋아하셨어요?"

"음, 베티는 역사를 신뢰했단다. 1960년대에 계보학 세미나를 듣기 시작했는데, 계보학을 공부하려면 당연히 한 동네나 지역의 역사를

이야기하기 마련이잖니. 우리 침대 위에는 『내셔널 지오그래픽』에 실린 뉴잉글랜드 지도가 걸려 있었어. 베티는 자기 가족의 계보를 식민지시대까지 거슬러올라가고, 그다음에는 잉글랜드로 거슬러갔지. 그 지도를 내가 아직 갖고 있어. 베티의 물건을 별로 치우지 않았거든." 할아버지는 잠시 멈추고 생각에 잠긴다. "그래야 할지도 모르겠지만, 아직 그러진 않았어."

나는 내가 지도를 좋아하는 오래된 가족 전통에서 나왔다고, 마치 지도를 수호하는 템플기사단처럼 불씨가 꺼지지 않게 지키는 오랜 혈통에서 나왔다고 생각하면 기분이 좋다. 우리 할머니가 수년간 계보학을 연구한 덕분에 나는 할머니쪽 가족이 1847년부터 유타 주에 정착한 모르몬교 개척자의 후손이라는 것을 알고 있다. 그렇다면, 지난번에 내가 의회도서관에서 봤던 그 훌륭한 19세기의 지도들이 없었더라면, 나도 존재하지 않았으리라는 말이 되겠지. 존 C. 프리몬트의 탐험에 동행한 독일 출신 지도 제작자 찰스 프로이스가 그린 지도들이 없었더라면, 브리검 영(19세기에 솔트레이크시티로 이주하여 모르몬 공동체를 건설한 모르몬교 지도자—옮긴이)은 그레이트솔트레이크까지 가지 못했을 테니 말이다.

하지만 최근에 나는 내 지도 유전자를 우리 아이들에게 충분히 원기 왕성하게 물려주지 못했나 하는 걱정이 든다. 우리 아이들은 거의 매주 지도가 관련되는 집착에 가까운 활동에 노출되어 있는데도 지도에 별로 흥미를 보이지 않는다. 몇 년 전 크리스마스에 아이들을 위해 벽을 다 덮는 크기의 천으로 된 미국 지도를 사서 놀이방에 걸어놓았지만 아이들이 그 지도를 보면서 노는 건 한 번도 보지 못했다. 지금은 벨크로가 달린 작은 조각들(미국의 유명한 랜드마크나 농작물 등을 나타내는 조각들이다)이 모두 우리 세 살배기가 손이 닿는 유일한 자리인 멕시코 만 바다 위에 아무렇게나 붙어 있다. 두 아이 모두 우리 차에 있는 GPS 내비게이션을 정말 좋아하지만 '대니얼'이 운전 방향을 정말 잘 알려주기 때문에 우리는 지도를 들여다봐야 할 필요가 없다. 여러모로 대니얼은 '반反 지도'인 셈이다. 물론 우리 아이들이 뉴멕시코 주 산타페가 미국의 주도 중에서 고도가 가장 높다거나, 부탄의 수도 팀부에 신호등이 없다는 것을 알든 모르든 간에 내가 우리 애들을 사랑하는 데는 변함이 없다. 하지만 그 나이 때 나에게는 지도가 얼마나 중요했는지 기억하고 있기 때문에 나는 아이들과 그 기쁨을 다시 나누고 싶다. 이제 나는 더이상 눈을 반짝이는 어린이가 아니라 나이든 별종 지리광일 뿐이니 말이다.

어느 날 밤에 내가 딜런을 재우려고 그 애 방을 들여다봤다. "9시야, 불 꺼야지."

"아빠, 지도책 거의 끝났어요?" 딜런이 졸린 목소리로 묻는다.

딜런은 이렇게 자주 물어보는데, 지도를 좋아해서가 아니라 순수한 자신의 이익 때문에 묻는 거다. 그 '지도책'은 깨어 있는 모든 시간에 내가 딜런과 놀아주지 못하는 것에 대해 늘 대는 이유이기 때문이다. 흡착판이 달린 총알을 내 이마에 쏘고 싶으니 나더러 닌자 가면을 쓰고 있어 달라고? 미안, 지도책 때문에.

"응, 거의 다 끝났어. 오늘은 그 책 내용을 설명하기 위해 어느 부분에 지도들을 넣으면 좋을까를 궁리했지."

"아빠가 원하면 내 지도를 그 책에 넣어도 돼요. 오늘 그렸어요."

"정말? 지도를 그렸어? 어디 보자."

딜런의 첫 지도는 침대 머리맡에 쌓인 책들 속에 놓여 있다. 나는

바로 그 자리에 『머댈리언 세계지도』을 두곤 했다. 딜런이 지도를 설명한다. "여기는 상어 바다예요. 이 점선을 따라 상어와 문어와 해파리를 지나서 X 표시가 된 곳까지 가야 해요."

"X 표시는 뭔데?"

아마 이건 이제껏 존재한 질문 가운데 가장 멍청한 질문일 거다.

"보물이죠!" 딜런이 하품을 한다. "내일은 내 잠수함 지도를 만들 거예요. 그거 아빠 책에 넣을 거예요?"

"한번 보자. 잘 자라, 아들."

"아빠도 잘 자요."

결국 내 지도 유전자는 잘 살아남을지도 모르겠다. 나는 웃으며 아래층으로 내려갔고, 아마도 딜런은 상어 바다로 탐험을 떠났을 것이다.

Sub map

nap

제1장 이심률

1   Pat Conroy, *The Princes of Tides* (New York: Dial, 1986), P. 1.

2   웨스트버지니아 주의 뾰족하게 튀어나온 프라이팬 손잡이 모양의 땅에서 가장 좁은 곳에 자리한 위어튼은 서쪽으로는 오하이오 주 경계와, 동쪽으로는 펜실베이니아 주 경계와 닿아 있다. 폭이 겨우 8킬로미터밖에 안 되는데도 말이다.

3   Joseph Conrad, *Heart of Darkness* (New York: Norton, 1902/2005), p. 7.

4   Cindy Rodriguez, "Population: 1," *The Boston Globe*, Apr. 19, 2001.

5   Said K. Aburish, *Arafat: From Defender to Dictator* (New York: Bloomsbury, 1998), p. 82.

6   Stephanie Meece, "A Bird's Eye View—of a Leopard's Spots," *Anatolian Studies* 56 (2006), pp. 1–16.

7   Angus Stocking, "The World's Oldest Map," *The American Surveyor*, June 2006.

8   Margaret Drabble, *The Pattern in the Carpet: A Personal History with Jigsaws* (New York: Houghton Mifflin Harcourt, 2009), p. 111.

9   Samuel Beckett, *Waiting for Godot* (New York: Grove, 1954), p.5.

10 1846년 2월 1일에 찰스 다윈에게 보낸 편지, *The Correspondence of Cahrles Darwin: 1844-1846* (Cambridge, England: Cambridge University Press, 1987), p. 283.

제2장 방위

1 Edward Relph, *Place and Placelessness* (London: Pion, 1976), p. 43에서 재
   인용.

2 James Joyce, *A Portrait of the Artist as a Young Man* (New York: Norton,
   1916/2007), p.13.

3 Pierce Lewis, "Beyond Description," *Annals of the Association of American
   Geographers* 75, no. 4 (December 1985), pp. 465–477.

4 *Topophilia: A Study of Environmental Perception, Attitudes and Values*
   (New York: Prentice Hall, 1974).

5 Introduction to John Betjeman, *Slick but Not Streamlined* (New York:
   Doubleday, 1947), p. 11.

6 Gianni Granzotto, *Christopher Columbus* (New York: Doubleday, 1985), p.
   57에서 재인용.

7 Henry Vignaud, *Toscanelli and Columbus* (London: Sands, 1902), p. 220에
   서 재인용.

8 Eleanor A. Maguire et al., "Navigation-related Structural Change in the
   Hippocampi of Taxi Drivers," *Proceedings of the National Academy of
   Science* 97, no. 8 (april 11, 2000), pp. 4398–4403.

9 Barbara Tversky, "Distortions in Memory for Maps," *Cognitive Psychology*
   13 (1981), pp. 407–433.

10 Harm de Blij, *Why Geography Matters* (New York: Oxford University Press,
   2005), p. 27.

11 아이들과 지도에 대한 이 결과들은 대부분 펜실베이니아주립대 린 리벤의 연구
   에서 나왔다. 잘 요약된 내용이 Lynn S. Liben, "The Road to Understanding
   Maps," *Current Directions in Psychological Science* 18, no. 6 (December
   2009), pp. 310–315에 정리되어 있다.

12 이제는 더이상 유행하지 않는 이 개념이 가장 잘 알려진 것은 제임스 블라우트의
   '자연적인 지도 그리기' 이론에서였다.

13 David Woodward and G. Malcolm Lewis, *The History of Cartography*, vol 2,
   book 3 (Chicago: University of Chicago Press, 1988), p. 4.

14 이 말을 처음으로 사용한 사람은 캘리포니아주립대 버클리 캠퍼스의 행동심리학
   자 에드워드 톨먼이다.

15 여기에 든 동물의 길 찾기 사례 대부분은 Colin Ellard, *You Are Here: Why*

We Can Find Our Way to the Moon but Get Lost in the Mall (New York: Doubleday, 2009) 참고. 슴새에 대한 일화는 Rosario Mazzeo, "Homing of the Manx Shearwater," *The Auk* 70, no. 2 (April 1953), pp. 200–201 참고.

16   Stéphen Reebs, *Fish Behavior in the Aquarium and in the Wild* (Ithaca, N.Y.: Cornell University Press, 2001), p. 84.

17   이 실험을 처음으로 했던 연구자는 스토니브룩대의 에밀 멘젤이다. Emil Menzel, "Chimpanzee Spatial Memory Organization," *Science* 182, no. 4115 (November 30, 1973), pp. 943–945 참고.

18   "Log of Glenn's Historic Day Circling Globe," *Chicago Daily Tribune*, Feb. 21, 1962.

19   이 아름다운 지도 가운데 상당수가 Katharine Harmon, *You Are Here: Personal Geographies and Other Maps of the Imagination* (Princeton, N.J.: Princeton Architectural Press, 2003)에 실려 있다. 맷 그로닝이 개작한 지도는 내가 가진 제일 큰 책인 *Kramer's Ergot 7* (Oakland, Calif.: Buenaventura Press, 2008)에 실렸다.

20   'Third Culture Kids: Focus of Major Study,' *Newslinks* 12, no. 3 (January 1993), p. 1. 이제는 미국 대통령부터 '제3문화의 아이'인 시대이니, 이 단어는 예전보다 덜 낯설게 들린다.

21   Simone Weil, *The Need for Roots: Prelude to a Declaration of Duties Toward Mankind* (Boston: Beacon Press, 1955), p. 42.

제3장 단층

1   Steve Neal, 'A Casual Approach Amid Controversy,' *Chicago Tribune*, Jan. 9, 1983.

2   헬그렌이 잠시 유명세를 탄 이 운명적인 사건을 가장 잘 설명한 것은 그가 직접 쓴 글이다. 'Place Name Ignorance Is National News,' *Journal of Geography* 82 (July–August 1983), pp. 176–178.

3   이는 악명 높은 게리 스티븐 크리스트가 벌인 사건으로, 납치되었던 바버라 제인 매클은 다행히 살아남았으며 자신이 쓴 책 *83 Hours till Dawn* (New York: Doubleday, 1971)에서 그 이야기를 전했다.

4   'Old Maps and New,' *Blackwood's Edinburgh Magazine* 94, no. 577 (November 1863), pp. 540–553에 인용되었다.

5   *Years of Renewal* (New York: Touchstone, 1999), p. 72. Harm de Blij, *Why Geography Matters*, p. 13에서 재인용.

6   www.snopes.com/politics/obama/57states.asp

7   Lourdes Heredia, 'Spain Puzzled by McCain Comments,' BBC News, Sept. 18, 2008.

8   Frank Rich, 'The Moose Stops Here,' *The New York Times*, Nov. 16, 2008.

9   유투브에서 'al franken map'이라고 검색해보면 20년에 걸쳐 촬영된 이런 비디오가 적어도 세 편은 나온다.

10 Rebecca Traister, 'Miss Dumb Blond USA?,' Salon.com, Aug. 29, 2007. 이런 지리적 무지 덕분에 케이트 업튼은 전 세계적으로 유명한 CBS의 리얼리티쇼「어메이징 레이스The Amazing Race」에 남자친구와 함께 출연했고, 3등을 차지했다.

11 Andrew Dickson White, *Autobiography*, vol. 1 (New York: Century, 1905), p. 258.

12 Howard Wilson, "Americans Held Lax On Geography," *The New York Times*, Jan. 2, 1942.

13 Kenneth J. Williams, "A Survey of the Knowledge of Incoming Students in College Geography," *Journal of Geography* 51, no. 4 (April 1952), pp. 157–162.

14 "Fifteen Year Follow-up Geography Skills Test Administered in Indiana, 1987 and 2002," *Journal of Geography* 108, no. 1 (January 2009), pp. 30–36.

15 내셔널지오그래픽협회와 로퍼Roper는 이 통계조사를 함께 실시하면서 4년마다 미국한테 이렇게 삿대질을 한다. 최근 통계 자료는 www.nationalgeographic.com/roper2006/findings.html에서 볼 수 있다.

16 National Geographic-Roper 2002 Global Geographic Literary Survey, www.nationalgeographic.com/geosurvey2002.

17 Tom stoppard, *Rosencrantz and Guildenstern Are Dead* (New York: Grove, 1967), p. 108.

18 Harm de Blij, *Why Geography Matters*, p. 15, 45 참고.

19 Arthur Jay Klinghoffer, *The Power of Projections: How Maps Reflect Global Politics and History* (Westport, Conn.: Praeger, 2006), p. 126.

20 이 단락에서 인용한 통계는 오늘날의 과잉보호를 받고 야외 활동을 싫어하는 아이들에 대한 책에서 뽑아왔다. 특히 Lenore Skenazy, *Free Range Kids: Giving Children the Freedom We Had Without Going Nuts with Worry* (San

 주

Francisco: Jossey—Bass, 2009)와 Richard Louv, *Last Child in the Woods: Saving Our Children from Nature-Deficit Disorder* (Chapel Hill, N.C.: Algonquin, 2005)와 관련 웹사이트를 참고했다.

21 "The Walk Felt 'Round the World," *The Commercial Dispatch*, Mar. 23, 2009.

22 Nancy Gibbs, "The Growing Backlash Against Overparenting," *Time*, Nov. 20, 2009.

23 Oliver Pergams and Patricia A. Zaradic, "Evidence for a Fundamental and Pervasive Shift Away from Nature—Based Recreation," *Proceedings of the National Academy of Sciences* 105, no. 7 (February 19, 2008), pp. 2295—2300.

24 Craig Lambert, "Nonstop," *Harvard Magazine*, March—April 2010.

25 Julie Henry, "Countryside Ban for Children Because Mums Cannot Read Maps and Hate Mud," *The Daily Telegraph*, Feb. 20, 2010.

26 James Prior, *Memoir of the Life and Character of the Right Hon. Edmund Burke*, vol. 1 (London: Baldwin, Cradock, and Joy, 1826), p. 512.

27 David N. Livingstone, *The Geographical Tradition: Episodes in the History of a Contested Enterprise* (Oxford, England: Blackwell, 1992), p. 311.

28 Mark Monmonier, *How to Lie with Maps* (Chicago: University of Chicago Press, 1996), p. xi.

29 Jean—Jacques Rousseau, *Émile* (London: J. M. Dent and Sons, 1762/1911), p. 74.

30 Peirce Lewis, "Beyond Description," *Annals of the Association of American Geographers* 75, no. 4 (December 1985), pp. 465—477.

31 "Old Maps and New," p. 540.

32 "Cool Survey Results from Nokia Maps Guys," Nokia "Conversations" blog, http://conversations.nokia.com/2008/11/26/coolsurvey—results—from—nokia—maps—guys/.

33 Richard Serrano and Mark Fineman, "Army Describes What Went Wrong for Jessica Lynch's Unit," *Los Angeles Times*, Jul. 10, 2003.

34 "Graphicacy Should Be the Fourth Ace in the Pack," *The Cartographer* 3, no. 1 (June 1966), pp. 23—28.

35 *In Search of Pedagogy*, vol. 1 (New York: Routledge, 2006), p. 36.

36 Robert Harbison, *Eccentric Spaces* (Cambridge, Mass.: MIT Press,

1977/2000), p. 124.

37 "Geography Catches Up," National Geographic press release, July 14, 2005.

제4장 수준점

1 Barry Lopez, "The Mappist," in *Light Action in the Caribbean* (New York: Knopf, 2000), p. 159.

2 내가 아는 한 미국 대통령이 살점을 먹어들어가는 박테리아에 당했던 유일한 사례인 이 불운한 탐험은 Candice Millard, *The River of Doubt: Theodore Roosevelt's Darkest Journey* (New York: Anchor, 2006)에 생생하게 묘사되어 있다.

3 존 스노와 노르망디 지도에 대한 이야기는 특히 Jeremy Harwood, *To the Ends of the Earth: 100 Maps That Changed the World* (Newton Abbot, Devon: Davis & Charles, 2006)에서 읽어볼 수 있다.

4 John Noble Wilford, *The Mapmakers* (New York: Vintage, 2000), p. 427.

5 Ralph E. Ehrenberg, *Library of Congress Geography and Maps: An Illustrated Guide* (Washington, D.C.: Library of Congress, 1996).

6 Mark Monmonier, *How to Lie with Maps* (Chicago: University of Chicago Press, 1996), p. 127.

7 James R. Akerman and Robert W. Karrow, Jr., eds., *Maps: Finding Our Place in the World* (Chicago: University of Chicago Press, 2007), p. 156 참고. 미국지질조사국의 그레이트솔트 호수 지도 중 아무런 표시도 없는 조각은 내가 알기로는 딱 하나로, '로젤 포인트 SW'라고 알려진 41112C6 지도뿐이다. 하지만 기차 교각 한 줄이나 경계선 하나만 그어진 조각도 몇 장 더 있다.

8 위의 책, p. 137.

9 이것이 캐나다인 교사 조지 파킨이 고안해낸 '세계 영 제국 지도'였다. Klinghoffer, *The Power of Projections*, p. 79.

10 "Disputed Territory? Google Maps Localizes Borders Based on Local Laws," Search Engine Roundtable, Dec. 1, 2009, www.seroundtable.com/archives/021249.html에서 비교해놓은 것을 볼 수 있다.

11 Nadav Shragai et al., "Olmert Backs Tamir's Proposal to Include Green Line in Textbook Maps," *Ha'aretz*, June 12, 2006.

12 그가 쓴 아주 재미있는 책 *Map Addict* (London: Collins, 2009), p. 131 참고.

마이크 파커의 책은 내가 이 책을 쓰는 동안 출간되었는데, 맵헤드의 목표 선언문 격인 이 책의 매우 영국적인 판이라고 할 수 있다.

13 Elizabeth White, "Four Corners Marker Is Off Target," *Denver Post*, Apr. 23, 2009.

14 James W. Loewen, *Lies Across America: What Our Historic Sites Get Wrong* (New York: Touchstone, 2007), p. 39.

15 Mark Monmonier, *From Squaw Tit to Whorehouse Meadow: How Maps Name, Claim, and Inflame* (Chicago: University of Chicago Press, 2006), p. 64 참고. 먼모니어의 이 책은 정치적으로 올바르지 못한 지명과 그로 인해 야기된 문제들을 매우 잘 다뤘다.

16 Wilford, *The Mapmakers*, p. 165 참고.

17 James Romm, "A New Forerunner of Continental Drift," *Nature* 367 (February 3, 1994), pp. 407–408 참고.

18 여기 든 예는 대부분 David Jouris, *All over the Map: An Extraordinary Atlas of the United States* (Berkeley: Ten Speed Press, 1994)를 참고했다. 미국 지도에서 크리스마스를 주제로 한 동네 이름 75개와 유명 저자의 이름을 딴 동네 이름 250개를 찾고 싶다면, 이 책을 참고하라.

19 Meic Stephens, *The Oxford Companion to the Literature of Wales* (Oxford: Oxford University Press, 1986), p. 354 참고.

20 William Drenttel, "What Ever Happened to Half.com, Oregon?," *Design Observer*, Aug. 29, 2006, www.designobserver.com/observatory/entry. html?entry=4707.

21 "Gambling Site Offers to Buy Town's Name," *Associated Press*, Sept. 26, 2005 기사 참고.

22 "Residents of 'Butt Hole Road' Club Together to Change Street's Unfortunate Name," *Daily Mail*, May 26, 2009.

23 David Usborne, "The Town That Refuses to Be Ashamed of Its Name," *The Independent*, Mar. 22, 1995.

24 Harwood, *To the Ends of the Earth*, p. 80.

25 Vincent Virga, *Cartographia: Mapping Civilizations* (New York: Little, Brown, 2007), p. 76.

26 Michael Theodoulou, "Ideological Gulf Enflames Iran," *The Times*, Dec. 3, 2004.

27 Tom Hundley, "A Gulf by Any Other Name," GlobalPost, Mar. 15, 2010,

www.globalpost.com/dispatch/middle-east/100312/persian-gulf-arabian.

28 Marcel Proust, *Swann's Way* (New York: Modern Library, 1913/2003), pp. 550-551.

29 이 인용문을 비롯해서 지도의 창조와 발견에 대한 역사적인 이야기들은 Toby Lester, *The Fourth Part of the World: The Race to the Ends of the Earth, and the Epic Story of the Map That Gave America Its Name* (New York: Free Press, 2009)을 참고했다.

30 Jack Hitt, "Original Spin: How Lurid Sex Fantasies Gave Us 'America,'" *Washington Monthly*, Mar. 1993, p. 25.

31 *Biography for Beginners* (London,T.W. Laurie, 1905), p. 5.

제5장 고도

1 "Million-Dollar Map Tops Julia's Winter Auction," Antiques and the Arts Online, Feb. 9, 2010, http://antiquesandthearts.com/Antiques/AuctionWatch/2010.02.09__11.49.11.html.

2 Raymond H. Ramsey, *No Longer on the Map: Discovering Places That Never Were* (New York: Viking, 1972), p. 215.

3 James R. Akerman and Robert W. Karrow, Jr.,eds., *Maps: Finding Our Place in the World* (Chicago: University of Chicago Press, 2007), p. 145.

4 Vincent Virga, *Cartographia: Mapping Civilizations* (New York: Little, Brown, 2007), p. 24.

5 이 재미난 일화를 내가 처음으로 읽은 것은 John Noble Wilford, *The Mapmakers* (New York: Vintage, 2000, p. 167)에서였으며, 프랜시스 빌링턴의 파란 많은 과거에 대해서는 William Bradford, *The Mayflower Papers* (London: Penguin, 2007), p. 120을 참고했다.

6 Virga, *Cartographia*, p. 206.

7 Harwood, *To the Ends of the Earth*, p. 125.

8 *Harwood, To the Ends of the Earth: 100 Maps That Changed the World* (Newton Abbott, Devon: Davis & Charles, 2006), p. 108.

9 Akerman and Karrow, *Maps*, p. 155.

10 Clements R. Markham, *Major James Rennell and the Rise of Modern English Geography* (London: Cassell, 1895), p. 48.

11 싱의 놀라운 이야기는 여러 책에서 다뤄졌는데, 나는 여기서 John Noble Wilford, *The Mapmakers* 중 pundits에 대한 장을 참고했다.

12 Charles Kendall Adams, *Christopher Columbus: His Life and His Work* (New York: Dodd, Mead, and Co., 1892), p. 20.

13 C. Edwards Lester, *The Life and Voyages of Americus Vespucius* (New Haven, Conn.: Horace Mansfield, 1858), p. 70.

14 Gemma Bowes, "Eastern Europe Braced for Palin Effect," *The Observer*, Sept. 16, 2007. 노파심에 덧붙이자면, 미국 선거정치에서 '페일린 효과Palin Effect'라고 하면 다른 의미다(영어 철자로는 같은 'Palin'이지만 이 문장에서는 미국 공화당 부통령 후보였던 세라 페일린을 가리킨다—옮긴이).

15 알베르토 칸티노라는 이름의 이탈리아인 스파이가 지도를 훔친 사건 때문에 내려진 금지령이었다. Harwood, *To the Ends of the Earth*, p. 64.

16 Bill Keller, "Soviet Aide Admits Maps Were Faked for 50 Years," *The New York Times*, Sept. 3, 1988.

17 스마일리 사건을 가장 잘 다룬 기사로는 Kim Martineau, *Hartford Courant*와 William Finnegan, "A Theft in the Library: The Case of the Missing Maps," *The New Yorker*, Oct. 17, 2005, pp. 64-78를 참고하면 좋다.

18 Lillian Thomas, "Valuable Maps Too Easily Stolen from Books, Libraries," *Pittsburgh Post-Gazette*, Aug. 16, 2005.

19 Sandra Laville, "British Library Seeks £300,000 Damages from Book Vandal," *The Guardian*, Jan. 17, 2009.

20 여기 적은 소장품들은 필립 블롬의 책과 Umberto Eco, *The Infinity of Lists* (New York: Rizzoli, 2009)를 참고했다.

21 Philipp Blom, *To Have and To Hold: An Intimate History of Collectors and Collecting* (New York: Overlook, 2003), p. 82.

22 존 디가 쓴 책 *The English Euclid*의 서문.

23 John Aubrey, *Brief Lives* (Oxford, England: Clarendon, 1898), p. 329.

24 Jonathan Potter, *Collecting Antique Maps: An Introduction to the History of Cartography* (London: Jonathan Potter, 2002), p. 10.

25 Catherine Delano Smith, "Map Ownership in Sixteenth-Century Cambridge," *Imago Mundi* 47, no. 1 (1995), pp. 67-93.

26 James A. Welu, "Vermeer: His Cartographic Sources," *Art Bulletin* 57 (December 1975), pp. 529,547.

27 Daniel Boorstin, *The Discoverers* (New York: Vintage, 1985), p. 148.

제6장 범례

1 C. S. Lewis, *The Voyage of the Dawn Treader* (New York: HarperCollins, 1952), p. 5.

2 오스틴 태펀 라이트에 대한 이야기는 *Islandia* (New York: Rinehart, 1958) 개정판에 그의 딸 실비아 라이트가 쓴 서문에 담겨 있다.

3 "Daydream," *Time*, May 18, 1942, p. 86. 『타임』 에디터들은 아일랜디아의 지리에 정말 매료된 나머지 이 책의 서평과 함께 실을 아일랜디아의 지도를 그리게 했다.

4 Jo Piazza, "Audiences Experience Avatar Blues," CNN, January 11, 2010.

5 Lloyd Osbourne, *An Intimate Portrait of R.L.S.* (New York: Scribner's, 1924), p. 41.

6 Robert Louis Stevenson, "My First Book," *McClure's* no. 3 (September 1894), p. 283.

7 *Peter and Wendy* (Oxford: Oxford University Press, 1911/1991), p. 73.

8 Katharine Harmon, *You Are Here; Personal Geographies and Other Maps of the Imagination* (Princeton, N.J.: Princeton Architectural Press, 2003), p. 186.

9 Mike Parker, *Map Addict* (London: Collins, 2009), p. 258.

10 1957년에 톨킨이 독자에게 쓴 편지에 나와 있다. Douglas A. Anderson, *Tales Before Tolkien* (New York: Del Rey, 2003), p. 372.

11 Walter Hooper and Roger Lancelyn Green, *C. S. Lewis: A Biography* (New York: HarperCollins, 2002), p. 306.

12 "Pauline Baynes," obituary, *The Daily Telegraph*, Aug. 8, 2008.

13 David and Lee Eddings, *The Rivan Codex* (New York: Del Rey, 1998), p. 10.

14 *The Romance of the Commonplace* (San Francisco: Paul Elder and Morgan Shepherd, 1902), p. 91.

15 Simon Warren, *100 Greatest Cycling Climbs* (London: Frances Lincoln, 2010), p. 10.

16 Robert Harbison, *Eccentric Spaces* Cambridge, Mass.: MIT Press, 1977/2000), p. 125.

제7장 항법

1   "National Geography Bee?," *FOCUS on Geography* 38, no. 2 (Summer 1988), pp. 33.36.

2   David Brooks, "Mount Washington Gust Record Gone with the Wind," *Nashua Telegraph*, Jan. 27, 2010.

3   "The Great British Design Quest," *The Culture Show*, BBC Two, Mar. 2, 2006.

4   Mark Easton, "Map of the Week: London without the Thames," BBC News, Sept. 16, 2009.

5   @MayorOf London, Twitter status, Sept. 17, 2009.

6   Peter Barber and Christopher Board, *Tales from the Map Room: Fact and Fiction About Maps and Their Makers* (London: BBC Books, 1993), p. 74.

7   Ben Paynter, "Why Are Indian Kids So Good at Spelling?," Slate, June 2, 2010, www.slate.com/id/2255622.

8   Missy Globerman, "Linguist and Author Lectures on Differences in Men's and Women's Conversational Styles," *Cornell Chronicle*, Jul. 10, 1997.

9   Mike Parker, *Map Addict* (London: Collins, 2009), p. 254.

제8장 곡류

1   James R. Akerman and Robert W. Karrow, Jr., eds., *Maps: Finding Our Place in the World* (Chicago: University of Chicago Press, 2007), p. 35.

2   Gopal Sharma, "Everest 'Death Zone' Set for a Spring Clean Up," Reuters, Apr. 19, 2010.

3   Katie Couric, "Exclusive: Palin on Foreign Policy," *CBS Evening News*, Sept. 25, 2008.

4   Lornet Turnbull, "Many in U.S. to Need Passport," *The Seattle Times*, Apr. 6, 2005.

5   Jack Longacre, "The Birth of the Highpointers Club," *Apex to Zenith* (newsletter) 14 (3rd quarter 1991),p. 9.

6   Helen O'Neill, "Why Molehill Is Nation's Most Challenging Mountain," *Los Angeles Times*, July 2, 2000.

7   Julie Jargon, "A Fan Hits a Roadblock on a Drive to See Every Starbucks," *The Wall Street Journal*, May 23, 2009.

8   Susan Sheehan and Howard Means, *The Banana Sculptor, the Purple Lady, and the All-Night Swimmer* (New York: Simon & Schuster, 2002), p. 104.

9   *Starbucking*, directed by Bill Tangeman, Heretic Films, 2005.

10 빌레이가 겪은 고난은 그가 모은 최악의 여행 이야기를 참고했다. John Flinn, "I've Been Everywhere, Man," *San Francisco Chronicle*, Sept. 25, 2005.

11 Richard Owen, "Italy Stakes Early Claim to Submerged Island," *The Times*, Nov. 27, 2002.

12 Rolf Potts,"Mister Universe," *The New York Times*, Nov. 16, 2008.

13 Roger Rowlett, "An Interview with Club Founder Jack ongacre," *Apex to Zenith* (newsletter) 57 (2nd quarter 2002), p. 10.

제9장 트랜싯

1   John Steinbeck, *Travels with Charley: In Search of America* (London: Penguin 1962/1997), p. 55.

2   이 고된 임무에 관련된 숫자 기록들은 다음을 참고했다. William Greany, "Principal Facts Concerning the First Transcontinental Army Motor Transport Expedition, Washington to San Francisco, July 7 to September 6, 1919," Dwight D. Eisenhower Presidential Library and Museum, www.eisenhower.archives.gov/research/digital_documents/1919Convoy/New%20PDFs/Principal%20facts.pdf.

3   U.S. Bureau of Public Roads, 1961, www.fhwa.dot.gov/infrastructure/50size.cfm.

4   "Irish in Syracuse Keep Green on Top, Even on Stop Light," *The New York Times*, Apr. 7, 1976.

5   내가 전에 살던 유타 주처럼 도로 번호 끝에 0을 두 개 붙이는 지역이 있기 때문에(예를 들어 실제로는 '사우스 8번 도로'인데 '사우스 800번'이라고 부른다) 이 의견에는 다양한 이론이 있다. 하지만 위스콘신 주 시골의 1010번 도로는 misc.transport.road 뉴스그룹이 집요하게 찾아낸 가장 높은 번호가 붙은 도로다.

6   misc.transport.road 뉴스그룹의 FAQ를 참고하면, US-321은 미국 고속도로 중에서 '북-남'에서 '남-북'으로 표지판이 바뀌는 유일한 도로다. 하지만 '북-남'에서

'동-서'로 바뀌는 곳은 거의 서른 곳이나 된다.

7   슈스터는 I-99라고 이름을 붙이면 더 기억에 잘 남는다는 이유로 이렇게 주장했
    다. Sean D. Hamill, "Road Stirs Up Debate, Even on Its Name," *The New
    York Times*, Dec. 27, 2008.

8   Craig Stephens, "Richard Ankrom's Freeway Art," *L.A. Weekly*, Dec. 30,
    2009.

9   여기 든 두 가지 경이로운 사례도 misc.transport.road 뉴스그룹의 FAQ를 참고
    했다.

10 "Daleks Get Stamp of Approval," BBC News, Feb. 5, 1999.

11 "From One Revolution to Another," Ordnance Survey, www.
    ordnancesurvey.co.uk/oswebsite/about-us/our-history/index.html.

12 *Notes from a Small Island* (New York: William Morrow, 1995), p. 94.

13 Arthur Jay Klinghoffer, *The Power of Projections: How Maps Reflect Global
    Politics and History* (Westport, Conn.: Praeger, 2006), p. 90.

14 Douglas A. Yorke and John Margolies, *Hitting the Road: The Art of the
    American Road Map* (San Francisco: Chronicle, 1996), p. 17.

15 위의 책 p. 40.

16 위의 책 p. 6.

17 "The Purloined Letter," *Edgar Allan Poe: Poetry and Tales* (New York:
    Library of America, 1984), p. 694.

제10장 오버에지

1   "On the President's Announcement on the Global Positioning System,"
    White House Office of Science and Technology Policy press release, May 1,
    2000.

2   "The Great American GPS Stash Hunt!," sci.geo.satellite-nav Usenet
    newsgroup, May 3, 2000. 지오캐싱이 첫 몇 주간 번개처럼 빠르게 퍼져나간 이
    야기는 현재는 거의 활동이 없는 이 뉴스그룹의 아카이브에서 읽어볼 수 있다.

3   Nicole Tsong, "Geocachers to Descend on Seattle This Weekend in Search
    of the 'Triad,'" *The Seattle Times*, July 1, 2010.

4   미아 패로는 2006년 11월호 『타임아웃 뉴욕』에서 지오캐싱에 대해 열정적으로
    이야기를 했고, 라이언 필립은 2010년 5월에 조지 로페즈의 토크쇼에서 이 주제

를 언급했다. 월 휘튼은 'GroundskeeperWillie', 포이즌의 드러머 리키 로켓은 'PoisonDrummer'라는 닉네임으로 지오캐싱을 했는데, 지난 몇 년간은 전혀 로 그를 기록하지 않았다.

5 Steve O'Gara, "New World Record. 1157 Geocache Finds in 24 Hours," Groundspeak forums, Oct. 2, 2010, http://forums.groundspeak.com/GC/index.php?showtopic=261055.

6 "Giving Up…" GPSStash list, Yahoo! Groups, message 2040, Jun. 17, 2001.

7 www.geocaching.com에 올라온 '니카라과의 첫 번째' 캐시 GCH30B. 그의 지오캐시 닉네임은 이 상황에 적절하게도 '길 잃은 여행자'라는 뜻이다.

8 "Geocaching Level of Addiction, What's Yours?," Geocaching Topics forum, June 23, 2008, forums.groundspeak.com/GC/index.php?showtoic=196941. 같은 글 묶음에 올린 글에서 닉네임 후키라우라우는 인터넷에서 지오캐시를 보느라 시간을 너무 많이 보내면 부인에게는 포르노를 본다고 말해서 부인을 달랜다고 고백했다.

9 Apsley Cherry-Garrard, *The Worst Journey in the World* (New York: Carroll & Graf, 1922/1965), p. 525.

10 Niall Ferguson, *Empire: The Rise and Demise of British World Order and the Lessons for Global Power* (New York: Basic Books, 2003), p. 200.

11 Vincent Virga, *Cartographia: Mapping Civilizations* (New York: Little, Brown, 2007), p. 153.

12 Charles Hoskinson, "GPS Receivers Add Twist to Hide and Seek," *The Washington Times*, Nov. 7, 2004.

13 *Geocache*, directed by David Liban, 2007, www.geofilm.net.

14 "Sugar's Compost Pile," cache GC229E8, www.geocaching.com.

제11장 국경

1 John Noble Wilford, *The Mapmakers* (New York: Vintage, 2000), p. 112에서 재인용.

2 Lewis Carroll, *Sylvie and Bruno Concluded* (London: Macmillan, 1893), p. 169.

3 Umberto Eco, "On the Impossibility of Drawing a Map of the Empire on a Scale of 1 to 1," in *How to Travel with a Salmon and Other Essays* (Orlando,

 주

Fla.: Harcourt, 1994), p. 95.

4   Stewart Brand, *The Clock of the Long Now: Time and Responsibility* (New York: Basic Books, 1999), p. 87.

5   Jeffry D. Wert, *Custer* (New York: Touchstone, 1996), p. 50.

6   Nicholas M. Short, *The Remote Sensing Tutorial* (Washington, D.C.: Federation of American Scientists, 2001), http://rst.gsfc.nasa.gov/Intro/Part2_26e.html.

7.   Daniel Hernandez, "Tensions High Between Nicaragua, Costa Rica in Border Dispute," *Los Angeles Times*, Nov. 19, 2010.

8   Martin Dodge and Chris Perkins, "Reclaiming the Map: British Geography and Ambivalent Cartographic Practice," *Environment and Planning A* 40, no. 6 (June 2008), pp. 1271–1276.

9   "Google Admits 'Mistake' of Wrong Depiction of Arunachal," *The Times of India*, Aug. 8, 2009.

10   Richard Macey,"Opal Miner Stumbles on Mega Meteorite Crater," *The Sydney Morning Herald*, Nov. 23, 2008.

11   "Internet Maps Reveal Roman Villa," BBC News, Sept. 21, 2005.

12   Ed Caesar, "Google Earth Helps Find El Dorado," *The Sunday Times*, Jan. 10, 2010.

13   Louise Gray, "Scientists Discover New Forest with Undiscovered Species on Google Earth," *The Daily Telegraph*, Dec. 21, 2008.

14   Thomas H. Maugh II, "Tip Them Over and They Still Point North," *Los Angeles Times*, Aug. 26, 2008.

15   "German Forest Loses Swastika," BBC News, Dec. 4, 2000.

16   Ralph E. Ehrenberg, *Mapping the World: An Illustrated History of Cartography* (Washington, D.C.: National Geographic, 2006), p. 111.

17   Thomas F. Saarinen, Michael Parton,and Roy Billberg, "Relative Size of Continents on World Sketch Maps," *Cartographica* 33, no. 2 (Summer 1996), pp. 37.48.

18   "Arno Peters and His New Geography," *American Cartographer* 12 (1985), pp. 103.111.

19   Rebecca Lefort, "Mystery of Argleton, the 'Google' Town That Only Exists Online," *The Daily Telegraph*, Oct. 31, 2009.

20   Mark Monmonier, *How to Lie with Maps*,(Chicago: University of Chicago

416

Press, 1996), p. 50.

John Sellers, "Wayne Coyne Confirms Google Street View Sighting," True/
Slant, Feb. 5, 2010, http://trueslant.com/johnsellers/2010/02/05/wayne-
coyne-flaming-lips-confirms-google-streetview-sighting/.

Jerome Dobson and Peter Fisher, "Geoslavery," *IEEE Technology and
Society Magazine* 22, no. 1 (Spring 2003), pp. 47–52.

"Google Executive," National Legal and Policy Center, Jun. 30, 2008, www.
nlpc.org/pdfs/googleexecutive.pdf.

Amy Davidson, "A Map of Thousands," *The New Yorker*, "Close Read"
blog, Feb. 24, 2010, www.newyorker.com/online/blogs/closeread/2010/02/
a-map-of-thousands.html.

Google Groups, "CrisisMappers," Feb. 4, 2010, http://groups.google.com/
group/crisismappers/msg/54a9be63091dbab9.

"Swedish Tourists Miss Island Due to GPS Typo," *Seattle Times*, July 28,
2009.

Alex Hutchinson, "Global Impositioning Systems," *The Walrus*, Nov. 2009,
pp. 67, 71.

Richard Melcher, "Dusting Off the *Britannica*," *Business Week*, Oct. 20,
1997, pp. 143–146.

Richard Cahan, *Chicago: Rising from the Prairie* (Carlsbad, Calif.: Heritage
Media, 2000), p. 323.

내가 민스터와 이 대화를 하고 나서 약 1년 뒤인 2010년 (그리고 그가 회사를 떠나
고 나서 몇 달이 채 지나지 않았을 때였는데) 마침내 랜드맥낼리는 회사 웹사이트
의 지도 인터페이스를 업그레이드했다.

제12장 고저

T. S. Eliot, "Little Gidding," *Collected Poems, 1909- 1962* (New York:
Harcourt Brace Jovanovich, 1991), p. 208.

"43°N 72°W (visit #1)," Degree Confluence Project, Feb. 20, 1996, http://
confluence.org/confluence.php?visitid=1.

"Frequently Asked Questions," Degree Confluence Project, http://
confluence.org/faq.php.

 주

17

4   Joseph Kerski, "To the Nth Degree…and Minute, and Second: Confluence Hunting on Planet Earth," Earthzine, Dec. 8, 2009, www.earthzine. org/2009/12/08/to−thenth−degree%E2%80%A6and−minute−and−second− confluence−huntingon−planet−earth/.

5   "If the Earth Were a Sandwich," www.zefrank.com/sandwich/.

6   Robert Sandall, "Bill Drummond: Pop's Prankster Heads for Destruction," *The Daily Telegraph*, Aug. 19, 2008.

7   Chris Adams, *Turquoise Days: The Weird World of Echo & the Bunnymen* (New York: Soft Skull Press, 2002), p. 153.

8   Bradford J. Frye, *From Barrier to Crossroads: An Administrative History of Capitol Reef National Park, Utah*, National Park Service, www.nps.gov/ history/history/online_books/care/adhi/adhi3.htm.

덤으로 드리는 한 지도광의 이야기

　　우리 남매가 어릴 때 즐겨 갖고 놀던 '장난감' 중에 지구본이 있었다. 어느 날 아버지가 사온 그 지구본으로 우리가 개발한 놀이는 지구본을 세차게 돌린 다음 손가락으로 멈춰세워 걸리는 곳의 지명을 읽는 것이었다. 마다가스카르! 리마! 레이캬비크! 그건 가상의 비행기 여행이었다. 운 좋게 땅 위에 착륙하면 다행이지만 태평양이나 대서양 어딘가에 조난당할 때도 많았다. 아차, 그러면 다시 한 번 돌려야 한다. (얼마나 열심히 돌려댔던지 결국 그 지구본은 목 부분이 고장났고, 나중에는 색이 다 바래서 글씨를 알아볼 수 없게 되었다.) 한국을 떠나본 적이 없던 우리에게는 아버지가 자주 출장을 가던 도쿄만 해도 꿈속의 여행지였지만, 나는 그보다 더 멀리 가보고 싶었다. 사하라 사막이나 아마존 강처럼, 내가 상상조차 하기 어려운 곳이 궁금했다. 지도에는 황토색으로 채워진, 아프리카라는 먼 대륙에 있는 커다란 사막은 대체 어떤 곳일까? 구불구불한 파란 선이 핏줄처럼 엉킨 아마존에는 또 어떤 풍경이 있을까? 중학교에 들어가 지리부도를 받았을 때도 미지의 세계 곳곳을 상상 속에서 여행하곤 했다.

그러다 집에서 가장 먼 곳이 궁금해졌다. 지구본에서 서울을 한 손가락으로 짚고, 마치 관통하듯이 반대편으로 가면 남아메리카 대륙 어딘가로 나올 것 같았다. 남아메리카에서도 유독 내 호기심을 자극한 곳은 칠레와 아르헨티나가 나란히 이어지다 뾰족하게 끝나는 곳, 바다를 건너면 금방이라도 남극에 닿을 듯한 남아메리카의 끝이었다. 아, 그곳은 어떤 땅일까? 어떤 사람들이 살까? 5년 전 드디어 세상의 반대편에 섰다. 사실 우리나라에서 쥘 베른의 『지구 속 여행』에서처럼 지구를 뚫고 들어가면 우루과이로 나가게 된다. 하지만 내 마음 속에서 세상의 반대편은 여전히 남아메리카 대륙의 끝에 있었고 그래서 아르헨티나 우수아이아라는 동네를 스무 시간쯤 버스를 타고 찾아갔다. '세상에서 가장 남쪽에 있는 도시'라고 불리는 곳. 남극으로 가는 쇄빙선을 탈 수 있는 곳. (그 배를 타려면 통장을 다 털고 신용카드를 최대한 긁어도 경비가 부족하기 때문에 그냥 돌아서야 했지만.) 엄밀히 말해서 그곳은 남아메리카 대륙의 끝도 아니지만 나에게 우수아이아는 언제나 'El fin del mundo', 세상의 끝이다.

우수아이아에 머무른 나흘 동안 내가 한 관광객 노릇이라고는 해안을 둘러보는 배 한 번 타고, 왕가위 감독의 영화 「해피투게더」에 나와 유명해진 '세상의 끝 등대'를 보러간 것뿐이다. (그 영화에서 배우 장첸이 양조위의 울음을 묻고 온 곳이 바로 그 등대다.) 나머지 시간에는 하릴없이 '시내'라고 불리는 조그만 거리를 100번쯤 오갔다. 물가가 워낙 비싼 곳이라 장을 봐 숙소에서 음식을 해먹었다. 금융 관련 일을 하다가 경기침체로 일자리를 잃어 여행을 왔다는 뉴요커에게 허접스러운 냄비로도 완벽하게 밥을 짓는 비결을 알려주기도 했고, 남극으로 가는 배가 뜨기를 기

맵헤드

다린다는 콧수염쟁이 헝가리 남자를 부러워하기도 했다. 별달리 할 일도 없고 심심했지만 기분은 정말 좋았다. 오랫동안 지도를 보며 궁금해하던 그곳, 세상의 끝에 내가 왔다! 그 사실 하나만으로도 배가 불렀다.

어른이 되고 세계 여러 곳을 여행한 지금도 나는 이따금 멍하니 세계지도를 훑어보며 내가 아직 가보지 못한 곳을 상상한다. 예전과 다른 점이라면 이제는 내가 그곳에 정말 가볼 수 있다는 실현 가능성을 염두에 두고 있으며, 즐겨보는 지도가 더이상 종이가 아니라 스마트폰 속에 있는 디지털 데이터라는 것이다. 하지만 그건 GPS 기술이 들어간 구글맵이나 네이버 지도가 아니라 내셔널지오그래픽의 세계지도 앱이다. 오래전 종이 세계지도의 구식 모양과 색깔 그대로인 그 지도는 길 찾기 용도로는 적합하지 않아서 실용성을 따지자면 별 쓸모가 없다. 하지만 가상의 세계 여행을 하기에는 그 지도가 제격이다. 앱을 열면 가상의 지구본이 뜨고 그걸 빙글빙글 돌리다가 보고 싶은 지역을 골라 확대해 들어갈 수 있다. 아마존 마나우스에서 만난 미국인 친구가 구글맵의 위성 사진으로 뉴욕 브루클린에 있는 제 집을 정확하게 찾아 자기 방 창문까지 보여줬을 때의 감동도 엄청났지만 그래도 여전히 나는 구글맵이 주지 못하는 즐거움을 구식 세계지도에서 얻는다.

나는 지도광이다. 아니, 나는 내가 꽤 지도광인 줄 알았다. 잡지 기자로 일할 때는 개인적인 취향으로 지도의 역사를 주제로 한 기사를 기획하여 고대 바빌론의 석판 지도부터 시작해 온갖 고지도를 탐색하며 신이 난 적도 있다. 이 책『맵헤드』의 영문판을 서점에서 처음 발견했을 때, 제목을 본 순간 '맵헤드, 지도광? 그거 난데!'라며 얼마나 좋아했던 지. 하지만 책을 읽어갈수록 나는 지은이를 포함한 진짜 지도광들의 별난 지도 사랑 앞에 납작 엎드릴 수밖에 없었다. 그들의 지도 사랑이 뜨겁고 징글징글하고 때로는 버겁지만 그래도 포기할 수 없는 일생의 사랑이라면, 내 지도 사랑은 그저 어린 시절 스쳐지나가 아련한 감정을 남긴 풋사랑 같은 것이 아닐른지. '잡학다식'의 대가이며 미국 최고의 퀴즈왕인 지은이 켄 제닝스도 그렇지만, 그가 만난 수많은 지도광의 이야기는 공감과 웃음과 감탄을 자아낸다. 그러니까 이 책은 '궁극의 지도광 이야기'라고 할 수 있겠다.

번역가이기 이전에 이 책의 첫 번째 한국인 독자로서, 앞으로 이 책을 집어들 다른 지도광 동지들을 상상한다. 왜냐하면 이 책을 선택할 독자라면 십중팔구 지도를 좋아하는 사람일 것이기 때문이다. 그리고 켄 제닝스와 그가 만난 사람들만큼은 아니더라도, 내가 그렇듯이 저마다 갖고 있는 지도에 대한 애정과 별난 습관과 재미난 이야기들이 있을 것이기 때문이다. 그 이야기들이 궁금하다.

2013년 9월
류한원

　　　　　　　　　　　　　　맵헤드

맵헤드 MAPHEAD

1판 1쇄	2013년 9월 30일
1판 2쇄	2018년 9월 10일

지은이	켄 제닝스
옮긴이	류한원
펴낸이	강성민
편집장	이은혜
마케팅	정민호 이숙재 정현민 김도윤 안남영
홍보	김희숙 김상만 이천희
독자모니터링	황치영

펴낸곳	(주)글항아리	출판등록 2009년 1월 19일 제406-2009-000002호
주소	413-120 경기도 파주시 회동길 210
전자우편	bookpot@hanmail.net
전화번호	031-955-8891(마케팅) 031-955-1903(편집부)
팩스	031-955-2557

ISBN	978-89-6735-073-4 03900

글항아리는 (주)문학동네의 계열사입니다.

이 도서의 국립중앙도서관 출판시도서목록(CIP)은 e-CIP홈페이지(http://www.nl.go.kr/ecip)와
국가자료공동목록시스템(http://www.nl.go.kr/kolisnet)에서 이용하실 수 있습니다.
(CIP제어번호 : CIP2013017702)